Kölner Schriften zum Medizinrecht
Band 14

Reihenherausgeber
Christian Katzenmeier

Weitere Bände siehe
http://www.springer.com/series/8204

Jens Prütting

Rechtliche Aspekte der Tiefen Hirnstimulation

Heilbehandlung, Forschung, Neuroenhancement

Springer

Jens Prütting
Institut für Medizinrecht
Universität zu Köln
Köln, Deutschland

ISSN 1866-9662 ISSN 1866-9670 (electronic)
ISBN 978-3-642-29259-0 ISBN 978-3-642-29260-6 (eBook)
DOI 10.1007/978-3-642-29260-6
Springer Heidelberg Dordrecht London New York

Die Deutsche Nationalbibliothek verzeichnet diese Publikation in der Deutschen Nationalbibliografie; detaillierte bibliografische Daten sind im Internet über http://dnb.d-nb.de abrufbar.

Gedruckt auf säurefreiem und chlorfrei gebleichtem Papier

Springer ist Teil der Fachverlagsgruppe Springer Science+Business Media (www.springer.com)

Meiner Familie

Vorwort

Die vorliegende Arbeit entstand während meiner Tätigkeit als wissenschaftlicher Mitarbeiter am Institut für Medizinrecht der Universität zu Köln und wurde im Wintersemester 2012/2013 von der Rechtswissenschaftlichen Fakultät der Universität zu Köln als Dissertation angenommen.

Mein besonderer Dank gilt meinem Doktorvater, Prof. Dr. Christian Katzenmeier, der die vorliegende Studie angeregt hat. Ihm ist es auch zu verdanken, dass ich an dem vom Bundesministerium für Bildung und Forschung geförderten interdisziplinären Forschungsprojekt „Rechtliche, ethische und soziale Aspekte der Tiefen Hirnstimulation (Deep brain stimulation)" mitwirken durfte. Darüber hinaus erhielt ich als Mitarbeiter des Instituts über viele Jahre tiefe Einblicke in das Medizinrecht. Ich werde dem Institut immer in tiefer Freundschaft verbunden sein.

Herrn Prof. Dr. Heinz-Peter Mansel danke ich für die schnelle Zweitbegutachtung meiner Arbeit.

Ein weiterer Dank gilt meinen Kollegen des Instituts für zahlreiche inspirierende Diskussionen und wertvolle Unterstützung in der Schaffensphase.

Schließlich bedanke ich mich ganz besonders bei meiner Familie und meiner Lebensgefährtin, Behnush Sadat Shirazi. Das wunderbare familiäre Umfeld, das mich während meiner Doktorarbeit stets unterstützt hat, war eine unverzichtbare Hilfe. Ich verdanke insbesondere meiner Lebensgefährtin und meinen Eltern, Prof. Dr. Hanns Prütting und Dr. Dorothea Prütting zahlreiche Denkanstöße und durchgehend emotionale Unterstützung. Vor diesem Hintergrund widme ich die Arbeit meiner ganzen Familie.

Düren, im Mai 2013 Jens Prütting

Inhaltsverzeichnis

Abkürzungsverzeichnis

A	
a.a.O.	am angegebenen Ort
a.A.	andere Ansicht
Abs.	Absatz
abw.	abweichend
AcP	Archiv für die civilistische Praxis
Acta Neurochir	Acta Neurochirurgica
a.F.	alte(r) Fassung
AG	Amtsgericht
AGB	Allgemeine Geschäftsbedingungen
AGBG	Gesetz über allgemeine Geschäftsbedingungen
AGG	Allgemeines Gleichbehandlungsgesetz
AMG	Arzneimittelgesetz
Anh.	Anhang
Anm.	Anmerkung
Anu.Rev.Neurosci	Annual Review Neuroscience
Appl Neurophysiol	Applied Neurophysiology
Arch Neurol	Archives of Neurology
Arch Med Res	Archives of medical Research
Art.	Artikel
ArztR	Zeitschrift für Arztrecht
AT	Allgemeiner Teil
Aufl.	Auflage
B	
BAG	Bundesarbeitsgericht
BAnz.	Bundesanzeiger
BÄO	Bundesärzteordnung
Bd.	Band
BDSG	Bundesdatenschutzgesetz
BeckOK	Beck´scher Onlinekommentar
Beschl.	Beschluss
BGB	Bürgerliches Gesetzbuch
BGH	Bundesgerichtshof

BGHZ	Amtliche Sammlung der Entscheidungen des Bundesgerichtshofs
BMBF	Bundesministerium für Bildung und Forschung
BPflV	Bundespflegeverordnung
BSG	Bundessozialgericht
Bt-Drucks.	Bundestag-Drucksache
BtPrax	Betreuungsrechtliche Praxis
BVerfG	Bundesverfassungsgericht
BVerfGE	Amtliche Sammlung der Entscheidungen des Bundesverfassungsgerichts
BVerwG	Bundesverwaltungsgericht
bzgl.	bezüglich
C	
Comput aided surg	Computer aided surgery
D	
DAR	Das Deutsche Autorecht
DJT	Deutscher Juristentag
CIHR	Canadian Institute for Health Research
ders.	derselbe
DGN	Deutsche Gesellschaft für Neurologie
Diss.	Dissertation
DPG	Deutsche Parkinson-Gesellschaft
Dtsch Arztebl	Deutsches Ärzteblatt
DuD	Datenschutz und Datensicherheit
E	
EBM	Einheitlicher Bewertungsmaßstab
EG	Europäische Gemeinschaft
EGBGB	Einführungsgesetz zum Bürgerlichen Gesetzbuch
ELSA-DBS	Ethical, legal and social Aspects of Deep Brain Stimulation
et al	et alii
etc.	et cetera
Eur Neurol	European Neurology
e.V.	eingetragener Verein

EWG	Europäische Wirtschaftsgemeinschaft
F	
f.	folgende
FAKomm-MedR	Fachanwaltskommentar Medizinrecht
FamRZ	Zeitschrift für Familienrecht
FAZ	Frankfurter Allgemeine Zeitung
F&DA	Food and Drugs Act
ff.	fortfolgende
FN.	Fußnote
FS	Festschrift
FTD	Financial Times Deutschland
FuL	Forschung und Lehre
G	
GA	Goltdammers Archiv für Strafrecht
G-BA	Gemeinsamer Bundesausschuss
GesR	Gesundheitsrecht
GG	Grundgesetz
G+G	Gesellschaft und Gesundheit
GKV	Gesetzliche Krankenversicherung
GoA	Geschäftsführung ohne Auftrag
GOÄ	Gebührenordnung Ärzte
H	
h.A.	herrschende Ansicht
HeilberG	Heilberufsgesetz
h.M.	herrschende Meinung
Hrsg.	Herausgeber
HWG	Heilmittelwerbegesetz
I	
IT	Informationstechnologie
i.V.m.	in Verbindung mit
J	
JAG	Juristenausbildungsgesetz
J Chem Neuroanat	Journal of Chemical Neuroanatomy
J Neurol	Journal of Neurology

J Neurol Neurosurg Psychiatry	Journal of Neurology, Neurosurgery & Psychiatry
J Neurosurg	Journal of Neurosurgery
JR	Juristische Rundschau
JurisPK	Juris Praxiskommentar
JuS	Juristische Schulung
JZ	Juristenzeitung

K

KassKomm	Kasseler Kommentar
Kap.	Kapitel
KHGG	Krankenhaus-gestaltungsgesetz
Klein Wochenschr	Kleine Wochenschrift
krit.	kritisch(er)
KritV	Kritische Vierteljahresschrift für Gesetzgebung und Rechtsprechung

L

LG	Landgericht
Lit.	Literatur
LK	Leipziger Kommentar
LKHG M-V	Landeskrankenhausgesetz Mecklenburg-Vorpommern

M

m.	mit
MBO-Ä	Musterberufsordnung Ärzte
MDR	Monatsschrift für Deutsches Recht
medbiz	Magazin für Gesundheitswirtschaft
MedR	Medizinrecht
MPBetreiberVO	Medizinprodukte-betreiberverordnung
MPG	Medizinproduktegesetz
MPJ	Medizinprodukte Journal
MüKo	Münchener Kommentar
m.V.a.	mit Verweis auf
m.w.N.	mit weiteren Nachweisen
m.z.N.	mit zahlreichen Nachweisen

N

Nachw.	Nachweis
Ncl.	Nucleus
Nds.	Niedersachsen

NJ	Neue Justiz
NJW	Neue juristische Wochenschrift
NJW-RR	Rechtsprechungsreport der NJW
NRW	Nordrhein-Westfalen
NStZ	Neue Zeitschrift für Strafrecht
NVwZ	Neue Zeitschrift für Verwaltungsrecht
NZA	Neue Zeitschrift für Arbeitsrecht
O	
OLG	Oberlandesgericht
P	
Pacing Clin Electrophysiol	Pacing and clinical Electrophysiology
PharmR	Pharmarecht
PKV	Private Krankenversicherung
PsychKG	Psychisch-Kranken-Gesetz
PWW	Prütting/Wegen/Weinreich
R	
Rev Neurol	Review in Neurological
RGSt	Amtliche Sammlung der Entscheidungen des Reichsgerichts in Strafsachen
Rn.	Randnummer
Rspr.	Rechtsprechung
S	
S.	Seite
s.	siehe
SGb	Sozialgerichtsbarkeit
SGB	Sozialgesetzbuch
s.o.	siehe oben
sog.	So genannte
SOZR	Sozialrecht
StA	Staatsanwaltschaft
StGB	Strafgesetzbuch
str.	streitig
s.u.	siehe unten
T	
THS	Tiefe Hirnstimulation

ThürKHG	Krankenhausgesetz Thüringen
Trans Am Neurol assoc	Transactions of the American Neurology Association

U

Urt.	Urteil
usw.	und so weiter

V

v.	versus
VersMed	Versicherungsmedizin
VersR	Versicherungsrecht
VerwArch	Verwaltungsarchiv
Vgl.	Vergleiche
VO	Verordnung
Vorb.	Vorbemerkung
VRS	Zeitschrift für Verkehrsrecht
VVG	Versicherungsvertragsgesetz

W

WHO	World Health Organization

Z

ZaefQ	Zeitschrift für ärztliche Fortbildung und Qualität im Gesundheitswesen
z.B.	zum Beispiel
ZMGR	Zeitschrift für das gesamte Medizin- und Gesundheitsrecht
ZStW	Zeitschrift für die gesamte Strafrechtswissenschaft
z.T.	zum Teil

Einleitung

I. Prolog

Der unaufhaltsame Fortschritt in der Medizin bringt erstaunliche Möglichkeiten der Heilung und Schmerzlinderung zu Gunsten kranker Menschen hervor. Zugleich weisen die verfeinerte Technik und das zunehmende Wissen um den menschlichen Körper auch erhebliche Missbrauchspotentiale auf. Die Tendenz, ethisch vertretbare Grenzen zu überschreiten, sind beachtliche Risiken.

Daher ist ein ständiger interdisziplinärer, wissenschaftlicher Diskurs geboten, welcher die neuen Entwicklungen kritisch auf ihre ethischen und rechtlichen Grenzen hin überprüft. Es darf dabei allerdings nicht um Drosselung des Fortschritts aus Prinzip gehen. Ethiker und Rechtswissenschaftler haben insoweit die grundsätzliche Aufgabe und die Pflicht, den Fortschritt zu begleiten und dort Grenzen aufzuzeigen und zu ziehen, wo Technik und Medizin unvertretbare Gefahrenpotentiale hervorbringen. Der Fortschritt ist aber ausdrücklich zu begrüßen. Er muss mit Verantwortung vor den Mitmenschen und der Umwelt vorangetrieben und entsprechend reguliert werden. Allen Wissenschaftlern, die mit besten Absichten neue Methoden entwickeln und anwenden, muss stets klar vor Augen treten, inwieweit sie die Welt mit ihren Ideen bereichern und in Relation dazu, welche neuen Probleme geschaffen werden könnten.

Letztlich kommt es darauf an, dass forschungsbegrenzende Kräfte im Staat[1], ihre Macht nicht missbrauchen und den Fortschritt trotz aller notwendigen Kontrolle fördern. Gleichermaßen braucht die Welt insbesondere in der Medizin Menschen mit hochgradig ausgeprägtem Verantwortungsbewusstsein.

In diesem Spannungsfeld bewegt sich die Tiefe Hirnstimulation (THS), die im Folgenden vorgestellt wird.

---

[1] Hier könnte man beispielsweise zum einen an die Diskussionen in Bundes- und Länderparlamenten (Legislative) zu neuen Heilmethoden sowie Rechte von Patienten denken. Zum anderen begrenzt die Verwaltungspraxis (Exekutive) in Antragsverfahren von Fall zu Fall die medizinische Forschung.

“Alle wichtigen Entscheidungen des Lebens sind in Ihren Voraussetzungen wie in ihren Folgen zu komplex, um dem Bewusstsein des Handelnden gänzlich gegenwärtig zu sein. Das sollte unseren Narzissmus in keiner Weise kränken. Im Gegenteil. Das Wissen um die Offenheit des Lebens, die Ahnung, dass hinter der nächsten Bergkette, hinter der nächsten Wegbiegung noch ein unbekanntes Land liegt, ist eine der Bedingungen des Glücks.“

- Helmut Dubiel, Tief im Hirn -

"If there would be a way to change negative emotions by implanting electrodes in the brain, I would be the first patient."

- 14. Dalai Lama von Tibet, Zitat aus dem Vortrag vom Kongress der Society for Neuroscience vom 12. November 2005 in Washington DC -

II. Gegenstand und Zielsetzung

Das vorliegende Werk verfolgt das Ziel einer umfassenden rechtlichen Würdigung der Tiefen Hirnstimulation[2] (THS). Die THS ist eine Behandlungsmethode, die zur Symptom- und Leidensbekämpfung bei Krankheiten wie Morbus Parkinson, Essentiellem Tremor, zentralen Schmerzsyndromen, etwa Spannungskopfschmerz, und Dystonie, neuerdings auch bei psychiatrischen Erkrankungen wie dem Tourette-Syndrom, schweren Depressionen und chronischen Suchterscheinungen, beispielsweise Trink- und Spielsucht, eingesetzt wird.[3] Das Gehirn wird an bestimmten Punkten mit Elektroimpulsen stimuliert, um Gehirnareale entweder anzuregen oder deren Tätigkeit „herunterzuregeln".[4] Um dies zu erreichen, werden den Patienten in einer mehrstündigen Operation[5] Elektroden im Gehirn an der jeweiligen Stelle implantiert (funktionelle Stereotaxie),[6] die mit einem externen Kontrollapparat verbunden werden und auf diesem Wege zum Einsatz kommen. Es wird bei diesem Verfahren teilweise von der Verwendung eines „Hirnschrittmachers" gesprochen, was sehr anschaulich ist, jedoch wissenschaftlich nicht den Kern der Sache trifft. Die THS kann nicht mit der damit assoziierten Funktionsweise des

---

2 Aus dem Englischen „deep brain stimulation" findet sich vielfach die Übersetzung „Tiefenhirnstimulation". Dies ist sowohl linguistisch als auch medizinwissenschaftlich nicht korrekt, wie *Alesch/Mullet*, in: Krauss/Mundinger/Volkmann (Hrsg.), Tiefe Hirnstimulation, S. 9 treffend festhalten, denn es handelt sich im Gegensatz zur oberflächlichen Kortexstimulation um eine Methode, die tief im Hirn selbst stattfindet. Andere Methoden haben auch Tiefenhirnwirkungen, werden jedoch nicht tief im Hirn installiert.

3 Zum ersten Überblick s. *Perlmutter/Mink*, Deep Brain Stimulation, Anu.Rev.Neurosci 2006, 229 ff. m.w.N. Zu den Details dann in den folgenden Paragraphen des ersten Teils.

4 Je nach Krankheitsbild werden andere Regionen stimuliert, so bei Parkinson der Ncl. Subthalamicus, bei Clusterkopfschmerz der Ventroposteriore Hypothalamus, beim Tourette-Syndrom der Thalamus, Gl. Pallidus, Ncl.accumbens, bei schweren Depressionen der Thalamus, Gyrus cinguli, Ncl. Caudatus und bei Zwangsstörungen der rechts. Ncl. Accumbens, vorderer Schenkel der Capsula interna, Ncl. Caudatus. Die besten Stimulationszielorte sind im Einzelnen in der medizinischen Fachwelt umstritten. Hierzu näher in Kap. 1 A II.

5 Ein anschaulicher Erfahrungsbericht findet sich in „Die Zeit" 27.03.2003 Nr. 14 http://www.zeit.de/2003/14/M-Hirnschrittmacher (Abrufdatum: 01.12.2011).

6 Das Wort **Stereotaxie** beschreibt eine minimal invasive operative Behandlungsmethode, die es dem Neurochirurgen erlaubt, nach bildgesteuerter, computerassistierter Berechnung mit Hilfe eines Zielgerätes jeden beliebigen Punkt innerhalb des Gehirns hochpräzise zu erreichen. Stereotaktische Neurochirurgie dient sowohl der Diagnostik tief gelegener Krankheitsherde wie auch der Behandlung von Hirntumoren und Gefäßmissbildungen (Onkologische Stereotaxie), sowie der Therapie von Bewegungsstörungen und bestimmten Formen des chronischen Schmerzes (Funktionelle Stereotaxie). Die **Funktionelle Stereotaxie** bedient sich im Wesentlichen der hochfrequenten Tiefen Hirnstimulation (DBS) nach Implantation geeigneter Stimulationssysteme. Bei ausgewählten Indikationen werden auch läsionelle Verfahren eingesetzt. So die offizielle Beschreibung der Universitätsklinik zu Köln, vgl. http://neurochirurgie.uk-koeln.de/stereotaxie/die-stereotaxie/stereotaxie (Abrufdatum 03.01.2012).

Herzschrittmachers gleichgesetzt werden. Es geht keineswegs nur um eine geregelte Taktung von Hirnstrukturen, wenn auch dieser Effekt damit verfolgt werden könnte.

Die Behandlung mit der THS ist zwar eine invasive[7] Methode, stellt jedoch die bis dato einzig wirkungsvolle Alternative zu einer medikamentösen oder gar läsionellen[8] Behandlung der genannten Krankheitsbilder dar. Die erzielte Wirkung beschränkt sich allerdings auf die Leidensbekämpfung, da eine Heilung der jeweiligen Krankheiten damit bisher nicht zu bewerkstelligen war. Nicht geklärt ist, ob die Behandlung mit THS den bislang unaufhaltbaren Krankheitsverlauf vielleicht sogar beschleunigt. Nichtsdestoweniger können die behandelnden Ärzte mit der THS eine Erfolgsgeschichte vorweisen. Die betroffenen Patienten gewinnen zu einem großen Teil die Kontrolle über die krankheitsbedingt negativ beeinflussten Körperregionen wieder. Der Effekt ist durchgehend einer medikamentösen Behandlung vergleichbar und teilweise sogar stärker.[9] Hinzu kommt, dass die medikamentöse Behandlung auf ein Minimum reduziert werden kann.[10] Es ist Ziel des ersten Teils der vorliegenden Untersuchung, dieser vielseitig einsetzbaren Methode einen rechtlichen Rahmen zu geben, um die Basis für sachgerechte Ergebnisse in der Abwägung des gebotenen Patientenschutzes, bestmöglichen Behandlungsbedingungen und hinreichender Berücksichtigung von Dritt- und Kollektivinteressen zu schaffen. Dabei darf nie aus den Augen verloren werden, dass die Stimulation erhebliche Missbrauchsmöglichkeiten mit sich bringt. Die Feststellung, ob und wie diesen vorgebeugt werden kann, ist wesentliche Aufgabe rechtlicher Betrachtung.

Zur Fortentwicklung der THS in den zahlreichen, bislang unbekannten Indikationsbereichen und zur weiteren Erkennung derselben sind klinische Studien für einen nach wissenschaftlich anerkannten Maßstäben und überwachten Rahmenbedingungen kontrollierten Fortschritt besonders wichtig. Die Probanden, die sich experimentellen Eingriffen aussetzen, begeben sich dabei in besondere Gefahren zumeist vorrangig zum Wohle der Allgemeinheit.[11] Dies geht konsequent mit der Notwendigkeit spezifischer Schutzeinrichtungen einher, die ärztlicherseits bereit-

---

7 Unter Experten besteht über den Grad der Invasivität keine Einigkeit. Während *Volker Sturm* im persönlichen Gespräch versicherte, dass die Methode „minimalinvasiv“ sei und Läsionen in unbedeutendem Maße aufträten, verweisen andere Neurochirurgen auf die Verdrängung von Hirnmasse und die notwendige Eindringtiefe zur Implantation der Elektroden, vgl. *Harke et al.*, Standardisierung invasiver neuromodulativer Verfahren, Schmerz 2003, 44.

8 Dieses unvertretbare Vorgehen wurde in früherer Zeit als Lösung erwogen und praktiziert. Die negativen Folgen für die Patienten waren verheerend. Hierzu sogleich unter V. bei der Geschichte der THS.

9 *Perlmutter/Mink*, Deep Brain Stimulation, Anu.Rev.Neurosci 2006, 229 ff. m.w.N.

10 *Harke et al.,* Standardisierung invasiver neuromodulativer Verfahren, Schmerz 2003, 44, 47.

11 Der Begriff des Probanden ist weit gefächert. Er umfasst sowohl Patienten als auch gesunde Menschen, die sich zum Wohl der Allgemeinheit oder auch aus rein persönlichen Motiven entsprechenden Tests unterziehen.

zustellen sind.[12] Forschung gegen den Willen des Probanden ist dabei immer unzulässig.[13] Es würde einen Verstoß gegen die Menschenwürde darstellen, einzelne Personen gegen ihren Willen zu Forschungszwecken heranzuziehen.[14] Hier greift mit dem Menschenwürdeprinzip ein spezieller Schutz, der nicht angetastet werden darf, da dieser nach herrschendem Rechtsverständnis als übergeordnetes Prinzip immer Gültigkeit beansprucht, unabhängig davon, ob eine entsprechende Kodifikation existiert.[15]

Neben den vorbenannten Aspekten kann die THS auch unter dem Blickwinkel des Begriffs „Neuroenhancement"[16] gesehen werden. *Schläpfer* und *Sturm* haben beobachtet, dass die THS Möglichkeiten bietet, Fähigkeiten des gesunden Menschen[17] im Hinblick auf Lernvermögen, Konzentration und Motorik zu verbessern.[18] Dieser Ansatz eröffnet ein weites Feld, das menschliche Leistungsvermögen zu steigern. Damit sind jedoch auch erhebliche Gefahrenpotenziale verbunden. Hier ist sowohl an den Betroffenen selbst zu denken als auch an dessen Umwelt. Leistungssteigerungen dieser Art, die mit hohem finanziellem Aufwand erreicht werden können, bringen die Gefahr einer Gesellschaftsspaltung mit sich. In einer solchen Gesellschaft droht, dass diejenigen, welche über die entsprechenden Mittel verfügen, uneinholbar im Wettbewerb überlegen sein könnten.[19] Gleichermaßen ist eine solche Veränderung des Menschen, frei nach dessen Wunschvorstellungen im Einzelfall zu hinterfragen. Für den Betroffenen selbst kommen die besonderen Risiken hinzu, denen er sich aussetzt, um eine entsprechende Veränderung zu erhalten. Insofern ist, neben Eingriffsrisiken, insbesondere darauf hinzuweisen, dass aufgrund der extremen Komplexität des menschlichen Nervenzentrums bei einer Stimulation immer die Gefahr der Herbeiführung uner-

---

12 Vgl. hierzu grundlegend *Laufs*, in: Laufs/Kern (Hrsg.), Handbuch des Arztrechts, § 130 Rn. 3. Näher hierzu in Kap. 2.

13 Vgl. *Lipp*, in: Laufs/Katzenmeier/Lipp (Hrsg.), Arztrecht, S. 471 ff.

14 Dies ergibt sich aus dem Kern der Selbstbestimmung, der Art. 1 Abs. 1 GG zuzuordnen ist, vgl. *Hufen*, Die Menschenwürde, Art. 1 I GG, JuS 2010, 1, 3 f.

15 Vgl. die Ausführungen zu Herkunft und Grundsatzgeltung der Menschenwürde bei *Hufen*, a.a.O., 1 ff.

16 Der Begriff Enhancement geriert in der medizinischen und juristischen Fachwelt zunehmend zum Gegenstand einer allgemeinen Debatte über die Möglichkeiten und das rechtliche Dürfen medizinischer Verbesserungen am Menschen. Zu den Kontroversen näher in Teil 2 dieser Arbeit.

17 Nach der Verfassung der World Health Organisation (WHO) ist Gesundheit dabei wie folgt zu definieren: „Zustand völligen körperlichen, seelischen und sozialen Wohlbefindens und nicht nur als das Freisein von Krankheit und Gebrechen", veröffentlicht auf der Website der WHO s. www.who.int.

18 Eine Kurzübersicht bieten *Volker Sturm* und *Thomas Schläpfer* in Ihrer Präsentation auf der Jahrestagung des deutschen Ethikrates vom 28.05.2009 in Berlin zum Thema „Der steuerbare Mensch? Überblicke und Eingriffe in unser Gehirn" veröffentlicht auf der Website des deutschen Ethikrates www.ethikrat.org.

19 Einer Aufgabe der Autonomie entspräche sodann *Huxleys* Vision einer eingeteilten Welt in Klassen, die bereits bei Geburt festgelegt sind, *Huxley*, Schöne neue Welt, S. 27, 28, 41 - 43.

wünschter Nebenwirkungen besteht, welche die Behandlungsseite im Einzelfall weder vorausgesehen hat noch erahnen konnte.

Bereits diese Vorüberlegungen zeigen, dass die wunscherfüllende Medizin möglichst konkreter Regeln und Schranken bedarf, um dem verschiedenartigen Gefahrenpotential Herr zu werden. Diese Schranken sind je nach Potential der Methode unterschiedlich zu beurteilen. Die kurze Einführung verdeutlicht, dass die THS ein ganz besonderes Potential als Methode menschlicher Wunscherfüllung aufweist. Hierbei ist zu beachten, dass die THS mit Ihrer Einwirkung auf das zentrale Nervensystem eben das zu beeinflussen vermag, was Gesellschaft und Recht als die wesentlichen Aspekte der Persönlichkeit[20] und darüber hinaus des Mensch-Seins[21] selbst definieren. Diesem Aspekt ist im Rahmen rechtlicher Würdigung Rechnung zu tragen. „Die Zeit" bezeichnete die Möglichkeiten der Neurostimulation sogar als „Griff in die Seele".[22]

Die Nutzbarmachung der THS wird letztlich von dem Leitgedanken hoher Effektivität bei Reversibilität durchzogen und weist zugleich ein erhebliches Potential für missbräuchliche Nutzung auf.[23]

Diese Ausgangspunkte sind tragender Hintergrund sämtlicher rechtlicher Erwägungen.

III. THS - Behandlungsverlauf

Die Vorbereitung und der Verlauf der Operation sind von erheblichem Planungsaufwand gekennzeichnet. Das genaue Vorgehen und der letztlich gewählte Zielort für die Implantation der Elektrode muss präzise überlegt und bestimmt werden.

---

20 Der Begriff der Persönlichkeit ist äußerst facettenreich und in den Wissenschaften, ob Medizin, Rechtswissenschaft oder Philosophie, höchst umstritten. Unabhängig davon, welcher Ansatz aber gewählt wird, ist es eine Tatsache, dass erhebliche Umstrukturierungen im Gehirn ab Überschreitung eines gewissen quantitativen Limits eine Persönlichkeitsmodulation mit sich bringen. Wird dieses Limit überschritten, so wird der Mensch „ein Anderer". Die Tiefen dieser maßgeblich philosophischen Diskussion sollen hier nicht weiter erörtert werden. Es bleibt unbestritten, dass das zentrale Nervensystem der entscheidende mechanische Bauteil des Körpers ist, durch welchen all jenes hervorgebracht wird, was nach menschlichem Dafürhalten als Persönlichkeit definiert ist. Vgl. hierzu *Eysenck*, Persönlichkeit und Individuum, 1987 (Gesamtwerk), mit einem psychologisch-eigenschaftstheoretischen Ansatz und demgegenüber *Skinner*, Beyond Freedom and Dignity, mit einem psychologisch-behavioristischen Ansatz (Gesamtwerk).

21 Über den Persönlichkeitsbegriff hinaus ist das zentrale Nervensystem auch für den gewillkürten Einsatz motorischer Fähigkeiten zuständig. Die Fähigkeit, rational zu denken, ist Kern der Menschlichkeit. Neben einzelnen oberflächlich-äußeren Merkmalen liegt hierin der Unterschied zu anderen bekannten Lebewesen der Erde. Es gibt zahlreiche Tiere, bei denen entsprechende Ansätze nachgewiesen wurden, jedoch eine derart erhebliche Ausprägung wie beim Menschen ist nirgends sonst zu beobachten. Diese These bezieht sich freilich nur auf die bislang bekannten biologischen Arten.

22 Die Zeit vom 16. August 2007 Nr. 34 S. 29. Es handelt sich um einen redaktionellen Artikel, bei dem der Autor nicht in Erscheinung trat.

23 Dazu vgl. Kap 1 A I 2 c bb sowie ausführlich Kap. 3 A und B.

Die Positionierung der Elektroden wird mit Hilfe von bildgebenden Verfahren, Computertomographie (CT) und Magnetresonanztomographie (MRT), geplant. Die Verfahren werden miteinander kombiniert, um eine optimale Übersicht zu erhalten. Außerdem werden die anerkannten stereotaktischen Atlanten bezüglich der Gehirnstrukturen einbezogen.[24]

Die konkrete Operation wird mit den Mitteln der funktionellen Stereotaxie durchgeführt. Das bedeutet, dass der Patient in einen stereotaktischen Rahmen eingespannt und somit fixiert wird, um den Behandlungszielpunkt im Gehirn exakt erreichen zu können. Die Elektrode wird durch ein Bohrloch am Schädel eingeführt und zum Zielpunkt manövriert. In diesem Areal liegen keine Schmerzrezeptoren, so dass der Patient während der Einführung wach sein kann und nach überwiegender Meinung in der medizinischen Fachwelt auch sein sollte, da bereits bei der Implantation zahlreiche Wirkungstests durchgeführt werden[25]. Das Erreichen des Zielortes wird anhand des gewonnenen Bildmaterials computergestützt berechnet. Die exakte Positionierung der Elektroden wird mittels einer zusätzlichen begleitenden CT überwacht.

In einer zweiten Operationseinheit wird das Steuerungselement der Elektroden oberhalb des Brustbereichs implantiert und mit der Stimulationselektrode verbunden.[26]

IV. Stationäre versus ambulante Behandlung

Die Behandlung und ihre Vorbereitung finden bislang ausnahmslos stationär im Krankenhaus statt. Dabei handelt es sich sowohl um zugelassene Krankenhäuser im Sinne der §§ 107, 108 SGB V als auch gegebenenfalls um akutversorgende und speziell ausgestattete Privatkliniken nach § 30 GewO. Es sind Abteilungen für Neurochirurgie und Stereotaxie erforderlich. Zusätzlich werden fachliche Begleitdisziplinen wie insbesondere Neurologien und Psychiatrien benötigt. In den Krankenhäusern sind die notwendigen technisch-apparativen und personellen Ausstattungen vorhanden, die für eine ordnungsgemäße Beobachtung und Überwachung von Patienten erforderlich sind. Vor der vollstationären Behandlung erfolgt eine Phase, in der untersucht wird, ob die THS als Therapie indiziert ist und in der sich die Patienten für die Durchführung der Maßnahme entscheiden können. Die Nachbehandlung erfolgt regelmäßig ambulant.

Zwar könnte theoretisch die gesamte Behandlung mit der THS auch ambulant in einer Praxisgemeinschaft, die über hinreichende Mittel verfügt, stattfinden. Das

---

[24] Anerkannt sind derzeit die Atlanten des Gehirns von *Schaltenbrand* und *Wahren,* vgl. *Nowinski* et. al., Multiple brain atlas database and atlas-based neuroimaging system, Comput aided surg 1997, 42 – 66.

[25] Einen straffen Überblick bieten *Kuhn et al.,* Tiefe Hirnstimulation bei psychiatrischen Erkrankungen, Dtsch. Ärztebl. 2010, 107 (7) Anhang 2 S. 13. Vgl. auch *Moll/Struppler/Engel,* Intraoperative Mikroelektrodenableitungen in den Basalganglien des Menschen, Neuroforum 1/05, S. 14 ff.

[26] Siehe zum Gesamtaufbau die Darstellung *Alesch/Mullet,* in: Krauss/Volkmann (Hrsg.), Tiefe Hirnstimulation, S. 6.

hochtechnisierte Verfahren sowie der hohe personelle und sächliche Aufwand verlangen jedoch ein erhebliches organisatorisches Management, welches in einer stationären Einrichtung regelmäßig besser bewältigt werden kann. Zudem wurde dieses Verfahren bislang nicht in den Katalog sozialrechtlich erbringbarer Leistungen nach § 135 SGB V durch den G-BA eingeführt. Daher kann auch eine sozialrechtliche Verpflichtung zur Leistungserbringung und Abrechnung durch die Krankenkasse für gesetzlich Versicherte nicht bestehen.

Ein vergleichbares Problem von Leistungserbringung und Abrechnung in abgeschwächter Form ergibt sich auch für privat Versicherte. Letztere sind zwar nicht an die Erbringung medizinisch indizierter Leistungen durch ein zugelassenes Krankenhaus gebunden, jedoch ist auch die Privatversicherung ausschließlich zur Kostenerstattung bei Durchführung des medizinisch Notwendigen, hier allerdings nach dem Äquivalenzprinzip, verpflichtet. Daher dürften in einer Praxisgemeinschaft entstandene Kosten nicht erstattungsfähig sein, die ein zugelassenes Krankenhaus hätte vermeiden können, sofern es dem Patienten zumutbar war, die ärztliche Leistung dort vornehmen zu lassen.

Eine Änderung dieser Sachlage ist bislang nicht in Sicht und sollte auch nur erwogen werden, wenn die erforderlichen Einrichtungen und Kontrollinstanzen gewährleistet werden können.

V. Geschichte der THS

Es ist bemerkenswert, dass seit mehr als 2000 Jahren Menschheitsgeschichte elektrischer Strom zur Leidenslinderung eingesetzt wird. Während dies in der Frühzeit durch die therapeutische Nutzung von Zitteraalen[27] und Zitterrochen[28] an den jeweils schmerzenden Bereichen mit geringem Erfolg versucht wurde,[29] nutzte man erst mit Beginn der Neuzeit zielgerichtet Elektrizität im Bereich medizinischer Behandlung.[30] Durch wissenschaftliche Erkenntnisse über die Schmerzentstehung wurde seit dieser Zeit mittels elektrischer Stimulation am Gehirn und Rückenmark versucht, Leiden einzudämmen.[31] Erfolge wurden anfänglich nur in

---

27 *Kellaway,* The William Osler Medal Essay: The part played by electric fish in the early history of bioelectricity and electrotherapy, Bulletin History Medicine 1946, 112 - 137.

28 *McNeal,* 2000 Years of electrical stimulation. In: Hambrecht FT (ed) Functional electrical stimulation: applications in neural prostheses, S. 301 - 335.

29 Vgl. Hierzu auch *Moller*, Review: Electric Fish, BioScience 1991, S. 794 ff.

30 Basis war die Entdeckung präziser elektrischer Nutzbarmachung durch William Gilbert 1601 und Otto von Guericke 1660 mit der Entwicklung der ersten elektrizitätsentfachenden Maschine und die durch Ewald Jürgen Georg von Kleist 1745 gefundene Möglichkeit der Speicherung „Kleist'sche Flasche". Auf dieser Grundlage erkannten viele berühmte Physiker Gesetzmäßigkeiten der Elektrodynamik und entwickelten Einsatzmittel zu deren Gebrauch. Ein Prozess war in Gang gesetzt, der bis zum modernen Neurostimulator reicht.

31 *Gildenberg,* History of neuroaugmentative procedures, Neurosurg Clin N Am 2003, 327 - 337; *Sweet/Wepsic,* Treatment of chronic pain by stimulation of fibers of primary afferent neuron, Trans Am Neurol assoc 1968, 103 - 107; *Wall/Sweet,* Temporary abolition of pain in man, Science 1967, 108 - 109.

geringem Maße erzielt, da brauchbare Theorien über korrekte Stimulationsorte nach wie vor fehlten.[32] Daher verblieb es zunächst bei läsionellen Ansätzen. Die besten Ergebnisse erzielte man, wenn den Patienten Nerven durchtrennt wurden, die im Bereich gefundener Schmerzbahnen lagen.[33] Auch Läsionen in tiefen Strukturen,[34] die *Spiegel* und *Wycis* 1947[35] mit der stereotaktischen Technik vornahmen, halfen häufig gegen den erheblichen Leidensdruck der Patienten. Allerdings kam es dabei regelmäßig zu kaum hinnehmbaren Nebenwirkungen und unerwarteten Ausfällen an anderer Stelle. Es traten insbesondere Verhaltensänderungen und Verlust von Sprachfähigkeit auf.[36] Hinzu kam, dass das läsionelle Verfahren seiner Natur nach irreversibel ist. Angerichtete Schäden konnten und können auch heute bei solch einem Vorgehen nicht behoben werden.

Die Debatte in der medizinischen Fachwelt nahm eine erhebliche Wende als 1962 *Melzack* und Wall die „Gate Control Theory" veröffentlichten.[37] Diese Theorie, die aus den bis dahin bereits vorgeschlagenen Konzepten zusammengetragen wurde, ging grundlegend davon aus, dass bereits im Rückenmark neuronale Mechanismen bestehen, die über die Weiterleitung von Schmerzimpulsen an das Gehirn entscheiden. Daher sollte eine Kontrolle des Schmerzreizes erreicht werden, indem der entscheidende Knotenpunkt, welcher als „Gate" bezeichnet wurde, vom Weiterleiten eines entsprechenden Reizes an die zentralen Hirnstrukturen abgehalten werden sollte. Dies umzusetzen, bereitete allerdings zunächst kaum überwindbare Schwierigkeiten, da jedenfalls für eine Behandlung mit elektrischem Strom an dieser Stelle die notwendige Technik noch keine brauchbaren Implantate bereitstellte. Der erste entscheidende Schritt wurde durch die Übertragung der Herzschrittmachertechnologie auf ein entsprechend anwendbares Neuroimplantat 1965 durch die Arbeit von Mortimer geleistet und 1967 erstmalig eingesetzt.[38] Auch wenn dies mit Sicherheit als Durchbruch bezeichnet werden kann, fehlten doch entscheidende Voraussetzungen für eine dauerhafte Stimulation. Die Implantate waren, sowohl wegen ihrer Größe als auch ob der Haltbarkeit ihrer Batterieleistung noch nicht hinreichend für einen dauerhaften Einsatz geeignet. Daher wurden diese Ansätze schon bald von medikamentösen Therapien weitestgehend abgelöst.[39]

---

32 *Alesch/Mullet*, in: Krauss/Volkmann (Hrsg.), Tiefe Hirnstimulation, S. 2.

33 *Gildenberg,* History of pain management, in: Greenblatt SH (ed) A history of neurosurgery. American Association of Neurological Surgeons 1997, 465 - 488.

34 *Spiegel/Wycis,* Mesencephalotomy in treatment of intractable facial pain, AMA Arch Neurol Psychiatry 1953, 1 - 13.

35 *Spiegel et al.*, Stereotaxic apparatus for operations of the human brain, Science 1947, 349 - 350.

36 Dtsch. Arztebl. 2000; 97 (38): A - 2438.

37 *Melzack/Wall,* Pain mechanisms: a new theory, Science 1965, 971 - 979.

38 *Shealy/Mortimer/Reswick* (1967) Electrical inhibition of pain by stimulation of the dorsal columns: preliminary clinical report, Anesth Analg 46:489 – 491. Eine genauere Darstellung m.w.N. findet sich bei *Alesch/Mullet*, in: Krauss/Volkmann (Hrsg.), Tiefe Hirnstimulation, S. 2 – 4.

39 *Alesch/Mullet*, in: Krauss/Volkmann (Hrsg.), Tiefe Hirnstimulation, S. 8, die insofern berechtigterweise die in den 80er Jahren überwältigende therapeutische Bedeutung von

Dennoch verfolgte man die Idee der elektrischen Stimulation weiter, wenn auch mit wesentlich geringerer Aufmerksamkeit als zuvor. Entscheidend war, dass das menschliche Gehirn zunehmend erforscht und in Bereiche eingeteilt wurde. Hieraus entstanden Atlanten des Gehirns.[40] Sodann wurden auf Initiative von *Adams* und *Hosobuchi* 1969 Neurostimulationen erstmals mit guter Wirkung im zerebralen Bereich eingesetzt.[41] Je nach Stimulationsort konnten die Forscher unterschiedliche Einflüsse feststellen und Ergebnisse festhalten, die der heutigen Form der THS die entscheidende Grundlage gaben.[42] Das Feld möglicher Indikationen für eine THS wurde in der Folgezeit von 1970 - 1990 ausgedehnt. Die Wissenschaftler konzentrierten sich auf das Feld der Bewegungsstörungen,[43] welches auch heutzutage den Hauptanwendungsbereich für die THS darstellt.

Obgleich also seit den 70er Jahren die THS bereits in ihren wesentlichen Grundlagen existierte, brauchte es eine Zeitspanne von 20 Jahren, bis 1990 die besonderen Möglichkeiten dieser Methode wieder in den Fokus der Fachwelt gerieten.[44] Man erkannte, dass die Therapie mit Levo-Dopa[45] zwar wesentlich besser als früher verwendete Medikationen anschlug, dass jedoch auch die Grenzen der Therapierbarkeit schnell erreicht wurden. Insbesondere Patienten in chronischen Stadien essentiellen Tremors waren selbst mit extrem hohen Dosen kaum noch behandelbar.[46] Hier erreichte man 1986 den Durchbruch mit einer THS am Nucleus ventralis intermedius thalami.[47] Internationale Bekanntheit erzielte dieser

---

Levo-Dopa in den Vordergrund stellen. Die Zuführung des bei Parkinson Patienten teilweise fehlenden Botenstoffs Dopamin stellte eine sagenhafte Verbesserung der medikamentösen Behandlung von Patienten mit Bewegungserkrankungen dar.

40 *Schaltenbrand/Bailey,* Introduction to stereotaxis with an atlas of the human brain; *Schaltenbrand/Walker,* Stereotaxy of the human brain.

41 *Hosobuchi/Adams/Rutkin,* Chronic thalamic stimulation for the control of facial anaesthesia dolorosa, Arch Neurol 1973, 158 – 161.

42 Eine Übersicht mit den wichtigsten Ansätzen sowie einer Zeittafel der Forschungsentwicklung finden sich bei *Alesch/Mullet,* in: Krauss/Volkmann (Hrsg.), Tiefe Hirnstimulation, S. 6, 7.

43 *Siegfried,* Sensory thalamic neurostimulation for chronic pain, Pacing Clin Electrophysiol 1987, 209 – 212; *Siegfried/Shulman,* Deep Brain Stimulation, Pacing Clin Electrophysiol 1987, 271 – 272; *Gybels/Sweet,* Neurosurgical treatment of persistent pain. Physiological and pathological mechanisms of human pain, Pain Headache 1989, 1 – 402; *Mundinger/Neumuller,* Programmed stimulation for control of chronic pain and motor diseases, Appl Neurophysiol 1982, 102 – 111.

44 *Alesch/Mullet,* in: Krauss/Volkmann (Hrsg.), Tiefe Hirnstimulation, S. 8 sprechen von einer „Renaissance der funktionelle[n] Neurochirurgie".

45 Eingeführt von *Birkmayer* und *Hornykiewicz* vgl. *Birkmayer/Hornykiewiewicz,* The L-3.4-diooxyphenylalanine (DOPA)-effect in Parkinson-akinesia, Klein Wochenschr 1961, 787 – 788.

46 Vgl. als einen von vielen Erfahrungsberichten die Veröffentlichung des Parkinsozentrums Gertrudis, http://www.parkinson.de/index.php?id=krankheitsverlauf (Abrufdatum: 10.02.2013).

47 *Nagaseki et al.,* Long-term follow-up results of selective VIM-thalamotomy, J Neurosurg 1986, 296 – 302; *Narabayashi,* Vim thalamotomy for treatment of tremor, Eur Neurol 1989, 29 – 32; *Narabayashi/Ohye,* Nucleus ventralis intermedius of human thalamus, Trans

Durchbruch mittelbar mit der Veröffentlichung von 26 Fällen im Jahre 1991.[48] Die Technik wurde verbessert und es wurden, statt der früheren monopolaren, nunmehr quadripolare Elektroden verwendet, welche die neue Generation der Impulsgeber (ITREL II) in ihrer ganzen Bandbreite nutzen konnte. In einer hierauf folgenden Studie bei Tremorpatienten von 1992 – 1994 wurde die erhebliche Wirksamkeit der thalamischen Stimulation nachgewiesen.[49] Die positive Wirkung trat unmittelbar nach der Stimulation ein und verschwand so schnell, wie sie gekommen war, sobald die Stimulation ausgesetzt wurde. Damit war die Behandlung als eindeutig reversibel erkannt und sowohl präzise als auch variabel nutzbar.[50] Als besonders wichtiger Aspekt kam hinzu, dass die Ergebnisse über die Zeit hinweg stabil blieben.[51]

Allerdings ergaben sich auch Probleme. So konnte der Tremor regelmäßig selbst bei sehr starken Ausprägungen kontrolliert werden, jedoch folgten schnell andere Leidesmerkmale der Bewegungserkrankungen, vor allem Rigor und Akinese. Man suchte nun nach Verbesserungen der gefundenen Behandlungsmethode oder anderen Methoden, um die Bewegungserkrankungen rundum zu kontrollieren.

Mitte der 90er Jahre wurden Transplantationen dopaminerger Zellen als Behandlung von Parkinsonpatienten erwogen. Die Ergebnisse waren dermaßen enttäuschend, dass diese Methode kaum weiter verfolgt wurde.

Der für die Gegenwart entscheidende Durchbruch der THS basierte auf der Arbeit von *Alexander* und *DeLong*, die in ihrem Modell auf den nucleus subthalamicus hinwiesen.[52] Dieser Kern war wegen früherer negativer Erfahrungen der Neurochirurgie beim läsionellen Verfahren bislang nicht angetastet worden.[53] Nunmehr konnte dieser Kern mittels eines reversiblen Verfahrens angesprochen werden, woraus ein äußerst günstiger Ausgangspunkt für die Behandlung von

---

Am Neurol Assoc 1974, 232 – 233; *Ohye/Narabayashi,* Physiological study of presumed ventralis intermedius neurons in the human thalamus, J Neurosurg 1979, 290 – 297; *Ohye et al.,* Vim thalamotomy for the treatment of various kinds of tremor, Appl Neurophysiol 1982, 275 – 280.

48 *Benabid et al.*, Long-term suppression of tremor by chronic stimulation of the ventral intermediate thalamic nucleus, Lancet 1991, 403 – 406.

49 *Limousin et al.*, Multicentre European study of thalamic stimulation in parkinsonian and essential tremor, J Neurol Neurosurg Psychiatry 1999, 289 – 296.

50 *Alesch et al.*, Stimulation of the ventric intermediate thalamic nucleus in tremor dominated Parkinson's disease and essential tremor, Acta Neurochir 1995, 75 – 81; *Benabid et al.*, Chronic electrical stimulation of the ventralis intermedius nucleus of the thalamus as a treatment of movement disorders, J Neurosurg 1996, 203 – 214.

51 Dies zeigt eine Langzeitstudie vgl. *Sydow et al.*, Multicentre European study of thalamic stimulation in essential tremor: a six year follow up, J Neurol Neurosurg Psychiatry 2003, 1387 – 1391.

52 *Alexander/DeLong/Strick,* Parallel organization of functionally segregated circuits linking basal ganglia and cortex, Annu Rev Neurosci 1986, 357 – 381.

53 *Schaltenbrand/Wahren,* Atlas for stereotaxy of the human brain.

Rigor und Akinese resultierte.[54] In der Folge wurde auch eine Stimulation im Pallidum versucht, die ebenfalls gute Ergebnisse hervorbrachte.[55] Es kann nach bisheriger Entwicklung davon ausgegangen werden, dass die Forschung künftig Aufschluss über die optimalen Stimulationspunkte geben wird.

Seit einiger Zeit ist auch das Interesse an einer Stimulation zur Behandlung psychiatrischer Erkrankungen erheblich gestiegen. Es wurde ein positiver Effekt auf Patienten mit Tourette-Syndrom, Zwangsstörungen und Depressionen festgestellt.[56] Die genauen Zielorte für einen Einsatz der THS in diesem Bereich werden derzeit erforscht.

Der kurze geschichtliche Abriss zur Entwicklung der THS zeigt, dass wichtige Grundlagen bereits gelegt wurden, jedoch die Grenzen möglicher Erkenntnisse noch lange nicht erreicht worden sind. Entscheidende Kriterien werden die jeweils eingesetzten bildgebenden Verfahren, die sich zunehmend verbessernde Technik der Elektroden[57] und Generatoren sowie insbesondere die wachsenden Erkenntnisse über das menschliche Gehirn sein. An diesen drei Polen wird die Entwicklung in den kommenden Jahren gemessen werden.

---

[54] *Limousin et al.*, Effect of parkinsonian signs and symptoms of bilateral subthalamic nucleus stimulation, Lancet 1995, 91 – 95; *Pollak et al.*, Effects of the stimulation of the subthalamic nucleus in Parkinson disease, Rev Neurol 1993, 175 - 176.

[55] *Siegfried,* Sensory thalamic neurostimulation for chronic pain, Pacing Clin Electrophysiol 1987, 209 – 212.

[56] *Nuttin et al.*, Electrical stimulation in anterior limbs of internal capsules in patients with obsessive-compulsive disorder, Lancet 1999, 1526; *Sturm et al.*, The nucleus accumbens: a target for deep brain stimulation in obsessive-compulsive- and anxiety-disorders, J Chem Neuroanat 2003, 293 – 299; *Visser-Vandewalle et al.*, Chronic bilateral thalamic stimulation: a new therapeutic approach in instractable Tourette syndrome. Report of three cases, J Neurosurg 2003, 1094 – 1100; *Kuhn et al.*, Tiefe Hirnstimulation bei psychiatrischen Erkrankungen, Dtsch Arztebl 2010; 107 (7) 105 - 113.

[57] Versuch des Einsatzes von Implantaten mit acht statt vier Elektroden, vgl. Hochschulmeldungen der Redaktion, Neuartiger Hirnschrittmacher für Parkinson implantiert, Dtsch. Ärztebl. vom 10.11.2010.

Kapitel 1: Die THS-Heilbehandlung

A. Privatrecht

I. Der Behandlungsvertrag/Krankenhausaufnahmevertrag

Zunächst ist die rechtliche Grundlage zu betrachten, auf deren Basis eine Behandlung mit der THS vorgenommen werden kann. Dies ist für Fragen bestehender Organisationspflichten, für später zu erörternde Haftungsgründe in Form von Fehlern jeder Art im gesamten Behandlungsgeschehen und für die Besprechung strafrechtlicher Verantwortlichkeit der Krankenhausleitung von Interesse.

1. Krankenhausaufnahmevertrag

Wie bereits erläutert, kommt eine Behandlung mit der THS aus tatsächlichen Gründen der Organisation, der benötigten Gerätschaften und dem mit diesen Punkten verbundenen finanziellen Aufwand bislang nur im Rahmen stationärer Krankenhausaufnahme in Betracht.[1] Die in der Praxis gängigen Vertragstypen, die somit bereitstehen, sind der totale Krankenhausvertrag,[2] der Krankenhausvertrag mit Arztzusatzvertrag[3] und der gespaltene Arzt-Krankenhausvertrag.[4] Grundsätzlich kommen für die Behandlung mit der THS alle drei Formen in Betracht.

a) Zulässigkeit des gespaltenen Arzt-Krankenhausvertrages

Es ist zu beachten, dass es sich bei dieser Behandlung um einen sehr speziellen Eingriff handelt, welcher mit nicht unerheblichen Risiken verbunden ist[5] und ein großes Können sowie hinreichende Erfahrung von Seiten der Ärzte erfordert.

---

1 Dies setzt selbstverständlich voraus, dass eine vorstationäre Behandlung erfolgte, auf deren Basis eine Entscheidung zu Gunsten der Behandlung mit THS fiel. Wann diese Methode als indiziert zu erachten ist und somit durchgeführt werden kann, ist ausführlich unter Kap. 1 A II und IV dargestellt.

2 Hierbei übernimmt das Krankenhaus vollständig die Verantwortung für die medizinische wie auch die nicht medizinische Betreuung des Patienten, vgl. *Lipp*, in: Laufs/Katzenmeier/Lipp, Arztrecht, S. 64 Rn. 8.

3 Auch hier schuldet das Krankenhaus die gesamte Behandlung sowie Pflege des Patienten, jedoch tritt ein speziell gewählter Arzt durch vertragliche Vereinbarung mit dem Patienten hinzu, vgl. *Lipp*, in: Laufs/Katzenmeier/Lipp, Arztrecht, S. 65 Rn. 10.

4 Hierbei übernimmt ein Belegarzt die ärztliche Versorgung des Patienten, während das Krankenhaus nur die nicht medizinische Betreuung schuldet, vgl. *Lipp*, in: Laufs/Katzenmeier/Lipp, Arztrecht, S. 64 Rn. 9.

5 Man bedenke insbesondere die Tatsache, dass es sich um eine invasive Methode in den Hirnstrukturen handelt, bei welcher Hirnmasse verdrängt und eine Elektrode implantiert wird. Kleinste Abweichungen können hier erhebliche Folgen nach sich ziehen. Insbesondere anhaltende Spätfolgen unter Vermehrung der Bedürfnisse des Patienten drohen bei Behandlungsfehlern.

Somit besteht ein gesteigertes Interesse des Krankenhauses, Haftungsrisiken durch Verringerung des Leistungsangebots zu minimieren, so dass die Wahl eines gespaltenen Arzt-Krankenhausvertrags nahe liegt.[6] Gleichermaßen hat der Patient ein erhöhtes Interesse daran, dass ihm möglichst viele Parteien haftungsrechtlich verantwortlich sind, auf dass Risiken durch besondere Sorgfalt, auch bezüglich der Organisation, bereits im Vorhinein vermieden werden oder, falls es tatsächlich zum unglücklichen Fall der Schädigung kommt, jedenfalls genügend Schuldner für die Folgen aufkommen müssen. Nun besteht diese Interessenlage grundsätzlich im Rahmen der Krankenhausbehandlung. Eine Besonderheit für die Behandlung mit der THS ergibt sich jedoch daraus, dass diese Methode zwar bereits seit Mitte der neunziger Jahre stetig angewendet wird, allerdings die Wirkung der Stimulation auf den menschlichen Organismus nach wie vor nicht präzise in allen Facetten bestimmt werden kann.[7] Daher besteht ein nicht unerheblicher Spielraum für Fehler, bei welchen der exakte Ursprung der negativen Konsequenz häufig nur schwer auszumachen sein wird. Dieser Aspekt in Zusammenhang mit der Komplexität der Methode und der daraus erwachsenden Notwendigkeit präziser Zusammenarbeit innerhalb des Ärzteteams führt dazu, dass ein überwiegendes Interesse des Patienten an der organisatorischen Einrichtung und Überwachung der Behandlungsseite durch das Krankenhaus besteht. Zudem bringen die Krankheitsbilder, welche mit der THS behandelt werden, regelmäßig eine erhebliche Betreuungsbedürftigkeit mit sich.[8] Die ordnungsgemäße Beachtung besonderer Verhaltensregeln durch die Pflegekräfte ist daher ein wesentlicher Faktor für eine erfolgreiche Vorbereitung, Durchführung und Nachbehandlung der Therapie. Somit ist eine saubere Trennung zwischen ärztlich behandelnder Tätigkeit und geschaffenen Rahmenbedingungen im Krankenhaus nur schwer möglich. Mithin erscheint eine Behandlung mit THS im Rahmen eines gespaltenen Arzt-

---

[6] Dennoch ist zu beachten, dass dieser speziell durch Individualvertrag oder AGB des Krankenhauses vereinbart werden muss, wobei die Wirksamkeit der letzteren Variante umstritten ist, vgl. *Kutlu*, AGB-Kontrolle bei stationärer Krankenhausaufnahme, S. 65 ff. m.w.N., der insoweit die Schranken der Inhaltskontrolle als verletzt ansieht, und im Gegensatz dazu aus der Rspr.-Praxis OLG Koblenz NJW 1998, 3425 f. = VersR 1998, 1283, das eine entsprechende Vereinbarung durch AGB für grundsätzlich möglich erachtet. Die Rspr. geht mittlerweile davon aus, dass im Zweifel der Patient, nebst eines gesonderten Wunsches bezüglich der Person des behandelnden Arztes, das Krankenhaus nicht aus der Haftung entlassen möchte, abweichend von BGHZ 89, 263 = NJW 1984, 1400 nunmehr BGHZ 95, 63 = NJW 1985, 2189; BGHZ 121, 107 = NJW 1993, 779; BGHZ 138, 91 = NJW 1998, 1778.

[7] Vgl. zum Stand der Forschung *Rabins et al.*, Scientific and Ethical Issues Related to Deep Brain Stimulation for Disorders of Mood, Behaviour and Thought, Arch Gen Psychiatry 2009, 931-937.

[8] So führen schwere Formen von Parkinson zu körperlichen Defiziten, die eine Pflege selbst für einfache alltägliche Tätigkeiten notwendig werden lassen. Besonders problematisch kann dies auch bei psychiatrischen Erkrankungen sein, wenn der Patient in fortgeschrittenen Stadien davon abgehalten werden muss, sich selbst schwer zu gefährden oder zu verletzen.

Krankenhausvertrages als atypisch.[9] Der Patient wird diese vertragliche Aufnahmeform für die Krankenhausbehandlung daher nicht erwarten und muss dies auch nicht.[10]

Auf Basis vorbenannter grundlegender Feststellungen bezüglich der Methode ist für die Wirksamkeit einer Vereinbarung, mit welcher der Patient einen gespaltenen Arzt-Krankenhausvertrag in diesem Fall akzeptiert, eine individualvertragliche Vereinbarung zwischen Krankenhaus und Patient zu fordern. Eine entsprechende Regelung durch Allgemeine Geschäftsbedingungen (AGB) ist im Sinne des § 307 Abs. 1 S. 1, Abs. 2 Nr. 2 BGB[11] unangemessen benachteiligend. Zwar erkennt der BGH seit einiger Zeit die Möglichkeit der Vereinbarung eines gespaltenen Arzt-Krankenhausvertrages durch AGB an,[12] sofern dem Patienten hinreichend verdeutlicht wird, dass der Krankenhausträger nicht Schuldner der ärztlichen Leistung ist. Laut der Rechtsprechung bedarf es hierfür aber einer Gestaltung

---

9 Der gespaltene Arzt-Krankenhausvertrag ist, abgesehen von reinen Belegkrankenhäusern, immer die Ausnahme. Es ist daher grundsätzlich zunächst zu berücksichtigen, dass ein Patient sich vom Krankenhaus als Einrichtung Heilung und/oder wenigstens Linderung verspricht. Die Präsenz dieses grundsätzlichen Leitbildes ist den Krankenhausträgern auch bewusst. Durch die Besonderheiten bei der THS wird vorbenannter Grundsatz verschärft.

10 Vgl. insoweit *Steffen/Pauge*, Arzthaftungsrecht, S. 11 Rn. 23, 28 - 31.

11 Entgegen geäußerter Bedenken, der BGH lasse seit BGHZ 121, 107 ff. = NJW 1993, 779, 780 eine Inhaltskotrolle in den Fällen formularmäßiger Leistungsstatuierung für die Art des Krankenhausaufnahmevertrags grundsätzlich nicht mehr zu (so *Spickhoff*, Aktuelle Rechtsfragen des medizinischen Behandlungsverhältnisses, S. 52 f.), sind die Ausführungen der Rspr. wohl vielmehr dahingehend zu verstehen, dass eine Unangemessenheit bei der Vereinbarung eines gespaltenen Arzt-Krankenhausvertrags regelmäßig nicht anzunehmen ist. Zwar ist zuzugeben, dass die grundsätzliche Statuierung von Hauptleistungspflichten einer Inhaltskontrolle nach AGB-Recht entzogen ist (vgl. den eng gefassten Ausnahmebereich nach BGH NJW 2003, 2014; 2001, 751; 2001, 2635), jedoch kann eher davon ausgegangen werden, dass der BGH bezüglich der Ausgestaltungen der Krankenhausaufnahmeverträge erkannt hat, dass nach der Verkehrssitte der totale Krankenhausvertrag als Behandlungsrahmen üblich und erwartet ist. Hierfür spricht auch die herangezogene Wertung des Gesetzes in § 2 Abs. 1 S. 1 BPflV, in welchem vom totalen Krankenhausvertrag grundsätzlich ausgegangen wird. Diese Vorschrift war zum Zeitpunkt der Entscheidung an ihrem früheren Standort in § 22 BPflV a.F. dem BGH bekannt und in die Überlegungen einbezogen. Schließlich ist zu beachten, dass der BGH zurückhaltend formuliert „Indessen ist ein derartiger Haftungsausschluss nicht unangemessen, sondern folgt daraus, dass der Krankenhausträger die ärztliche Betreuung des Patienten nicht übernimmt". Die hier verwendeten Begrifflichkeiten sprechen dafür, dass der erkennende Senat eine grundsätzliche Prüfungsmöglichkeit des Inhalts am Maßstab der Angemessenheit bejaht. Ob insoweit auch über das Umgehungsverbot des heutigen § 306 a BGB (§ 7 AGBG a.F.) nachgedacht wurde, kann aus den Ausführungen des Senats bedauerlicherweise nicht ersehen werden. Jedoch ist eine Umgehung materiell rechtlich schlechthin nicht gegeben, da es nach wie vor einem Leistungserbringer möglich sein muss, nur bestimmte Leistungen anzubieten und auch nur diese zu schulden. Anders wäre allenfalls zu entscheiden, wenn es zwingende gesetzliche Vorschriften gäbe, die den Krankenhausträger dazu verpflichten würden, dem Patienten die Heilbehandlung als Leistung anzubieten. Dies ist jedoch nicht der Fall.

12 Grundlegend BGHZ 95, 63 = NJW 1985, 2189.

des Aufnahmevertrags, durch welche Sorge getragen wird, dass die Aufmerksamkeit des Patienten sich auf eben diesen Punkt richtet.[13] Jedoch kann diese formelle Einschränkung nicht für Fälle ausreichen, in denen ein besonderes Interesse an der Übereinstimmung von ärztlichen Leistungen und Pflege sowie an einem präzisen Organisationsmanagement besteht. Der Krankenhausträger muss dann mit dem Wunsch nach Haftungsfreizeichnung durch geringeres Leistungsangebot zurücktreten, da für die Patienten eine übergeordnete Kontrollinstanz zur Überwachung des Ärzteteams durch Unterhaltung von qualitätssichernden Einrichtungen einen wesentlichen Faktor des Vertrauens und der Wahrung eigener körperlicher Integrität bildet. Dies ist bei der THS von erheblicher Bedeutung. Zudem dürfte es bei Trennung ärztlicher und nicht ärztlicher Leistungen für den Patienten häufig schwer zu eruieren sein, auf wessen Fehlverhalten der später eingetretene Schaden nunmehr zurückzuführen ist, was in einem Haftungsprozess zu erheblichen Beweisproblemen führen würde.[14] Dies ist insbesondere der zuvor beschriebenen Komplexität der Methode geschuldet, für welche eine Verbindung in diesem Bereich geboten ist.[15] Eben jene umfassende Verbindnung bietet der totale Krankenhausvertrag zu Gunsten des Patienten. Somit tritt dem Patienten nur ein organisatorisches Gebilde gegenüber, welches vollumfänglich einzustehen hat. Bei der

---

[13] BGHZ 121, 107 ff. = NJW 1993, 779 = JZ 1993, 1062 und hierzu die treffende, knappe Zusammenfassung bei *Steffen/Pauge*, Arzthaftungsrecht, S. 11 Rn. 22. Diese grundsätzliche Eröffnung der formularmäßigen Regelung ist vor dem Hintergrund hinreichender Transparenz für den Patienten nicht zu beanstanden. Es ist den Krankenhausträgern zuzubilligen, dass Klauseln, die das Leistungsangebot statuieren, nicht von vorneherein als Haftungsausschluss bezüglich Körper- und Gesundheitsschäden zu werten sind und entsprechend damit nicht gegen § 309 Nr. 7 a BGB verstoßen, a.A. *Spickhoff*, Aktuelle Rechtsfragen des medizinischen Behandlungsverhältnisses, S. 54 ff. Diese von *Spickhoff* vertretene Position schränkt die Privatautonomie des Krankenhausträgers übermäßig ein, ohne jedoch zwingende Gründe hierfür aufzuzeigen. *Spickhoff* will letztlich auch die Vereinbarung über die vertraglich zu erbringenden Primärleistungspflichten der AGB-Kontrolle unterwerfen und berücksichtigt hierbei nicht hinreichend die gebotene Dispositionsfreiheit der Vertragsparteien, von vorneherein nur das schulden zu müssen, was vertraglich im Hauptleistungspflichtenkatalog auch zugebilligt werden soll. Eine unzulässige Umgehung der AGB-Kontrolle wäre nur dann anzunehmen, wenn der Patient treuwidrig in seiner Erwartung eines ihm zugebilligten weiteren Leistungskatalogs durch die formularmäßige Bestimmung enttäuscht würde. Davon ist bei der Krankenhausaufnahme aber nicht auszugehen.

[14] Der Kausalitätsnachweis zwischen Primärschädigung und Behandlungsfehler ist ohnehin die zumeist schwierigste Hürde im Arzthaftungsprozess für einen geschädigten Patienten. Aufgrund dieser Erkenntnis entwickelte die Rspr. zahlreiche Darlegungs- und Beweiserleichterungen, insbesondere in Fällen grober Behandlungsfehler, vgl. die Übersicht bei *Frahm/Nixdorf/Walter*, Arzthaftungsrecht, S. 113 ff. Rn. 131 ff. Dieses Problem verschärft sich besonders dann, wenn wesentlicher Aspekt der Heilbehandlung die pflegerische Tätigkeit des Personals ist, jedoch aber eine getrennte Haftung von behandelndem Arzt und Krankenhausträger vereinbart wurde.

[15] Vgl. hierzu *Kramer*, Formularmäßige Spaltung des Krankenhausvertrages: ein Verstoß gegen das AGB-Gesetz, NJW 1996, 2398, der dieses Problem bereits im Rahmen jedweder Krankenhausbehandlung als erheblich in den Vordergrund stellt. Etwas anderes soll nur in einem Belegkrankenhaus gelten, vgl. *Kramer*, a.a.O., S. 2399.

umfassenden Versorgung durch das Krankenhaus handelt es sich daher um einen wesentlichen Pflichtenaspekt im Sinne des § 307 Abs. 2 Nr. 2 BGB, dessen Abbedingung den Zweck des Behandlungsvertrags beim Einsatz der Methode THS zu gefährden droht.[16] Ohne die umfassende Organisationspflicht des Krankenhauses steht regelmäßig zu befürchten an, dass der Patient auch subjektiv kein Gefühl der Sicherheit einer ordnungsgemäßen Behandlung haben wird, was eingedenk der schweren psychischen Belastung, welche die zu behandelnden Krankheiten und die THS als Therapie mit sich bringen, in erheblicher Weise gesundheitsschädigend wirken kann. Viele der mit THS behandelten Krankheitsbilder lassen es nicht zu, dass eine externe pflegerische Betreuung den Heilungsprozess begleitet, die unabhängig vom ärztlichen Team agiert, da im Rahmen der Pflege die psychischen Veränderungen berücksichtigt und medizinisch korrekt behandelt werden müssen. Die korrekte Pflege ist in diesen Bereichen somit Teil der Behandlung lege artis. Dies gilt vor allem für psychiatrische Erkrankungen wie das Tourette-Syndrom und schwere Depressionen, aber auch Bewegungserkrankungen wie Parkinson und Dystonie, sofern der Leidensdruck den Patienten bereits dermaßen einschränkt, dass er dauerhaft auf fremde Hilfe angewiesen ist, um selbst einfache Abläufe wie das verrichten von Notdurft oder die Nahrungsaufnahme zu bewältigen. Dieser Hintergrund ist auch dem aufnehmenden Krankenhaus bekannt.

b) Fazit

Im Ergebnis ist eine formularmäßige Vereinbarung eines gespaltenen Arzt-Krankenhausvertrags für die THS nicht möglich. Eine entsprechende Klausel ist für die Aufnahme zur Durchführung strukturell hoch komplexer Therapieformen im Sinne des § 307 Abs. 1 S. 1, Abs. 2 Nr. 2 BGB unangemessen benachteiligend.

Zu einem individualvertraglichen Aushandeln wird es demgegenüber regelmäßig nicht kommen, so dass für die ordnungsgemäße Durchführung dieser besonderen Methode typischerweise das Krankenhaus einzustehen hat. Ein Arztzusatzvertrag kann zur Ergänzung des totalen Krankenhausvertrages abgeschlossen werden. Dies wird auch häufig dem Patientenwunsch entsprechen, um für eine Spezialistenbehandlung dieser Art den Arzt des eigenen Vertrauens zu sichern. Die Leistungsfähigkeit und Fachkenntnis der Behandlungsseite ist vom Krankenhaus streng zu überwachen. Vorbereitung, Planung und Ausführung dürfen nur von

---

16 Diese inhaltliche Kontrollmöglichkeit der Spaltungsklausel am Maßstab des § 307 Abs. 1, 2 BGB verbleibt, ohne den Parteien von vorneherein die Möglichkeit zu nehmen, über die geschuldete Leistung zu disponieren, wie es *Spickhoff*, Aktuelle Rechtsfragen des medizinischen Behandlungsverhältnisses, S. 54 ff. , mit der Anwendung des § 309 Nr. 7 a BGB verlangt. Kontrolliert wird hierbei nicht die Hauptleistungspflicht selbst, sondern die sie beeinflussenden Umstände. Es handelt sich bei Klauseln zu Gunsten eines gespaltenen Arzt-Krankenhausvertrages also um eine Unterform der Hauptleistungsnebenabrede, welche auch inhaltlich kontrollfähig ist, vgl. BGH NJW 2004, 2591; 2001, 2636. Dieses Ergebnis dürfte der Rechtsprechungssicht am ehesten entsprechen, da somit die inhaltliche Kontrollfähigkeit dieser Klauseln eingeschränkt, jedoch nicht ausgeschlossen ist. Mithin bietet sich hierdurch auch eine sowohl praktikable als auch richterlich überprüfbare Lösung.

ausgewiesenen Experten durchgeführt werden. Der medizinische Nachwuchs muss für die THS über den Nachweis des entsprechenden Facharztstandards hinaus eine mehrjährige Einarbeitung durch Kollegen absolvieren, welche hinreichend Erfahrung auf den Sondergebieten in der Neurologie, Psychiatrie und Neurochirurgie mitbringen. Da es mittlerweile in der Bundesrepublik Deutschland jedenfalls für die neurochirurgische Operation hinreichend ausgewiesene Experten gibt,[17] können sich Arzt und Krankenhaus nicht auf fehlende Weiterbildungsmöglichkeiten berufen.

2. Behandlungsvertrag

a) Vertragstyp

Die Behandlung durch das Ärzteteam bei der THS erfolgt auf Basis eines Heilbehandlungsvertrags, der als Dienstvertrag im Sinne der §§ 630 a ff. BGB zu qualifizieren ist.[18] Weder kann der Behandlungsseite zugemutet werden, den jeweils gewünschten Heilerfolg zu garantieren noch das Entgeltrisiko nach Werkvertragsgrundsätzen zu übernehmen. Auch die Implantierung der Elektroden und die Verwendung des Stimulators sind Teil der Heilbehandlung und daher nach Dienstvertragsrecht zu beurteilen.

Unabhängig davon ist der Bereich der Beschaffung der technischen Komponenten vom Hersteller. Dieser ist nicht Teil der Heilbehandlung, sondern derselben vorgelagert. Die ordnungsgemäße Funktion des Stimulators wird vom Hersteller nach Werklieferungsrecht im Sinne der §§ 651 i.V.m. 433 ff. BGB oder aber bei Spezialanfertigungen nach Werkvertragsrecht im Sinne der §§ 631 ff. BGB geschuldet.[19] Dabei sind die Restriktionen des Medizinproduktegesetzes

---

17 So ergab eine Krankenhaussuche für geeignete Krankenhäuser beim Behandlungswunsch "Einwirkung auf das Nervensystem mittels elektrischer Impulse" auf der „weißen Liste" der Bertelsmannstiftung 73 geeignete Anlaufstationen in der Bundesrepublik, vgl. www.weisse-liste.de (Abrufdatum 09.09.2010). Der medizinwissenschaftliche Austausch ist ebenfalls im regen Fortlauf, vgl. *Kuhn et al.*, Tiefe Hirnstimulation bei psychiatrischen Erkrankungen, Dtsch Arztebl Int 2010; 107(7): 105-13; *Wiesing*, Bedarf an umsichtiger Forschung: Anwendung der tiefen Hirnstimulation bei psychiatrischen Erkrankungen, Dtsch Arztebl Int 2010, 107(7): 103-4; *Schulze-Bonhage*, Tiefe Hirnstimulation als neuer Therapieansatz bei Epilepsien, Dtsch Arztebl Int 2009; 106(24): 407-12; Übersichtsaufsatz Redaktion, Parkinson: Tiefenhirnstimulation wirksamer, aber riskanter als Medikamente, Online-Übersicht 07.01.2009, http://www.aerzteblatt.de/v4/news/news.asp?id=34956&src=suche&p=Tiefe+Hirnstimulation (Abrufdatum: 01.07.2011).

18 Für den Heilbehandlungsvertrag als solchen ist dies allgemeine Meinung, vgl. *Lipp*, in: Laufs/Katzenmeier/Lipp, Arztrecht, S. 73 Rn. 26 m.w.N. Für die THS gilt im Rahmen der heilenden Tätigkeit nichts anderes.

19 Vorausgesetzt, dass der Patient selber Partei des Vertrages mit den Anbietern des Stimulators wird. Andernfalls kommt ein entsprechender Kaufvertrag mit der Behandlungsseite zu Stande. Letzteres ist der Normalfall.

einzuhalten.[20] Wesentlicher Zweck der vorliegenden Untersuchung ist die rechtliche Einstufung der Heilbehandlung, so dass weitergehende Ausführungen über den technisch-apparativen Bereich im Vorfeld hier nicht erfolgen.[21]

b) Vertragsschluss unter Teilnahme minderjähriger Patienten

Die THS wird zunehmend auch bei psychiatrischen Erkrankungen eingesetzt, welche, anders als etwa Parkinson, auch bei Minderjährigen auftreten.[22] Während bei Erwachsenen der Vertragsschluss mit dem Patienten selber stattfinden kann,[23] ist es beim Minderjährigen fraglich, unter welchen Umständen der Vertrag für diese spezielle Methode zustande kommt. Da diese Therapieform ein erheblicher Eingriff ist, kann jedenfalls der Wille des Minderjährigen alleine nicht ausreichen. Das in Frage stehende Schuldverhältnis ist weder lediglich rechtlich vorteilhaft im Sinne des § 107 BGB noch unterfällt es § 110 BGB. Ein geschlossener Vertrag wäre insoweit also schwebend unwirksam und durch die Eltern gemäß §§ 108 Abs. 1, 1626 BGB allenfalls genehmigungsfähig. Regelmäßig wird es aber so sein, dass die Eltern einen Behandlungsvertrag mit dem Arzt zu Gunsten des Kin-

---

[20] Elektrode und Impulsgenerator sind Medizinprodukte i.S.d. § 3 Nr. 1 MPG. Insoweit ist für die Behandlungsseite zu beachten, dass nach § 4 Abs. 1 MPG ein Verbot besteht, die jeweilige Technik in Betrieb zu nehmen und anzuwenden, sofern der begründete Verdacht mangelnder Sicherheit oder fehlender Standardisierung aufkommt. Stimulator und Impulsgenerator müssen also vor Verwendung auf Herkunft und Zertifikat geprüft werden. Die CE-Zertifizierung gemäß §§ 6, 9 MPG muss einwandfrei sein. Da es sich bei den Elektroden und dem Impulsgenerator um zu implantierende Produkte handelt, wird hiermit die Testvoraussetzung des § 7 Abs. 1 i.V.m. Anhang 1 der Richtlinie 90/385/EWG sichergestellt. Zudem ist der Hersteller bei Schäden nach dem ProdhaftG verantwortlich. Näheres zu allen Fragen der Haftung in Kap. 1 A VI.

[21] Als instruierende Übersicht möge dienen *Dilba*, Unter Strom, Financial Times Deutschland (FTD), medbiz 11/08 S. 4 – 6; *Achenbach*, Eingriff ohne Spuren, Financial Times Deutschland (FTD), medbiz 11/08, S. 12 f.

[22] So etwa schwere Depressionen, Tourette-Syndrom, Spannungskopfschmerz und schwere Suchterscheinungen wie zwanghaftes Glücksspiel und Alkoholgenuss, sowie der besonderen Bewegungserkrankung Dystonie. Vgl. *Perlmutter/Mink*, Deep Brain Stimulation, Anu.Rev.Neurosci 2006, 229, 232 m.w.N; vgl. auch die DGN-Leitlinie zur Dystonie, http://www.dgn.org/leitlinien-der-dgn-2008-97.html (Abrufdatum 30.10.2011).

[23] Vertragsschluss durch Vertreter oder gar Eingriffsdurchführung ohne denselben und ohne Vertrag auf Basis der Geschäftsführung ohne Auftrag ist bei der THS bislang in keiner Weise denkbar. Es handelt sich bei dieser Methode um keine Notfallbehandlung zur Rettung des Lebens und auch um keine vergleichbare Situation. Vielmehr muss im Einzelnen mit dem Patienten abgestimmt sein, ob er diese Methode zur Verbesserung seiner Lebensqualität und seiner körperlichen und/oder geistigen Verfassung wünscht. Ein erwachsener Patient, der dies nicht/nicht mehr entscheiden kann, ist regelmäßig für die THS auch nicht geeignet. Sofern jedoch ein Patient tatsächlich, trotz fehlender Fähigkeit, seine Entscheidungen bezüglich der eigenen Gesundheit selbst zu treffen, für diese Methode geeignet sein sollte, bedarf es der Bestellung einer rechtlichen Betreuung gemäß §§ 1896, 1901, 1902, BGB, welche bei diesem Verfahren nach § 1904 BGB das Betreuungssgericht anrufen muss. S. hierzu auch die S. 68 ff.

des im Sinne des § 328 BGB abschließen. Von einer rechtlichen Vertretung des Kindes, so dass der Vertrag nur zwischen diesem und dem Arzt zu Stande kommt, ist grundsätzlich nicht auszugehen.[24]

Anderes ist nur dann denkbar, wenn das Kind über 15 Jahre alt und gesetzlich krankenversichert ist, vgl. § 36 Abs. 1 SGB I mit der Kontrollmöglichkeit der Eltern nach § 36 Abs. 2 SGB I. Der Minderjährige ist insoweit jedenfalls zum Empfang sozialversicherungsrechtlicher Leistungen berechtigt, ohne dass eine Einwilligung der Eltern nötig wäre. Hieraus wird gefolgert, dass der Minderjährige auch die dafür notwendigen Verträge schließen kann.[25] Da die Krankenkasse die Kosten im Wege der Sachleistung übernimmt, der Patient also bereits mit Zahlung des Versicherungsbeitrags einen Anspruch auf die notwendige ärztliche Behandlung erworben hat, könnte der bloße Vertragsschluss mit der Behandlungsseite nunmehr lediglich rechtlich vorteilhaft im Sinne des § 107 BGB sein.[26] Eine vertiefte Auseinandersetzung hierüber erübrigt sich allerdings bereits deshalb, weil durch § 36 Abs. 1 SGB I jedenfalls die erforderliche Einwilligung zu den notwendigen ärztlichen Eingriffen nicht mitgetragen wird.[27] Mithin ist es die Pflicht des Arztes, die Eltern sofort zu informieren, wenn tatsächlich der - praktisch unwahrscheinliche - Fall eintritt, dass ein Minderjähriger ohne die Sorgeberechtigten in einem Krankenhaus erscheint und eine Behandlung mit THS wünscht.[28] Das Kind besitzt bezüglich der Einwilligung zu erheblichen ärztlichen Eingriffen allenfalls ein Mit- aber kein Alleinentscheidungsrecht.[29] Der Abschluss des Behandlungsvertrags kann für sich genommen also nicht zur Durchführung der Therapie reichen. Da dies auch den Ärzten bewusst sein muss, ist es notwendig, den Minderjährigen sofort auf diesen Umstand hinzuweisen und einen Vertrag bis zur Kommunikation mit den Sorgeberechtigten zurückzustellen.[30]

---

[24] Vgl. hierzu *Kern*, in: Laufs/Kern, Handbuch des Arztrechts, § 39 Rn. 24 f. m.w.N.

[25] Staudinger/*Peschel-Gutzeit*, BGB, § 1626 Rn. 103 - 106.

[26] Soergel/*Spickhoff*, BGB, § 823 Anh I Rn. 12; a.A. *Bender*, Das Verhältnis von ärztlicher Schweigepflicht und Informationsanspruch bei der Behandlung Minderjähriger, MedR 1997, 7 ff.; *Kern*, in: Laufs/Kern (Hrsg.), Handbuch des Arztrechts, § 39 Rn. 24.

[27] *Coester*, Zur sozialrechtlichen Handlungsfähigkeit des Minderjährigen, FamRZ 1985, 982, 986; *Bender*, a.a.O., S. 9 in Fn. 28; a.A. *Kohte*, Die rechtfertigende Einwilligung, AcP 185 (1985), 105, 148, jedoch ohne Begründung, wie *Lipp*, in: Laufs/Katzenmeier/Lipp, Arztrecht, Kap. III Rn. 19 Fn. 75 zu Recht kritisiert.

[28] Diese Pflicht ergibt sich zivilrechtlich bereits aus der Behandlungsübernahme gegenüber dem minderjährigen Patienten. Wenn dieser die hinreichende Einwilligung nicht erteilen kann, so ist der Arzt auf Basis seiner ärztlichen Hilfspflicht dazu gehalten, eben jene Instanz zu informieren, die hierüber zu entscheiden hat. Dies ergibt sich zugleich als drittbezogene Pflicht gegenüber den Erziehungsberechtigten, deren Rechte bei der Behandlungsübernahme eines Minderjährigen mit zu wahren sind. Zur Frage der ärztlichen Schweigepflicht auch gegenüber den Eltern vgl. Kap. 1 D V.

[29] Vgl. Kap 1 A IV 2 b.

[30] Diese Feststellung kollidiert auch nicht mit § 7 Abs. 4 MBO-Ä, da das bürgerliche Vertragsrecht ebenso wie das Deliktsrecht keine ärztliche Pflicht begründen, nach welcher die Erziehungsberechtigten des Minderjährigen eigenmächtig ärztlicherseits mit einzubeziehen wären. Im Übrigen wäre bei einer Normkollision das Berufsrecht an dieser Stelle nicht dazu geeignet, eine zivilrechtlich statuierte Pflicht zu negieren, da das BGB in der

c) Gesetzliches Verbot und Sittenverstoß

Spezielle Wirksamkeitsprobleme des zivilrechtlichen Behandlungsvertrags zur Durchführung einer THS bilden die Grenzen der §§ 134, 138 Abs. 1 BGB. Ein Verstoß gegen ein gesetzliches Verbot oder die guten Sitten, also gegen das Anstandsgefühl aller billig und gerecht Denkenden,[31] ist bei dieser Behandlungsmethode primär in vier Hinsichten zu erörtern:[32]

Es drohen im Einzelfall Verstöße gegen § 15 Abs. 4 der Berufsordnungen der Länder in Verbindung mit Vorgaben der Deklaration des Weltärztebundes von Helsinki (**aa**).

Die Behandlungsseite kann mit der Stimulans in ethisch verwerflicher und persönlichkeitsverletzender Art und Weise auf den Patienten Einfluss nehmen, indem das Verhalten, die Emotionalität und mithin der freie Wille des Patienten partiell reguliert werden. Die Beweggründe hierfür sind mannigfaltig (**bb**).

Das dritte Problemfeld ist wirtschaftlicher Natur. Die Behandlung mit THS ist sehr teuer.[33] Für den Fall einer Kostenübernahme von dritter Seite spielt dieser Aspekt keine Rolle für die Wirksamkeit des Behandlungsvertrages. Anderes ist aber zu erwägen, wenn der Patient selbst zahlen muss (**cc**).

Schließlich sind Verstöße gegen das MPG beachtlich. Es ist für jede THS-Behandlung bezüglich des eigesetzten Materials entscheidend, dass ausschließlich Medizinprodukte mit CE-Kennzeichnung eingesetzt werden und dies auch nur in der Art und Weise, für die das Produkt nach dem Konformitätsverfahren zugelassen wurde (**dd**).[34]

Normenhierarchie das Berufsrecht, welches Landesrecht ist, bricht. Eine Öffnungsklausel ist für Vertragspflichten zu Gunsten des Landesrechts auch nicht vorgesehen, so dass gemäß Art. 55 EGBGB von einer abschließenden Kodifikation ausgegangen werden muss. Zur Frage der Wahrung des allgemeinen Persönlichkeitsrechts des Kindes, vgl. Kap 1 D II.

31 Motive II, 727; BGHZ 10, 228, 232 = NJW 1953, 1665 und seither st. Rspr.

32 An dieser Stelle werden keine Überlegungen zu Verträgen angestellt, welche anderen Zielen als der Heilbehandlung gewidmet sind. Die Diskussion um solcher Art Verträge bleibt der Untersuchung der THS als Enhancement vorbehalten, vgl. Teil 3.

33 Pauschal kann im Rahmen der gesamten Behandlung im Schnitt von rund 40.000 € ausgegangen werden. *Spottke et al.*, Evaluation of healthcare utilization and health status of patients with Parkinson's disease treated with deep brain stimulation of the subthalamic nucleus, J Neurol 2002, 759–766; *Valldeoriola et al.*, Prospective Comparative Study on Cost-Effectiveness of Subthalamic Stimulation and Best Medical Treatment in Advanced Parkinson's Disease, Movement Disorders 2007, 2183–2191.

34 Vgl. zu den Details des Konformitätsverfahrens Rehmann/Wagner/*Rehmann*, MPG, Einführung Rn. 29 – 57.

aa) § 15 Abs. 4 MBO-Ä und Nr. 20 der Deklaration von Helsinki

Die Nichtigkeit des Behandlungsvertrages gemäß §§ 134 BGB in Verbindung mit 15 Abs. 4 der Berufsordnungen der Länder ist in Verbindung mit Nr. 20 der Deklaration des Weltärztebundes von Helsinki denkbar.

Die THS eröffnet besondere und durchaus aufregende neue Wege der medizinischen Versorgung, aber auch neue Möglichkeiten besonderer Erkenntnisse bezüglich der Funktionalität des menschlichen Gehirns. Sofern der Arzt von vorneherein seinerseits den experimentellen Charakter in den Vordergrund stellt und den Patienten hierüber nicht unterrichtet, sondern in dem Glauben lässt, dass dieser nach bestem Wissen und Gewissen therapiert werde, liegt ein Verstoß gegen Nr. 20 der Deklaration des Weltärztebundes von Helsinki vor. Diese Deklaration ist über § 15 Abs. 4 der Berufsordnungen der Länder auch im ärztlichen Berufsrecht zunächst einmal genannt. Jedoch fehlt es an den notwendigen Voraussetzungen für den Charakter eines Verbotsgesetzes im Sinne des § 134 BGB.

Zwar ist die grundsätzliche Anwendbarkeit des § 134 BGB im Rahmen berufsständischer Satzungen anerkannt.[35] Einwände erhebt *Taupitz*, der davon ausgeht, dass Kammersatzungen keine Verbotsgesetze im Sinne des § 134 BGB sein könnten, solange die zu Grunde liegende Ermächtigung die rechtliche Basis nicht bereitet.[36] *Taupitz* verweist darauf, dass die Ärztekammern nicht die erforderliche Kompetenz aufwiesen, um im staatlichen Gefüge Normen zu statuieren, welche geeignet sein könnten, bürgerlich-rechtliche Verträge der Nichtigkeit zuzuführen. *Taupitz* geht davon aus, dass die Kammern hierfür einer gesetzlichen Ermächtigung bedürften, welche sich nach geltendem Recht schlechterdings nicht finden lasse. Dem wird aber entgegengehalten, dass § 134 BGB selbst die notwendige formell gesetzliche Ermächtigung auf Basis einer entsprechenden Kompetenz nach dem GG bilde. Darauf aufbauend könne auch der Normgeber berufsständischer Satzungen die für seinen Bereich notwendigen Verbote erlassen, welche sodann auch als Verbotsgesetze im Sinne des § 134 BGB zu wirken hätten.[37] Dieser weiten Auslegung des § 134 BGB ist grundsätzlich zuzustimmen, wird doch somit auch berücksichtigt, dass die Rechtsordnung im Rahmen von Verbotsvorschriften möglichst einheitliche Ergebnisse zu gewährleisten hat, um Rechtssicherheit zu garantieren. Insoweit muss es den jeweiligen Körperschaften, die zur Normsetzung ermächtigt sind, auch möglich sein, Gesetze mit Verbotscharakter im Sinne des § 134 BGB zu schaffen. Diesbezüglich ist § 134 BGB daher auch als Öffnungsklausel für landesrechtliche Einflüsse zu verstehen, da der Bundesgesetzgeber von seiner Kompetenz zur Regelung bürgerlich rechtlicher Nichtigkeitsgründe für Verträge abschließend Gebrauch gemacht hat.[38]

---

[35] BGH NJW 1986, 2360; 1992, 1159 ff. = MedR 1992, 269 ff.; BGH VersR 2003, 1446 f.; BayOblGZ 2000, 301, 307 = MedR 2001, 206, 209 f.; MüKo/*Armbrüster,* BGB, § 134 Rn. 30; Staudinger/*Sack,* BGB, § 134 Rn. 309.

[36] Vgl. *Taupitz*, JZ 1994, 221 ff.

[37] Vgl. hierzu BayOblGZ 2000, 301, 307 = MedR 2001, 206, 209 f.

[38] Vgl. Art. 55 EGBGB. § 134 BGB wird zu Recht in Fällen von Kammergesetzen als Öffnungsklausel verstanden. Zur Herleitung kodifikatorisch erschöpfender Regelungen vgl.

Im Fall des § 15 Abs. 4 der Berufsordnungen ist dies jedoch anders zu beurteilen. Sofern der Wortlaut überhaupt dahingehend verstanden werden kann, dass die Regeln der Deklaration des Weltärztebundes von Helsinki verbindliches Recht und mehr als eine bloße Leitlinie sein sollen,[39] kann jedenfalls ein Verbotscharakter im Sinne des § 134 BGB nicht bejaht werden. Die Ärztekammern, welche die Ermächtigung zum Satzungserlass haben, besitzen hierdurch keinesfalls die Kompetenz die insoweit ihnen übertragene staatliche Macht auf ein Gremium zu delegieren, welches weder unmittelbar noch mittelbar der deutschen Staatsgewalt zugerechnet werden kann. Es ist darüber hinaus davon auszugehen, dass eine entsprechende Delegation selbst innerhalb des benannten Rahmens unzulässig wäre, da die Ermächtigungsgrundlage zur Schaffung des Kammerrechts eine solche Übertragungskompetenz nicht deckt. Zwar delegiert § 15 Abs. 4 der Berufsordnungen nicht unmittelbar die Normsetzungskompetenz auf das externe Gremium, jedoch hat die dort enthaltene dynamische Verweisung auf das extern geschaffene Regelwerk die gleiche Wirkung.

Als Fazit bleibt festzuhalten, dass der Verweis in § 15 Abs. 4 der Berufsordnungen der Länder rein ermahnenden Charakter hat. Mithin kommt eine Nichtigkeit gemäß § 134 BGB bezüglich des Behandlungsvertrages bei der THS wegen Verstoßes gegen die dort einbezogenen Regeln nicht in Betracht.

bb) Gezielte Regulation des Patientenwillens

Das Problem missbräuchlicher Stimulans durch die Behandlungsseite ist primär eine Frage der Wirksamkeit patientenseitiger Einwilligung in die Behandlung.[40] Anders ist dies jedoch dann zu werten, wenn der Vertragsschluss selbst von ärztlicher Seite vor dem Hintergrund missbräuchlicher Anwendung der THS geschlossen wird. Drei Zielrichtungen führen im Wesentlichen zu dieser Gefahr.

(1) Zunächst kann der Patient, welcher sich Heilung oder jedenfalls Linderung seines Leidens verspricht, für Forschungszwecke „therapiert" werden. Sollen bei einem ärztlichen Eingriff überwiegend Forschungszwecke verfolgt werden, so ist der Patient von vorneherein hierüber zu unterrichten, da nicht das Wohl des Patienten, sondern der Forschungszweck in den Vordergrund tritt.[41] Der Vertrag, welcher auf dieser Basis entsteht, weist den Patienten sodann als Probanden der Studie aus, für welche besondere Regelungen, Maßnahmen und Hinweispflichten gelten.[42] Im Übrigen droht auch eine Umgehung der strikten Gesetzesvorgaben für Forschungseingriffe nach den §§ 20 ff. MPG. Insofern ist der gesamte Vertragscharakter bei einem Forschungseingriff von vorneherein anders zu beurteilen. Wird ein solches klinisches Experiment von ärztlicher Seite aus gewünscht, je-

BVerfGE 7, 342, 347 = NJW 1958, 1179 f.; BVerfGE 49, 343, 358 = NJW 1979, 859 f.; BVerfGE 67, 299, 324 = NJW 1985, 371, 374; aus der Lit. Dreier/*Stettner*, GG, Art. 72 Rn. 28, Art. 74 Rn. 17.

39 „...beachten...die ethischen Grundsätze...", vgl. § 15 Abs. 4 MBO-Ä.

40 Vgl. hierzu Kap. 1 A IV 3.

41 *Fischer*, Medizinische Versuche an Menschen, 1979, S. 4 f., 42 f.; *Kirchhof*, MedR 2007, 147 ff.

42 Vgl. hierzu *Hart*, MedR 1994, 94 f.

doch gleichwohl als geregelte Heilbehandlung durchgeführt, so verstößt bereits der Behandlungsvertrag gegen §§ 134 BGB i.V.m. 11 Abs. 2 S. 1 der Berufsordnungen der Ärztekammern in allen Bundesländern[43] sowie gegen § 138 Abs. 1 BGB und ist daher nichtig.[44] Ein solches Vorgehen der Behandlungsseite ist sowohl ethisch verwerflich[45] als auch, ob seines betrügerischen Charakters, eine erhebliche Gefahr für die Wahrung des Selbstbestimmungsrechts seitens des Patienten. Das besondere notwendige Vertrauensverhältnis zwischen Arzt und Patient ist in diesem Fall in seiner Grundlage von vorneherein erschüttert, da der Patient davon ausgehen muss, dass dem Arzt die Genesung seines Patienten nicht primär am Herzen liegt.[46] Auch eine Umdeutung im Sinne des § 140 BGB oder eine stillschweigende Vereinbarung zu Gunsten eines üblichen Heilbehandlungsvertrages kommt in diesen Fällen regelmäßig nicht mehr in Betracht.[47] Der schwere Vertrauensmissbrauch seitens des Arztes wird den besonnenen Patienten bei Kenntniserlangung immer dazu bringen, sofort den Arzt zu wechseln. Mit der rechtlichen Bewertung des Vertrags in dieser Situation als von Anfang an nichtig gemäß §§ 134, 138 Abs. 1 BGB wird auch vermieden, dass der Arzt nach erfolgter Behandlung zu Gunsten seiner Forschungszwecke eine Vergütung verlangen kann, welche ihm nach einem derartigen Vertrauensbruch nicht zusteht. Zudem ist konsequent auch jedweder bereicherungsrechtliche Anspruch gemäß § 817 S. 2 BGB analog[48] ausgeschlossen.[49] Dementsprechend ist der Patient nicht auf eine schlich-

---

[43] Zur Eigenschaft von Kammersatzungen als Verbotsgesetze im Sinne des § 134 BGB s. Kap. 1 A I c aa.

[44] Das Verhältnis der §§ 134 und 138 Abs. 1 BGB zueinander ist umstritten, (es wird allerdings ganz überwiegend ein Spezialitätsverhältnis zu Gunsten der vorrangigen Anwendung des § 134 befürwortet, so BGH NJW 1983, 869 f.; BAG NJW 1993, 2703) jedoch ist dies für die vorliegende Betrachtung irrelevant, da jedenfalls nach beiden Vorschriften von der Nichtigkeit der hier behandelten Vertragskonstellation auszugehen ist. Zudem ist eine Anwendbarkeit des § 138 Abs. 1 BGB grundsätzlich möglich, wenn eine Nichtigkeit nach § 134 BGB im Einzelfall nicht festgestellt werden kann, so BGHZ 138, 291, 299 = NJW 1998, 2592, 2594.

[45] Für diese Wertung kann - anders als unter Punkt a im Rahmen des § 134 BGB - die Deklaration des Weltärztebundes von Helsinki herangezogen werden. Ethische Verwerflichkeit und damit ein Verstoß gegen das Anstandsgefühl aller billig und gerecht Denkenden kann auch für das deutsche Recht durch die Vorgaben eines internationalen Gremius indiziert sein, welches zur Befassung und Prüfung entsprechender Fragestellungen berufen und gerade auch vom deutschen Gesetzgeber anerkannt ist.

[46] Auf derselben Linie *Deutsch/Spickhoff*, Medizinrecht, S. 84 Rn. 126 m.w.N.

[47] Vgl. BGHZ 68, 207 = NJW 1977, 1233.

[48] Allg. Meinung für Sittenverstöße, die ausschließlich durch den Leistenden begangen wurden, vgl. nur BGHZ 50, 90 f. = WM 1968, 780; PWW/*Leupertz*, BGB, § 817 Rn. 7. Gleichermaßen erstreckt sich der Ausschluss nach § 817 S. 2 BGB auch auf sämtliche Leistungskondiktionen BGH, a.a.O.

[49] Ein Vergütungsanspruch darf in diesen Fällen auch nicht über die Regeln der Geschäftsführung ohne Auftrag (GoA) konstruiert werden, da dies der gesetzgeberischen Grundwertung für die Handhabung nichtiger Verträge diametral entgegenstünde. Insoweit ist entweder die GoA als grundsätzlich nicht anwendbar zu erachten oder aber die Fremdheit des Geschäfts wegen Erfüllung einer als bestehend angenommenen Verbindlichkeit zu

te Anfechtungsmöglichkeit gemäß § 123 BGB zu verweisen, da ihm bei dieser Bewertung der Einwand des § 817 S. 2 BGB analog versagt wäre und jedenfalls ein bereicherungsrechtlicher Ausgleich in Betracht käme.[50] Schließlich sind auch Ansprüche aus Geschäftsführung ohne Auftrag (GoA) zu Gunsten des Arztes in aller Regel zu verneinen, selbst wenn man diese in den Fällen nichtiger Verträge mit ständiger BGH-Rechtsprechung[51] für potentiell anwendbar hielte. Der Arzt könnte eine Vergütung nach den §§ 677, 683 S. 1, 670 i.V.m. 1835 Abs. 3 BGB analog nur beanspruchen, wenn es sich im Einzelfall um eine Form echter, berechtigter GoA handelt. Dies wird allerdings insbesondere beim Einsatz der Therapiemittel zu Forschungszwecken zumeist nicht der Fall sein, da für den Patienten eine therapeutische Intervention auf diese Art und Weise und vor diesem Hintergrund nur höchst selten gewollt sein wird, sofern der Patient dies nicht zuvor ausgiebig überdenken konnte.

Gegenüber dem behandelnden Arzt stehen dem Patienten potentiell Ansprüche aus Culpa in Contrahendo sowie aus Delikt zu.[52] Hierdurch wird hinreichend ausgeglichen, dass der vertragliche Schutz ipso iure nicht gegeben ist.

Anders ist die Situation lediglich dann zu beurteilen, wenn der Patient nunmehr dennoch eine Behandlung durch den Arzt begehrt. In diesem Fall kommt zwischen den Parteien ein Heilbehandlungsvertrag zustande oder aber der Patient wird nunmehr als Proband einer Studie eingeordnet. Der zuvor erörterte strenge Schutz vor einem missbräuchlichen ärztlichen Vorgehen ist nicht mehr geboten. Es obliegt sodann allein dem Patienten, privatautonom zu entscheiden, was für seine gesundheitliche Verfassung und Genesung das Beste ist. Sollte es aber zu einem

---

verneinen oder jedenfalls die Grenze des § 817 S. 2 BGB analog auch in der GoA anzuwenden. Der von der Rspr. beschrittene Weg sieht demgegenüber eine Anwendbarkeit der GoA vor und lässt auch keine Erweiterung des Gedankens aus § 817 S. 2 BGB zu. Dies ist vor dem Hintergrund elementarer Wertungen des bürgerlichen Rechts bedenklich.

[50] Diese Bewertung lässt nicht außer Acht, dass grundsätzlich bei der Anwendung des § 138 Abs. 1 BGB insbesondere dann Zurückhaltung geboten ist, wenn der Sittenverstoß nur bei einer der beiden Parteien vorliegt, vgl. PWW/*Ahrens*, BGB, § 138 Rn. 4. Die entsprechend benachteiligte Partei soll regelmäßig die Möglichkeit erhalten, durch vertragliche Ansprüche oder Anfechtung selbst über die Wirksamkeit zu entscheiden. Jedoch stößt dieser Grundsatz dort an seine Grenzen, wo ein bestimmtes Verhalten schlechthin untersagt und typischerweise die benachteiligte Vertragspartei auch vor einer Überforderung durch die Gesamtsituation bewahrt werden soll, PWW/*Ahrens*, a.a.O., Rn. 4, 27 ff. Ärzte, die wie erörtert handeln, sollen bereits nach gesetzlicher Wertung im Sinne des § 138 Abs. 1 BGB von Patienten fern gehalten werden. Es liegt im Rahmen des staatlichen Schutzauftrags, gegen solches Verhalten präventiv tätig zu werden, was mit der Nichtigkeit nach § 138 Abs. 1 BGB bürgerlich rechtlich gewährleistet ist.

[51] Diskutiert in BGH Beschl. v. 26.04.1990 III ZR 294/88 - Erbensucher 1; anders für die spezielle Konstellation der Vertragsanbahnung dann aber in BGH NJW 2000, 72- Erbensucher 2; im Übrigen ist die GoA grundsätzlich auch bei nichtigen Verträgen anwendbar, vgl. etwa BGH NJW 1993, 3196.

[52] Es kann in solchen Fällen ohne weitere Erörterung festgestellt werden, dass der Arzt nach den §§ 280 Abs. 1, 311 Abs. 2, 241 Abs. 2 BGB sowie nach den §§ 823 Abs. 1, Abs. 2 BGB i.V.m. 223 StGB und nach § 826 BGB vollumfänglich auf Schadensersatz haftet.

Probandenvertrag kommen, so sind die zwingenden gesetzlichen Regeln der medizinischen Forschung einzuhalten.[53]

(2) Weiterhin ist es der Behandlungsseite im Rahmen von Planung und Ausführung der Implantation möglich, die Elektroden so zu legen, dass nebst der Leidensbekämpfung bestimmte Nebeneffekte eintreten.[54] So können etwa hypomanische oder gar manische Patienten gezielt ruhiger gestellt werden. Dies ist jedoch letztlich eine Frage der Rechtmäßigkeit des Eingriffs selbst, da hierfür die explizite Einwilligung eines ordnungsgemäß aufgeklärten Patienten notwendig ist. Der gesamte Behandlungsvertrag könnte hierdurch nur dann gemäß § 138 Abs. 1 BGB als nichtig zu erachten sein, wenn die Behandlungsseite die Vertragssituation gerade als „Deckmantel" für eine Regulation dieser Art verwenden will. Für diese Frage ist auch die Einwirkung der Grundrechte als objektive Werteordnung[55] auf die Privatrechtsordnung von erheblicher Bedeutung. Das umfassende Selbstbestimmungsrecht des Patienten, welches durch Art. 2 Abs. 1 in Verbindung mit Art. 1 Abs. 1 GG geschützt wird, wirkt sich im Rahmen der Generalklausel des § 138 Abs. 1 BGB dahingehend aus, dass ein Vertrag, welcher im Kern darauf angelegt ist, die freie Selbstbestimmung des Patienten gegen dessen Willen zu beeinflussen, auch im Rahmen des bürgerlichen Rechts keinen Bestand haben kann.[56] Dieses Ergebnis ist für die übliche Heilbehandlung vor dem Hintergrund der besonderen Wichtigkeit der Freiheits- und Selbstbestimmungswahrung eines jeden Menschen eindeutig.

Ob anderes für den Fall der Kontrolle und „Bändigung" von Straftätern gelten kann, ist Gegenstand der THS als medizinisch nicht indizierte Methode und soll im zweiten Teil bei der rechtlichen Untersuchung der THS als Neuroenhancement behandelt werden.

(3) Von wesentlich größerer Bedeutung ist demgegenüber die Frage, ob auf Basis des verfassungsrechtlich gebotenen Schutzes der menschlichen Persönlichkeit auch ein Vertrag gemäß § 138 Abs. 1 BGB als nichtig anzusehen ist, welcher die Persönlichkeit des Patienten gezielt verändert und der Patient dies weiß und vielleicht sogar wünscht.

Bedenken ergeben sich insoweit aus ethischer Sicht, welche für die Bestimmung des allgemeinen Persönlichkeitsrechts und dessen notwendigen Schutzumfangs durchaus von Interesse ist. Da jedoch bislang aus dem Kreise der Fachwelt bezüglich ethischer Problemlagen nichts ersichtlich ist, wonach die Veränderung von Charakterzügen, Emotionen und deren Ausmaß sowie Denk- und sonstige Verhaltensweisen grundsätzlich in jedweder Form als ethisch verwerflich einzu-

---

53 Im Einzelnen Kap. 2.

54 Anhand der stereotaktischen Atlanten können bereits zahlreiche Areale des Hirns bestimmten körperlichen Mechanismen zugeordnet werden. Ausführlich hierzu *van den Boom*, in: Afshar/Watkins/Yap, Erstellung eines digitalen dreidimensionalen Volumenmodelles des menschlichen Hirnstammes nach dem stereotaktischen Wahrscheinlichkeitsatlanten.

55 Vgl. BVerfGE 7, 198 – Lüth = NJW 1958, 257.

56 Dieser Fall entbehrt weitestgehend praktischer Relevanz, darf jedoch bezüglich der hier gewünschten umfänglichen Betrachtung möglicher Probleme mit der THS als theoretische Erwägung nicht fehlen.

stufen wären, reicht dieser Ansatz jedenfalls nicht aus, um davon auszugehen, dass sich hieraus ein rechtliches Gebot ergäbe, welches zur Nichtigkeit entsprechender Behandlungsverträge über § 138 Abs. 1 BGB im Zivilrecht führen würde. Ethische Bedenken sind bis jetzt zu vage formuliert und einer allgemeinen Gesetzgebung kaum zugänglich. Diese Einschätzung kann sich zweifellos mit voranschreitenden Erkenntnissen der ethischen Diskussion jeder Zeit ändern. Auf entsprechende Ergebnisse muss eine rechtliche Würdigung jedoch notgedrungen warten.

Als Ausnahme von diesem Grundsatz ist eine Vertragskonstellation zu nennen, welche darauf zielt, dass der Patient durch die Behandlung mit THS erheblich aggressiver und hierdurch gefährlich für Mitmenschen wird. Insofern gebietet insbesondere der Einfluss der Grundrechte Dritter, allen voran Art. 2 Abs. 2 GG, dass Verträge dieser Art als nichtig zu erachten sind. Gleichermaßen ist zu bezweifeln, ob das gezielte Herbeiführen eines solchen Effekts noch mit der Würde[57] des betroffenen Menschen vereinbart werden kann.[58]

Die Beeinflussung all dessen, was den Patienten als Individuum im Wesentlichen ausmacht, mithin die Grundpfeiler seiner Persönlichkeit,[59] könnten bei einer mechanischen Stimulans, wie es mit der THS denkbar ist, in Zukunft noch als Verstoß gegen die Grenzen des Art. 1 Abs. 1 GG erkannt werden. Für eine abschließende rechtliche Bewertung ist ein Erkenntnisgewinn im naturwissenschaftlichen und philosophischen Sektor bezüglich dessen nötig, was Persönlichkeit tatsächlich ist und wie weit sie durch den Staat und die Gesellschaft geschützt werden muss.

---

57 Art. 1 Abs. 1 GG ist grundsätzlich nach der Objektformel des BVerfG nur dann einschlägig, wenn der Mensch zum bloßen Objekt staatlichen Handelns in der Weise degradiert wird, dass seine Subjektsqualität als solche in Frage gestellt wird vgl. BVerfGE 45, 187, 227 f. = NJW 1977, 1525; BVerfGE 87, 209, 228 = NJW 1993, 1457. Vgl. auch BVerwG 115, 189, 199 = NVwZ 2002, 598. Zugleich ergibt sich aus Art. 1 Abs. 1 GG aber auch, dass der Staat keine Übergriffe Dritte auf die Würde eines Menschen dulden darf. Aus letzterem Gedanken ergibt sich der hier genannte Einfluss des Menschenwürdeprinzips auf die Privatrechtsordnung, vgl. BVerwGE 64, 274 = NJW 1982, 664; BVerwGE 115, 189 = NVwZ 2002, 598; VG Neustadt, Beschl. v. 21.05.1992, GewArch 1992, 296 f.

58 Auch dieser Ausnahmefall dürfte praktisch kaum relevant sein, könnte jedoch im Rahmen der Diskussion um eine Zweckentfremdung der Methode an Bedeutung gewinnen. Dies lässt sich derzeit aber allenfalls als verachtenswerte Zukunftsvision begreifen.

59 Der Inhalt dieser Begrifflichkeit ist höchst umstritten und seine Ausformung nach der Frage des Menschen an sich selbst, wer er ist, zieht sich durch die gesamte Geschichte der Menschheit, seit es ein rationales Denken zu verzeichnen gibt. Selbstverständlich kann auch an dieser Stelle keine Lösung angeboten werden. Vielmehr soll dieser Punkt möglichst allgemein gehalten und dessen endgültige Klärung der philosophischen Fachwelt vorbehalten sein. Vorliegend bleibt es bei der juristischen Grundeinordnung von Veränderungen dessen, was jedenfalls nach dem gegenwärtigen Zeitgeist als Persönlichkeitsveränderung weithin wahrgenommen wird.

cc) Wirtschaftliche Aufklärung

In wirtschaftlicher Hinsicht müssen die erheblichen Kosten der THS beachtet werden.[60] Es ist anerkannt, dass bei Methoden, die einen solch massiven Kostendruck mit sich bringen, die Behandlungsseite dann zu einer wirtschaftlichen Aufklärung[61] und Beratung berufen ist, wenn ohne weitere Nachforschung bereits klar wird, dass erhebliche wirtschaftliche Nachteile für den Patienten drohen.[62] Dies ist nunmehr auch in § 630 c Abs. 3 BGB festgelegt. Sofern also im Rahmen des Behandlungsvertrages die Behandlungsseite feststellt, dass es im Zweifel nicht zu einer Kostenübernahme der THS durch GKV oder PKV kommen wird, ist der Patient hierauf hinzuweisen.

Allerdings kann lediglich das Versäumnis eines solchen Hinweises nicht zur Einstufung eines sittenwidrigen Vertrages,[63] sondern zur fehlenden Liquidationsmöglichkeit seitens des Arztes sowie zu aufrechnungsfähigen Schadensersatzansprüchen des Patienten führen.[64] Dies ist nur dann anders zu beurteilen, wenn besondere Umstände vorliegen, die unter Abwägung beiderseitiger Interessen für den Patienten schlechthin untragbar sind. Aufbauend auf die Entscheidung des BGH zur Sittenwidrigkeit eines totalen Krankenhausvertrages[65] wegen fehlender wirtschaftlicher Aufklärung und zusätzlich wegen Unterlassens jeglicher kostendämpfender Maßnahmen, ist der Aufnahmevertrag bei der THS dann als sittenwidrig zu erachten, wenn seitens des Krankenhauses eine defizitäre wirtschaftliche Lage des Patienten bekannt oder evident ist und es zudem nahe liegt, dass der Patient bei drohendem wirtschaftlichem Ruin eine Behandlung im Zweifel nicht wünscht. Letzteres ist bei drohendem wirtschaftlichen Ruin nach allgemeiner Lebenserfahrung grundsätzlich zu vermuten. Liegen diese Voraussetzungen vor, so hat das Krankenhaus auch nach durchgeführter Behandlung gegen den Patienten mangels Behandlungsvertrag keinen Vergütungsanspruch und aufgrund der Ausschlussregelung in § 817 BGB auch keinen forderungsfähigen Bereicherungsausgleich. Die Kosten sind nicht liquidationsfähig.

Als Fazit ist daher festzuhalten, dass bei Aufnahme eines Patienten, der für die THS in Frage kommt, der wirtschaftliche Aspekt unbedingt Erwähnung finden

---

[60] Ein Betrag von rund 40.000 € s. Kap. 1 FN 392.

[61] Zur Entwicklung dieses Aufklärungserfordernisses vgl. *Michalski,* VersR 1997, 137, 142, 143.

[62] *Katzenmeier*, in Laufs/Katzenmeier/Lipp, Arztrecht, S. 108 Rn. 17; Soergel/*Spickhoff*, § 823 Anh. I Rn. 131. Es ist demgegenüber grundsätzlich nicht Sache von Arzt und Krankenhaus, fremde Vermögensinteressen grundlegend zu hinterfragen oder zu verwalten, vgl. zur Literatur *Katzenmeier*, in: Laufs/Katzenmeier/Lipp (Hrsg.), Arztrecht, S. 108 Rn. 17 m.w.N.

[63] Es muss sich ein Gesamtbild der Sittenwidrigkeit aus allen im Einzelfall gegebenen Umständen herauskristallisieren, vgl. BGHZ 125, 218, 228 = NJW 1994, 1344, 1347; BGHZ 51, 55, 56 = NJW 1969, 230.

[64] Näher hierzu Kap. 1 A VI 3.

[65] BGHZ 102, 106 = NJW 1988, 759 = MedR 1988, 175.

sollte. Der Patient ist darauf hinzuweisen, dass die Kostenübernahme in jedem Fall vor Therapiebeginn abzuklären ist.[66]

dd) Vorschriften des Medizinprodukterechts

Die Vorschriften des Medizinprodukterechts sehen wegen der besonderen abstrakten Gefährlichkeit und Überwachungsbedürftigkeit von auf dem Markt befindlichen Medizinprodukten eine obligatorische präventive Kontrolle durch ein Konformitätsverfahren vor. Bei Produkten, die auf dem Markt letztlich Verwendung finden dürfen, wird eine CE-Kennzeichnung erteilt, §§ 7, 9 MPG i.V.m. MPV.[67] Diese Vorschriften des MPG, deren Bruch gemäß § 40 MPG strafbewehrt ist, dienen einem umfassenden Schutz aller Betroffenen.[68] So ist es keineswegs dem jeweiligen Patienten freigestellt, sich mit einem bislang nicht zugelassenen Medizinprodukt behandeln zu lassen. Anderes kann nur im Rahmen einer Heilversuchs bei einem im Übrigen austherapierten Patienten gelten, da der Schutzzweck des MPG nicht dahin geht, letzte Heilungs- oder Leidenslinderungschancen a priori zu verbieten.[69] Die zur THS verwendete Elektrode wie auch deren Zubehörstücke und die Anwendungssoftware sind Medizinprodukte im Sinne der §§ 2 Abs. 1, 3 Nr. 1 MPG. Zur Wirksamkeit eines zivilrechtlichen Vertrages schweigt das MPG. Daraus folgt, dass ein bürgerlich rechtlicher Vertrag über die Implantation einer Elektrode, die selbst noch nicht zugelassen ist, oder deren Anwendungsart auf die gewünschte Weise bisher nicht zugelassen wurde, gemäß § 134 BGB nichtig ist. Die Vorschriften des MPG sind klare Verbotsgesetze, die jedwede zuvor nicht getestete Anwendung von Medizinprodukten im Ansatz verhindern sollen.[70] Hierzu gehört auch der Vertragsschluss über eine entsprechende Behandlung. Demgegenüber ist die Ansicht abzulehnen, dass die wesentliche Zulassungsvorschrift des § 6 MPG nur wettbewerbsrechtlichen Charakter haben soll.[71] Die Vertreter dieser Ansicht argumentieren selbst ausschließlich mit der Wahrung der Gesundheit im europäischen Raum und vermögen einen rein wettbewerbsrechtlichen Bezug zwischen den Anbietern nicht zu erklären. Der Verweis in § 6 Abs. 4 MPG ist ebenfalls kein Gegenargument, da es hierbei nur um die Frage der haftungsrechtlichen und strafrechtlichen Verantwortlichkeit geht.

---

66 Näheres zur Pflicht der Kostentragung Dritter in Kap. 1 B.

67 Es gilt zu beachten, dass gemäß § 7 Abs. 1 S. 1 MPG i.V.m. der Richtlinie 90/385/EWG, zuletzt geändert durch Art. 1 der Richtlinie 2007/47/EG, gesonderte Vorschriften für aktive Medizinprodukte gelten.

68 Weitere Ausführungen s. Kap. 1 C I 3.

69 Das Problem zeigte sich bereits im Fall BGHZ 168, 103 (Robodoc) = NJW 2006, 2477, jedoch befasste sich der Senat nicht mit diesem Problemkreis.

70 Ob dies im Rahmen des teilweise vergleichbaren Arzneimittelrechts auf Basis von BGHZ 172, 1 = NJW 2007, 2767 anders beurteilt werden könnte, ist vor dem Hintergrund der klaren Rechtslage im MPG letztlich nicht erheblich.

71 Vgl. Rehmann/Wagner/*Wagner*, MPG, § 6 Rn. 11, 31 mit nur sehr knapper Ausführung ohne Argument, weswegen andere zivilrechtliche Wirkungen nicht in Betracht kommen.

II. Medizinische Indikation und Standards

Die zu erwartende Qualität der gesamten ärztlichen Behandlung, ihrer Vorbereitung, Durchführung und Nachbehandlung bestimmt sich nach dem medizinischen Standard.[72] Der im Krankenhaus primär behandelnde Arzt muss somit die THS als mögliche Therapieform für Krankheitsbilder[73] bei der immer gebotenen Abwägung zur konkreten Behandlungsentscheidung in Erwägung ziehen, bei welchen die THS bereits als Standardbehandlung gewertet werden kann, so auch § 630 a Abs. 2 BGB. In anderen Fällen, in welchen diese Therapieform zwar erwogen werden könnte, jedoch (noch) nicht als Standard einzustufen ist, bedarf es einer eingehenden Abwägung von Seiten des Arztes, welche Methoden zur Verfügung stehen, inwieweit dieselben helfen und welchen Nutzen demgegenüber die THS bringen könnte.[74] Dabei ist immer zu bedenken, dass diese Behandlungsmöglichkeit besondere Risiken birgt, welche durch Alternativtherapien im Einzelfall vermieden werden könnten, die aber zugleich geringeren Nutzen versprechen. Es ist immer das Ziel bei der Therapieentscheidung, diejenige Behandlung zu wählen, welche bei möglichst hoher Effektivität zugleich den schonendsten Weg für Heilung oder Linderung des Leidens bietet,[75] soweit diese Grundsätze im Einzelfall noch miteinander vereinbart werden können. Insoweit ist von ärztlicher Seite der Grundsatz salus aegroti suprema lex primärer und entscheidender Anknüpfungspunkt. Da es sich bei der THS aber um eine besondere Therapieform handelt, welche ihre Auswirkungen in den menschlichen Nervenzentren entfaltet und somit

---

72 Der Standard ist nach h.M. die grundsätzlich vertraglich geschuldete Leistungsqualität seitens des Arztes, vgl. *Uhlenbruck*, in: Laufs/Uhlenbruck, Handbuch des Arztrechts, § 39 Rn. 9; *Deutsch/Spickhoff*, Medizinrecht, Rn. 114; *Katzenmeier*, in: Laufs/Katzenmeier/Lipp, Arztrecht, S. 315 f. Rn. 5.

73 An dieser Stelle wird der juristisch bislang anerkannte Krankheitsbegriff des nach ärztlichen Erkenntnissen behandlungsbedürftigen Zustands zu Grunde gelegt, vgl. hierzu *Laufs*, in: Laufs/Kern, Handbuch des Arztrechts, S. 9 f.; *Fuchs*, in: Preis/Fuchs, Sozialversicherungsrecht, § 19, S. 282 – 286; *Zuck*, in: Quaas/Zuck, Medizinrecht, § 2 S. 8 - 10. Die zahlreich geführten Kontroversen in der medizinischen Fachwelt, in denen auch etliche andere Krankheitsbegriffe propagiert werden, ist für die vorliegende Untersuchung nicht von Belang, da in absehbarer Zeit nicht zu erwarten ist, dass sich die höchstrichterliche Rechtsprechung in Bezug auf den juristisch anerkannten Krankheitsbegriff ändern wird. Im Übrigen sei für die laufende Diskussion verwiesen auf das Gutachten von *Duden/Zimmermann*, Aspekte des Wandels des Verständnisses von Gesundheit / Krankheit / Behinderung als Folge der modernen Medizin, sowie *Lanzerath*, Krankheitsbegriff und Zielsetzungen in der modernen Medizin, G+G-Beilage 2003, Nr. 3, S. 14 - 20.

74 Abweichungen vom Standard sind nach eingehender Abwägung und hinreichender patientenseitiger Einwilligung auf Basis eines informed Consent möglich. Die rechtliche Bewertung ist dem Grunde nach gleichlaufend zur Standardbehandlung, wobei im Rahmen der Indikation immer ein Abgleich alternativer Methoden besonders wichtig ist, vgl. *Lipp*, in: Laufs/Katzenmeier/Lipp, Arztrecht, S. 464 ff. Rn. 27 ff. Zu den Detailfragen s.u. die Ausführungen zur Abweichung vom Standard.

75 *Schreiber*, in: Nagel/Fuchs, Leitlinien und Standards im Gesundheitswesen, S. 167, 170.

Einfluss auf all jenes nimmt, was den Menschen speziell als Menschen ausmacht,[76] ist der Grundsatz voluntas aegroti suprema lex mindestens auf gleiche Stufe mit dem Bedürfnis nach Heilung zu stellen. Dabei wird selbstverständlich nicht davon ausgegangen, dass bei anderen Therapieformen gegen den Patientenwillen agiert werden würde oder dürfte. Vielmehr soll hier zu Beginn herausgestellt werden, dass ob des erheblichen Nebenwirkungspotentials der THS die informierte Einwilligung des Patienten Aspekte erfassen muss, die weder Arzt noch Patient präzise vorhersehen können. Dies ist bereits in folgender Diskussion um den medizinischen Standard zu berücksichtigen. Das Zusammenspiel dieser entscheidenden Wesensgehalte ärztlicher Therapie hat erheblichen Einfluss auf die in Art. 12 Abs. 1, 2 GG verbürgte Therapiefreiheit des Arztes und wirkt sich dementsprechend auf die Therapiewahl aus.

1. Die THS als Standardtherapie

Für die Frage, in welchen Fällen die THS als Standardtherapie anzusehen ist, muss eine Bewertung an Hand des Grundbegriffs des Standards erfolgen. Welche pathologischen Zustände eine Indikation der THS als geeignete Standardtherapie zulassen, ist mit unaufhaltsam andauerndem Fortschritt immer wieder neu zu erfragen und zu eruieren. Diese Bewertung ist letztlich aber Sache der medizinischen Fachwelt. Das Recht gibt diesbezüglich nur gewisse Grenzen zum Schutz potentiell betroffener Rechtsgüter vor.[77]

Die ganz überwiegender Ansicht definiert Standard wie folgt: „Standard in der Medizin repräsentiert den jeweiligen Stand der naturwissenschaftlichen Erkenntnisse und der ärztlichen Erfahrung, der zur Erreichung des ärztlichen Behandlungsziels erforderlich ist und sich in der Erprobung bewährt hat“.[78]

Unter Zugrundelegung dieses Verständnisses von Standard ist auf Basis derzeitiger wissenschaftlicher Erkenntnisse die THS als Standardbehandlung im Bereich

---

[76] Hier befindet sich das Zentrum der Fähigkeit zu Emotionen, zu rationalem Denken und zur Entwicklung und Entfaltung einer besonderen, von jedem anderen unterscheidbaren Persönlichkeit. Die Nervenzentren, welche die Steuerung des gesamten menschlichen Verhaltens in einer ungeheuer komplexen Struktur gewährleisten, sind naturgemäß mit großer Vorsicht und Bedacht zu behandeln. Als stützende Parallelwertung ist darauf hinzuweisen, dass nach ganz einhelliger Meinung der Hirntod das Leben des Menschen beendet. Dies wird eben damit begründet, dass die wesentlichen Faktoren, aus denen sich das Menschsein ergibt, durch das Gehirn ermöglicht und gesteuert werden; mit fast identischem Wortlaut Schönke/Schröder/*Eser*, StGB, Vor §§ 211 ff. Rn. 19 m.w.N.

[77] Beispielhaft seien genannt Schutzgrenzen zum Erhalt der körperlichen Integrität und der freien Selbstbestimmung des Patienten, Schutzgrenzen zur Kontrolle und Regelung wissenschaftlichen Fortschritts, Regelungen zum Aufbau und Erhalt grundlegender Strukturen des Behandlungsgeschehens etc. Details werden in den folgenden Kapiteln hinsichtlich der THS im Einzelnen untersucht.

[78] *Carstensen,* DÄBl 1989, A-2431 f.; *Buchborn*, MedR 1993, 328 ff.; aus der Rspr. vgl. BSGE 81, 182 = NJW 1999, 1811 f. = MedR 1999, 43 f.; OLG Köln, VersR 2000, 493; aus juristischer Lit. vgl. *Steffen,* MedR 1995, 190; *Hart,* MedR 1998, 8 f.; *Laufs*, in: Laufs/Kern, Handbuch des Arztrechts, § 3 Rn. 17.

von motorischen Krankheiten wie Morbus Parkinson[79] und essentiellem Tremor[80] anerkannt. Die positiven Ergebnisse, welche durch eine Therapie mit THS in diesen Bereichen regelmäßig erzielt werden, stehen der Alternative der Medikation gleich und übertreffen dieselbe teilweise sogar.[81] Zudem kann die regelmäßig extrem hohe Dosis notwendiger Medikamente auf ein Minimum reduziert werden, was für die Patienten eine wesentliche Entlastung bringt.[82] Außerdem ist die Kombination aus Medikamenten und der THS mit bemerkenswerten Resultaten möglich.[83]

Eingehende Erfahrungen mit der THS in diesem Bereich sind spätestens seit den neunziger Jahren zu verzeichnen.[84] Besonders hervorzuheben ist, dass in der medizinischen Fachwelt bereits ein verbreiteter Konsens über die Auswirkung der Stimulation bestimmter Hirnareale existiert,[85] so dass verschiedene gewünschte Wirkungen, wie motorische Veränderungen beim Patienten, gezielt herbeigeführt werden können. Zwar gibt es selbstverständlich bei einer solch komplexen Methodik nach wie vor ernstzunehmende wissenschaftliche Debatten, welche Zielstruktur am besten mit der Elektrode anzusteuern ist,[86] jedoch darf dies eingedenk des bereits breit gefächerten Wissens- und Erfahrungshintergrundes zweifelsohne als weitergehende Forschung im Rahmen einer Standardtherapie bezeichnet und nicht als Beweis für die "Unausgegorenheit" des medizinischen Vorgehens erkannt werden.

---

[79] Vgl. *Perlmutter/Mink*, Deep Brain Stimulation, Anu.Rev.Neurosci 2006, 229, 231 m.w.N; vgl. auch S. 2 der DGN-Leitlinie zu Morbus Parkinson, http://www.dgn.org/leitlinien-der-dgn-2008-96.html (Abrufdatum 30.10.2012).

[80] Vgl. *Perlmutter/Mink*, Deep Brain Stimulation, Anu.Rev.Neurosci 2006, 229, 231 m.w.N; vgl. auch die DGN-Leitlinie zur Tremorbehandlung, http://www.dgn.org/leitlinien-der-dgn-2008-99.html (Abrufdatum 30.10.2012).

[81] Vgl. etwa die Ausführungen des Kompetenznetzes Parkinson, http://www.kompetenznetz-parkinson.de/Projekte/hirnstimulation.html (Abrufdatum 30.10.2012).

[82] *Spottke et al.*, Evaluation of healthcare utilization and health status of patients with Parkinson's disease treated with deep brain stimulation of the subthalamic nucleus, J Neurol 2002, 759–766. Vgl. zudem *Moser*, L-Dopa-Langzeitsyndrom: tiefe Hirnstimulation: Selten indiziert, aber effektiv, http://neurologie-psychiatrie.universimed.com/artikel/l-dopa-langzeitsyndrom-tiefe-hirnstimulation-%E2%80%93-selten-indiziert-aber (Abrufdatum: 24.10.2012).

[83] Dies konnte in den Jahren 2009, 2010 und 2011 im Rahmen der ELSA-Studie im Universitätsklinikum Köln besonders bei Parkinson-Patienten gezeigt werden, vgl. Abschlussbericht ELSA-DBS, Veröffentlichung voraussichtlich 2012.

[84] Vgl. hierzu die Ausführungen in Einführung V.

[85] Dies beweisen die zuvor benannten und in der Praxis allgemein verwendeten Leitlinien der DGN. Leitlinien und Empfehlungen sind zwar nicht rechtlich verbindlich, jedoch erkennt die Rspr. den besonderen Einfluss an, indem eine Abweichung von anerkannten Leitlinien besonders begründungsbedürftig ist, BGH NJW 1987, 2937 = VersR 1988, 155; BGHZ 144, 1 = NJW 2000, 1784.

[86] Vgl. *Moll/Struppler/Engel*, Intraoperative Mikroelektrodenableitungen in den Basalganglien des Menschen, Neuroforum 1/05, S. 14 ff.; *Moser*, a.a.O.

In der Zwischenzeit hat sich auch die Technik des Behandlungsprozesses stark verbessert. Hierbei sind besonders die neueren, bildgebenden Verfahren[87] zur Stützung einer exakten Planung und Durchführung der Implantation der Elektroden zu berücksichtigen. Auch ist die Dauerhaftigkeit der Stimulation durch einen externen Transmitter mit Regelungsmöglichkeit und Austauschbarkeit der Batterien gesichert.[88]

Die mittlerweile breit angelegte Debatte in der Fachwelt und der sowohl nationale[89] als auch internationale[90] Austausch von Erfahrungen mit der THS zur Behandlung von Bewegungserkrankungen zeigen deutlich, dass diese Methode gegenwärtig bereits große Anerkennung zur Behandlung motorischer Erkrankungen in der Fachwelt genießt.

Uneinigkeit besteht allerdings über die Frage, ob die THS in jedwedem Stadium von Bewegungserkrankungen bereits die indizierte Standardbehandlung ist oder ob zunächst eine medikamentöse Therapie[91] oder im Einzelfall sonstige Alternativen[92] vorrangig versucht werden müssen.[93] Dieses Abgrenzungsproblem

---

87 Anhand der stereotaktischen Atlanten können bereits zahlreiche Areale des Hirns bestimmten körperlichen Mechanismen zugeordnet werden. Ausführlich hierzu *van den Boom*, Afshar/Watkins/Yap, Erstellung eines digitalen dreidimensionalen Volumenmodelles des menschlichen Hirnstammes nach dem stereotaktischen Wahrscheinlichkeitsatlanten, S. 3 ff.

88 Auch zur technischen Entwicklung vgl. Einleitung IV.

89 Zur Übersicht *Rabins et al.*, Scientific and Ethical Issues Related to Deep Brain Stimulation for Disorders of Mood, Behaviour and Thought, Arch Gen Psychiatry 2009, 931-937; *Schläpfer*, in: Tagungsdokumentation der Jahrestagung des deutschen Ethikrats, 2009, S. 57 ff.

90 Hier sei auf das Projekt ELSA-DBS verwiesen, welches in Kooperation mit kanadischen Kollegen der funktionellen Stereotaxie einen möglichst breiten Erfahrungsaustausch herbeizuführen sucht.

91 Maßgeblich anerkannt ist die Behandlung mit Levo-Dopa zur Herstellung des notwendigen Botenstoffgehalts im Gehirn, vgl. *Horst et al.*, Medikamentöse Therapie der Parkinson-Krankheit: Eine interdisziplinäre Aufgabe, Dtsch Arztebl 1996; 93(39): A-2470. Dass diese Therapie jedoch auch schnell an ihren Grenzen stößt, ist ebenso bekannt, vgl. *Weiland/Waitz*, in: Onmeda, Neue Parkinsontherapie, 2009, http://www.onmeda.de/krankheiten/parkinson-therapie-begleitende-und-alternative-therapie-1472-11.html (Abrufdatum: 09.09.2012).

92 Diskutiert werden jüngst Stammzellimplantate, welche sich in dopaminproduzierende Zellen umwandeln sollen. Dieses Verfahren gilt jedoch bislang als medizinisch unbrauchbar und wird daher schulmedizinisch abgelehnt, vgl. die Gemeinsame Presserklärung der Deutschen Parkinson-Gesellschaft (DPG) und der Deutschen Gesellschaft für Neurologie (DGN) vom 23.06.2009. Zur Warnung vor dieser Therapiemöglichkeit, http://www.dgn.org/pressemitteilung-23.06.2009.html (Abrufdatum 31.10.2012).

93 Insofern werden etwa bei Parkinson 4 Stufen der Krankheit unterschieden, bei denen jedenfalls im ersten Stadium, dem so genannten „Honeymoon", der Patient einer solch erheblichen Regulation wie der THS nicht bedarf. In diesem Bereich geht es den Patienten noch gut. Die geringen Ausfallerscheinungen kompensieren die Patienten nahezu problemlos. Ob eine Indikation jedoch ab dem 2. Stadium zu erwägen ist oder aber nicht vor dem

scheint derzeit weder von medizinischer noch von juristischer Seite mittels einer pauschalen Aussage zu lösen zu sein, wenn auch das Oberlandesgericht Köln ohne nähere Auseinandersetzung mit dieser Frage davon auszugehen scheint, dass die THS nur als ultima ratio eingesetzt werden kann.[94] Es muss auf den jeweiligen Einzelfall abgestellt werden. Hierbei ist dem behandelnden Arzt im Rahmen der Therapiefreiheit ein Einschätzungsspielraum zuzugestehen. Als Abwägungslinie hat der Arzt jedoch den Grundsatz größtmöglicher Schonung des Patienten zu berücksichtigen. Ist mithin das Leiden des Patienten mittels einer geringen bis erträglichen Medikation hinreichend einzudämmen, so kommt dieselbe im Zweifel vorrangig gegenüber einer schwierigen stereotaktischen Operation mit Implantation von Elektroden im Gehirn in Betracht, sofern eine gegenteilige ärztliche Entscheidung nicht durch den Einzelfall gut begründbar ist. Dabei darf jedoch nicht außer Acht gelassen werden, dass die Diagnose des Arztes durchaus eine kurzfristige erhebliche Verschlimmerung des Zustands des Patienten ergeben kann, so dass möglicherweise sofort eine Behandlung mit der THS indiziert ist. Zudem kann bei der Antizipation des Krankheitsverlaufs durch den Arzt auch die Erwägung einer frühen Regulierung, die eine große Menge an Medikation und krankheitsbedingter Leiden des Patienten frühzeitig unterbinden, nicht versagt werden.[95] Eine entsprechende Therapiewahl hat der behandelnde Arzt jedoch mit großer Vorsicht und Präzision unter allen ihm zu Gebote stehenden Erkenntnismethoden zu überprüfen. Die Therapiefreiheit ist und bleibt ein fremdnütziges Recht des Arztes,[96] welches keinesfalls dazu zweckentfremdet werden darf, dem Arzt die schwierige und in diesem Fall hochspezialisierte Aufgabe der Auffindung der besten Behandlungsmethode zur Therapie schwerer Bewegungsstörungen zu erlassen. Der Arzt muss immer vom Willen geleitet sein, für den Patienten im jeweiligen Einzelfall die beste Lösung zu finden. Keinesfalls darf ein grundsätzlicher Hang entstehen, diese Methode anwenden zu wollen. Insofern ist vom durchführenden Chirurgen im ständigen Austausch mit den vorbehandelnden Ärzten immer

---

Dritten, bleibt der Bewertung des Arztes und des Patienten im jeweiligen Einzelfall vorbehalten.

[94] OLG Köln, Beschluss vom 11.11.2009 – 5 U 49/09 = MedR 2011, 161.

[95] Die Indikation ist somit geleitet von einer Interessenabwägung zwischen Risiken, schwere der Maßnahme, Zweck und Erfolgschancen, vgl. *Engisch*, Die rechtliche Bedeutung der ärztlichen Operation, S. 7 und aus der Rspr. BGH VersR 1985, 338 f.; 1985, 886; 1985, 969 f.

[96] Als „Kernstück der ärztlichen Profession" (so *Laufs*, ZaeFQ 1997, 586 ff.; *ders.* NJW 1997, 1609 f.) ist die Therapiefreiheit ein Recht des Arztes, nach wissenschaftlichen Erkenntnissen zum Wohle des Patienten mit Mut und Tatkraft das im Einzelfall bestehende Leiden zu therapieren. Hält sich der Arzt hierbei in den Grenzen anerkannter Standards, hat er ohnehin keine Haftungsrisiken zu befürchten. Strapaziert der Arzt diese Grenzen, so ist dies vor dem Hintergrund der Therapiefreiheit soweit gerechtfertigt, als dem Arzt nicht bessere Standards zu Gebote gestanden hätten. Entscheidend ist bei der gesamten Bewertung jedoch immer, ob das Wohl des Patienten im Vordergrund steht, vgl. hierzu *Katzenmeier*, in: Laufs/Katzenmeier/Lipp, Arztrecht, S. 344 Rn. 69 m.w.N.

auch das Operationsrisiko mit dem potentiell möglichen und dem wahrscheinlich eintretenden gesundheitlichen Gewinn des Patienten abzuwägen.[97]

Eine weitere Einschränkung der Indikation für eine Behandlung mit der THS ergibt sich aus den erheblichen Belastungen psychischer Natur, die mit dieser Therapieform einhergehen. So ist hierfür eine stundenlange Operation nötig, es drohen regelmäßig Einwirkungen auf die Emotionalität des Patienten und mithin auf sein Sozialverhalten.[98] Belastend wirkt sich auch das Wissen darum aus, dass Elektroden im eigenen Gehirn platziert sind, die eine unvorhersehbare Wirkung sowohl physischer als auch psychischer Natur beim Betroffenen haben können.

Der gesunde Mensch, der derartige Eingriffe in sein Gehirn nicht benötigt, mag die Akzeptanz beschriebener Nebenwirkungspotentiale möglicherweise schwer nachvollziehen können. Jedoch ist der dauerhafte Verbleib von Gegenständen im eigenen Körper, die darüber hinaus auch noch auf Knopfdruck erhebliche, regelnde Einwirkung auf den eigenen körperlich-mechanischen Zustand sowie die allgemeine geistige Befindlichkeit haben, eine Maßnahme, die der Patient grundsätzlich nur in Kauf zu nehmen bereit ist, um wesentliche gesundheitliche Missstände zu bekämpfen, die ihrerseits einen kaum noch erträglichen Leidensdruck mit sich bringen.

Vor diesem Hintergrund sind viele Patienten jedoch auch nicht für die Therapie geeignet.[99] Die Behandlungsseite muss im Rahmen der Diagnose möglichst wirksame Verfahren bereitstellen und stetig weiterentwickeln, um ungeeignete und Risikopatienten als solche zu verifizieren.[100] Diese Einschränkung greift insbesondere dann ein, wenn Patienten unter dem Einfluss der Stimulation für sich oder andere eine Gefahr darstellen oder aber ersichtlich mit der erheblichen Veränderung in ihrem Leben nicht zurechtkommen werden. Ob insbesondere Letzteres zutrifft, bringt im Einzelfall kaum überwindbare Erkenntnisschwierigkeiten für die Behandlungsseite mit sich. Daher kann häufig die Hinzuziehung eines Konsiliars geboten sein.

Jedoch treffen den Patienten im Rahmen der Indikationsstellung auch Mitwirkungsobliegenheiten,[101] welche eine wesentliche Grundlage der korrekten Therapiewahl bilden. Er hat die Behandlungsseite über ihm bekannte Leiden und deren Intensität aufzuklären sowie alle Umstände zu enthüllen, die in seinen Augen zu

---

97 Insbesondere bei der THS ist also eine Gesamtabwägung, wie die h.M. vgl. etwa *Engisch,* a.a.O. sie verlangt, geboten. Zu den Einzelheiten der Selbstbestimmungsaufklärung, die in diesem Zusammenhang von besonderer Bedeutung ist, s.u. Kap. 1 A IV 1.

98 Im Rahmen der Nachbehandlung wird immer wieder festgestellt, dass die Patienten ihr Verhalten und ihre Lebenseinstellung erheblich geändert haben. Häufig zu beobachten sind große Gefühlsausbrüche in sowohl euphorischer als auch depressiver Art, vgl. zur Übersicht die sich daraus ergebenden Nachbehandlungspflichten des Arztes Kap. 1 A V.

99 Sofern ein Patient trotz Betreuungsbedürftigkeit tatsächlich zur THS zugelassen werden soll, tritt an die Stelle patientenseitiger Zustimmung die des Betreuers. Näher dazu in Kap. 1 A IV 2 a.

100 Notwendig ist die Operabilität des Patienten, also das Mitbringen der wesentlichen Voraussetzungen, um den Eingriff durchzustehen vgl. *Kern,* in: Laufs/Kern, Handbuch des Arztrechts, § 49 Rn. 3.

101 Compliance, vgl. *Kern,* in: Laufs/Kern, Handbuch des Arztrechts, § 74 Rn. 4 ff.

einer Kontraindikation führen könnten,[102] wozu sogar seine berufliche Tätigkeit zählt.[103] Im Wesentlichen genügt der Patient aber diesen Obliegenheiten, wenn er alle Fragen des indikationsstellenden Arztes umfassend und wahrheitsgemäß beantwortet und nahe liegende Probleme, die der Behandlung entgegenstehen könnten, enthüllt.[104] Da es sich hierbei aufgrund der begrenzenden Wirkung des patientenseitigen Selbstbestimmungsrechts keinesfalls um eine durchsetzbare Pflicht handeln kann,[105] ist die rechtliche Wirkung einer Verletzung der Mitwirkungsobliegenheit im Rahmen der Indikationsstellung, dass eine darauf aufbauende Fehlindikation keinen Behandlungsfehler des Arztes begründen kann.[106]

Allerdings trifft den Arzt die Pflicht, einen Patienten nicht für diese Methode zuzulassen, wenn der Patient seiner Duldungsobliegenheit[107] bezüglich aller erforderlichen Voruntersuchungen nicht nachkommt. In diesem Fall kann der Arzt nicht davon ausgehen, dass eine grundsätzliche Eignung des Patienten gegeben ist oder aber es der Risikosphäre des Patienten selbst zuzurechnen sei, wenn dieser ohne hinreichende Diagnostik die Implantation der Elektroden wünscht.[108]

In der Theorie mögen sämtliche vorbenannten Maßstäbe zunächst durchaus einleuchtend klingen, jedoch ist die praktische Umsetzung von erheblichen Schwierigkeiten geprägt, wovor auch das Recht seine Augen nicht verschließen kann und darf. Vom Arzt kann erwartet werden, dass er bei der Diagnose größte Sorgfalt walten lässt und dass im Vorhinein von Arzt und Krankenhaus ein sinnvolles System zur Feststellung besagter Risiken bereitgestellt ist. Im Einzelfall kann insbesondere die Aufschiebung der Operation und die Hinzuziehung eines Psychologen zwingend geboten sein, sofern sich Zweifel an der Tauglichkeit des

---

102 *Kern*, in: Laufs/Kern, Handbuch des Arztrechts, § 77 Rn. 1 – 5.

103 Vgl. insoweit das sich für eine vernunftgeleitete ärztliche Aufklärung ergebende Informationsgebot seitens des Patienten im Rahmen von Anamnese und Diagnose, OLG Köln, Beschluss vom 11.11.2009 – 5 U 49/09 = MedR 2011, 161.

104 Näher zur Compliance siehe Kap. 1 A III 4 und zu den haftungsrechtlichen Folgen siehe Kap. 1 A VI. An dieser Stelle soll nur verdeutlicht werden, dass insoweit zu Gunsten des Arztes wegen der erheblichen Last bei der schwierigen Indikationsstellung eine grundsätzliche Mitwirkung durch den Patienten unerlässlich ist.

105 So ist es allgemeine Meinung, dass eine Verletzung tatsächlich nur zu einer schlechteren Gesundung und rechtlich zu einer schlechteren Position, etwa in Form eines Mitverschuldens bei einem eintretenden Schaden nach § 254 BGB, führen kann; vgl. zur tatsächlichen Seite *Katzenmeier*, Arzthaftung, S. 60 f. und zur rechtlichen Seite *Kern*, in: Laufs/Kern, Handbuch des Arztrechts, § 77 Rn. 1.

106 *Kern*, in: Laufs/Kern, Handbuch des Arztrechts, § 78 Rn. 42.

107 Vgl. zum Gegenstand dieser Obliegenheit *Kern*, in: Laufs/Kern, Handbuch des Arztrechts, § 76 Rn. 1 - 6.

108 Der BGH steht grundsätzlich auf dem Standpunkt, dass der Arzt einer laienhaften, vom Patienten selbst gestellten Diagnose nicht einfach Folge leisten darf. Unsinnige oder gefährliche Behandlungen sind vom Arzt abzulehnen, selbst wenn der Patient diese wünscht, vgl. BGH NJW 1978, 1206 (hier im Rahmen einer Zahnextraktion gegen Kopfschmerzen).Ob diese Linie grundsätzlich haltbar ist, erscheint jedenfalls dann fraglich, wenn der Patient in voller Kenntnis aller Tatsachen und mit vollem Risikobewusstsein eine Behandlung fordert. Zur Klärung dieser Problematik vgl. Einwilligung und Haftung Kap. 1 A IV und VI sowie Enhancementeingriffe Kap. 3 B III.

Patienten für die THS ergeben. Der Arzt ist jedoch primär Wohl und Willen des Patienten verpflichtet und sollte nicht über das Maß der vorgenannten Sorgfalt hinaus belastet werden. Würde man diesen verbleibenden erforderlichen Freiraum zu Gunsten des Arztes nicht beachten, so drohte ein defensives Verhalten zur Vermeidung von Haftungsrisiken.[109] Dies ist aber im Rahmen der Bekämpfung schwerer Krankheitsbilder wie jene, die mit THS behandelt werden, nicht wünschenswert. Um Patienten mit großem Leidensdruck medizinische Hilfe angedeihen zu lassen, ist bei der juristischen Bewertung Zurückhaltung geboten. Die Relation von Nutzen und Risiko ist insofern entscheidend. Daraus folgt bezüglich möglicher haftungsrechtlicher Konsequenzen, dass dem Arzt bei der Beurteilung der Indiziertheit der THS im Einzelfall ein Prognosespielraum zuzugestehen ist.[110]

Weiterhin kann die Behandlungsseite aufgrund der komplexen Zusammenhänge des menschlichen Nervensystems, welches in zahlreichen Bereichen nicht hinreichend erforscht ist, nicht garantieren, dass vereinzelt unvorhergesehene Effekte eintreten mögen, welche beim ärztlichen Heileingriff grundsätzlich nicht zu verhindern sind.[111] Darauf aufbauend ist aber nicht der Schluss geboten, dass die gesamte Einordnung der Methode vor dem Hintergrund des medizinischen Standards als fehlerhaft anzusehen wäre. Die Tatsache, dass bei einer gut eingeführten und hinreichend erprobten Therapieform gewisse Unwägbarkeiten verbleiben, die bei ordnungsgemäßer Durchführung der Behandlung als selten realisierte Risiken einzustufen sind, gibt keinen hinreichenden Anlass, Bedenken gegen die Einstufung der gesamten Methode zu erheben.[112] Ein solcher Anlass entsteht jedoch sofort, sollte sich die teilweise gehegte Befürchtung innerhalb der medizinischen Fachkreise bewahrheiten, dass die THS den in seinen Auswirkungen durch die Stimulation zurückgedrängten Krankheitsverlauf bezüglich seines Ursachenkerns beschleunigt.[113] Das hieße, dass der Patient zwar zeitweise von seinem Leidensdruck befreit wäre, jedoch immer zu befürchten hätte, dass er dafür den Preis einer sich immer schneller ausdehnenden Krankheitsursache zu zahlen hätte und somit einige Jahre später umso schneller den Auswirkungen erliegen könnte. Für diese Befürchtung gibt es allerdings bislang keine stichhaltigen Beweise. Auf eine

---

[109] Zum Grundproblem des defensiv-medizinischen Verhaltens *Laufs*, in: Laufs/Katzenmeier/Lipp, Arztrecht, S. 16, 21 Rn. 26, 33.

[110] Näher zu möglichen Folgen von Behandlungsfehlern bei der Indikation siehe Kap. 1 A VI.

[111] Vgl. die aufgezeigten Problemfelder von *Kuhn et al.*, Tiefenhirnstimulation bei psychiatrischen Erkrankungen, Fortschr Neurol Psychiat 2007.

[112] Nahezu jedwede medizinische Standardmethode beinhaltet eine gewisse verbleibende Risikoquote. Dies ist ein bislang naturwissenschaftlich nicht bewältigungsfähiges Problem, welches rechtlich keinesfalls auf die Ärzteschaft abgewälzt werden kann. Es ist Teil des allgemeinen Lebensrisikos des Patienten.

[113] Diese Befürchtung führte der Neurologe *Timmermann* (Universitätsklinikum Köln) im persönlichen Gespräch an. Er wies darauf hin, dass diese Frage bislang zwar nicht ergründet werden könne, jedoch die Wahrscheinlichkeit sehr gering sei und bisher entsprechend negative Auswirkungen nicht festgemacht werden konnten. Die Einschätzung des Neurologen brachte als Fazit klar hervor, dass eine erhebliche Krankheitsförderung nicht durch die THS verursacht wird.

schlicht unsubstantiierte Befürchtung hin, kann diese Therapieform nicht grundlegend angezweifelt werden.

Auf Basis solcher Situationen in den modernen Verfahren der Chirurgie ist allerdings in ärztlichen Fachkreisen eine Debatte um verschärfte Kontrollen angestoßen worden.[114] Einige Kritiker stehen auf dem Standpunkt, dass chirurgische Verfahren nicht ohne vorherige klinische Studien durchgeführt werden dürften. Ein entsprechendes Regelwerk wie im Arzneimittelrecht sei zu entwerfen. Die Kritiker bemängeln insbesondere, dass bei den erfolgenden Behandlungen rechtlich keine Grenzen gesetzt seien.[115]

Hierbei wird jedoch übersehen, dass durch die Rechtsprechung besondere rechtliche Gebote bezüglich durchführungsfähiger Standardmethoden und hinsichtlich notwendiger Aufklärung bestehen.[116] Es ist zwar korrekt, dass der Chirurgie somit ein grundlegend wesentlich weiterer Einschätzungsspielraum zugestanden ist, jedoch kann auch dieser nur soweit gehen, als die Patientenrechte hiervon nicht in rechtswidriger Weise tangiert werden. Für die THS kann sich hieraus jedenfalls keine Einschränkung ergeben, da notwendige Operationstechniken sowie die Methodik durch mehrere Studien bereits hinreichend erprobt sind.[117] Sollte vorbenannte Debatte also zur Herausbildung einer klinischen Erprobungspflicht für chirurgische Verfahren führen, so wird dies für die THS wohl keine Rolle mehr spielen.

2. Die THS als Alternative zum bisherigen Standard

Andere therapeutische Einsatzgebiete der THS als die bisher Genannten sind die Behandlung von psychiatrischen Erkrankungen, so insbesondere schwere Depressionen, Tourette-Syndrom, Spannungskopfschmerz und schwere Suchterscheinungen wie zwanghaftes Glücksspiel und Alkoholgenuss, sowie der besonderen Bewegungserkrankung Dystonie.[118] In diesen Bereichen bemerkte man per Zufall positive Einwirkungen auf den Patienten durch die THS.[119] Patienten, die schwere Depressionen aufwiesen und zugleich etwa Parkinson hatten, konnten durch die elektrische Stimulation in beiden Bereichen teilweise wirksam therapiert werden. Als neuste Indikationsbereiche sind jetzt auch positive Einflüsse elektrischer Sti-

---

[114] Vgl. *Baker et al.*, Evaluation and stages of surgical innovations, Lancet (374) 1089 ff.; *Ergina et al.*, Challenges in evaluating surgical innovation, Lancet (374) 1097 ff.; *McCulloch et al.*; No surgical innovation without evaluation: the IDEAL recommendations, Lancet (374) 1105 ff.

[115] Einen Kurzüberblick der Debatte *Kaulen*, in: FAZ v. 21.10.2009 Nr. 244 im Feld „Natur und Wissenschaft".

[116] Vgl. hierzu im Einzelnen Kap. 1 A II und IV.

[117] Diese sind überblicksweise in Einleitung II dargelegt.

[118] Vgl. *Perlmutter/Mink*, Deep Brain Stimulation, Anu.Rev.Neurosci 2006, 229, 232 m.w.N; vgl. auch die DGN-Leitlinie zur Dystonie, http://www.dgn.org/leitlinien-der-dgn-2008-97.html (Abrufdatum 30.10.2011).

[119] *Kuhn et al.*, Tiefenhirnstimulation bei psychiatrischen Erkrankungen, Fortschr Neurol Psychiat 2007.

mulans bei Demenzkranken[120] und bei Epilepsiepatienten[121] festgestellt worden. Durch eine THS ist es möglich, die Gedächtnisleistung der Patienten in signifikantem Umfang zu steigern, was ein hochinteressantes Feld erweiterter THS-Anwendung eröffnet. In Bezug auf Epilepsieerkrankte konnte schon länger zuvor durch Stimulationsprothesen im Brustbereich eine gewisse Linderung verschafft werden.[122] Diesen Ansatz im zentralen Nervensystem fortzuführen war im Zweifel nur eine Frage der Zeit.

Allerdings ist dieses Therapiefeld noch Neuland im Umgang mit der THS. Ein Konsens für die am besten geeigneten Zielpunkte der Stimulation im Gehirn besteht in der medizinischen Fachwelt bisher nicht. Zudem können etliche der erzielten Ergebnisse bislang nicht hinreichend präzise erklärt werden. Ein ernsthafter wissenschaftlicher Diskurs über alle derzeit eruierten wissenschaftlichen Fragen ist in vollem Gang,[123] jedoch müssen noch zahlreiche Fragen geklärt werden, über dei bislang keine Einigkeit erzielt werden kann. Zudem ist die ethische Vertretbarkeit in der Fachwelt umstritten.[124] Schließlich sind auch die sich ergebenden Nebeneffekte von beträchtlichem Ausmaß, so dass besagtes Einsatzgebiet derzeit auch ein nicht unerhebliches Gefahrenpotential birgt.

Mithin ergibt sich, dass von einer Standardbehandlung mit THS für psychiatrische Erkrankungen noch keine Rede sein kann. Die intensive Forschung in diesem Bereich erlaubt allerdings die Prognose, dass sich die vorgenannte Einstufung im Zweifel schon bald ändern wird. Im Rahmen medizinischer Indikation ist also vorerst festzustellen, dass die THS für psychiatrische Erkrankungen nur insoweit in Frage kommen kann, als die Patienten mit den bislang verwendeten Standardverfahren austherapiert sind, keinerlei Erfolg versprechen oder jedoch im potentiellen Erfolgsspektrum derart hinter den Möglichkeiten der THS zurückbleiben,

---

[120] *Synofzik/Schlaepfer*, Glücklich werden leicht gemacht?, G&G November 2008, 60 mit kritischer Anmerkung. Siehe nunmehr auch den Durchbruch von *Lozano et al.*, A phase I trial of deep brain stimulation of memory circuits in Alzheimer's disease, *Annals of Neurology*, 2010, 521 ff.

[121] Vgl. Bericht des Spiegel-Online vom 26.11.2010 http://www.spiegel.de/wissenschaft/medizin/0,1518,731411,00.html (Abrufdatum: 29.11.2010).

[122] Pressedienst des Universitätsklinikums Benjamin Franklin Pressedienst Nr. 52 vom 26.10.1999.

[123] Vgl. etwa *Thieme*, VersMed 2007, 200 ff.; *Kuhn et al.*, Tiefenhirnstimulation bei psychiatrischen Erkrankungen, Fortschr Neurol Psychiat 2007; *Perlmutter/Mink*, Deep Brain Stimulation, Anu.Rev.Neurosci 2006, 229 ff.; *Rabins et al.*, Scientific and Ethical Issues Related to Deep Brain Stimulation for Disorders of Mood, Behaviour and Thought, Arch Gen Psychiatry, 2009, 931-937.

[124] Dies verdeutlicht die Debatte, die unter Medizinern und Ethikern spätestens seit 2004 bezüglich der neuen Methoden geführt wird, vgl. zum Ausgangspunkt *Albrecht*, Rückkehr der Psychochirurgie, Dtsch Arztebl 2004, 472 und hierzu sodann *Vorderholzer*, Tabu gebrochen, Dtsch Arztebl 2004, A-3020; *Adler*, Rückschau, Dtsch Arztebl 2004, A-3020; *Röckerath*, Kognitive Therapie ist nicht alleiniger Maßstab, Dtsch Arztebl 2004, A-3021; *Ehebald*, Forderung der Stunde!, Dtsch Arztebl 2005, 78.

dass sie einer Erfolglosigkeit fast gleichstehen.[125] Dennoch ist es dem Arzt unbenommen, den Patienten über diese Variante aufzuklären und ihm vorzuschlagen, unter Hinweis darauf, dass es vorzugswürdige Standardbehandlungen geben kann, denen die THS aus zu benennenden Gründen bislang nicht entspricht, die Behandlung dennoch auf Basis des speziellen Patientenwillens durchzuführen.[126]

Aus diesen Grundgedanken kommt die Anwendung der THS im hier diskutierten Indikationsbereich (nur) als Heilversuch in Betracht, solange Ziel und Zweck der Behandlung die Therapie des Patienten ist.[127] Es handelt sich also um eine Therapie mit experimentellem Charakter, ohne jedoch klinisches Experiment zu sein. Es geht beim individuellen Heilversuch nicht um wissenschaftliche Erkenntnis und der Patient stellt sich auch nicht für dieselbe zur Verfügung.[128] Vielmehr wird eine Alternative zum fehlenden Standard oder im Fall des im Übrigen austherapierten Patienten versucht.

Somit stellt sich konsequent die Frage, wann die THS bei psychiatrischen Erkrankungen medizinisch indiziert ist. Für die im Einzelfall nur unter Schwierigkeiten zu beantwortende Frage, ist entscheidend darauf hinzuweisen, dass Standardbehandlungen in diesem Bereich existieren.[129] Insbesondere medikamentöse Behandlungen sind insoweit gängig. Daher ist auf die Rechtsprechung des Bundesgerichtshofs zu verweisen, nach welcher eine negative Relation zwischen den Erfolgsaussichten der Standardbehandlung und der Indiziertheit alternativer Verfahren bestehen muss.[130] Mithin gilt, dass je weniger erfolgsversprechend Stan-

---

[125] Vgl. *Kern*, in: Laufs/Kern, Handbuch des Arztrechts, § 50 Rn. 3 ff.

[126] Für die Reichweite möglicher Aufklärungspflichten siehe Kap. 1 A IV 1.

[127] Die THS demgegenüber als eine paramedizinische Außenseitermethode darzustellen, ist abwegig. Die Ergebnisse in der Praxis, die bei psychiatrischen Erkrankungen erzielt werden, und die hierum entbrannte Fachdebatte, ob und inwieweit die THS hier noch gezielter und besser als bereits jetzt geschehen, nutzbar zu machen ist, zeigt deutlich, dass gegenwärtig eine Entwicklung hin zum Standardverfahren im Gange ist. Die Außenseitermethode zeichnet sich demgegenüber dadurch aus, dass ihre heilende Wirkung bereits dem Grunde nach derart umstritten und regelmäßig von der eingeführten Schulmedizin verneint wird, so dass eine Durchführung nur dann in Betracht kommt, wenn der Patient diese Methode unter vollständiger Aufklärung aller sonstiger Möglichkeiten gerade wünscht oder aber jedwede sonstige Variante austherapiert ist und das paramedizinische Verfahren die letzte Hoffnung darstellt. Vgl. zur Problematik und zum Widerstreit Schulmedizin und Außenseitermethode die treffende und knappe Zusammenfassung bei *Zuck*, in: Quaas/Zuck, § 2 Rn. 61 m.w.N.

[128] Näher zum individuellen Heilversuch in Abgrenzung zum wissenschaftlichen Experiment *Lipp*, in: Laufs/Katzenmeier/Lipp, Arztrecht, S. 453 ff. Rn. 1 ff. und zum Heilversuch und seinen Voraussetzungen *Lipp*, Rn. 27 ff.

[129] Im Wesentlichen gibt es Psychotherapien (vgl. *Kittel*, Mundwerk – Psychotherapie vom Standpunkt des Praktikers, in: Wollschläger, Hirn – Herz – Seele – Schmerz, Psychotherapie zwischen Neurowissenschaften und Geisteswissenschaften, 2008 S. 25 – 40) und Psychopharmaka (vgl. Pharmaceutical Research and Manufacturers of America, 2008 s. http://www.phrma.org).

[130] So BGHZ 168, 103 = NJW 2006, 2477 „Robodoc"; BGHZ 172, 1 = NJW 2007, 2767 und aus der Lit. hierzu *Laufs*, in: Laufs/Kern, Handbuch des Arztrechts, § 130 Rn. 25.

dardverfahren sind, desto eher kommen Neulandmethoden in Betracht.[131] Dabei ist insbesondere der Grundsatz größtmöglicher Schonung des Patienten nicht dahingehend zu überspannen, dass in der Folge der Arzt eine gewinnbringende Alternative nicht in Erwägung zieht, da er sonst Haftungsrisiken wähnt.[132] Der dabei aufkeimende defensivmedizinische Gedanke wäre insbesondere im Fall der THS verfehlt, da die hiermit behandelten Krankheitsbilder für die Patienten in aller Regel einen solch erheblichen Leidensdruck bedeuten, dass der Arzt sich ermutigt und berufen fühlen muss, die beste aller Möglichkeiten und nicht ausschließlich die sicherste Therapie zu finden. Die sicherste Methode ist bei geringerer Wirksamkeit keineswegs die medizinisch Indizierte und somit zugleich rechtlich Gebotene.

3. Fazit

Als Fazit bleibt festzuhalten, dass die THS im Bereich motorischer Erkrankungen bereits eine Standardtherapie darstellt, welche grundsätzlich neben oder anstelle der typischen medikamentösen Behandlung zu erwägen ist. In bestimmten Fällen sind insoweit auf Basis des Gebots größtmöglicher Schonung des Patienten jedenfalls anfänglich andere Behandlungsalternativen vorzuziehen, da die THS sehr belastend für Körper und Geist des Betroffenen ist. Zudem gibt es zahlreiche Fälle, in denen die THS ausscheidet, weil der jeweilige Patient sich körperlich oder mental nicht für die Behandlung eignet. Diesem Problem ist durch ein gezieltes Vorauswahlsystem im Rahmen der Diagnose hin zur Indikationsstellung zu begegnen, falls notwendig unter Hinzuziehung weiterer Spezialisten.

Im Bereich psychiatrischer Erkrankungen ist die THS bislang nicht hinreichend ausgereift, um als Standard eingestuft zu werden. Es bedarf noch eines großen Stücks wissenschaftlicher Erkenntnis bezüglich der komplexen Vorgänge im menschlichen Gehirn sowie einer verbreiterten wissenschaftlichen Debatte und vermehrten Erprobung in der Praxis, bevor eine Einschätzung als Standardbehandlung in Betracht kommt. Gleichwohl ist die THS in diesem Bereich eine gewinnbringende Neuerung, die faszinierende Heilungschancen von bislang kaum wirkungsvoll zu behandelnden Krankheiten bietet. Spätestens bei einem in diesem Feld austherapierten Patienten ist daher die THS als individueller Heilversuch vom Arzt zu erwägen. Ob dieselbe bereits bei noch möglicher Standardbehandlung in Betracht gezogen werden kann, bedarf einer exakten Prüfung des Einzelfalls, wobei dem behandelnden Arzt zum Wohle des Patienten ein Einschätzungsspielraum dahingehend zusteht, dass er die Aussichten auf erheblichen gesundheitlichen Gewinn mit den hergebrachten Risiken abwägt und zusammen mit dem Patienten über diese Möglichkeit spricht.[133]

---

131 BGHZ 168, 103 = NJW 2006, 2477 „Robodoc".

132 *Lipp*, in: Laufs/Katzenmeier/Lipp, Arztrecht, S. 466 Rn. 30.

133 Zu Notwendigkeit und Reichweite der Aufklärung s. Kap. 1 A IV 1.

III. Die Behandlung

Die Behandlung mit der THS ist ein mehrstufiges Verfahren. Sobald diese Therapie als indiziert erkannt wird und der Patient in die Behandlung einwilligt, bedarf es - je nach Krankheitsbild -einer dezidierten Planung des chirurgischen Eingriffs, bei welchem die Elektroden implantiert werden sollen (**1**). Hierfür sind die modernen bildgebenden Verfahren unerlässlich.[134] Beim stereotaktischen Eingriff handelt es sich daher nicht um einen typisch chirurgischen Eingriff. Die planerische Tätigkeit im Vorfeld ist hierbei einer der Hauptaspekte, für deren erfolgreiche Durchführung ein erhebliches Spezialwissen zwingende Voraussetzung ist. Ein Facharzt für Neurochirurgie wird unmittelbar nach seiner Weiterbildung über diese Sonderkenntnisse regelmäßig nicht verfügen.

Aufgrund der besonderen Abhängigkeit der korrekten Positionierung der Elektroden vom jeweilig zu behandelnden Krankheitsbild ist ein ständiger Informationsaustausch zwischen den vorbehandelnden Ärzten und dem ausführenden Operationsteam der Neurochirurgie während der Operation zu gewährleisten.[135] Der Patient sollte daher im besten Falle bei vollem Bewusstsein sein, um entsprechende Rückmeldungen geben zu können.[136]

Weiterhin sind im Rahmen der Dokumentationspflichten aufgrund der arbeitsteiligen Durchführung im Ärzteteam besondere Detailangaben ärztlicherseits abzuverlangen (**2**).

Schließlich ist die Operation nach den bislang anerkannten Regeln ärztlicher Standards im Bereich der funktionellen Stereotaxie durchzuführen (**3**).

Schließlich kann die Therapie nur Erfolg haben, wenn der Patient im Rahmen seiner Mitwirkungsobliegenheiten alles Erforderliche tut, was nach ärztlichem Rat gefordert und im Einzelfall geboten ist (**4**).

1. Organisation der Behandlung

Die Herausforderungen bei den Krankheiten, die mit THS behandelt werden, können nur durch Arbeitsteilung und präzise aufeinander abgestimmte Tätigkeitsverschränkung im Klinikalltag gemeistert werden. Es gelten daher vom Ausgangspunkt die Prinzipien horizontaler Arbeitsteilung bei der klinischen Behandlung.[137]

Beispiel Parkinson: Nachdem der voruntersuchende Neurologe eine Therapie mit THS für indiziert erachtet und der Patient in eine solche Behandlung einwilligt,[138] muss ein geeigneter Neurochirurg hinzugezogen werden, mit welchem der

---

134 *Haynes*, Bilder des Gehirns als Bilder des Denkens und Fühlens, in: Tagungsdokumentation der Jahrestagung des deutschen Ethikrats, 2009, S. 21 ff.

135 So auch die Informationsausführung der Arbeitsgemeinschaft Tiefenhirnstimulation e.V., http://www.tiefehirnstimulation.de unter der Rubrik Informationen zur Tiefenhirnstimulation (Abrufdatum 30.10.2010).

136 Arbeitsgemeinschaft Tiefenhirnstimulation e.V., Kap. 1 FN 135.

137 Vgl. zu den grundsätzlichen Regeln FAKommMedR-Prütting/*Jaeger*, 2010, § 823 BGB, Rn. 109 ff.

138 Zur Aufklärung und den damit verbundenen Details s. Kap. 1 A IV.

Eingriff auf Basis des diagnostizierten Krankheitsbildes gemeinsam geplant und vorbereitet wird. Es ist die Pflicht des Neurologen, den Chirurgen dezidiert über alle Details des Einzelfalls zu unterrichten, damit die Gefahren besonderer Risiken und Nebenwirkungen beim Aussuchen des besten Stimulationsstandorts minimiert werden können. Gleichermaßen darf der Neurochirurg seine Planung keinesfalls nur auf Basis der Voruntersuchung vornehmen. Er hat aus neurochirurgischer Sicht Erfahrungen und sich daraus ergebende Alternativen einfließen zu lassen, um in Zusammenarbeit mit der Neurologie zu optimalen Ergebnissen zu gelangen.[139]

Die Planung des exakten Stimulationszielorts und die damit einhergehende Bestimmung des Vorgehens beim neurochirurgischen Eingriff sind die entscheidenden Momente der Therapie. Hier kann, nebst Erreichung gewünschter positiver Effekte, auch der meiste Schaden angerichtet werden. Dass die THS reversibel ist, ändert hieran nichts, da eine Stimulation an einer ungeeigneten Stelle freilich auch zu unabsehbaren Negativkonsequenzen führen kann. Es ist daher zu betonen, dass der Neurochirurg und der jeweils vorbehandelnde ärztliche Bereich, ob Neurologie, Psychiatrie oder andere, keinesfalls als getrennte Bereiche agieren dürfen, die lediglich in einer Kette ihre medizinische Komponente „abarbeiten". Vielmehr ist es unerlässlich, eine Teamarbeit zu gestalten, in welcher Sorge für ständige Rücksprache, immer erneuten Erfahrungsaustausch und gemeinsame Planung getragen wird. Insofern kann von der Notwendigkeit einer über das übliche Maß der Zusammenarbeit verschiedener ärztlicher Fachabteilungen hinausgehenden *Wechselwirkung der Erkenntnisse* gesprochen werden. Mithin ist es den einzelnen Ärzten für die Planungs- und Vorbereitungsphase abweichend von den üblichen Grundregeln horizontaler Arbeitsteilung im Krankenhaus verwehrt, sich darauf zu berufen, dass man grundsätzlich von der sorgsamen Tätigkeit des Kollegen ausgehe. Im Vordergrund steht in dieser Phase die Interaktion zwischen den vorbehandelnden Ärzten und den operationsleitenden Neurochirurgen.[140]

Da insofern unterschiedliche Fachabteilungen eines Krankenhauses in ständiger enger Zusammenarbeit stehen, ist von organisatorischer Seite her zu gewährleisten, dass Mittel und Wege eines funktionalen Informationsaustausches bereit stehen und dieselben einer gewissen Kontrolle unterliegen.[141] Wie genau ein solches System vom einzelnen Krankenhaus ausgestaltet wird, bleibt der jeweiligen Einrichtung überlassen.[142] Rechtlich ist einzig entscheidend, dass das Resultat

[139] Zu dieser Verpflichtung existieren keine spezifischen Judikate. Gleichwohl muss dieselbe sich aus der Pflicht zur ordnungsgemäßen ärztlichen Behandlung sowohl nach vertraglichen aus auch deliktischen Grundsätzen zwingend für all jene Methoden ergeben, bei denen eine übergreifende Tätigkeit im Ärzteteam notwendig ist. Andernfalls erbrächte nicht jeder Arzt im Team die ihm zumutbare Leistung zum Schutz der Gesundheit des Patienten, was nicht einsichtig ist.

[140] Zur haftungsrechtlichen Konsequenz vgl. Kap. 1 A VI.

[141] Insofern sind die hohen Anforderungen an die allgemeine Krankenhausorganisation zu beachten, vgl. im Einzelnen *Steffen/Pauge*, Arzthaftungsrecht, Rn. 223 ff.

[142] Dies ergibt sich einerseits im Umkehrschluss daraus, dass nur das Ergebnis hinreichender Kontrolle verlangt wird, der Weg dahin jedoch nirgends festgelegt wurde. Andererseits dürfte sich wohl auch verfassungsrechtlich eine derartige weitreichende Einschränkung der

zufriedenstellend ist. Dies muss immer dann bejaht werden, wenn Dienstpläne, Räumlichkeiten und Kommunikationseinrichtungen dahingehend durch das Krankenhaus präpariert sind, dass dem Ärzteteam sowohl zeitlich als auch räumlich die hinreichende Möglichkeit zur Planung und jederzeitigen Rücksprache gegeben ist. Wacht das Krankenhaus hierüber nicht, so stellt dies eine Form von Organisationsverschulden dar.[143]

Demgegenüber dürften Notfallrücksprachen und hierzu entsprechende Einrichtungen für die THS kaum relevant sein, da diese Therapie niemals überstürzt durchgeführt werden kann oder darf. Sie dient in keiner Form als Notfallmaßnahme und unterliegt immer dem Gebot der Planung von langer Hand.

Das jeweilige Krankenhaus kann sich auch nicht darauf berufen, dass es die Heilbehandlung nicht schulde, da ein gespaltener Arzt-Krankenhausvertrag für die THS grundsätzlich nicht in Betracht kommt.[144]

2. Dokumentation der Behandlung

Die Pflicht zur Dokumentation[145] umfasst das Führen von Aufzeichnungen nach anerkannten Maßstäben.[146] Anerkannt sind Aufzeichnungsverpflichtungen über alle wesentlichen diagnostischen und therapeutischen Maßnahmen, über den Behandlungsverlauf[147] sowie auch über pflegerische Maßnahmen,[148] nunmehr § 630 f BGB. Der exakte Inhalt und Umfang der Dokumentation richtet sich nach dem im Einzelnen gebotenen Schutz.[149] Im Vordergrund stehen die Sicherung der Behandlung, die Aufklärung des Patienten und die Information für andere behan-

---

Berufsfreiheit nicht rechtfertigen lassen, da die jeweiligen Kontrollsysteme auch auf den Einzelfallgegebenheiten der jeweiligen Einrichtung basieren und zahlreiche generelle Vorgaben kaum zumutbar sein dürften.

143 Vgl. insoweit *Quaas*, in: Quaas/Zuck, Medizinrecht, S. 306 Rn. 120. Zu den haftungsrechtlichen Folgen s. Kap. 1 A VI.

144 Siehe Kap. 1 A I 1.

145 Diese Pflicht ist als vertragliche Nebenpflicht zivilrechtlich anerkannt, vgl. BGHZ 72, 132, 137 = NJW 1978, 2337; BGHZ 85, 327 = NJW 1983, 328 = MedR 1983, 236 = JZ 1983, 302 m. Anm. *Wachsmuth/Schreiber*; *Deutsch/Spickhoff*, Medizinrecht, S. 77 Rn. 115; *Katzenmeier*, in: Laufs/Katzenmeier/Lipp, Arztrecht, S. 301 Rn. 45 (FN. 83) m.w.N. Selbst ohne Bestehen eines Behandlungsvertrags ist eine Dokumentation grundsätzlich geboten, *Katzenmeier*, in: Laufs/Katzenmeier/Lipp, Arztrecht, S. 301 Rn. 46 m.w.N. Daher erübrigt sich eine Diskussion um die mögliche Auswirkung der Anordnung in § 10 MBO-Ä (vergleichbare Vorschriften finden sich in den Kammer- und Heilberufsgesetzen der Länder; eine Aufzählung findet sich bei *Katzenmeier*, in: Laufs/Katzenmeier/Lipp, Arztrecht, S. 301 Rn. 44 (FN. 82)).

146 „Notwendigkeit einer ordnungsgemäßen Dokumentation", BGH NJW 1978, 2337, 2339; „angemessene Dokumentation", „nach gutem ärztlichen Brauch", BGH NJW 1978, 1681 f.; „ärztliche Übung", BGH NJW 1993, 2375 f.

147 *Katzenmeier*, in: Laufs/Katzenmeier/Lipp, Arztrecht, S. 301 Rn. 51 m.w.N.

148 BGHZ 72, 132, 137 = NJW 1978, 2337; BGHZ 85, 327 = NJW 1983, 328.

149 *Laufs*, in: Laufs/Uhlenbruck, Handbuch des Arztrechts, § 111 Rn. 3; *Giesen*, Arzthaftungsrecht, Rn. 426; *Francke/Hart*, Charta der Patientenrechte, S. 73; *Nüßgens*, FS für Boujong, S. 831, 837; *Opderbecke/Weißauer*, MedR 1984, 211 f.

delnde Ärzte.[150] Diese Schutzzwecke haben bei der THS sämtlich ein besonderes Gewicht. Es bleibt aber zu beachten, dass das Recht für die Anforderungen an eine korrekte Dokumentation keine Detailverpflichtungen aufstellen kann, sondern nur den Rahmen setzt, welcher von den Ärzten beachtet werden muss. Die Detailausgestaltung ist Gegenstand ärztlicher Standards, deren Einhaltung aber richterlich überprüfbar bleibt, solange es anerkannte und nachvollziehbare Regelwerke hierfür gibt.[151]

Für die THS sind zudem juristisch-normativ die Anforderungen des § 10 Abs. 2 MPBetreibVO zu beachten, da es sich bei der Elektrode und der Kontrolleinheit um aktive implantierbare Medizinprodukte im Sinne des § 3 Nr. 1 MPG handelt. Zur Veranschaulichung ist der umfassende Katalog des § 10 Abs. 2 MPBetreibVO hier abgedruckt:

„Die für die Implantation eines aktiven Medizinproduktes verantwortliche Person hat folgende Daten zu dokumentieren und der Patienteninformation nach Absatz 1 beizufügen:

1. Name des Patienten,
2. **Bezeichnung, Art und Typ, Loscode oder die Seriennummer des Medizinproduktes**,
3. Name oder Firma des Herstellers des Medizinproduktes,
4. Datum der Implantation,
5. **Name der verantwortlichen Person, die die Implantation durchgeführt hat**,
6. **Zeitpunkt der nachfolgenden Kontrolluntersuchungen**.

Die wesentlichen Ergebnisse der Kontrolluntersuchungen sind in der Patienteninformation zu vermerken."[152]

Die zitierte Vorschrift sichert die schnelle Zugriffsmöglichkeit auf entscheidende Informationen und Informationsquellen. Insbesondere wird der Zusammenhang von zuständigem Arzt der Implantation, Patienten und verwendeter Technik hergestellt. Dies ist einerseits für die gebotene Nachsorge, die auch die hervorgehobenen Kontrolluntersuchungen umfasst, und andererseits für die entscheidende zeitnahe Nachvollziehbarkeit benannter Eckdaten wichtig. Im Falle auftretender Komplikationen und hiermit zusammenhängender notwendiger Rücksprachen,

---

[150] *Katzenmeier*, in: Laufs/Katzenmeier/Lipp, Arztrecht, S. 303 Rn. 50.

[151] *Katzenmeier*, in: Laufs/Katzenmeier/Lipp, Arztrecht, S. 301 Rn. 50 m.w.N. Gerade die THS als Behandlungsmethode beweist wieder einmal, dass es von juristischer Seite nicht auf sinnvolle Art und Weise möglich ist, die präzise Ausgestaltung der ärztlichen Dokumentation vorzugeben. Es bedarf hierfür der besonderen medizinischen Sachkunde und Erfahrung, so dass Standards diesbezüglich nur in der medizinischen Fachwelt, lediglich unter Einbindung des Sachverstandes von dritter Seite, entstehen müssen. Der berechtigte Einwand, dass somit der Pflichtige über Inhalt und Umfang seiner Pflicht im Wesentlichen bestimme, muss somit aus rein tatsächlichen Gründen zurückgestellt werden. Zudem wird das Problem dadurch abgefedert, dass der behandelnde Arzt im Einzelfall an die ärztlichen Standards der Fachwelt gebunden ist, wodurch eben gerade auch eine Überprüfbarkeit seines Handelns durch das Kollektiv ermöglicht wird. Außerdem ergeben sich weitere Schutzmomente durch gesetzliche Mindestvorgaben.

[152] Hervorhebungen in der Norm sind vom Verfasser.

wird potentiell lebenswichtige Zeit gespart. Gleichermaßen können erforderliche Rückfragen beim Hersteller immer exakt auf das im jeweiligen Einzelfall verwendete Medizinprodukt bezogen werden. Dies ist im Sinne einer effektiven Krankenbehandlung sowohl sinnvoll als auch geboten.

Außerdem ist ein Medizinproduktebuch anzulegen und gewissenhaft zu führen, welches den Anforderungen des § 7 MPBetreibVO genügt. Der Regelumfang ist ebenfalls zwecks Darstellung der Pflichtenreichweite in seine wesentlichen Punkten hier abgedruckt:

„(1) Für die in den Anlagen 1 und 2 aufgeführten Medizinprodukte **hat der Betreiber ein Medizinproduktebuch** mit den Angaben nach Absatz 2 Satz 1 **zu führen**. Für das Medizinproduktebuch sind alle Datenträger zulässig, sofern die in Absatz 2 Satz 1 genannten Angaben während der Dauer der Aufbewahrungsfrist verfügbar sind. (...)

(2) In das Medizinproduktebuch sind folgende Angaben zu dem jeweiligen Medizinprodukt einzutragen:

1. Bezeichnung und sonstige Angaben zur Identifikation des Medizinproduktes,
2. Beleg über Funktionsprüfung und Einweisung nach § 5 Abs. 1,
3. Name des nach § 5 Abs. 1 Nr. 2 Beauftragten, Zeitpunkt der Einweisung sowie Namen der eingewiesenen Personen,
4. Fristen und Datum der Durchführung sowie das Ergebnis von vorgeschriebenen sicherheits- und messtechnischen Kontrollen und Datum von Instandhaltungen sowie der Name der verantwortlichen Person oder der Firma, die diese Maßnahme durchgeführt hat,
5. soweit mit Personen oder Institutionen Verträge zur Durchführung von sicherheits- oder messtechnischen Kontrollen oder Instandhaltungsmaßnahmen bestehen, deren Namen oder Firma sowie Anschrift,
6. Datum, Art und Folgen von Funktionsstörungen und wiederholten gleichartigen Bedienungsfehlern,
7. Meldungen von Vorkommnissen an Behörden und Hersteller. (...)“[153]

In das Buch sind gemäß § 7 Abs. 1 S. 1 MPBetreibVO in Verbindung mit Anlage 1 Nr. 3 allerdings nur die aktiven externen Komponenten des aktiven Implantats einzutragen. Dies betrifft die äußere steuerbare Kontrolleinheit der THS. Gemäß § 7 Abs. 3 MPBetreibVO ist der zuständigen Behörde am Betriebsort jeder Zeit Einsicht zu gewähren. Hierdurch ist auch hinreichende Überprüfbarkeit gewährleistet.

Die aufgezeigten gesetzlich vorgesehenen Mindestanforderungen sind sinnvoll, jedoch für die Sicherung aller Dokumentationsziele nicht hinreichend. Für die weiteren dokumentationspflichtigen Aspekte ist daher auf allgemeine Standards zurückzugreifen.

a) Aufgrund der im Einzelfall erheblichen Schwierigkeiten, im Rahmen der Diagnose Sicherheit zu erlangen, ob die THS als Therapie indiziert ist, sind alle wesentlichen Erwägungen, die zur positiven Entscheidung geführt haben, zur Sicherung der Behandlung und zur Information des Patienten aufzuzeichnen. Im Einzelnen sind jedenfalls Aufzeichnungen über mögliche Alternativen und über die anamnestischen sowie diagnostischen Maßnahmen geboten. Auf dieser Basis

---

[153] Hervorhebungen in der Norm sind vom Verfasser.

ist es sodann speziell dem ausführenden Neurochirurgen möglich, die angestellten Erwägungen der Reihe nach mit seinem Erfahrungs- und Kenntnisstand abzugleichen, zu überprüfen und darauf aufbauend Rücksprache zu nehmen.

Allerdings schuldet der Arzt nur Aufzeichnungen über objektiv medizinisch-naturwissenschaftliche Erwägungen. Fernliegende Vermutungen sowie subjektive Eindrücke und emotionale Beweggründe unterliegen nicht der Dokumentationspflicht.[154]

Die Grenzziehung zum dokumentationspflichtigen Gegenstand fällt bei der THS häufig schwer, da vor allem subjektive Eindrücke der Behandlungsseite über die psychische Verfassung des Patienten und den sich daraus möglicherweise ergebenden Umgang mit der Therapie von Interesse sein können, wenn hieraus ernste Befürchtungen bis hin zu einer Kontraindikation erwachsen können. Als originäre Aufgabe der Behandlungsseite ist insbesondere bei schwierigen Entscheidungen bezüglich der Indikation ein Gebot ausführlicher, dezidierter Dokumentation anzuerkennen. Je schwerer die Entscheidung fällt, umso genauer muss ihre Begründung aus den ärztlichen Aufzeichnungen hervorgehen.[155]

Auf Basis der bereits festgestellten Notwendigkeit enger Zusammenarbeit zwischen den Ärzten bei der Vorbehandlung und dem ausführenden Neurochirurgen, ist von Letzterem zu fordern, dass dieser die begonnene Dokumentation primär dahingehend fortführt, dass angestellte Pro- und Kontraerwägungen der Indikation im Einzelfall um seine besonderen Fachkenntnisse erweitert werden.

Aus der Dokumentation zur Indikation müssen also die Erwägungen des vorbehandelnden Arztes, die Erwägungen des operierenden Neurochirurgen und, falls erforderlich, deren Konsens über wichtige Problempunkte des Einzelfalls hervorgehen. Diese verschärften Anforderungen an die ärztlichen Aufzeichnungspflichten sind zum Schutz des Patienten und zur Sicherung der Behandlung unerlässlich. Sie sind der Komplexität der Methode geschuldet.

b) Ein weiterer wichtiger Aspekt ist die Information des Patienten. Diesem steht mit der Operation eine große Veränderung bevor. Er muss wissen, was mit ihm passieren wird und nach der Operation geschehen ist. Insofern tritt die Dokumentation als zweite Säule der Patienteninformation neben die Aufklärung.[156] Damit dies jedoch auch ein wirksames Instrument zur Erkenntnis für den Patienten ist, ist ein vertragliches Einsichtsrecht zu dessen Gunsten anerkannt.[157] Die Informationen nach § 10 MPBetreibVO sind im Übrigen laut Vorschrift ohnehin zwingend und unaufgefordert zu übergeben.

---

[154] Vgl. *Uhlenbruck/Schlund*, in: Laufs/Kern, Handbuch des Arztrechts, § 55 Rn. 10; *Katzenmeier*, in: Laufs/Katzenmeier/Lipp, Arztrecht, S. 304 Rn. 51.

[155] Dies ist konsequenter Auswuchs der schneidigen Dokumentationspflicht, an welche entsprechend hohe Anforderungen je nach Wichtigkeit des Inhalts zu stellen sind, vgl. *Giesen*, Arzthaftungsrecht, Rn. 426; krit. *Uhlenbruck*, FS Laufs, S. 1123 ff.; *Hausch*, VersR 2006, 612 ff.

[156] Hierzu sodann in Kap. 1 A IV 1.

[157] BGHZ 85, 327, 334 = NJW 1983, 328 = MedR 1983, 62 = JZ 1983, 302 m. Anm. *Wachsmuth/Schreiber*.

Zu beachten gilt es auch, dass die THS ein reversibles Verfahren[158] ist, so dass eine saubere Dokumentation dem Patienten vor Augen führt, was geschehen wird und nach der Operation geschehen ist, er sich aber jeder Zeit entscheiden kann, alles rückgängig zu machen. Eine solche Entscheidung kann nur auf genauer Dokumentationsbasis sinnvoll gefällt werden.

c) Zu dokumentieren ist auch das Mitwirkungsverhalten des Patienten.[159]

d) Eine besondere Form für die Aufzeichnungen ist nicht vorgegeben. Zu beachten gilt es aber, dass die gewählte Form auf möglichst praktikable Art und Weise die oben geforderten Kriterien stützen sollte. Zugleich muss aus den Aufzeichnungen hervorgehen, wann dieselben jeweils entstanden sind und was genau verzeichnet werden sollte. Es ist also auch auf das notwendige Maß an Verständlichkeit zu achten. Allerdings muss der Dokumentierende keinesfalls für den Laien schreiben. Es reicht, dass eine Person vom Fach die Aufzeichnungen nachvollziehen und später auch erklären kann. Dies gilt allerdings nicht für jene Informationen, die nach § 10 MPBetreibVO angefertigt werden. Insofern bestimmen sowohl § 10 Abs. 1 als auch Abs. 2 MPBetreibVO, dass Ziel der hier *zwingend schriftlichen Aufzeichnungen* eine verständliche Information des Patienten ist, welche diesem ausgehändigt werden muss.[160]

e) Bezüglich der zeitlichen Komponente gilt es, immer im unmittelbaren Zusammenhang mit der jeweiligen Maßnahme zu dokumentieren.[161] Gedächtnisprotokolle sind grundsätzlich nicht zulässig, wodurch die Präzision und korrekte Schwerpunktsetzung der Aufzeichnungen gewährleistet werden. Lediglich unbedeutende simple Maßnahmen können im Nachhinein aufgenommen werden.[162] Da aufgrund der besonderen Belastung der Patienten durch die mit der THS zu behandelnden Krankheiten sowie durch die Operation selbst bereits pflegerische Maßnahmen häufig von Interesse sein können,[163] ist der Regelfall, dass jedweder Maßnahme eine gewisse Wichtigkeit innewohnt, so dass eine Dokumentation aus

---

[158] Es werden keine Gehirnstrukturen zerstört und auch sonstige Läsionen entstehen nur minimal, vgl. *Barolat,* Spinal cord stimulation for chronic pain management, Arch Med Res 2000, 258–262; *Linderoth/Foreman,* Physiology of spinal cord stimulation: review and update, Neuromodulation, 1999, 150–164; *Simpson,* Spinal cord stimulation, Br J Neurosurg 11:5–11; *Schläpfer*, Schnittstelle Mensch/Maschine, Präsentation auf der Tagung des deutschen Ethikrates – Der steuerbare Mensch, 2009.

[159] Näher hierzu in Kap. A III 4 (Behandlung, Compliance).

[160] Zu den rechtlichen Konsequenzen bei fehlerhafter oder unterbliebener Dokumentation vgl. Kap. 1 A VI 5.

[161] *Uhlenbruck/Schlund,* in: Laufs/Kern, Handbuch des Arztrechts, § 55 Rn. 12.

[162] *Uhlenbruck/Schlund,* a.a.O.; *Katzenmeier,* in: Laufs/Katzenmeier/Lipp, Arztrecht, S. 305 Rn. 52 m.w.N.

[163] Zu denken ist besonders an die schwierigen Probleme im grundsätzlichen Umgang mit psychiatrischen Patienten. Aber auch bei Bewegungserkrankungen ist ein bestimmter rücksichtsvoller Umgang in der Pflege nötig, da diese Menschen regelmäßig von einem sehr belastenden Stigma betroffen sind und die notwendige Behandlung zusätzlichen schweren Druck auf dieselben ausübt. Dieser Druck bezieht sich sowohl auf Erwartung und Hoffnung als auch auf Furcht und Hilflosigkeit in schwieriger gesundheitlicher Lage. Die Dokumentation muss aufzeigen, dass die Behandlungsseite dies erkannt und beachtet hat.

dem Gedächtnis grundsätzlich nicht reicht. Ausnahmen sind im Einzelfall bei entsprechend unwichtigen Kleinigkeiten denkbar.

f) Schließlich besteht auch die vertragliche Pflicht, die Dokumentation über die üblichen Zeiträume hinaus aufzubewahren.[164] Grundsätzlich hat die Behandlungsseite über eine Zeit von 10 Jahren die Aufbewahrung zu sichern.[165] Dies reicht aber für die THS nicht aus. Diese Therapie ist auf Dauer angelegt. Nach der Implantation soll der Patient mit der Stimulation typischerweise ein Leben lang behandelt werden, wodurch auch zahlreiche Nachuntersuchungen[166] notwendig sind. Auch müssen Erneuerungen der Energiequelle vorgenommen werden. Zudem unterliegen die behandelten Krankheitsbilder oft unvorhergesehenen Veränderungen. Somit können auch noch viele Jahre später die anfangs gefertigten Aufzeichnungen zur Sicherung der fortschreitenden Behandlung von elementarer Bedeutung sein. Daher gilt für die Behandlung mit THS, dass die ärztliche Dokumentation zu Lebzeiten des Patienten nicht vernichtet werden darf. Da dieselbe nicht den Sinn hat, Beweis in einem Arzthaftungsprozess zu sein,[167] besteht nach dem Tod des Patienten grundsätzlich kein Bedarf für eine weitere Speicherung derselben. Natürlich werden hierdurch die grundsätzlichen 10 Pflichtjahre, die sich aus dem Berufsrecht ergeben und in denen die Dokumentation ohnehin vorhanden sein muss, nicht berührt, sollte der Patient vor Ablauf dieser Zeit versterben.

3. Standards in der funktionellen Stereotaxie

a) Vorgaben der medizinischen Fachwelt

Die Frage, was die Behandlungsseite nunmehr genau im Rahmen der Vorbehandlung und der anschließenden Operation schuldet, bestimmt sich nach medizinischen Standards.[168] Wie schon bei der Frage nach der Indiziertheit dieser Methode für einzelne Krankheitsbilder, so ist auch hier bis dato die Fachdebatte der Mediziner ins Werk gesetzt und noch längst nicht zum Abschluss gelangt. Daher sei an dieser Stelle nur auf den gegenwärtigen Stand der Wissenschaft verwiesen. So findet sich folgender Abschnitt zur Neurostimulation in der Leitlinie der Stufe I der Arbeitsgemeinschaft der Wissenschaftlichen Medizinischen Fachgesellschaften (AWMF-Expertenempfehlung):

„Neurostimulation

Die perkutane Einführung einer Stimulationssonde zur epiduralen Rückenmarksstimulation (SCS) erfolgt oberhalb der Läsion, üblicherweise unter Lokalanästhesie, ggf. unter Sedierung und in Bauchlage mit Hilfe der Röntgendurchleuch-

---

[164] Die hierdurch entstehenden Datenmengen werden im heutigen Krankenhausaaltag häufig mit Hilfe externer Speicheranlagen und IT-Verwaltung bewältigt. Bezüglich der hiermit korrespondierenden datenschutzrechtlichen Probleme vgl. Kap. 1 D III.

[165] Berufsrechtlich verankert in § 10 Abs. 3 MBO-Ä.

[166] Siehe hierzu Kap. 1 A V.

[167] BGHZ 129, 6, 9 = NJW 1995, 1611; BGH NJW 1993, 2375; 1999, 3408; *Katzenmeier*, in: Laufs/Katzenmeier/Lipp, Arztrecht, S. 303 Rn. 49 m.z.N. aus der Lit.

[168] Zum Grundverständnis vgl. Kap. 1 A II.

tung unter aseptischen Bedingungen. Ziel ist die Stimulation in Höhe der betroffenen Areale. Die Stimulation wird vom Patienten als Kribbelparästhesie wahrgenommen. Parästhesie- und Schmerzareal sollten deckungsgleich sein. Die Anlage der Stimulationssonde zur peripheren Neurostimulation (PNS) erfolgt proximal der Läsion subepineural. Die Punktion und Stimulation des Ggl. trigeminale wird in Lokalanästhesie/stand by durch das Foramen ovale unter Röntgenkontrolle vorgenommen. Die intrakranielle Stimulation (ICS) wird stereotaktisch, die Stimulation des Motorkortex per Navigation und intraoperativer Teststimulation durchgeführt. Die Teststimulation wird bei Anwendung von PNS, SCS und ICS mit einem externen Stimulator durchgeführt. Die endgültige Implantation des kompletten Systems erfolgt in einem zweiten Schritt nach Abschluss einer positiven Testphase, ggf. in Vollnarkose."[169]

Daneben sind insbesondere die Leitlinien der Deutschen Gesellschaft für Neurologie (DGN-Leitlinien) zu beachten. Innerhalb dieser sehen die Wissenschaftler bei den Krankheiten Parkinson, Dystonie, Demenz, Spannungskopfschmerz, Essentiellem Tremor und Tourette die THS als mögliche Behandlungsmethode und geben für die Durchführung erste Anhaltspunkte für eine Einigung bezüglich des besten Stimulationszielortes.[170] Ansatzweise klare Standards lassen sich aus den angeführten Leitlinien aber nur für Bewegungserkrankungen entnehmen, nicht jedoch für die noch sehr junge Forschung im Bereich psychiatrischer Erkrankungen,[171] wobei freilich Leitlinien nur ein Indiz für das Bestehen von medizinischen Standards bieten und daher nicht mit diesem gleichgesetzt werden dürfen.[172]

Die rechtliche Würdigung ist an dieser Stelle grundlegend auf die medizinische Fachwelt angewiesen. Es wird vom Arzt immer das zu fordern sein, was der medizinische Standard ihm abverlangt. Sofern ein solcher nicht besteht, ist unter dem Gebot größtmöglicher Schonung für den Patienten zu tun, was im Rahmen medizinischer Versorgung nach dem jeweiligen Stand von Wissenschaft und Technik getan werden kann und medizinisch nachvollziehbar ist. Ein Risiko des medizinischen Fortschritts zeigt sich somit auch in der Gestalt unerwarteter Situationen, für die es (noch) keine spezifischen Standards gibt. Defizite besagter Art sind dem Patienten im Rahmen der Aufklärung mitzuteilen, da nur auf diese Weise die Maßnahme rechtlich frei von Beanstandung ist.[173]

b) Bewertungszeitpunkt für Standards

Bezüglich des Bewertungszeitpunkts schuldet der Arzt immer nur den Standard der Gegenwart. Dies bedeutet, dass ein Behandlungsfehler in Form eines Zurückbleibens hinter anerkannten Standards der Therapietechnik nicht damit begründet werden kann, dass die Neuerung kurz bevorstand und der Arzt auf dieselbe hätte warten müssen. Es ist für die Behandlungsseite unzumutbar, dafür haften zu müs-

---

169 *Harke et al.*, Standardisierung invasiver neuromodulativer Verfahren, Schmerz 2003, 17:44, 47.

170 Im Einzelnen hierzu s. Kap. 1 A II 1, 2.

171 Hieran wird jedoch intensiv gearbeitet, vgl. Abschlussbericht ELSA-DBS, 2013.

172 Näher *Lauf/Kern*, in Laufs/Kern, Handbuch des Arztrechts, § 97 Rn. 17 ff.

173 Näher hierzu Kap. 1 A IV.

sen, dass der Standard von heute bereits der Behandlungsfehler von morgen sein kann. Sähe man dies anders, so wären die Ärzte bei der THS kaum in der Lage, eine fehlerfreie Behandlung anzubieten.

Anderes kann nur dann gelten, wenn zum Zeitpunkt der Behandlung die bislang angewandte Standardtherapie bereits als mangelhaft erkannt wurde und die neue Technik sich noch in Entwicklung befindet. Der Arzt ist in diesem Fall gehalten, dem Patienten darzulegen, dass Mängel in der Therapietechnik aufgedeckt wurden und es muss eine einverständliche Lösung gefunden werden, sei es die sofortige Behandlung mit der älteren Technik wegen Dringlichkeit oder ausdrücklichen Patientenwunsches oder aber die Verschiebung der Therapie auf möglicherweise unbestimmte Zeit. Für die THS ist dieser Aspekt wichtig, da die Methodik und der Wissensstand um das menschliche Gehirn sich laufend verbessern und somit ein ärztliches Vorgehen in diesem Bereich rasch überholt sein kann. Gleichermaßen hat jeder Arzt, der Patienten mit der THS behandelt, sich laufend fortzubilden und über Neuerungen zu informieren. Informationsdefizite können dem Arzt grundsätzlich nicht zu Gute gehalten werden. Es ist daher auch ärztliche Pflicht, die gängige medizinwissenschaftliche Literatur zur THS zu verfolgen.

4. Compliance des Patienten

Schließlich ist ein wesentlicher Aspekt für eine erfolgreiche Therapie mit THS die Mitwirkung des Patienten entsprechend ärztlicher Weisungen.

Grundlegend ist eine solche Mitwirkung unter dem Begriff „Compliance“ anerkannt und jetzt auch in § 630 c Abs. 1 BGB geregelt worden. Dieser wird allgemein wie folgt definiert: „Das Ausmaß der Übereinstimmung des Verhaltens eines Menschen in Bezug auf die Einnahme von Arzneimitteln, die Befolgung einer Diät oder die Art, wie jemand seinen Lebensstil ändert, mit einem ärztlichen oder gesundheitlichen Rat“.[174]

Diese notwendige Übereinstimmung ist eine vertragliche Obliegenheit des Patienten. Der Arzt hat grundsätzlich in keiner Form einen Anspruch auf diese Mitwirkung, da es letztlich immer im Bereich der Selbstbestimmung des Patienten liegt, wie er mit seinem Körper verfährt.[175] Dies kann auch vor dem Hintergrund

---

[174] *Schrey/Hayens*, Vorwort des Compliance-Handbuchs, 1982.

[175] Verwirrend ist daher der überall anzutreffende Terminus „Pflicht“, welcher oft über seine Grenzen hinaus verwendet wird, vgl. *Kern*, in: Laufs/Kern, Handbuch des Arztrechts, §§ 74 – 78. Dort ist jedoch eben jene saubere Unterscheidung von Pflicht und Obliegenheit gemeint, allerdings wird auf den Terminus Pflicht vor allem dann zurückgegriffen, wenn die Vernachlässigung notwendiger Mitwirkung zu Schadensersatz- und Kündigungsrechten des Arztes führt, so die nachvollziehbare Interpretation von *Lipp*, in: Laufs/Katzenmeier/Lipp, Arztrecht, S. 78 Rn. 40. Eine durch den Arzt einklagbare Pflicht zur Mitwirkung durch den Patienten ist bereits dem Grundsatz nach nicht anzuerkennen und nicht erst an der Grenze vollstreckungsrechtlicher Durchsetzbarkeit gemäß §§ 888 Abs. 3, 890 ZPO zum Erliegen zu bringen. Auch ein Zwangsgeld oder eine entsprechende Ersatzhaft kann nicht in Betracht kommen. Anderes mag nur für Pflichten des Patienten gelten, welche die notwendige Sicherheit für Ärzte und Dritte gewährleisten, da vom Patienten im Einzelfall eine Gefahr ausgeht, vgl. insoweit *Deutsch/Spickhoff*, Medizinrecht, Rn. 124, die als Beispiel auf ansteckende Krankheiten verweisen.

sozialrechtlicher Behandlungsverpflichtung des Arztes nicht anders gesehen werden.[176] Haftungsrechtlich kann jedoch die Behandlerseite nicht für negative gesundheitliche Konsequenzen herangezogen werden, die auf Basis fehlender Befolgung ärztlichen Rats entstehen.[177]

Nichts desto weniger ist die Mitwirkung gerade bei der THS von besonderem Interesse. Für die Erstellung einer korrekten Diagnose durch den Arzt muss dieser die Krankenvorgeschichte des Patienten und dessen Familie sowie das derzeitige Befinden des Patienten genau eruieren, wobei er auf die Angaben des Patienten angewiesen ist. Weiterhin bedarf es zahlreicher Diagnosemaßnahmen, die der Patient dulden muss, um Zweifel auszuschließen und die Therapie vorzubereiten. Hierzu gehören insbesondere bildgebende Verfahren wie Computertomographien (CT) und Magnetresonanztomographien (MRT).[178] Für die Operation muss der Patient das Implantat und die entsprechenden Läsionen an seinem Kopf und Gehirn dulden, die nötig sind, um die Elektroden an den Zielort zu manövrieren. Die wichtigste Mitwirkungsobliegenheit ergibt sich allerdings nach erfolgter Operation. Der Patient sollte die Stimulation nur nach ärztlichen Weisungen durchführen und zur regelmäßigen Nachschau entsprechende Arzttermine antreten.[179]

Allerdings ist die Frage hinreichender Mitwirkung keineswegs nur Sache des Patienten. Es obliegt dem Arzt im Rahmen seiner medizinischen Betreuung, nicht blind auf die erforderliche Mitwirkung des Patienten zu vertrauen, sondern dieselbe zu hinterfragen, beobachtete Mängel zu dokumentieren und den Patienten zur richtigen Lebensführung anzuhalten. Alle hierzu erforderlichen Hinweise muss der Arzt in Form einer Sicherungsaufklärung von sich aus dem Patienten geben,[180] was nunmehr auch spezialgesetzlich in § 630 c Abs. 2 S. 1 BGB festgehalten ist. Dabei kann es selbstverständlich niemals um Zwang gehen, jedoch ist es eine Form von Vertragsverletzung, wenn der Arzt erkannte oder zu erkennende Mitwirkungsmängel des Patienten nicht mit Hinweisen und Aufforderungen, notfalls

---

[176] Die Krankenkasse ist beim gesetzlich versicherten Patienten grundsätzlich nach den §§ 11 Abs. 1 Nr. 4, 27 ff. SGB V zur Heilbehandlung verpflichtet. Dies stellt sie durch Verträge mit den kassenärztlichen Vereinigungen und den behandelnden Einrichtungen selbst sicher. Hieraus ist der Arzt zur Versorgung des Patienten verpflichtet, wodurch ihm ohne besondere Vorkommnisse auch eine Kündigung nach § 627 BGB verwehrt wird. Bei fehlender Mitwirkung des Patienten kann der Versicherungsanspruch entfallen, nicht aber kann er auf Mitwirkung verklagt werden, vgl. § 1 SGB V. Verschärfte Folgen ergeben sich sodann aus §§ 52, 52a SGB V. Auch eine Kündigung nach §§ 626, 627 BGB ist sodann eröffnet, vgl. *Lipp*, in: Laufs/Katzenmeier/Lipp, Arztrecht, S. 74 f. Rn. 29 - 31.

[177] Hierzu im Detail Kap. 1 A VI (Haftungsfragen).

[178] Vgl. zur Durchführung im Einzelnen Kap. 1 A III 3 sowie Einleitung.

[179] Hierzu näher in Kap. 1 A V.

[180] Diese Form der Aufklärung, auch therapeutische Aufklärung genannt, ist eine vertragliche Nebenpflicht des Arztes und wesentliche Basis für die Mitwirkung des Patienten. Mängel in diesem Bereich sind als ärztliche Behandlungsfehler einzustufen, vgl. *Giesen*, Arzthaftungsrecht, Rn. 140; MüKo/*Wagner*, BGB, § 823 Rn. 753, 772; *Hausch*, VersR 2007, 167.

mit der Drohung des Behandlungsabbruchs wegen berechtigter medizinischer Bedenken zu bekämpfen sucht.[181]

Daher ist der Patient gesondert darauf hinzuweisen, welche Aktivitäten nur eingeschränkt nach der Implantation möglich sind oder sogar ganz vermieden werden sollten. Weiterhin muss der behandelnde Arzt dem Patienten deutlich vor Augen führen, dass jede Form von missbräuchlicher Verwendung des Impulsgenerators verheerende Folgen haben kann. Der Arzt hat sein Möglichstes bei der Einwirkung auf den Kranken zu leisten, dass dieser Einstellungen und Handhabung der Stimulation ausschließlich dem Arzt überlässt oder jedenfalls exakt nach dessen Weisungen im Einzelnen handelt. Sollte sich der Patient jedoch auch nach alledem nicht als vernünftig erweisen, so ist dies ein Fall eigenverantwortlicher Selbstgefährdung, auf welche der Arzt keinen Einfluss hat.[182]

IV. Die informierte Einwilligung des Patienten als Behandlungsbasis

Rechtlich zentral für die gesamte Vorbereitung, Durchführung und Nachbehandlung bei einem Patienten, der mit der THS therapiert wird, ist, dass die ärztliche Intervention ausschließlich dann erfolgen darf, wenn der Patient zuvor zustimmt. Es bedarf also seiner Einwilligung[183], da ohne dieselbe selbst die indizierte und ordnungsgemäß durchgeführte ärztliche Heilbehandlung mit THS als rechtswidrige Körperverletzung[184] und/oder ärztliche Eigenmacht zu werten ist. Dies ergibt sich für jeden Eingriff am menschlichen Körper zwingend aus der Körperverletzungsdoktrin der Rechtsprechung[185] und im Übrigen aus der Wahrung des allge-

---

[181] In diese Richtung schon mit klaren Worten BGH VersR 1954, 98 f. Für die Möglichkeit einer außerordentlich fristlosen Kündigung des Behandlungsvertrages bei ernsten Bedenken wegen fehlender Compliance *Deutsch/Spickhoff*, Medizinrecht, Rn. 280.

[182] Zu den Folgen Kap. 1 A VI.

[183] Die rechtfertigende Einwilligung ist keine Willenserklärung, BGHZ 29, 33, 36; 105, 45, 47 f., auf sie werden aber teilweise die Regeln über Willenserklärungen angewendet, vgl. die Übersicht bei PWW/*Schaub*, § 823 Rn. 17.

[184] Der Begriff der Körperverletzung ist an dieser Stelle weit zu verstehen und umfasst sowohl die Körperverletzung im engeren Sinne als auch die Gesundheitsschädigung. Unter Körperverletzung wird definitionsgemäß jede üble, unangemessene Behandlung verstanden, die das körperliche Wohlbefinden und/oder die körperliche Unversehrtheit nicht nur unerheblich beeinträchtigt, vgl. BGHSt 14, 269, 271 = NJW 1960, 1477; BGHSt 25, 277 f. = NJW 1974, 1829. Eine Gesundheitsschädigung ist demgegenüber jede Hervorrufung oder Steigerung eines pathologischen Zustands, vgl. BGHSt 37, 106 = NJW 1990, 2560; BGHSt 41, 206 = NJW 1995, 2930.

[185] St. Rspr. seit RGSt 25, 375; 38, 34; fortgesetzt vom BGH, vgl. BGHSt 11, 112; 16, 309; 35, 246. Die Rspr. steht auf dem Standpunkt, dass für die Tatbestandsmäßigkeit einer Körperverletzung die dahinter stehende therapeutische Absicht irrelevant sei. Solange eine Körperverletzung oder Gesundheitsschädigung mit der ärztlichen Behandlung einhergeht, sind die Normen über Sanktion und Verpflichtung bei Körperverletzungen eröffnet. Für die Frage der Rechtswidrigkeit komme es grundsätzlich allein auf die Einwilligung an, die somit zum zentralen juristischen Aspekt bei der Bewertung ärztlicher Heilbehandlung wird,

meinen Persönlichkeitsrechts[186] des Patienten. Der gesetzgeber hat diesen Grundsatz nunmehr in § 630 d BGB ausdrücklich festgehalten. Daher sind alle Parameter von der Behandlungsseite peinlich genau zu beachten, die für die Einstufung einer patientenseitig erklärten Einwilligung rechtlich als notwendig erachtet werden. Dies ist das unausweichliche Korrelat zur Feststellung, dass die Behandlungsseite eine Stimulation nie um ihrer selbst willen vornimmt.[187] Zugleich wird hierdurch die Selbstbestimmung des Patienten im Hinblick auf seine körperliche Unversehrtheit wie auch seinen darüber hinausgehenden freien Willen geschützt.[188] In Bezug auf Forschungszwecke mag bei der klinischen Studie ein primär wissenschaftlicher Ansatz statthaft sein,[189] keinesfalls ist dies jedoch bei der Heilbehandlung der Fall. Daher sind alle entscheidenden Voraussetzungen für eine wirksame patientenseitige Einwilligung zur THS zu beleuchten.

1. Informed Consent

Entscheidend hinsichtlich einer wirksamen Einwilligung des Patienten ist ein hinreichender Wissensstand. Dem Patienten muss „im Großen und Ganzen“[190] klar sein, was auf ihn zukommt, welche sinnvollen Alternativen bestehen und was es bedeuten kann, wenn eine Therapie unterlassen würde. Aufgrund der vielen Besonderheiten bei dieser neurochirurgischen Behandlung ergeben sich zahlreiche

---

vgl. BGHZ 29, 46, 176 = NJW 1959, 807 ff. Dieser grundsätzliche Standpunkt ist seit jeher im Schrifttum auf großen Widerstand gestoßen, vgl. zur Diskussion *Katzenmeier*, in: Laufs/Katzenmeier/Lipp, Arztrecht, S. 104 Rn. 8 – 13; Schönke/Schröder/*Eser*, StGB, § 223 Rn. 29 - 31; *Fischer*, StGB, § 223 Rn. 11 m.w.N. Da aber auch die Gegner der Körperverletzungsdoktrin akzeptieren, dass erhebliche Strafbarkeitslücken drohen, solange der Gesetzgeber an dieser Stelle nicht handelt und die ärztliche Heilbehandlung aus dem Anwendungsbereich der §§ 223 ff. StGB herausgenommen würde, ist eine tiefere Auseinandersetzung über diese Frage hier weder geboten noch sinnvoll. Darüber hinaus ist der Streit im Zivilrecht überwiegend hinfällig geworden, da insofern die Verletzung des allgemeinen Persönlichkeitsrechts ebenso neben der Körperverletzung als Haftungsgrundlage dient, so dass kaum die Gefahr der Lückenentstehung gegeben ist, vgl. *Laufs*, in: FS Lange, S. 163, 174; ebenso *Katzenmeier*, in Laufs/Katzenmeier/Lipp, Arztrecht, S. 106 Rn. 13, der jedoch auch auf beharrlich fortstreitende Autoren verweist. Bezüglich Beweislastaspekten könnten sich zwar nach wie vor Unterschiede ergeben, jedoch ist dem hier nicht weiter nachzugehen.

186 Vgl. *Katzenmeier*, Arzthaftung, § 2 III.1.d; *Laufs*, in: Laufs/Kern, Handbuch des Arztrechts, § 103 Rn. 3 – 5.

187 Hier streiten Therapiefreiheit und Patienteninteresse scheinbar wider einander. Wie jedoch bereits im Rahmen der Betrachtung ärztlicher Standards (Kap. 1 A II 1) gezeigt, ist die Therapiefreiheit ein fremdnütziges Recht. Das primäre Interesse des Arztes muss immer sowohl Gesundheit als auch Willen des Patienten gelten.

188 Grundlage sind die verfassungsmäßig verbürgten Rechte des Patienten aus den Art. 1 Abs. 1, Art. 2 Abs. 1, 2 S. 1 GG, vgl. BVerfGE 52, 131, 173, 175 = NJW 1979, 1925.

189 *Lipp*, in: Laufs/Katzenmeier/Lipp, Arztrecht, S. 472 Rn. 42 m.w.N.

190 BGHZ 90, 103, 105 f. = NJW 1984, 1397; BGHZ 102, 17, 23 = NJW 1988, 763; BGHZ 144, 1, 7 = NJW 2000, 1784; BGHZ 166, 336, 339 = NJW 2006, 2108; aus der Lit. *Katzenmeier*, in: Laufs/Katzenmeier/Lipp, Arztrecht, S. 109 Rn. 19 m.w.N.

Erwägungen, welche die Behandlungsseite dem Patienten begreiflich machen muss. Hierbei bestehen auch besondere organisatorische Probleme, da ein einzelner Arzt nicht ausreicht, um die Therapie vorzubereiten, durchzuführen und zu überwachen. Diese Besonderheiten zeigten sich bereits deutlich bei obiger Untersuchung im Feld ärztlicher Dokumentationspflichten. Eine vergleichbare Problemlage ergibt sich nunmehr bei der Organisation der Aufklärung. Weiterhin steht es an, einer für andere Behandlungen atypischen Gefahr nachzugehen. Die THS ist eine Therapieform, die im zentralen Nervensystem ihre Wirkung entfaltet. Es wurde zuvor bereits mehrfach darauf hingewiesen, dass es sich dabei um einen höchst sensiblen Bereich handelt, welcher erhebliche Gefahren für all jenes in sich birgt, was die Menschlichkeit des Patienten ausmacht. Daher sind auch Diskussionen über die Frage unvermeidbar, ob von ärztlicher Seite Warnungen bezüglich Persönlichkeitsveränderungen erfolgen müssen. Die Debatte hierum beinhaltet eine nicht unerhebliche Menge moralisch medizin-ethischen Sprengstoffes.

a) Die Selbstbestimmungsaufklärung

Die verschiedenen Details müssen also das vorgenannte Bild der Behandlung für den Patienten überblicksweise derart veranschaulichen, dass es demselben möglich wird, gut informiert und daher subjektiv sinnvoll sein Selbstbestimmungsrecht in Form der Erteilung oder Versagung einer Einwilligung auszuüben, § 630 e Abs. 1 BGB. Hierfür ist eine Darstellung der Behandlungsseite über Diagnosemaßnahmen und –ergebnisse sowie über Eingriffsrisiken und Verlauf der angedachten Behandlung notwendig. Dies umfasst auch das Aufzeigen von Alternativen. Die Behandlungsseite muss zudem immer den Einzelfall berücksichtigen, das heißt, dass die subjektiven Wünsche und Ängste des Patienten bei der Aufklärung hinreichend zu würdigen sind. Es gilt das Prinzip patientenbezogener Aufklärung.[191]

Letztlich ist auch eine Aufklärung über Qualitätsstandards zu erwägen.[192] Da die THS eine Methode darstellt, bei welcher regelmäßig keine dringliche Durchführung geboten ist, ist die anerkannte reziproke Relation zwischen Dringlichkeit des Eingriffs und Genauigkeit der Aufklärung zu beachten.[193]

aa) Diagnose und Alternativen

Die Behandlung mit THS ist in vielen Fällen schwerer Bewegungserkrankungen sowie auch bei psychiatrischen Erkrankungen als indiziert erkannt worden.[194]

---

[191] Besonders deutlich *Giesen*, FS Skapski, S. 45, 61; vgl. auch *Laufs*, in: Laufs/Kern, Handbuch des Arztrechts, § 60 Rn. 2; MüKo/*Wagner*, BGB, § 823 Rn. 774; *Katzenmeier*, in: Laufs/Katzenmeier/Lipp, Arztrecht, S. 109 Rn. 19; *Bergmann/Wevers*, Die Arzthaftung, S. 18 f.

[192] Grundlegend als Debatte angestoßen durch BGH, JZ 1988, 411 m. Anm. *Giesen* = NJW 1988, 763, wobei die Rspr. hinsichtlich Qualitätsstandards zurückhaltend ist. Zur Lit. vgl. *Hart*, MedR 1999, 47.

[193] Allg. Meinung vgl. nur FAKomm-MedR/*Jaeger*, § 823 BGB Rn. 143.

[194] Vgl. hierzu ausführlich Kap. 1 A II.

Sofern ein entsprechendes Krankheitsbild durch den Arzt festgestellt wurde, kann die THS in Erwägung gezogen werden.

(1) Bei Bewegungserkrankungen aller Art ist der wissenschaftliche Diskurs bereits so weit fortgeschritten, dass ab einem entsprechend erheblichen Stadium des Krankheitsverlaufs[195] eine Therapie mit THS neben den bislang häufig präferierten medikamentösen Ansätzen als Standardbehandlung zu erachten ist. Somit stellt die THS in diesem Bereich eine vollwertige Alternative dar, die gegenüber der medikamentösen Behandlung sowohl Vor- als auch Nachteile aufweist, im Wesentlichen aber medizinisch als vertretbar akzeptiert wird. Die THS bringt zwar einen erhöhten Risikograd bezüglich möglicher Nebenwirkungen und Eingriffsgefahren[196] mit sich, jedoch bestehen mit dieser Therapie gute Linderungsmöglichkeiten zu bekämpfender Leiden, die etwa mit Levo-Dopa kaum noch oder nicht mehr behandelbar sind. Hieraus ergibt sich, dass der beratende Arzt die Pflicht hat, gegenüber einem Patienten mit entsprechender Bewegungserkrankung auf die Möglichkeit der THS hinzuweisen.[197] Dies ist jedenfalls in dem Moment rechtlich geboten, als ein schweres Stadium der Krankheit bereits erreicht ist. Darüber hinaus sollte aber auch in früheren Stadien auf die Möglichkeiten einer neurochirurgischen Operation hingewiesen werden, damit der Patient möglichst früh einen Überblick bezüglich gegebener Varianten erhält und sich längere Zeit verstärkt hiermit auseinandersetzen kann. Eine Rechtspflicht zur Aufklärung in einem Stadium, in welchem die THS noch nicht als medizinisch indiziert erachtet werden muss, existiert allerdings nicht.

---

[195] Die Medizin unterscheidet insoweit bei Parkinson frühe, mittlere und späte Stadien, wobei die Erscheinungen von Patient zu Patient sehr variieren. Die ersten Stadien bringen Einschränkungen mit sich, welche mit medikamentösen Therapien zumeist so gut reguliert werden können, dass eine neurochirurgische Operation regelmäßig nicht als indiziert erkannt wird. Somit ist in diesem Bereich hinreichende Erheblichkeit regelmäßig erst ab einem mittleren bis späten Stadium anzunehmen, vgl. DGN-Leitlinie Parkinson, http://www.dgn.org/images/stories/dgn/leitlinien/LL2008/ll08kap_009.pdf (Abrufdatum 10.03.2011).

[196] Vgl. hierzu die Patienteninformation zur Studie der Universität Bonn von *Schläpfer*, Tiefe Hirnstimulation zur Behandlung therapieresistenter Depressionen, S. 2, http://www.meb.uni-bonn.de/psychiatrie/deutsch/forschung/ag/ brain_stimulation/ forschung/ pdfs/hirnstimulation_patienteninfo.pdf (Abrufdatum 16.06.2011).

[197] Der BGH steht bezüglich der Alternativaufklärung auf dem Standpunkt, dass gleichermaßen indizierte Alternativmethoden mit dem Patienten zu erörtern sind, da die ärztliche Therapiefreiheit die eigenständige Methodenwahl nur insoweit abdeckt, als der Arzt zur gewählten Therapieform keine gleichermaßen vernünftige Variante hat oder aber eine gegebene Variante für den Patienten keinerlei Unterschiede macht. Im Übrigen ist es Teil der Selbstbestimmung des Patienten, darüber zu entscheiden, welches Vorgehen er bei unterschiedlichen Risikofeldern und Erfolgsmöglichkeiten wählt, sofern die Varianten medizinisch vergleichbar sind und im Bereich des Standards liegen, BGH NJW 2005, 1718 und 2006, 2377. Diese Rspr. flankiert die ärztliche Therapiefreiheit. Dem Grundsatz nach entscheidet der Arzt, welche Therapieform angezeigt ist, vgl. *Laufs*, FS Deutsch, S. 625 ff.; *Katzenmeier*, Arzthaftung, S. 304 ff. Die vorbenannte Rspr. setzt dem eine Grenze und zollt der Tatsache den nötigen Tribut, dass die Therapiefreiheit ein fremdnütziges Recht ist.

(2) In neueren Indikationsbereichen, bei der THS bislang insbesondere der Bereich psychiatrischer Erkrankungen, gehen Rspr. und Lit. davon aus, dass eine Aufklärung über mögliche Alternativen zu Standardverfahren solange nicht geboten ist, als das Standardverfahren selbst medizinisch indiziert und nach wie vor erfolgsversprechend ist.[198] Solange im Rahmen dieser neuen Indikationen die parallelen standardisierten Behandlungen anschlagen, trifft, vorbenannter Regel folgend, die Behandlungsseite grundsätzlich keine originäre Rechtspflicht über die THS als Alternative aufzuklären.

Dies ist jedenfalls dann anders zu bewerten, wenn die Parallelverfahren keine Aussicht auf Heilung mehr bieten.[199] Dieser Zeitpunkt ist häufig bei psychiatrischen Erkrankungen, wie dem Tourette-Syndrom oder schweren Suchterscheinungen, nur schwer auszumachen.[200] Gerade insoweit ist es aber vor dem Hintergrund der Selbstbestimmungsaufklärung bei der Bekämpfung eines hochgradigen Leidensdrucks, wie er diesen Krankheitsbildern innewohnt, nicht akzeptabel, wenn den Patienten die Aussicht auf gangbare Alternativen mit bereits nachgewiesener erheblicher Wirksamkeit versperrt bliebe. Der Selbstbestimmungsgedanke, der das tragende Element der Aufklärung bildet, muss insoweit konsequent fortgeführt werden. Daher ist zusätzlich der Grundsatz anzuerkennen, dass

mit wachsendem Leidensdruck ernsthaft zu erwägende Perspektiven, die noch als medizinisches Neuland gelten, gleichermaßen aber wegen ihrer besonderen Wirkungsweise ein erhebliches Potential zur Leidenslinderung in sich bergen, ebenfalls Gegenstand der Aufklärung sein müssen.

Die THS mag in diesem neuen Indikationsbereich noch nicht vollauf anerkannt sein, jedoch weist diese Therapieform durch den Einfluss am Kern des Leidens ein derart erhebliches Potential medizinischer Hilfe auf, dass diese Variante für jeden betroffenen Patienten von hohem Interesse ist. Die psychiatrischen Patienten im Indikationsbereich der THS sind daher neben den Standardverfahren auch über die Möglichkeit des operativen Eingriffs aufzuklären. Dies führt auch nicht zu einer überzogenen Verantwortlichkeit des behandelnden Arztes, da lediglich die gebotene Alternativaufklärung ausgeweitet und der Patient stärker in den Entscheidungsprozess einbezogen wird, ohne dass ein untragbarer Erläuterungsaufwand entstünde. Darüber hinaus verbleibt es dabei, dass sehr umstrittene Methoden der medizinischen Fachwelt wie auch abwegige Verfahren keine Erwähnung neben einer standardisierten Methode finden müssen.

Bei der THS ist allerdings auch eine wirtschaftliche Aufklärung gemäß § 630 c Abs. 3 BGB dahingehend geboten, dass vor dem Zeitpunkt, in dem der Patient mit den Standardverfahren als austherapiert gilt, eine Kostenübernahme durch GKV

---

[198] BGH VersR 1988, 495; OLG Nürnberg MedR 2002, 29, 31 und aus der Lit. *Laufs*, in: Laufs/Kern, Handbuch des Arztrechts, § 130 Rn. 35 f.

[199] *Schelling/Erlinger*, MedR 2003, 331, 334.

[200] Das Problem liegt hier in der Natur der Sache. Psychiatrische Patienten müssen sich vielen Diagnosemöglichkeiten und Erstbehandlungsmethoden unterziehen, ehe davon ausgegangen werden kann, dass eine anderweitige Therapierbarkeit ausscheidet und nur die THS verbleibt. Die Stärke äußerer Ausprägungen gibt nicht hinreichend Auskunft über die Therapierbarkeit des Leidens.

und PKV im Zweifel nicht erfolgen wird.[201] Auch in diesem Zusammenhang darf der erhebliche Kostenfaktor[202] der THS nicht übersehen werden. Trotz der Tatsache, dass es insoweit zu einer seltenen Verflechtung von Selbstbestimmungs- und wirtschaftlicher Aufklärung kommt, ist Rechtsfolge fehlender Aufklärung über den Kostenfaktor nicht die Unwirksamkeit der Einwilligung in den letztlich durchgeführten medizinischen Heileingriff. Das Außerachtlassen wirtschaftlicher Gesichtspunkte berührt nicht den Schutzkreis der körperlichen Integrität und ist daher von den Wirkungen versäumter Selbstbestimmungsaufklärung notwendigerweise zu trennen. Durch eine Verflechtung würde die wirtschaftliche Situation des Patienten an den Schutz der körperlichen Unversehrtheit gekoppelt, was einerseits nicht der dogmatisch korrekten Rückführung auf die unterschiedlichen Verfassungsgüter nach den Art. 2 Abs. 2 S. 1 und 12 GG entspräche und andererseits mit Blick auf den drohenden Schaden im Rahmen einer Rechtsverfolgung zum falschen Unrechtsvorwurf führen würde.

Bei jedwedem anderen Versäumnis im Rahmen der Selbstbestimmungsaufklärung ist demgegenüber die rechtfertigende Einwilligung unwirksam.[203] Die belastenden Folgen für die Behandlungsseite ergeben sich bei Mängeln der wirtschaftlichen Aufklärung aus anderen noch zu erörternden Haftungsansätzen.[204]

(3) Bezüglich der Eingriffsvorbereitung ist es erforderlich, dass der Patient darüber aufgeklärt wird, welche Eingriffe notwendig sind und welche spezifischen Gefahren dieselben in sich bergen.[205] Die insofern entscheidenden bildgebenden Verfahren für die Planung beinhalten jedoch ein geringes Risikopotential schädlicher Nebenwirkungen und sind medizinisch allgemein anerkannt,[206] so dass ein straffer Überblick seitens des Arztes für die Aufklärung des Patienten genügt.

---

[201] Die wirtschaftliche Aufklärung ist grundsätzlich keine Voraussetzung für eine wirksame Einwilligung in die Behandlung, sondern stellt bei Unterbleiben eine eigenständige Vertragspflichtverletzung dar, BGH NJW 2000, 3429, 3431, und ist daher streng von der medizinischen Aufklärung zu trennen, vgl. *Steffen*, FS Geiß, S. 487, 501; *Giesen*, Arzthaftungsrecht, Rn. 268. Eine Verflechtung ergibt sich jedoch dann, wenn im Rahmen der Alternativaufklärung die wirtschaftlichen Aspekte mit heranzuziehen sind, damit der Patient darüber entscheiden kann, ob eine medizinische Alternative tatsächlich einen gangbaren Weg bietet, vgl. *Katzenmeier*, in: Lauf/Katzenmeier/Lipp, Arztrecht, S. 108 Rn. 17.

[202] Etwa 40.000 € vgl. Kap. 1 FN 392.

[203] Sofern ein entsprechender Rechtswidrigkeitszusammenhang zur eingetretenen Primärschädigung gegeben ist, ist diese Rechtsfolge allgemeine Meinung und st. Rspr., vgl. *Katzenmeier*, in: Laufs/Katzenmeier/Lipp (Hrsg.), Arztrecht, S. 125 f. Rn. 53 ff. m.w.N.

[204] Vgl. die Möglichkeit der Vertragsnichtigkeit Kap. 1 A I 2 c cc und im Übrigen s. Kap. 1 A VI.

[205] Über spezifische Eingriffsgefahren, die in Ihrer Auswirkung bei Verwirklichung den Patienten erheblich belasten, ist immer aufzuklären, selbst wenn ihr Risiko sehr gering ist, vgl. BGH, NJW 1984, 1395, 1397; 1990, 1528; BGHZ 126, 386 = NJW 1994, 3012 = MedR 1995, 25; BGHZ 166, 336, 343 = NJW 2006, 2108 f. = MedR 2006, 588 f.; BGH MedR 2005, 159.

[206] *Van den Boom*, Afshar/Watkins/Yap, Erstellung eines digitalen dreidimensionalen Volumenmodells des menschlichen Hirnstammes nach dem stereotaktischen Wahrscheinlichkeitsatlanten, 2001 S. 3 ff.

Spezielle weitere Diagnoseeingriffe sind nicht erforderlich, da sich die Anwendbarkeit der THS als Therapieform nach der medizinischen Indikation richtet.

bb) Risiko und Verlauf

Das zweite entscheidende Feld der Selbstbestimmungsaufklärung bei der THS ergibt sich im Rahmen von Verlaufsfragen und Eingriffsgefährlichkeit. Der Patient sieht sich regelmäßig zwei Operationseinheiten ausgesetzt. Im ersten Teil werden die Elektroden am Zielpunkt im Gehirn implantiert und im zweiten Teil kommt es zur Implantierung und Einbindung des Impulsgenerators. Diese Operationen weisen Risiken auf, welche der Patient zuvor erfahren muss. Darüber hinaus bedarf es eines möglichst klaren Bildes, wie sich die jeweilige Krankheit mit und ohne die Therapie entwickeln wird. Erst durch diese Form der Aufklärung wird es dem Patienten möglich, subjektiv sinnvoll zu einer selbstbestimmten Entscheidung zu gelangen.[207]

In diesem Zusammenhang ist für den Bereich, in welchem die THS noch als medizinisches Neuland zu werten ist, eine verschärfte Aufklärung dahingehend geboten, dass dem Patienten sehr deutlich vor Augen geführt wird, welche Erwägungen auch gegen die THS sprechen und weshalb hier die medizinische Forschung gewissermaßen noch „in den Kinderschuhen" steckt. Die Aufklärung erfüllt also bei nicht/noch nicht standardisierten Verfahren in einem Indikationsbereich, nebst allgemeiner Information, auch eine wichtige Warnfunktion. Es ist sogar eine Aufklärung über die Möglichkeit unbekannter Risiken zu fordern.[208]

(1) Die Risikoaufklärung muss den Patienten auf die operativen Eingriffe vorbereiten. Dem Titel entsprechend ist es entscheidend, dass der Arzt das Risiko der THS deutlich vorführt. Er hat ohne Verschleierung darauf hinzuweisen, welche Probleme bei der genauen Zielortbestimmung im Rahmen der Operation auftreten können.[209] Weiterhin muss auf die erheblichen Anstrengungen für den Patienten hingewiesen werden, mit welchen die Operation verbunden ist, da der Patient regelmäßig bei Bewusstsein sein sollte, um durch ständige Interaktion zu testen, ob der gewünschte Zielort mit der Elektrode erreicht wurde. Es ist darauf hinzuweisen, welche Gefahren mit dem Bohrloch am Schädel zusammenhängen und welche Risiken sich bei der notwendigen Verdrängung von Hirnmasse ergeben. Soll während und/oder zum Abschluss der Elektrodenimplantation eine Magnetresonanztomographie (MRT) durchgeführt werden, so ist darüber aufzuklären, dass dies zur Gefahr der „Verkochung von Hirnmasse" führt, da die Elektroden sich hierdurch erhitzen können.[210] Dieses Risiko besteht, verwirklicht sich allerdings höchst selten.[211]

---

207 Vgl. zum Grundsatz *Deutsch/Spickhoff*, Medizinrecht, S. 176 Rn. 268.

208 Vgl. hierzu BGHZ 168, 103 = NJW 2006, 2477 – Robodoc; BGHZ 172, 1 = NJW 2007, 2767 - Neues Medikament.

209 Eine Übersicht der wichtigsten Risiken bieten *Harke et al.*, Standardisierung invasiver neuromodulativer Verfahren, Schmerz 2003, 44, 47.

210 Ob diese Pflicht besteht, ließ das OLG Köln in seinem Beschluss vom 11.11.2009 – 5 U 49/09 = MedR 2011, 161 als für die Entscheidung unerheblich offen. Ob des eingriffs-

Es ist als typisches Risiko der THS-Behandlung auch auf so genannte Drugstop-Nebeneffekte[212] hinzuweisen. Da für die Implantation und die Folgetests die verordneten Medikamente, die bislang zur Symptom- und Leidensbekämpfung verschrieben wurden, im Wesentlichen zunächst abgesetzt werden müssen, kommt es häufig zu unerwünschten negativen Effekten, wie Depressionen, ungewollten Körperreaktionen und Ähnlichem. Soweit hierüber genaue Aussagen im Einzelfall bezüglich Vorhersehbarkeit und Ausmaß seitens des Arztes getroffen werden können, ist dies dem Patienten mitzuteilen. Gleichermaßen ist darauf hinzuweisen, dass der Stimulationseffekt später mit Medikamenteneinnahme auch unterstützt werden kann.

Im Übrigen ist auf Infektionsrisiken und mögliche Vorbeugemaßnahmen hinzuweisen. Das Aushändigen einer Bedienungsanleitung des Impulsgenerators, welcher in der zweiten Operationseinheit implantiert wird, ist vor dem Eingriff nicht erforderlich.[213]

Abstrakt formuliert ist es also Pflicht des Arztes, auf alle eingriffsspezifischen Gefahren hinzuweisen, selbst wenn diese nur mit geringer Wahrscheinlichkeit eintreten.[214] Dabei muss eine Gefahr keineswegs übermäßig dargestellt werden, jedoch ist es dem Arzt untersagt, ein bestehendes Risiko herabzuspielen.[215] Es genügt allerdings, wenn der Patient einen guten Überblick gewinnt.[216] Genaue Zahlen, so dieselben denn vorliegen, sind dem Patienten nur zu nennen, wenn dieser entweder danach fragt oder aber sich hieraus eine besondere Signifikanz eines Risikos ergibt.[217] Atypische Risiken, die gerade nicht eingriffsspezifisch sind, können demgegenüber bei der Aufklärung außer Betracht bleiben.[218]

Ein besonderes Risikofeld zeigt sich bei der THS in der Tatsache, dass die Folge der Stimulation auch Verhaltensänderungen insbesondere das soziale Umfeld betreffend sein können. Je nach Einflussgebiet ist es sogar denkbar, dass ganze Strukturelemente der Persönlichkeit beeinflusst werden.[219] Dies ist ein für die Mediziner bis dato kaum beherrschbares oder zu überschauendes Problemfeld, so dass eine ausführliche Aufklärung hierüber nicht möglich ist. Die Aufklärungs-

---

spezifischen Risikos und der drohenden Konsequenzen, die als extrem schwer für Leib und Leben des Patienten einzustufen sind, ist jedoch eine Aufklärungspflicht unbestreitbar zu bejahen.

211 Eine präzise statistische Auswertung hierzu ist zwar nicht ersichtlich, jedoch sind derlei Fälle nur höchst selten gemeldet worden. Da besagter Effekt allerdings immer zu schwersten Schädigungen oder zum Tod des Patienten führen würde, ist nicht davon auszugehen, dass eine erhebliche Anzahl besagter Unglücksszenarien sich ohne Kenntnisnahme der Öffentlichkeit vollziehen würde.

212 Fachbezeichnung für die Absetzung bislang verordneter Medikamente.

213 Basierend auf der Entscheidung OLG München VersR 2009, 503.

214 Vgl. *Martis*, MDR 2009, 611 mit einer breiten Rechtsprechungsübersicht.

215 BGH MedR 2008, 87; OLG Köln VersR 2009, 261 f.

216 BGHZ 90, 103, 106, 108 = NJW 1984, 1397; OLG Frankfurt GesR 2009, 83.

217 BGH VersR 2009, 257.

218 NJW 2011, 375; FAKomm-MedR/*Jaeger*, § 823 BGB, Rn. 142, 177 ff.

219 Dieser Aspekt wird im Rahmen der ELSA-Forschungsgruppe dezidiert untersucht. Gesicherte Ergebnisse bezüglich dieses Problemfeldes existieren bislang nicht.

pflicht des jeweils berufenen Arztes erstreckt sich daher auf den Hinweis, dass mit der Stimulation verschiedener Hirnareale Verhaltensmodifikationen einhergehen können und dass dies so weit als möglich vermieden wird. Zudem muss deutlich auf unbekannte Risiken hingewiesen werden.[220] Dieser Hinweis ist mit einem gewissen Maß an Erfahrungswerten anzureichern, so dass der Patient sich über das Gefahrpotential ein Bild machen kann. Der Arzt hat insofern allerdings die Möglichkeit, Besorgnisse des Patienten durch Erzählung positiver Erfahrungen zu zerstreuen. Solange auch etwaig negative Erfahrungswerte innerhalb eines solchen Gesprächs nicht unterschlagen werden, ist hierin kein unzulässiges Herabspielen eines Risikofaktors zu sehen.

Sollte allerdings durch geschickte Positionierung der Elektroden der Neurochirurg gezielt eine Manipulation von Verhaltensweisen des Patienten wollen, so ist der Patient hierüber dezidiert aufzuklären.[221] Ein solches Vorgehen ohne die erforderliche Einwilligung des Patienten auf Basis eines umfänglichen Wissensstandes ist in jedem Fall eine Form rechtswidriger ärztlicher Eigenmacht. Es fehlt dann einerseits am notwendigen Informed Consent und andererseits ist ein solches Vorgehen auch als sittenwidrig im Sinne der §§ 228 StGB, 138 Abs. 1 BGB einzustufen, da das Persönlichkeitsrecht des Betroffenen gezielt missachtet und eine verdeckte zwangsweise Verhaltensänderung bewirkt wird. Ein solches Vorgehen wäre zudem ethisch und gesellschaftlich unerträglich.

Wichtig für ein korrektes Bild der Risikoaufklärung ist aber auch, dass besondere, risikominimierende Faktoren in die Aufklärung einfließen. So ist der Patient in jedem Fall darüber zu informieren, dass die Methode reversibel ist. Sofern also keine Fehler bei der Implantierung passieren und keine ungewollten Nebenwirkungen auftreten, ist es jeder Zeit möglich, die Therapie abzubrechen und die Elektrode wieder zu entfernen. In diesem Zusammenhang ist aber auch zu erwähnen, dass dies selbstverständlich nur mittels einer weiteren Operation möglich ist, die zusätzliche Kosten mit sich bringt. Dies muss der Patient durchaus bei seiner Entscheidung berücksichtigen, sofern ihm selbst diese Kosten zur Last fallen.[222] Da es sich hierbei um ein für die Behandlungsseite offenkundiges Problem des Patienten handelt, welches grundsätzlich besteht, ist eine generelle Hinweispflicht anzuerkennen, ohne hierbei den Aufklärungspflichtigen übermäßig in die Rolle des Verwalters fremder Vermögensinteressen zu drängen.[223]

(2) Bezüglich des Verlaufs muss der Arzt nach bestem Wissen und Gewissen dem Patienten einen Überblick verschaffen, wie sich die zu behandelnde Krankheit mit und ohne die Therapie mit der THS entwickeln wird.[224] Dabei ist auf die

---

[220] Vgl. hierzu BGHZ 168, 103 = NJW 2006, 2477 – Robodoc; BGHZ 172, 1 = NJW 2007, 2767 - Neues Medikament.

[221] Aus Gesprächen mit verschiedenen Ärzten ging hervor, dass gelegentlich bei der Behandlungsseite erwogen wird, die Positionierung der Elektroden so zu planen, dass beispielsweise ein hypomanischer Patient ruhiger wird oder ein aggressiver Patient mehr Gelassenheit zeigt.

[222] Zur Begründung besonderer Verflechtung wirtschaftlicher und Selbstbestimmungsaufklärung s. Kap. 1 A IV 1 a aa.

[223] Vgl. *Katzenmeier*, in: Laufs/Katzenmeier/Lipp, Arztrecht, S. 107 f. Rn. 17

[224] Zur Grundlage *Katzenmeier*, in: Laufs/Katzenmeier/Lipp, Arztrecht, S. 106 Rn. 14.

erheblich besseren Symptomlinderungsstatistiken gegenüber medikamentöser Behandlungen hinzuweisen, wobei dem Patienten vor Augen geführt werden muss, dass die Kurzzeiteffekte nach der Operation möglicherweise subjektiv enttäuschend sein können und immer auch der Blick auf die mit dieser Methode avisierten Langzeiteffekte gerichtet sein muss, wobei solche Effekte sich häufig bereits nach drei Monaten einstellen.[225] Insbesondere kann aufgrund der Minimierung oder Absetzung der Medikamente nicht erhofft werden, dass der Krankheitsverlauf sofort eine signifikante Wende nimmt.

Gleichermaßen muss betont werden, dass sich das Leben des Patienten mit dieser Therapie grundlegend verändern kann und nicht jeder Mensch diesem Druck psychisch gewachsen ist. Hierdurch wird gewährleistet, dass, unabhängig von der längst zuvor erfolgten psychologischen Einschätzung der Behandlungsseite bei der Indikationsstellung, der Patient über sich selbst reflektiert und ergründet, ob er auch nach eigener, subjektiver Auffassung zur Therapie bereit ist. Es ist insoweit nicht Sache des Arztes den Patienten zu überreden, jedoch ist es dem Arzt auch unbenommen, bei dieser Abwägung den Patienten gezielt auf die Vorzüge der THS hinzuweisen. Der Arzt darf klar zum Ausdruck bringen, wenn er nach seinem medizinischen Kenntnisstand diese Therapie im Einzelfall für sinnvoll hält. Es ist dabei lediglich darauf zu achten, dass Problemfelder nicht übermäßig zurücktreten, die der Patient erkennen muss und deren letztendliche Abwägung kein Dritter treffen kann, da der Arzt für schicksalhafte Verläufe weder einstehen will noch muss.[226] Eine Entscheidung des Patienten auf dieser Basis wird seinem Selbstbestimmungsrecht vollauf gerecht und verlangt zugleich dem Arzt nichts Übermäßiges ab.

Zur Verlaufsaufklärung gehört auch, dass der Arzt ein Bild darüber vermittelt, welche Nachbehandlungen nötig sind, zu welchen Kontrolleinheiten der Patient für eine gelungene Therapie erscheinen muss und inwieweit auch weiterhin die Notwendigkeit zur Einnahme ergänzender Medikamente besteht. Wichtig ist hierbei der Hinweis auf die Haltbarkeit des Generators, die möglichen körperlichen Reaktionen auf implantierte technische Fremdkörper sowie dessen Batterien. Eine Warnung vor Spannungsanlagen, Sendemasten und dergleichen muss der Arzt nur erteilen, wenn der Patient etwa aufgrund beruflicher Tätigkeit mit den Stimulator beeinflussenden Magnetfeldern derart nah in Berührung kommt, dass negative Auswirkungen zu befürchten sind.[227]

---

225 Dies konnte im Rahmen der ELSA-Studie bei Kölner Probanden der THS zur Behandlung von Parkinson ganz überwiegend festgestellt werden. Verbesserungen ergaben sich auch im Umgang mit der Therapie. Angstzustände minimierten sich und der Umgang im Alltag konnte zumeist erfolgreich gemeistert werden.

226 Das bürgerliche Recht gewährt letztlich dem Patienten nur Ansprüche wegen Behandlungsfehlern oder ärztlicher Eigenmacht, sofern sich hieraus ein Schaden ergibt. Im Übrigen sind krankheitsbedingte Verläufe Teil des allgemeinen Lebensrisikos des Patienten. Nur weil durch eine Behandlung die Lage des Patienten nicht besser oder gar schlechter wird, ergibt sich noch kein Anspruch auf Ausgleichsleistung gegen die Behandlungsseite.

227 So überzeugend OLG Köln mit Beschluss vom 11.11.2009 - 5 U 49/09 = MedR 2011, 161 auf Basis eines Sachverständigengutachtens.

Als eingriffspezifisches postoperatives Risiko ist der Patient demgegenüber aber auf die Gefahr aufmerksam zu machen, dass der im oberen Brustbereich implantierte Impulsgenerator bei Lösen und/oder Reißen von Nähten verrutschen kann.[228] Dies stellt laut Sachverständigengutachten zwar ein höchst seltenes Risiko dar, jedoch sind die Negativfolgen für die Lebensführung des Patienten regelmäßig derart erheblich, dass vor dem Hintergrund höchstrichterlicher Rechtsprechung zur Frage der Aufklärungsbedürftigkeit seltener aber typischer Risiken[229] dem Oberlandesgericht Köln in seinen Schlussfolgerungen uneingeschränkt zuzustimmen ist. Das Gericht argumentierte diesbezüglich vor allem mit der Notwendigkeit weiterer chirurgischer Eingriffe zur Problembewältigung. Dabei ging der erkennende Senat auch über die Sicht des Sachverständigen hinaus, dass eine Aufklärungspflicht sich auf die Fälle beschränken solle, in denen aufgrund bestehender Prädisposition des Patienten die Gefahr des Reißens von Nähten erhöht sei.[230] Vor dem Hintergrund der drohenden erheblichen Konsequenzen für den Patienten ist die durch das Gericht erkannte umfangreichere Aufklärungspflicht unbestreitbar geboten.

Darüber hinaus sahen die Kölner Richter auch die Notwendigkeit, den Patienten über die Sichtbarkeit des Impulsgenerators unter der Haut zu unterrichten.[231] Da nach dem Stand von Wissenschaft und Technik eine Implantation sowohl ohne postoperative Sichtbarkeit als auch mit derselben möglich und die Entscheidung hierüber ausschließlich eine Frage des Grades der Patientenschonung für später erforderliche Austauschmaßnahmen der Batterien und Einstellungserfordernissen ist, muss auch insoweit dem erkennenden Senat zugestimmt werden. Ob der Patient ein größeres Maß an Schonung oder aber ästhetische Aspekte zu Gunsten seines Körpers vorzieht, ist allein diesem selbst zu überlassen, was nur mittels vollständiger Aufklärung erreicht werden kann.

Schließlich ist dem Gericht auch darin zu folgen, dass mit der Annahme hypothetischer Einwilligung zurückhaltend zu verfahren ist, wenngleich nicht von der Hand gewiesen werden kann, dass die THS grundsätzlich nur als ultima ratio in Betracht kommt und eine hypothetische Einwilligung, wie sie in § 630 h Abs. 2 S. 2 BGB vorgesehen ist, in Fällen indizierter THS-Behandlung durchaus plausibel erwogen werden kann.[232] Gleichwohl ist gerade bei einem solch schwerwiegenden Eingriff wie der THS dem Patientenwillen hinreichend Rechnung zu tragen.

Problemfelder wie dieses beweisen, dass keinesfalls eine unnachgiebige Rückkehr zur objektiv vernunftgeleiteten Medizin erfolgen darf. Es kommt vielmehr darauf an, dass dem Kranken nach dessen subjektiven Wünschen geholfen wird. Dies kann aber nur erreicht werden, wenn nicht durch die grundsätzliche Annahme hypothetischer Kausalität das Einwilligungserfordernis überspielt wird. Die Konsequenzen bei unterlassener Behandlung mögen teilweise erheblich sein, jedoch gibt es zahlreiche Menschen, die auf ästhetische Aspekte großen Wert legen und hierfür auch unvernünftige Entscheidungen zu Lasten ihrer Gesundheit

---

228 OLG Köln MedR 2011, 161.

229 Vgl. *Steffen/Pauge*, Arzthaftungsrecht, Rn. 333 i. V. m. 334 – 372 m.z.N.

230 So das Sachverständigengutachten in OLG Köln, a.a.O.

231 OLG Köln MedR 2011, 161.

232 OLG Köln MedR 2011, 161.

treffen. Dies hat der Arzt zu respektieren, solange es die Möglichkeit gibt, dem Patienten sinnvoll die Situation zu erklären und seine Meinung zu den bevorstehenden Unwägbarkeiten einzuholen. Im genannten Fall zog sich das OLG Köln auf die Position zurück, dass die THS-Patientin als junge Frau bezüglich der ästhetischen Veränderung hinreichend darlegen konnte, dass sie bei Kenntnis in einen ernsthaften Entscheidungskonflikt geraten wäre.[233] Dies muss - übereinstimmend mit höchstrichterlicher Rechtsprechung[234] – genügen, selbst wenn die THS-Behandlung die letzte Möglichkeit zur Symptombesserung war.

cc) Qualitätsaufklärung

Ebenfalls auf dem Selbstbestimmungsrecht des Patienten beruhend wird seit einiger Zeit immer wieder darüber debattiert, ob auch eine Aufklärungspflicht bezüglich der angebotenen Qualität des jeweiligen Krankenhauses und dessen Konkurrenz besteht.[235] Eine solche ist letztlich jedenfalls dann anzuerkennen, wenn die indizierte Behandlung im eigenen Krankenhaus nicht mit hinreichender Gefahrabschirmung nach ärztlichen Standards durchgeführt werden kann oder aber, wenn die indizierte Methode im eigenen Krankenhaus nicht möglich ist.[236]

Bei der THS gilt es zu beachten, dass keineswegs jedes Krankenhaus über eine Stereotaxie verfügt. Gleichermaßen ist es Einrichtungen, welche eine THS nicht anbieten können, zunächst unbenommen, den jeweiligen Patienten mit anderen Standardmethoden zu behandeln; so ist insbesondere an eine medikamentöse Therapie zu denken. Die Grenze wird dort erreicht, wo es nach der Alternativaufklärungspflicht geboten ist, den Patienten auf die THS hinzuweisen.[237] Sollte sich der Patient dann zunächst oder auch dauerhaft gegen eine Therapie mit THS entscheiden, so kann das Krankenhaus, in welchem sich der Patient befindet, weitertherapieren. Andernfalls ist der Patient an eine geeignete Einrichtung zu verweisen.[238]

Ein Krankenhaus, welches seiner Ausstattung und Ärzteschaft nach grundsätzlich in der Lage ist, dem jeweiligen Patienten eine THS anzubieten, ist nur dann gehalten auf die Qualität anderer Einrichtungen hinzuweisen, wenn die Standardisierung der eigenen Technik nach neueren Entwicklungen bereits in Frage zu stellen ist oder aber sich das Vorgehen einer anderen Einrichtung bereits derart durchgesetzt hat, dass es zum Schutz des Patienten kaum noch vertretbar erscheint, ihn nicht auf diese erheblichen Qualitätsunterschiede aufmerksam zu machen.[239] Die Rechtsprechung sucht hiermit einen Tourismus in Gesundheitsangelegenheiten zu vermeiden. Für den Informationsstand der potentiell aufklä-

---

233 OLG Köln MedR 2011, 161.

234 Nachweise bei *Steffen/Pauge*, Arzthaftungsrecht, Rn. 441 ff., 442, 442 a, 443.

235 Dafür *Hart*, MedR 1999, 47 ff. m.w.N.; dagegen *Pflüger,* MedR 2000, 6 ff. m.w.N.

236 Dies ist der konsequente Rückschluss aus den Ausführungen des BGH, vgl. BGH JZ 1988, 411.

237 Vgl. Kap. 1 A IV 1 a aa (1)/(2).

238 Eine Verweisungspflicht des Krankenhauses bei Unmöglichkeit der Erbringung des geschuldeten Standards bezüglich einer gewählten Therapie wurde in jüngerer Zeit auch vom BGH erneut anerkannt, so BGH VersR 2005, 408.

239 BGH VersR 1989, 851; OLG München VersR 2007, 797.

rungspflichtigen Einrichtung ist es hinreichend, wenn die Entwicklungen in der wissenschaftlichen Diskussion der medizinischen Fachwelt bezüglich der THS und ihrer notwendigen Voraussetzungen für eine gelungene Therapie aufmerksam verfolgt werden. Keinesfalls ist einem Krankenhaus abzuverlangen, seinen Patienten grundsätzlich Qualitätserhebungen im Vergleich mit anderen Einrichtungen vorzulegen. Auch geringe Unterschiede müssen dem Patienten nicht mitgeteilt werden. Das Selbstbestimmungsrecht ist zwar als grundsätzlich vorrangig gegenüber den finanziellen Interessen der medizinischen Einrichtung zu betrachten,[240] jedoch ist dasselbe gewahrt, solange sich der Patient darauf verlassen kann, dass Abweichungen, die für ihn ernste Gefahren bedeuten, mitgeteilt werden. Dass letztlich aber eine Hochschulklinik im Zweifel besser als ein Kleinstadtkrankenhaus ausgestattet sein wird, liegt in der Natur der Sache.[241] Bei der THS ist dieses Problem ohnehin zusätzlich dadurch abgemildert, dass eine Einrichtung, welche sich eine Stereotaxie leisten kann, auch typischerweise über hinreichend Mittel verfügt, dieselbe ordnungsgemäß und auf dem Niveau gegenwärtiger Standards zu unterhalten.

b) Modalitäten der Aufklärung

Nebst dem zuvor erörterten Inhalt der Aufklärung ist es für eine wirksame patientenseitige Einwilligung zur THS ebenso notwendig, dass die entsprechenden Inhalte zeitlich und örtlich passend vermittelt werden und vom richtigen Aufklärungsschuldner an den richtigen Adressaten gelangen. Es sind also auch alle erforderlichen Modalitäten der Aufklärung von der Behandlungsseite sicherzustellen. Ein Verstoß an dieser Stelle hat ebenso die Unwirksamkeit einer patientenseitig erteilten Einwilligung zur Folge, wie ein fehlender oder mangelhafter Inhalt.[242]

aa) Zeitpunkt, Art und Weise der Aufklärung

Bei der Therapie mit THS handelt es sich nicht um eine Form eines Notfalleingriffs. Sie ist eine Möglichkeit zur Bekämpfung zahlreicher Leiden, die aber auch besondere Probleme mit sich bringen kann und daher gut überlegt sein will. Somit ergibt sich, dass der Patient möglichst früh neben bereits erfolgender anderweitiger Therapie über die Methode und bestehende Alternativen aufzuklären ist.[243] Dem Patienten muss in jedem Fall hinreichend Möglichkeit gegeben werden, Rücksprache mit dem behandelnden Arzt zu nehmen und sich für Beratung mit Freunden und Verwandten mit der Entscheidung Zeit zu lassen.[244] Von ärztlicher

---

240 So zu Recht *Deutsch/Spickhoff*, Medizinrecht, S. 182 Rn. 279.

241 Eine Kategorisierung in vier Einheiten bieten *Bergmann/Wevers*, Die Arzthaftung, S. 15, welche aber auch zugleich betonen, dass ein bestimmter Mindeststandard nie unterschritten werden darf und dass das primäre Anliegen immer die Patientensicherheit sein müsse.

242 FAKomm-MedR/*Jaeger*, § 823 BGB Rn. 189 ff.

243 Die Zeitspanne muss zur Abwägung „angemessen" sein, vgl. BGH MedR 2008, 289. Dieser Begriff ist durch die Gegebenheiten des Einzelfalls entsprechend wertausfüllungsbedürftig.

244 Basierend auf st. höchstrichterl. Rspr. vgl. BGH NJW 2000, 1784 und 2004, 3703.

Seite ist hierbei nunmehr auch gemäß § 630 e Abs. 2 Nr. 1 BGB immer das persönliche Gespräch anzubieten.[245] Keinesfalls darf der behandelnde Arzt den Patienten ausschließlich auf schriftliches Material verweisen.[246] Dieses dient der Ergänzung, keinesfalls der Ersetzung eines Aufklärungsgesprächs über Indikation, Alternativen und Verlauf.[247]

Entscheidet sich der Patient sodann für die THS als Behandlungsmethode, so ist er gemäß § 630 e Abs. 2 Nr. 2 BGB rechtzeitig, wenigstens mehrere Tage vor der Operation, auf die Eingriffsrisiken hinzuweisen.[248] Um ärztlicherseits ein korrektes Verhalten sicherzustellen, sollte spätestens eine Woche vor der Operation aufgeklärt werden. Daher sollte die Planung stereotaktischer Operationstermine immer entsprechende Zeitspannen berücksichtigen. Wird erst am Tag vor der Operation über die Eingriffsrisiken der THS aufgeklärt, so ist diese Aufklärung jedenfalls als verspätet zu erachten. Ein die Frage der gebotenen Zeitspanne klärendes Judikat liegt bislang nicht vor.

Auch bezüglich der Risikoaufklärung ist es von elementarer Bedeutung, dass der Aufklärungspflichtige das persönliche Gespräch sucht und zu einem späteren Zeitpunkt, wenn der Patient sich alle Risiken klar vor Augen führen konnte, erneut für Nachfragen bereit steht.[249] Dabei ist ärztlicherseits auch auf Verständnisschwierigkeiten - etwa sprachlicher oder inhaltlicher Natur - des Patienten zu achten,[250] § 630 e Abs. 2 Nr. 3 BGB. Es genügt, wenn sich der Patient nach hinreichenden und für den medizinischen Laien verständlichen Ausführungen ordnungsgemäß aufgeklärt fühlt. In diesem Fall fehlt es jedenfalls am ärztlichen Verschulden, selbst wenn die erteilte Einwilligung mangels patientenseitigem Verständnis der Situation unwirksam sein sollte.[251]

Dem Patienten sollte zusätzlich ein Aufklärungsbogen vorgelegt werden, welcher mit jedweder relevanten Zusatzerwägung des Aufklärungsgesprächs handschriftlich ergänzt werden sollte. Auch bezüglich des Aufklärungsformulars ist zu betonen, dass dies als Stütze oder Vorbereitung des persönlichen Gesprächs die-

---

[245] *Parzeller et al.*, Aufklärung und Einwilligung bei ärztlichen Eingriffen, Dtsch Arztebl 2007; 104(9): A-576, 579.

[246] BGH NJW 1994, 793 f. Anders ist dies nur bei einfachen Eingriffen, bei welchen keine Verständnisschwierigkeiten des Patienten auftreten, vgl. BGHZ 144, 1 ff. = NJW 2000, 1784 ff.; Schönke/Schröder/*Eser*, StGB, § 223 Rn. 43 m.w.N.

[247] BGH NJW 1994, 793 f.; *Bergmann/Wevers*, Die Arzthaftung, S. 18; *Steffen/Pauge*, Arzthaftungsrecht, Rn. 330.

[248] Zur erforderlichen Zeitspanne zwischen Risikoaufklärung und Operation bei Eingriffen ohne jedwede Dringlichkeit grundlegend schon BGHSt 12, 379 = NJW 1959, 825; BGH NJW 1992, 2351; OLG Karlsruhe, OLGR 2003, 313; OLG München VersR 1993, 1529.

[249] Dies betont der BGH bei schwierigen und folgenreichen Eingriffen, bei welchen zudem keine Notfalllage gegeben ist, so dass hinreichend Bedenkzeit eingeräumt werden kann, BGH NJW 1992, 2351.

[250] Allerdings stellt der BGH hieran keine überzogenen Forderungen, vgl. BGH NJW 1980, 633.

[251] Vgl. die Rspr.-Übersicht bei *Kern*, in: Laufs/Kern, Handbuch des Arztrechts, § 164 Nr. 2.

nen mag, nicht als Ersatz oder hauptsächliche Aufklärung,[252] § 630 e Abs. 2 Nr. 1 BGB. Der "menschliche Aspekt" ist eine wesentliche Komponente der Selbstbestimmungsaufklärung und somit der korrekten medizinischen Behandlung im Ganzen.[253] Die Dokumentation der Aufklärung ist gemäß § 630 f Abs. 2 BGB ärztliche Pflicht.[254] Daraus ergibt sich zwar keine eigenständige Haftungsgrundlage, jedoch werden Verstöße darlegungs- und beweisrechtlich im Zivilprozess gewürdigt.[255]

bb) Aufklärungsschuldner und Organisation

Aufklärungspflichtiger ist bei therapeutischen Maßnahmen gemäß § 630 e Abs. 2 Nr. 1 BGB grundsätzlich immer der Arzt, in dessen Ressort die jeweilige Maßnahme fällt.[256] Sofern organisatorisch alles ordnungsgemäß funktioniert, darf zudem jeder Arzt davon ausgehen, dass seine Kollegen den Anteil Ihnen obliegender Aufklärung korrekt sicherstellen (Prinzip horizontaler Arbeitsteilung im Krankenhaus, basierend auf dem anerkannten Vertrauensgrundsatz).[257] Hieraus ergibt sich, dass es Sache des jeweils vorbehandelnden Arztes ist, den Patienten über Diagnosen, Indikationen und entsprechende Alternativen aufzuklären. Die Risikoaufklärung ist demgegenüber primär Sache des operierenden Neurochirurgen.

Wie jedoch bereits im Rahmen bestehender Dokumentationspflichten dargelegt, bringt die THS eine wesentliche Verschränkung der Zusammenarbeit verschiedener medizinischer Experten mit sich, deren gemeinsames Wissen um Gefahr, Verlauf, Alternativen und Folgen durch ständigen Austausch zu verbinden ist. Diese Zusammenhänge sind für die Selbstbestimmungsentscheidung des Patienten für oder gegen die gesamte Therapie derart relevant, dass auch im Rahmen der Aufklärung eine strikte horizontale Arbeitsteilung nicht gewährleisten kann, dass den Rechten des Patienten genügend Schutz geboten ist. Daher ist eine klare, abteilungsübergreifende Organisation der Aufklärung zu verlangen.[258] Es bleibt Sache des Neurochirurgen die unmittelbaren Eingriffsrisiken hinsichtlich der Operation dem Patienten vor Augen zu führen. Im Übrigen muss von vorneherein eine

---

[252] Grundlegend BGH NJW 1985, 1399; s.a. BGHZ 144, 1, 11 ff. = NJW 2000, 1784, 1787.

[253] Hierzu *Deutsch/Spickhoff*, Medizinrecht, S. 191 Rn. 301 f.

[254] H.M. vgl. BGHZ 72, 132, 137 = NJW 1978, 2337; BGHZ 85, 327 = NJW 1983, 328; BGHZ 163, 209 = NJW 2005, 2614; *Katzenmeier*, in: Laufs/Katzenmeier/Lipp, Arztrecht, S. 301 f. m.w.N. A.A. wohl FAKomm-MedR/*Jaeger*, § 823 BGB Rn. 215, der diese nur als Obliegenheit einstuft.

[255] *Geiß/Greiner*, Arzthaftpflichtrecht, S. 286 Rn. 134 mit Beispielen aus der Rspr. Beachtlich ist an dieser Stelle die unterschiedliche Sichtweise der Autoren im Gegensatz zu den Oberlandesgerichten bezüglich der Aussagekraft patientenseitiger Unterschrift auf einem Aufklärungsformular. Vgl. zur Notwendigkeit ordnungsgemäßer Dokumentation auch *Bergmann/Wevers*, Die Arzthaftung, S. 18 f.

[256] *Laufs*, in: Laufs/Kern, Handbuch des Arztrechts, § 62 Rn. 1.

[257] *Laufs*, in: Laufs/Kern, Handbuch des Arztrechts, § 62 Rn. 3 m.w.N.

[258] Zur Organisation der Aufklärung vgl. BGHZ 169, 364 = JZ 2007, 642 m.Anm. *Katzenmeier*.

klare Absprache zwischen den vor- und nachbehandelnden Ärzten und dem Operationsteam dahingehend getroffen werden, wessen Aufgabe es sein soll, dem Patienten einen Gesamtüberblick zu verschaffen. Dabei liegt es nahe, die vorbehandelnden Kollegen sowohl vor als auch nach Rücksprache mit dem später durchführenden Neurochirurgen zur Aufklärung über Diagnose, Indikation, Alternativen und Verlauf zu verpflichten, da diese mit dem Patienten gemeinsam über die richtige Therapie für das jeweilige Leiden beraten. Diese Arbeitsteilung hat also letztlich zu gewährleisten, dass die Informationen aller beteiligten Mediziner des Behandlungsteams beim Patienten zusammenlaufen. Nur wenn alle Ärzte der Behandlungsseite ihren Anteil für ein entsprechend funktionierendes System genannter Art leisten, ist es ihnen möglich, sich bei Fehlern der Kollegen auf die Grundsätze horizontaler Arbeitsteilung zu berufen.[259] Die THS stellt mithin auch im Rahmen der Aufklärung eine besondere therapeutische Methode dar, deren spezifische Problemfelder eine über das übliche Maß hinausgehende Verschränkung ärztlicher Kooperation im Team verlangen.

cc) Richtiger Aufklärungsadressat

Korrekter Adressat der Aufklärung ist immer zunächst der Patient selbst, da es auch er ist, der die Einwilligung zur Behandlung geben muss. Bei Minderjährigen sind sowohl diese, sofern sie auch nur partiell einsichtsfähig sind, als Patienten wie auch die Eltern aufzuklären.[260] Bezüglich der THS als therapeutische Alternative existieren keine schützenswerten Interessen des Minderjährigen, die es gebieten würden, dass der aufklärungspflichtige Arzt nur mit Erlaubnis des Kindes auch die Eltern hinzuzieht.[261] Die Eltern benötigen die Informationen zur ordnungsgemäßen Ausübung der elterlichen Sorge im Sinne der §§ 1626, 1627 BGB.

Sofern der Patient einen rechtlichen Betreuer im Sinne des § 1896 BGB hat, ist auch diese dritte Person zur Aufklärung hinzuzuziehen. Dieser letztgenannte Fall ist jedoch im klinischen Alltag nahezu irrelevant, da insbesondere Patienten, die eines Betreuers bedürfen, regelmäßig nicht für die Therapie mit THS geeignet sind. Der erhebliche Anteil patientenseitiger Mitwirkung und psychischer Stärke, welcher zu verlangen ist, wird bei Menschen, die ihre rechtlichen Interessen nicht mehr selbst wahrnehmen können, typischerweise nicht gegeben sein.[262]

Eine Aufklärung sonstiger dritter Personen, insbesondere Ehegatte und Familie, kommt nicht in Betracht. Wenngleich diese Personen in unmittelbarer Nähe des Patienten sind, so ist es ausschließlich Angelegenheit des Patienten zu bestimmen, wer einzubeziehen ist und die Aufklärungsgespräche mit anhört. Die Tatsache, dass negative Auswirkungen oder erhebliche Veränderungen des Patienten durch die Therapie möglich sind, reicht als Argument keinesfalls hin, um eine notwendige Einbeziehung sonstiger Dritter in die Aufklärung zu begründen. Da

---

[259] Zur grundsätzlichen Anwendbarkeit und Rspr.-Übersicht vgl. *Geiß/Greiner*, Arzthaftpflichtrecht S. 278 Rn. 110 m.w.N.

[260] BGHZ 105, 45 = NJW 1988, 2946; *Rothärmel/Wolfslast/Fegert*, MedR 1999, 293; *Deutsch/Spickhoff*, Medizinrecht, S. 199 Rn. 317.

[261] Anders etwa in Fällen heimlicher Schwangerschaft, vgl. LG Köln GesR 2009, 43.

[262] Vgl. zum betreuungsbedürftigen Patienten sogleich Kap. 1 A IV 2 a.

mit der THS keine gesonderte Gefährlichkeit des Patienten in einem Maße hervorgerufen wird, vor welchem Dritte zu schützen wären, findet sich letztlich kein Ansatz für eine ärztliche Drittaufklärung.[263]

2. Einwilligungsfähigkeit

Zur Erklärung der Einwilligung für den Therapiebeginn ist über einen hinreichenden Wissensstand hinaus nötig, dass der Patient einwilligungsfähig ist. Er muss ein situationsentsprechendes Verständnis auf Basis ärztlicher Aufklärung bilden können und zu einem hinreichenden Urteilsvermögen zur Selbstbestimmung bezüglich der Geschehnisse mit dem eigenen Körper im Stande sein, kurz gesagt er muss einsichtsfähig sein.[264] Diese Voraussetzungen werden für geringfügige Eingriffe zumeist ab dem 15.[265] oder spätestens ab dem 16.[266] Lebensjahr, bei schwerwiegenden Eingriffen, wie im Fall der THS, ab Volljährigkeit dem im Übrigen geistig gesunden Menschen grundsätzlich zugeschrieben.[267] Einigkeit besteht aber jedenfalls insoweit, als unterhalb der Schwelle des 14. Lebensjahrs generell davon ausgegangen wird, dass Minderjährige die gebotene Einsichtsfähigkeit für die Einwilligung in medizinische Eingriffe nicht aufweisen.[268]

Über die Frage der Einsichtsfähigkeit hinaus obliegt dem Arzt keine weitergehende Kontrolle hinsichtlich der Wirksamkeit der Patientenentscheidung. Er hat den Patienten nur nach bestem Wissen und Gewissen zu beraten. Hiermit geht auch einher, dass der Patient nicht zu bevormunden ist. Die teilweise angestellte Erwägung, nur in den indizierten medizinischen Eingriff könne der Patient einwil-

---

[263] Dieses Ergebnis ist vor dem Hintergrund des Selbstbestimmungsrechts des Patienten zwingend, da es ohne besondere Gefährlichkeit desselben keinerlei wertungsmäßig zu schützende kollidierende Verfassungsgüter Dritter gibt, die hier Beachtung finden könnten. Für gesellschaftlich aufkeimende Probleme mit dem Patienten ist der Arzt nicht verantwortlich.

[264] Nicht entscheidend sind Geschäftsfähigkeit oder strafrechtliche Schuldfähigkeit, vgl. RGSt 41, 396 f.; BVerfGE 10, 309 = NJW 1960, 1388; BGHZ 29, 36 = NJW 1959, 811.

[265] JurisPK-SGB I/*Didong*, § 36 Rn. 7; zustimmend *Kohte*, AcP 185 (1985), 105, 148; ablehnend *Coester*, FamRZ 1985, 982, 986; *Bender*, MedR 1997, 7, 9 FN. 28.

[266] Schönke/Schröder/*Eser*, StGB, § 223 Rn. 38.

[267] *Katzenmeier*, in: Laufs/Katzenmeier/Lipp, Arztrecht, S. 119 f. Rn. 40 ff. m.w.N.; Schönke/Schröder/*Eser*, StGB, § 223 Rn. 38.

[268] Die h.M. rekurriert hier auf die Einsichts- und Entschlussfähigkeit des Minderjährigen, die unterhalb der Schwelle des 14. Lebensjahrs grundsätzlich fehlen soll und danach im Einzelnen genau abzuwägen ist, vgl. BGHZ 29, 33, 36 = NJW 1959, 811; *Laufs*, in: Laufs/Kern, Handbuch des Arztrechts, § 62 Rn. 9; *Taupitz*, Gutachten 63. DJT, 2000, A-54 ff., A-60 ff. Demgegenüber vertreten andere die Auffassung, dass die Einwilligung höchstpersönlich sei und es keine Fremdbestimmung geben dürfe, sobald der Patient auch nur ansatzweise für sich entscheiden könne, vgl. *Kern*, NJW 1994, 753, 755; *Rouka*, Das Selbstbestimmungsrecht des Minderjährigen bei ärztlichen Eingriffen, S. 164 f. Eine Übersicht des Streitstandes gibt *Katzenmeier*, in: Laufs/Katzenmeier/Lipp, Arztrecht, S. 120 Rn. 41 f., vgl. auch *Diederichsen*, in: FS Hirsch, S. 355 f.

ligen,[269] ist auf Basis des hohen Guts patientenseitiger Selbstbestimmung[270] eine Absage zu erteilen. Ob tatsächlich eine allgemeine Tendenz besteht, medizinisch nicht indizierte Eingriffe grundsätzlich für unzulässig erachten zu wollen,[271] wie es aus den jüngsten Urteilen jedenfalls bezüglich reiner Wunschbehandlungen teilweise ersehen wird,[272] darf vor dem Hintergrund bezweifelt werden, dass sich eine verfassungsrechtliche Rechtfertigung für eine solch umfangreiche Beschneidung menschlicher Selbstbestimmung über die eigene körperliche Integrität nicht finden lassen kann und darf.[273] Anders liegt dies allerdings in den Fällen der Drittentscheidungen für Einwilligungsunfähige und minderjährige Patienten. Hier gilt eine vernunftgeleitete, objektivierte Entscheidungskontrolle zum wirksamen Schutz des Betroffenen, der gerade sein Selbstbestimmungsrecht nicht oder noch nicht alleine ausüben kann.[274] In diesen Fällen gilt somit die Maxime, dass der jeweils Sorgeberechtigte eine Pflicht hat, in die erforderliche, medizinisch indizierte Heilbehandlung einzuwilligen[275] und es zugleich fragwürdig[276] erscheint, eine Einwilligung für die medizinisch nicht indizierte Behandlung zu erteilen.[277] Ob vom letzteren Merkmal zu Gunsten kleinerer Eingriffe Ausnahmen wie das Stechen von Ohrlöchern oder Ähnliches zuzulassen sind, bedarf für den Fall der THS keiner Erörterung. Die THS ist ein gewichtiger Eingriff, welcher durchaus erhebliche Folgen für den Betroffenen hat. Ohne wenigstens relative medizinische Indikation mit ordnungsgemäßer und wohl durchdachter Nutzen-Risiko-Abwägung oder ein ausgleichendes Äquivalent[278] ist es dem jeweils Sorgeberechtigten daher eindeutig untersagt, in die Behandlung mit der THS einzuwilligen.

---

[269] Vgl. hierzu *Steffen*, Problemstellung zu OLG Naumburg MedR 2009, 292; Schönke/Schröder/*Eser*, StGB, § 223 Rn. 34 ff. Mit etwas anderem Ansatz aber demselben Ergebnis wird teilweise BGH NJW 1978, 1206 verstanden, vgl. *Kern/Laufs*, Die ärztliche Aufklärungspflicht, 1983, S. 9 f.

[270] Ob diese nun aus Art. 2 Abs. 1 in Verbindung mit 1 Abs. 1 GG herzuleiten ist, so noch BVerfGE 52, 131, 168 = NJW 1979, 1925, oder aus Art. 2 Abs. 2 S. 1 GG, so bereits drei Minderheitsvoten in BVerfGE 52, 131, 171 ff. = NJW 1979, 1925 und nunmehr der gesamte zweite Senat des BVerfG s. BVerfGE 89, 120 ff. = NJW 1994, 1590, bedarf vorliegend keiner Erörterung.

[271] So wohl die h.A. vor BGHSt 20, 81 = NJW 1965, 355.

[272] *Kern/Richter*, in: Wienke/Eberbach/Kramer/Janke, Die Verbesserung des Menschen, S. 129, 133 f.

[273] Näher hierzu Kap. 3.

[274] So im Ergebnis auch *Kern*, Fremdbestimmung bei der Einwilligung in ärztliche Eingriffe, NJW 1994, 753 ff.

[275] Übersicht bei *Katzenmeier*, in: Laufs/Katzenmeier/Lipp, Arztrecht, S. 120 f. Rn. 43. Vgl. nachvollziehbar und im Ergebnis richtig auch AG Nordenham MedR 2008, 225 f.

[276] Sogar ein absolutes Verbot gefordert, vgl. *Kern/Richter*, in: Wienke/Eberbach/Kramer/Janke, Die Verbesserung des Menschen, S. 129, 133 f.

[277] Vgl. zum Problem des Mißbrauchs des Sorgerechts die Fälle der Zeugen Jehovas bei gebotener Bluttransfusion, BVerfG NJW 2002, 206; OLG Celle NJW 1995, 792; zum betreuungsrechtlichen Aspekt auch OLG München NJW-RR 2002, 811 vgl. im Übrigen die Ausführungen des OLG Hamm in einem Familienprozess FamFR 2011, 239.

[278] Hierzu Kap. 3 B III 2 a.

Problematisch ist die Fähigkeit zur Abgabe einer für den ärztlichen Heileingriff hinreichenden Einwilligung dann, wenn der Patient aufgrund geistiger Störung, erheblicher Schwächung oder aufgrund von Minderjährigkeit die genannten Voraussetzungen nicht aufweist.

a) Der betreuungsbedürftige Patient

Sofern ein Patient seine rechtlichen Angelegenheiten nicht selbst wahrnehmen kann und daher entsprechend einwilligungsunfähig ist, bedarf es einer Entscheidung eines bestellten Betreuers gemäß §§ 630 d Abs. 1 S. 2, 1896, 1901 Abs. 4 BGB. Dabei ist immer nach allen denkbaren Erkenntnismöglichkeiten der wirkliche Wille des Betreuten zu ergründen. Sofern eine Patientenverfügung im Sinne des § 1901a BGB vorliegt, begründet diese ein wichtiges Indiz für den Willen des Patienten. Einer solchen Verfügung darf nur auf Basis begründeter Zweifel zum Schutze des Kranken zuwidergehandelt werden.[279] Gleichzeitig darf sich der Arzt nicht gedankenlos auf die Betreuerentscheidung verlassen. Insbesondere § 1901 b BGB verlangt eine gemeinsame Aktivität von Arzt und Betreuer zum Wohl des Patienten.[280] Einer Anrufung des Betreuungsgerichts bedarf es demgegenüber für eine Behandlung mit der THS nicht. Diese beinhaltet zwar ob ihres Wirkbereichs im zentralen Nervensystem erhebliche Risiken, jedoch liegt die Verwirklichungsgefahr bei derart geringen Quoten,[281] dass nicht von einer begründeten Gefahr des Todes oder schweren Gesundheitsschädigung im Sinne des § 1904 Abs. 1 BGB gesprochen werden kann.[282]

Allerdings wurde bezüglich therapeutischer Eingriffe im Gehirn die Frage aufgeworfen, ob eine Zustimmung zur Durchführung derselben bei Einwilligungsunfähigen nicht grundsätzlich zweifelhaft sei, da der Kern der Persönlichkeit hierbei angetastet werden könnte und eine solche Entscheidung ausschließlich vom Betroffenen in freier Verantwortung selbst ergehen müsse, was Einwilligungsunfähige immer ausschließe.[283] Dieser Grundansatz ist spätestens seit dem Memorandum „Das optimierte Gehirn"[284] allgemein bekannt. *Rosenau* gibt aber zu bedenken, dass dies zu einer Benachteiligung von Einwilligungsunfähigen im Rahmen des Zugangs zu therapeutischen Heilverfahren am Gehirn führen würde.[285] Darüber hinaus ist zu beachten, dass bislang kein juristisches Verbot formuliert werden

---

[279] FAKomm-MedR/*Höfling*, § 1901 a BGB Rn. 8.

[280] FAKomm-MedR/*Höfling*, § 1901 b BGB Rn. 2.

[281] Vgl. etwa die statistische Erhebung bei *Kuhn et al.*, Tiefenhirnstimulation bei psychiatrischen Erkrankungen, Fortschr Neurol Psychiat 2007.

[282] Vgl. Palandt/Diederischsen, BGB, § 1904 Rn. 14; OLG Hamm NJW 2003, 2392; *Wiebach et al.*, BtPrax 1997, 48, die eine begründete Gefahr erst bei einer Quote von 20 % annehmen wollen. Seltene Risiken reichen grundsätzlich nicht, so auch LG Berlin, FamRZ 1993, 599.

[283] Diese Bedenken formulierte etwa *Rosenau* in seinem Vortrag Hirndoping und Neuroenhancement – Fragen an das Recht auf der Jahrestagung des Instituts für Bio-, Gesundheits- und Medizinrecht der Universität Augsburg 16.07.2010 zum Thema Hirndoping und Neuroenhancement – Möglichkeiten und Grenzen.

[284] *Galert et al.*, Das optimierte Gehirn, in: G+G 11/2009, S. 1 ff.

[285] *Rosenau,* a.a.O. FN 283.

konnte, wonach die Persönlichkeit von Menschen völlig unantastbar wäre. Dies hängt vor allem damit zusammen, dass nicht im Ansatz Einigkeit darüber besteht, was Persönlichkeit letztlich ist.[286] Dass sich einzelne Verhaltensweisen ändern können, kann kaum zu dem Schluss führen, dass eine vollständige Persönlichkeitsstruktur beeinflusst wurde. Zudem ist dieser Einwand ohnehin fragwürdig, solange die Persönlichkeitsveränderung nicht das Ziel, sondern ein mit einem gering besetzten Risiko bestehender Nebeneffekt ist, welcher vor der Behandlung in der Nutzen-Risiko-Analyse von Arzt und Betreuer abgewogen wurde. Schließlich gilt spezifisch für die THS das Argument der Reversibilität. Die Stimulation kann jeder Zeit wieder unterbunden werden, wodurch der frühere Zustand in aller Regel wieder herstellbar ist. Als grundsätzliche Bedenken und als Gegenstand gebotener Eingriffsabwägung ist besagter Ansatz von erheblicher Bedeutung, jedoch führt derselbe keinesfalls aus sich heraus zur Unzulässigkeit der THS-Behandlung beim Einwilligungsunfähigen.

b) Der geschwächte und überforderte Patient

Aufgrund der erheblichen Leiden, die mit der THS therapiert werden, ist zu beachten, dass die Patienten des Öfteren kopflos nach Linderung sinnen und somit kaum noch vernünftig über potentielle Konsequenzen nachdenken. Erreicht dieses Problem einen derart kritischen Grad, dass der Patient nicht mehr zu vernunftgeleiteten Entscheidungen im Stande scheint, so ist seine Einwilligung in einem solchen Zustand nicht hinreichend für den Eingriff.[287] Das ärztliche Vorgehen ist sodann darauf anzulegen, dem Patienten wenigstens vorübergehende Leidenslinderung zu verschaffen, so dass die Einwilligungsfähigkeit hergestellt wird. Sollte dies ob des Gesundheitszustandes des Patienten nicht/ nicht mehr in Betracht kommen, so ist der Patient auf ein gerichtliches Betreuungsverfahren zur Bestellung eines Betreuers zu verweisen.

Über diesen Ausnahmefall muss sich der Arzt üblicherweise keine Gedanken machen. Selbstverständlich ist auch das Wort eines Patienten mit schweren Leiden zunächst als hinreichend anzuerkennen. Der hier angeführte Ausnahmefall ist nur dann relevant, wenn die Leiden des Patienten vernunftraubend sind. In diesem Moment ist besonnenes Verhalten ärztlicherseits zu verlangen.

c) Der minderjährige Patient

Inwieweit ein Minderjähriger selbst die Einwilligung zu ärztlichen Maßnahmen wirksam erteilen kann, ist umstritten.[288] Einigkeit besteht jedoch insoweit, als es um erhebliche Eingriffe mit potentiell schweren Folgen geht. Bei solchen Eingrif-

---

[286] Eine übersichtliche Einführung zum Problem und zum herrschenden Modell findet sich bei Psyreon – Psychological Research Online, abrufbar unter http://www.psyreon.de/content/e479/e480/Publikationen/persoenlichkeit.pdf (Abrufdatum: 25.10.2010).

[287] Vgl. den parallel gelagerten Fall OLG Frankfurt MedR 1984, 194, 196.

[288] Vgl. FN 268.

fen ist der Minderjährige zur Einwilligung jedenfalls nie allein berufen.[289] Den Erziehungsberechtigten obliegt grundsätzlich die Personensorge, wozu auch die Sicherstellung medizinischer Versorgung zählt, §§ 1626, 1627 BGB.[290]

Darüber hinaus ist die THS ein solch erheblicher Eingriff, dass die Zustimmung sämtlicher Sorgeberechtigten zu verlangen ist. Dies ergibt sich grundsätzlich ohnehin bereits aus § 1626 Abs. 1 BGB, wonach die Personensorge von beiden Elternteilen gemeinschaftlich ausgeübt wird. Weiterhin handelt es sich nicht um einen Fall typischer und alltäglich notwendiger Arztbesuche oder um eine Notfallkonstellation, so dass die Personensorge insofern nicht von einem Erziehungsberechtigten allein ausgeübt werden kann, sofern zwei Personen heirzu berufen sind.[291] Der Arzt sollte gezielt nach der Einwilligung beider Elternteile fragen und sich bei der Behauptung des alleinigen Sorgerechts von der jeweils vorstelligen Person hierüber einen entsprechenden Nachweis zeigen lassen.[292] Bleiben

---

[289] St. Rspr. BGH NJW 1970, 510, 512 f.; 1972, 335, 337; 1974, 1947, 1950; 1991, 2344 f.; 2007, 271; zur Literatur siehe *Lipp*, in: Laufs/Katzenmeier/Lipp, Arztrecht, S. 70 Fn. 76 m.z.N.; nur vom Grundsatz her a.A. *Ulsenheimer*, Arztstrafrecht in der Praxis, Rn. 111, der die Einwilligungsfähigkeit ausschließlich nach der Einsichtsfähigkeit des Kindes in Bezug auf die eigene Gesundheit bestimmen will. Hierdurch dürfte es bei der THS jedoch kaum zu anderen Ergebnissen kommen, da zum einen auch *Ulsenheimer* für eine restriktive Handhabung des Merkmals Einsichtsfähigkeit plädiert und zum anderen die in Rede stehende Behandlungsmethode regelmäßig auch einen erwachsenen Menschen zunächst überfordert, so dass wenigstens bei den Verwandten Rat gesucht wird. Es ist für die THS grundsätzlich davon auszugehen, dass eine entsprechende Einsichtsfähigkeit nicht gegeben ist. Ähnlich wie *Ulsenheimer* argumentiert *Spickhoff*, in: Soergel, BGB, § 823 Anh I Rn. 107. *Spickhoff* hebt zusätzlich aber m.w.N. hervor, dass der konkrete Eingriff vom selbstbestimmten Patienten erfasst sein muss und dass je nach Intensität des Eingriffs zu differenzieren sei. Letztlich ist auch nach dieser Auffassung kein anderes Ergebnis zu erwarten.

[290] PWW/*Ziegler*, BGB, § 1626 Rn. 9.

[291] Eine Diskussion um die exakte Herleitung der Notfallkompetenz und der Kompetenz für Einwilligungen zu üblichen kleinen ärztlichen Eingriffen ist an dieser Stelle daher nicht zu führen. Es sei nur darauf hingewiesen, dass es Erwägungen im Hinblick auf die Auslegung der §§ 1626, 1627 BGB, auf die Anwendung einer echten berechtigten Geschäftsführung ohne Auftrag mit Hinweis auf die §§ 677, 679 2. Alt. BGB und sogar auf die Vorschrift zur Erweiterung der Außenhaftung nach § 1357 Abs. 1 BGB gibt, vgl. insofern die Ausführungen von *Uhlenbruck/Laufs*, in: Laufs/Uhlenbruck, Handbuch des Arztrechts, § 40 Rn. 23. Zur Frage der Angemessenheit bei typischen und alltäglichen medizinischen Eingriffen vgl. Staudinger/*Voppel*, BGB, § 1357 Rn. 52, 55, 56 f., es kommt bei aufschiebbaren Eingriffen, wie der THS, auf die Ausformung des Begriffs der „Angemessenheit" an. Mithin müsste diese Behandlungsmethode „üblich" bei der Lebensführung der Ehegatten sein, was niemals der Fall sein dürfte. An dieser Bewertung ändert sich auch dann nichts, wenn ein durchsetzbarer Anspruch gegen die Krankenkasse auf Behandlung besteht, da ein derart atypischer Eingriff beim Kind niemals allein wegen der Kostentragung von dritter Seite zur typischen ärztlichen Versorgung werden kann. Ein paralleler Fall zu BGH FamRZ 1992, 291, 292 ist somit nicht gegeben.

[292] Zwar besteht für dieses Verhalten des Arztes keine Rechtspflicht, jedoch droht bei Missachtung benannter Obliegenheit, dass die medizinische Behandlung ohne hinreichende

schlussendlich Zweifel bezüglich der Berechtigung der einwilligenden Personen auf Seiten des Arztes, so sollte dieser das Vormundschaftsgericht anrufen[293] oder aber die Behandlung ablehnen, bis ihm Beweis über die fraglichen Punkte angeboten wird.[294]

Schließlich ist im jeweiligen Einzelfall noch zu klären, wessen Entscheidung zu gelten hat, falls die Erziehungsberechtigten und das Kind sich nicht einigen können. Sofern der Minderjährige noch keine Urteilsfähigkeit aufweist, kommt es nur auf die Einigung der Eltern an. Kommen diese zu keiner Übereinkunft, so reicht die Zustimmung eines Elternteils zur THS nicht aus. Andernfalls würde der gesetzlich vorgesehene Kindesschutz der Gemeinschaftsentscheidung unterlaufen. Der Arzt hat die Therapie zu unterlassen. Da es sich bei der THS auch um keine Notfallbehandlung handelt und es zahlreiche gute Erwägungen bis hin zu Gewissensentscheidungen gegen diese Methode gibt, ist es dem Arzt zu Gunsten des Kindeswohls im Sinne des § 1627 BGB auch nicht auferlegt, hiergegen das Familiengericht anzurufen.[295] Demgegenüber kann jeder Elternteil das Familiengericht gemäß § 1628 BGB anrufen und eine Entscheidung über die Frage herbeiführen. Hieraus ergibt sich ebenfalls der Rückschluss, dass die Zustimmung nur eines Elternteils nach dem Gesetz nicht hinreichen kann, da ohne das Verfahren nach § 1628 BGB bereits vollendete Tatsachen durch Vornahme des medizinischen Eingriffs geschaffen werden könnten.

Problematisch sind jene Fälle, in denen das urteilsfähige Kind sich mit seinen Eltern nicht einigen kann. Bei Eingriffen mit potentiell schweren Veränderungen der Lebensführung des Patienten gesteht die überwiegende Ansicht dem urteilsfähigen Minderjährigen ein Mitentscheidungsrecht zu, welches bis hin zu einem Vetorecht reicht.[296] Die THS ist ein solcher Eingriff. Es ist der überwiegenden Ansicht darin zuzustimmen, dass eine Eingriffsdurchführung gegen den Willen des urteilsfähigen Minderjährigen nicht erfolgen darf. Sobald der Mensch selbstbestimmt beginnt, sein Leben kontrollieren zu lernen, kann und darf es nicht Aufgabe der Eltern sein, ihn zu schwerwiegenden Veränderungen zu zwingen, die

---

Einwilligung und somit rechtswidrig erfolgt, was haftungsrechtliche und strafrechtliche Konsequenzen nach sich ziehen kann (näher hierzu in den Kap. 1 A VI und C).

293 Das Vormundschaftsgericht ist für den Schutz des Kindes gemäß § 1666 Abs. 1 BGB zum subsidiären Wächter der Personensorge berufen. Bleiben für den Arzt vor einem solch erheblichen Eingriff wie der THS Zweifel, welche die Eltern entweder nicht auszuräumen gewillt oder im Stande sind, so wird hierdurch ergänzend der notwendige Schutz des Kindes gewährleistet.

294 Dieses Vorgehen ist zwingend, um negative Folgen zu vermeiden, da der BGH je nach Schwere des Eingriffs entscheidet, ob der Arzt auf die Behauptung eines Elternteils vertrauen darf, wenn dieser der Wahrheit zu wider vorgibt, er sei vom Partner ermächtigt, vgl. BGHZ 144, 1, 4 - Routineimpfung = NJW 2000, 1784 f. und demgegenüber BGHZ 105, 45 – Herzoperation = NJW 1988, 2946.

295 Somit liegt es bei der THS anders als etwa im Fall OLG Celle NJW 1995, 792, wo nach objektivem Dafürhalten die ärztliche Intervention zum Wohl des Kindes definitiv geboten war, die Eltern jedoch aus Gewissensgründen eine Bluttransfusion ablehnten.

296 BGH NJW 2007, 217 f. = MedR 2008, 289 m. Anm. *Lipp*; zur Lit. vgl. die Übersicht bei *Katzenmeier*, in: Laufs/Katzenmeier/Lipp (Hrsg.), Arztrecht, S. 121 Rn. 43 Fn. 154.

nach medizinischer Expertise verschoben werden könnten. Wenn das Kind letztlich nur etwa der medikamentösen Therapie vertraut, so ist seine Entwicklung dahingehend zu akzeptieren. Der Eingriff kann ohne weiteres zu einem späteren Zeitpunkt erneut erwogen werden, wenn das Kind sich besser darauf einstellen konnte und seine Ansichten über die Welt zu ändern beginnt. Dieser wesentliche Einvernehmensgedanke liegt auch dem Kindschaftsrecht zu Grunde, § 1626 Abs. 2 BGB,[297] und überlagert bei zunehmender Urteilsfähigkeit des Kindes teilweise die inhaltlich erzieherische Bevormundung[298] der Eltern.

Auf der anderen Seite kann das Kind allerdings die wesentliche Veränderung gegen den Willen seiner Eltern nicht alleine herbeiführen.[299] Zwar haben auch insoweit die Eltern die Pflicht, Einvernehmen mit ihrem Schützling anzustreben, jedoch ist eine vernunftgeleitete Gegenmeinung der Eltern für den Minderjährigen ebenso bindend. Hält der Minderjährige diese Entscheidung der Eltern für unrichtig, will er also eine Therapie mit der THS, so muss ein Antrag auf Ersetzung der notwendigen Einwilligung zur Therapie an das Familiengericht gemäß § 1666 Abs. 1, 3 BGB mit der Begründung des Missbrauchs der elterlichen Sorge gestellt werden. Da das Familiengericht einem solchen Antrag jedoch nur bei missbräuchlicher Versagung durch die Eltern stattgeben wird, ist derselbe im Zweifel für eine Behandlung mit THS nicht von Erfolg gekrönt. Das Kindeswohlprinzip unterliegt somit maßgeblich der elterlichen Gewalt und wird nur bei schweren Abweichungen mit erheblicher Schadensgeneigtheit vom Staat geschützt.[300]

Zu beachten ist, dass die Einschätzung über die bereits bestehende Urteils- und über das damit einhergehende Mitentscheidungsrecht des Kindes primär Aufgabe des Arztes ist.[301] Der Arzt muss entsprechende Erwägungen bei Anamnese und Diagnose in seine Überlegungen einbeziehen.

---

[297] Es wurden bei zahlreichen Gelegenheiten deutlich weitergehende gesetzliche Regelungen erwogen, welche den Minderjährigen bereits mit dem 14. oder dem 16. Lebensjahr für einwilligungsfähig erklären sollten. Dem ist, nicht zuletzt wegen der erheblichen Unsicherheit bezüglich einer korrekten Abgrenzung, der Gesetzgeber nicht nachgekommen und entschied sich letztlich ausschließlich für die Hervorhebung der besonderen Bedeutung durch § 1626 Abs. 2 BGB, vgl. *Diederichsen*, in: FS Hirsch, S. 355 ff. m.w.N.

[298] *Gernhuber/Coester-Waltjen*, Familienrecht, § 57 Rn. 30.

[299] Hiergegen wenden sich einige Stimmen in der Literatur, die das Recht auf freie Entfaltung der Persönlichkeit im speziellen Bezug zur freien Entscheidung über den eigenen Körper nach Art. 2 Abs. 2 S. 1 GG beim Minderjährigen verletzt sehen, vgl. *Diederichsen*, FS Hirsch, S. 355, 360 m.w.N. Jedenfalls wird aber auch diesseits ein Unterrichtungs- und Mitspracherecht der Eltern akzeptiert, so dass sich in der praktischen Ausführung zumeist vergleichbare und tragbare Ergebnisse hervorbringen lassen sollten, *Rouka*, Das Selbstbestimmungsrecht des Minderjährigen bei ärztlichen Eingriffen, 1996, S. 154 ff.; *Belling/Eberl/Michlik*, Das Selbstbestimmungsrecht Minderjähriger bei medizinischen Eingriffen, S. 136 f., 158.

[300] OLG Celle NJW 1995, 792; BayObLG FamRZ 1976, 43; *Diederichsen*, in: FS Hirsch, S. 355, 359 ff.

[301] BGH VersR 1971, 929; *Kern/Laufs*, Die ärztliche Aufklärungspflicht, S. 29; anders *Peschel-Gutzeit*, in: Juristinnenbund, Neues elterliches Sorgerecht, S. 105 m.w.N.

3. Unwirksamkeit der Einwilligung wegen Sittenwidrigkeit

Die THS als Heilbehandlung birgt aus sich heraus letztlich keine Aspekte, aufgrund derer die patientenseitige Einwilligung wegen der Grenze der §§ 228 StGB, 138 Abs. 1 BGB als nichtig zu erachten wäre. Besonderheiten, die im Einzelfall problematisch sind, wurden bereits im Rahmen der Ausführungen zum Vertragsschluss behandelt.[302] Die dort gefundenen Grundsätze sind auf die Wirksamkeit der Einwilligung gleichermaßen anwendbar. Dabei ist allerdings zu betonen, dass die Missbrauchsgefahren erheblich sind. Nicht die Methode, sondern die menschliche Versuchung, diese falsch zu benutzen, ist ein Problem.[303]

Eine schwierige Situation ergibt sich allerdings für den Arzt, wenn der Patient auf Basis einer selbst gestellten Diagnose, oder aus einem verzweifelten Wunsch heraus, auf dem Standpunkt steht, dass er eine Behandlung mit der THS wünscht, wenngleich diese im Einzelfall medizinisch unsinnig ist. Für diesen Fall muss dem behandelnden Arzt klar vor Augen treten, dass er einem solchen Drängen des Patienten keinesfalls nachgeben und schlicht das Beste hoffen darf.

Wie gezeigt, ist es zwar Sache des Patienten so unvernünftig mit seinem eigenen Körper umzugehen, wie er dies für richtig hält. Seine Grenze findet dieser Grundsatz jedoch dort, wo der unvernünftige Patient gezielt die ärztliche Hilfe für medizinisch nicht gebotene Eingriffe in Anspruch zu nehmen gedenkt. Es verstieße in grober Weise gegen den Berufsethos des Arztes, dem Patienten bei schlichter Misshandlung seines Körpers behilflich zu sein.[304] Bezüglich dieses Ethos ist der Arzt bei klarer Vorgabe der medizinethischen Fachwelt auch rechtlich gebunden.[305] Eine Einwilligung des Patienten zu einem solchen Eingriff ist daher gemäß §§ 138 Abs. 1 BGB, 228 StGB als sittenwidrig zu erachten. Sie ist rechtlich unbeachtlich.

Zudem akzeptiert auch die höchstrichterliche Rechtsprechung die Wirksamkeit einer solchen Einwilligung nicht und erkennt bei Durchführung nicht indizierter Verfahren Haftungsfolgen zu Lasten der Behandlungsseite an.[306]

---

302 Vgl. oben Kap. 1 A I 2 c bb/cc.

303 Zu den Details vgl. Kap. 2.

304 Ratzel/Lippert/*Lippert*, MBO-Ä, § 2 Rn. 7 ff.

305 An die Regeln der Ethik ist der Arzt über das Berufsrecht in § 2 Abs. 1 der jeweiligen Ärzteordnung rechtlich gebunden. Vgl. hierzu im Einzelnen die Ausführungen in Kap. 1 A I.

306 BGH NJW 1978, 1206 - Zahnextraktion ohne Indikation.

V. Die Nachbehandlung

Nach erfolgter Implantierung von Elektroden und Impulsgenerator besteht die Notwendigkeit für den Patienten einige Tage unter Beobachtung stationär im Krankenhaus zu verweilen. In dieser Zeitspanne ist zu eruieren, ob ungewollte oder unerwartete Nebenwirkungen auftreten. Zudem muss Stück für Stück eine optimale Einstellung des Impulsgenerators gefunden werden. Weiterhin sind dem Patienten im Rahmen der Entlassung alle notwendigen therapeutischen Hinweise für die weitere Lebensführung und für mögliche Unregelmäßigkeiten bei der Stimulationswirkung mitzugeben. Er muss eine Möglichkeit erhalten, sich jeder Zeit an einen Arzt zu wenden.[307] Für die potentiell bevorstehenden Veränderungen in Verhalten und Lebensführung ist bei Bedarf auch die Adresse eines passenden Psychologen zu nennen. Der Arzt hat sicherzustellen, dass die psychische Verfassung des Patienten überprüft und Auffälligkeiten untersucht werden. Als Hintergrund ist insoweit auch zu bedenken, unter welcher Form von Leidensdruck der Patient bislang stand und inwieweit seine Kräfte durch den Krankheitsverlauf und die Operation angegriffen wurden. Dabei darf nicht übersehen werden, dass es bei den meisten Patienten einiges an Überwindung und Mut gekostet haben wird, sich für die Implantation einer Elektrode im eigenen Hirn zu entscheiden. Darauf aufbauend sollte behandlungsseitig mit partiell irrationalem Verhalten gerechnet werden, sofern keine Besserung oder gar eine Verschlimmerung der Leiden im Einzelfall das Ergebnis sind.

Bei minderjährigen Patienten ist auf eine altersgerechte Heranführung an alle Veränderungen zu achten. Pädagogisches Geschick ist hier wesentlich.

Der Patient ist zudem nach bester Möglichkeit von einer vorzeitigen Selbstentlassung abzuhalten, um ihn vor Selbstgefährdung zu bewahren.[308] Zwang kann der behandelnde Arzt gegenüber einem freiverantwortlich Denkenden allerdings nicht ausüben, solange es nicht konkret ansteht, Dritte vor Schaden zu bewahren.[309]

Bezüglich der technischen Gefahren, der korrekten Benutzung des Stimulators und der gebotenen Verhaltensregeln im Notfall ist dem Patienten gemäß § 10 Abs. 1 MPBetreibVO eine hinreichend informative und klar verständliche Bedienungsanleitung und Verhaltensinformation auszuhändigen.

In späterer Zeit bedarf es sodann regelmäßiger Nachsorgeuntersuchungen.[310] Die korrekten Zeitabstände sind vom Arzt je nach Einzelfall festzulegen, sollten

---

[307] Abstrakte Leitlinien für die Behandlungsseite hierzu bieten *Harke et al.*, Standardisierung invasiver neuromodulativer Verfahren, Schmerz 2003, 17:44, 47.

[308] Vgl. hierzu BGH NJW 2003, 2309 = MedR 2003, 629 m. krit. Anm. *Katzenmeier*.

[309] Dies wären jedoch allenfalls Nothilfegesichtspunkte, die ausschließlich für den kurzen Zeitraum von Angriff oder Gefahr einen Rechtfertigungsgrund für das Festhalten des Patienten böten, §§ 227 BGB, 32, 34 StGB. Nur im Falle erheblicher psychiatrisch bedingter Ausfälle kann der Arzt nach PsychKG vorgehen und den Patienten weitergehend präventiv vor sich selbst schützen. Näher hierzu in Kap. 1 A VI 7 und C II.

[310] *Harke et al.*, Standardisierung invasiver neuromodulativer Verfahren, Schmerz 2003, 44, 48.

zunächst jedoch wenigstens einmal jährlich durchgeführt werden. Hierbei geht es um die Regulierung der Stimulation, um Eruierung gesundheitlicher Probleme und Nebenwirkungen mit dem Stimulator sowie um die Überprüfung der Technik, was die Laufleistung der Batterie und die Funktionalität des Geräts betrifft. Die Techniküberprüfung unterliegt nach § 6 Abs. 1 MPBetreibVO einer Mindestkontrollspanne von zwei Jahren, was bis zur Beendigung der Nutzung gilt. Diese Frist verkürzt sich für die bei der THS genutzten Medizinprodukte dann, wenn der Hersteller kürzere Fristen vorschreibt. Gemäß § 6 Abs. 1 MPBetreibVO ist eine solche Herstellervorschrift bindend. Zudem ist gemäß § 6 Abs. 3 MPBetreibVO ein technisches Protokoll über die Prüfung anzufertigen und aufzubewahren.

Die Nachbehandlung ist wesentlicher Bestandteil der gesamten Therapie. Ihr sind Erkenntnisse und Dokumentation von Vorbehandlung und Operationsgeschehen zu Grunde zu legen, um etwaige Abweichungen der Elektrode von der gewollten Zielstruktur des Gehirns möglichst rasch zu erkennen und im schlimmsten Fall mit einer weiteren Operation bekämpfen zu können.

Um Missbrauch oder Fehler durch den Patienten vorzubeugen, ist dieser im Rahmen therapeutischer Aufklärung eindringlich darauf hinzuweisen, dass der Stimulator nur nach ärztlichen Weisungen zu bedienen ist. Zur Sicherstellung des korrekten Patientenverhaltens liegt der Versuch einer vertraglichen Bindung nahe, deren Begründung und Ausgestaltung als wirksames Mittel jedoch erhebliche Schwierigkeiten bereitet.

Vertragsklausel für Stimulation – Arztvorbehalt

Arzt und Patient könnten eine Klausel folgenden Inhalts erwägen:

„(1) Der Patient verpflichtet sich zu seinem eigenen Schutz, die Regulierung der Stimulation ausschließlich dem behandelnden Arzt zu überlassen oder, sofern vereinbart, die Regulierung selbst exakt nach den Weisungen des behandelnden Arztes vorzunehmen.

(2) Verstößt der Patient schuldhaft gegen diese Vereinbarung, so ist der Arzt berechtigt, die Behandlung wegen Störung des Vertrauensverhältnisses unverzüglich abzubrechen, sofern hierdurch dem Patienten kein gesundheitlicher Schaden droht und der Arzt nach bestem Wissen und Gewissen nicht mehr die Möglichkeit sieht, das Behandlungsverhältnis sinnvoll aufrechtzuerhalten. Von beiden vorbenannten Elementen überzeugt sich der Arzt vor Behandlungsabbruch.

(3) Der Patient wird darauf hingewiesen, dass er die sich ergebenden Mehrkosten wegen seiner fehlenden und gebotenen Mitwirkung selbst zu tragen hat und bei weitergehenden Vermögensschäden des Krankenhauses demselben zum Ersatz verpflichtet ist.

(4) Für Schäden, die sich der Patient durch eigenverantwortliche Stimulation zufügt, sind behandelnder Arzt und Krankenhaus nicht verantwortlich, soweit der Patient über die Gefahr derselben belehrt wurde. Der Patient wird auf die möglichen negativen Folgen im Rahmen der Aufklärung deutlich hingewiesen.

(5) Arzt und Patient einigen sich darauf, dass die Stimulation als Dauermedikation gesehen wird und daher unter therapeutischen Gesichtspunkten immer wieder vom Arzt zu verschreiben ist. Mithin ist auch eine Beendigung der Stimulation aus medizinischen Gesichtspunkten möglich.“

1. Verständnis der Klausel

Die vorgeschlagene Vertragsklausel zur Aufnahme in den Behandlungsvertrag zielt auf die Sicherstellung des Patientenverhaltens, ohne in ihrer Rechtsfolge Haftungs- oder gar Zwangskonsequenzen vorzusehen. Hierdurch soll die Sinnhaftigkeit und Zielrichtung der Klausel sichergestellt werden. Eine Vertragsstrafenregelung ginge demgegenüber wohl zu weit und wäre ethisch fragwürdig.

Gleichzeitig wird der Patient auf die gesetzlich vorgesehenen Haftungsfolgen hingewiesen,[311] wodurch bewusst ein wirtschaftlicher Druck aufgebaut wird. Es ist nicht zu erwarten, dass der Patient sich an die entsprechende Klausel bei gegenteiligem Willen strikt halten wird, wähnte er nicht besondere Nachteile für sich selbst. Insofern sind wirtschaftliche Nachteile am besten geeignet, um den Patienten zur Vernunft zu bringen, da dieselben typischerweise von Menschen für erheblich erachtet werden.

Ein solches Druckmittel ist insbesondere auch deshalb erwägenswert, weil die Behandlungsseite kein Zivilverfahren gegen den Patienten auf Einhaltung der Klausel anstrengen wird. Der Arzt ist nicht dazu berufen, den Patienten zu korrekter Lebensführung zu zwingen. Gleichermaßen wird zu dessen Wohl mit dieser Klausel eben jene Zielrichtung durch „sanfte Gewalt“ versucht.

Schließlich wird dem Patienten auch vor Augen geführt, dass eine Haftung der Behandlungsseite bei negativen Konsequenzen nicht in Betracht kommt und daher sich ergebende Kosten vom Patienten selbst zu tragen sind. Da insofern eine Haftung nach hinreichender Aufklärung seitens Arzt und Krankenhaus ohnehin nicht begründbar ist, bildet auch dieser Abschnitt einen Hinweis mit Druckpotential, beinhaltet aber keine weitergehenden juristischen Auswirkungen.

Somit bringt die Klausel lediglich einen gewissen Druck für den Patienten, Missbrauch des Stimulators zu unterlassen. Gleichermaßen ergibt sich für den behandelnden Arzt ein wichtiger Grund zur außerordentlich fristlosen Kündigung im Sinne des § 627 Abs. 2 BGB[312] selbst zur Unzeit, indem diese Vereinbarung verletzt wird. Da es aber niemals Wille noch Ziel des Arztes sein darf, dem Patienten hiermit zu schaden, sieht die Klausel bewusst eine Grenze vor, nach welcher

---

[311] So muss dem Patienten klar sein, dass die Behandlungsseite Vorbereitungen zu treffen hat, welche patientenspezifisch sind. Werden diese sinnlos, da ein Behandlungsabbruch unumgänglich erscheint, so hat der Patient den daraus resultierenden Schaden zu ersetzen. Dies stellt bei Einlassen auf die Schutzklausel auch keine Form übermäßiger Einschränkung des Selbstbestimmungsrechts dar.

[312] Bei einem Behandlungsvertrag über die Therapie mit THS zieht sich die Behandlung zwar viele Jahre lang hin, jedoch handelt es sich keinesfalls um ein regelmäßiges Dienstverhältnis mit festen Bezügen, auf welches § 627 BGB keine Anwendung fände. Der therapeutische Vertrag ist daher nicht vergleichbar mit den gegenteilig entschiedenen Konstellationen, vgl. BAG NZA 2006, 1094; BGHZ 90, 280, 282 = NJW 1984, 1531; BGH NJW 67, 1416. Dennoch ist § 627 BGB teleologisch dahingehend zu reduzieren, dass der Arzt grundsätzlich einen Behandlungsvertrag nicht einfach aufkündigen kann, wenn er dies möchte. Der Arzt ist dem Patienten gegenüber dahingehend zur Sorgfalt verpflichtet, dass er diesem die Möglichkeit geben muss, anderweitig ärztliche Hilfe zu erlangen, vgl. *Lipp*, in: Laufs/Katzenmeier/Lipp (Hrsg.), Arztrecht, S. 74 f. Rn. 31.

der Arzt vor Behandlungsabbruch sicherstellt, dass den Patienten hierdurch keine Leiden oder gesundheitliche Schäden treffen, die nicht durch den Krankheitsverlauf, der bislang therapiert wurde, selbst bedingt sind.

Letztlich ist die vorgeschlagene Klausel weniger als rechtliches Instrument des Arztes denn vielmehr als ein möglichst deutlicher Hinweis zur Notwendigkeit verstärkter Compliance zum Wohle des Patienten zu verstehen.

Zudem liegt es auch im Interesse von Ärzten und Gesellschaft, dass eine therapeutische Methode großem Potential nicht missbraucht werden darf.

Das besondere Plus für die Behandlung ergibt sich letztlich daraus, dass der Arzt im Rahmen dieser Vereinbarung keine Sorge haben muss, dass der Vorwurf erhoben wird, eine Stimulationsveränderung erfolge eigenmächtig ohne die Einwilligung des Patienten, sofern eine medizinisch indizierte Regelung vorgenommen wird. Vor dem Hintergrund der Tatsache aber, dass es sich bei der implantierten Elektrode und dem implantierten Kontrollapparat nunmehr um Bestandteile des Körpers des Patienten handelt,[313] negiert ein ausdrücklich oder konkludent erklärter, entgegenstehender Wille des Patienten diese Einwilligung unverzüglich. Eine Rechtfertigung ärztlichen Zugriffs kann sich im Übrigen ausschließlich aus gesetzlichen Rechtfertigungstatbeständen zum Eingriff in die körperliche Integrität ergeben, so etwa Notwehr oder Nothilfe gemäß § 227 BGB.

2. AGB-Kontrolle

Eine solche Klausel kann nicht wirksam Gegenstand vorformulierter Vertragsbedingungen sein. Sie wäre in einem Krankenhausaufnahmevertrag als formell wie auch materiell überraschend im Sinne des § 305 c Abs. 1 BGB zu werten, da kein Patient insoweit erwarten würde, dass eine besondere Klausel über eine bestimmte Therapieform sich dort finden könnte. Inhaltlich überrascht zudem, dass zwar jeder Patient weiß, dass den ärztlichen Weisungen gefolgt werden sollte, dass jedoch gleichermaßen jeder davon ausgeht, selbstbestimmt sich auf eigene Verantwortung auch gegen einen ärztlichen Rat stellen zu können, sofern hiermit nur eine Eigengefährdung einhergeht.

---

[313] Zur umfassend geführten Debatte mit Bejahung der Körperteileigenschaft siehe MüKo/*Holch*, BGB, § 90 Rn. 31; *Taupitz*, NJW 1995, 745; Soergel/*Marly*, BGB, § 90 Rn. 6; Staudinger/*Jickeli/Stieper*, BGB, § 90 Rn. 25; Bamberger/Roth/*Fritzsche*, BGB, § 90 Rn. 31; *Deutsch/Spickhoff*, Medizinrecht, S. 552 Rn. 869; *Laufs/Reiling*, NJW 1994, 775 f.; Palandt/*Heinrichs*, BGB, § 90 Rn. 3; Juris-PK/*Vieweg*, BGB § 90 Rn. 15: Mit Implantierung Körperteil (Herzschrittmacher, künstliche Schädeldecke, Goldplombe), hierzu verwiesen auf LG Mainz v. 06.01.1984 - 7 O 170/83 - MedR 1984, 199-200; eine umfassende Übersicht bis 1990 findet sich bei *Ilgner*, Der Schrittmacher als Rechtsobjekt, S. 12 ff. A.A. zum Ganzen *Brandenburg*, JuS 1984, 47-49; differenzierend nach den §§ 93 – 95 BGB *Görgens*, JR 1980, 141. *Gropp*, JR 1985, 181 ff. nimmt zur vorgenannten M.M. Stellung und bringt einen interessenorientierten Ansatz. Allerdings räumt auch *Gropp* ein, dass selbst wenn hiernach Hilfsimplantate auch im menschlichen Körper als Sachen zu werten seien, das Persönlichkeitsrecht der Person jedweder äußeren Einwirkung vorginge. Die Sache müsste behandelt werden, als sei sie ein Körperteil. *Gropp* sieht letztlich nur Veränderungen für die Möglichkeit von Eigentumsrechten und strafrechtlicher Bewertung.

Diese Form inhaltlicher Überraschung wäre auch bei einem späteren zusätzlichen Behandlungsvertrag über eine Therapie mit THS gleichermaßen zu bejahen. Zwar darf nicht übersehen werden, dass einem Patienten bei fehlender Compliance klar sein muss, dass er hiermit das Vertrauensverhältnis stören könnte, jedoch wohnt einer Klausel, die bereits bei der ersten Verfehlung dem Arzt unverzüglich eine Möglichkeit zur außerordentlich fristlosen Kündigung selbst zur Unzeit einräumt, ein gewisser Überrumpelungseffekt inne.[314]

3. Individualvertragliche Vereinbarung

Individualvertraglich können Arzt und Patient eine solche Vereinbarung treffen. Inhaltlich bildet besagte Klausel keinen Verstoß gegen §§ 134, 138 BGB und ist auch nicht nach den Grundsätzen von Treu und Glauben modifikationswürdig. Sie dient dem Wohl des Patienten und dem Vertrauen des Arztes, dass sein Patient im Rahmen des Behandlungsverhältnisses auch die erforderliche Mitwirkung zeigt. Dabei ist keine übermäßige Einschränkung des Selbstbestimmungsrechts des Patienten ersichtlich. Dieser kann sich frei entscheiden mit seinem Körper zu tun und zu lassen, was er möchte. Nur kann es nicht dem behandelnden Arzt aufgebürdet werden, für schädliche oder anderweitig gefährliche Stimulation in regelmäßigen Abständen den medizinischen Nährboden zu bereiten oder auch nur das Geschehen als behandelnder Arzt weiter mit ansehen zu müssen. Mithin ist die Konsequenz eines sofortigen Kündigungsrechts gerechtfertigt.

VI. Relevante Haftungsfragen

Aus den aufgezeigten Spannungsfeldern ergeben sich zahlreiche Rechte und Pflichten für Arzt und Patient bei der Vorbereitung, Durchführung und Nachbehandlung mit der Therapie THS. Hierauf aufbauend sind die haftungsrechtlichen Folgen eine wesentliche Konsequenz. Dabei ist unter Rückbezug auf Kap. 1 C I. darauf hinzuweisen, dass die Eingriffsvorbereitung und Implantation der Elektrode sowie des Impulsgenerators für die THS immer stationär im Krankenhaus durchgeführt wird und ein gespaltener Arzt-Krankenhaus-Vertrag nicht in Betracht kommt. Schuldner auf Behandlungsseite ist somit bei Haftungstatbeständen grundsätzlich zunächst das Krankenhaus, welches den Patienten aufnahm.[315] Daneben haftet dem Patienten aus Vertrag jeder Arzt, mit welchem ein Arztzusatzvertrag geschlossen wurde und durch dessen Fehlverhalten ein Schaden entstan-

---

314 Basierend auf den Wertungen des BGH, vgl. BGH NJW-RR 2002, 485; NJW 2001, 1416 f.

315 Vertraglich werden Pflichtverletzungen der Ärzte und des sonstigen Personals nach § 278 BGB zugerechnet, während deliktisch die §§ 31 analog und 831 BGB als Haftungszurechnung anzuwenden sind. Da es grundsätzlich zu einer Vertragsbeziehung kommt, in welcher § 278 BGB Anwendung findet, ist eine Exkulpation im deliktischen Bereich nach § 831 Abs. 1 S. 2 BGB nicht sonderlich erwägenswert.

den ist. Das Fehlverhalten des Arztes wird dem Krankenhaus je nach dem gemäß §§ 278 BGB oder 31 BGB analog zugerechnet.[316]

Im Übrigen besteht unabhängig von einer Vertragsbeziehung immer auch ein deliktischer Haftungsanspruch wegen Körperverletzung oder Missachtung des allgemeinen Persönlichkeitsrechts zu Lasten des Primärschädigers.[317] Das deliktische Fehlverhalten des Personals wird dem Krankenhaus nach den §§ 31 analog oder 831 Abs. 1 BGB zugerechnet.[318]

Ein besonderes Problem bei der THS ergibt sich bezüglich des korrekten Haftungsschuldners dann, wenn nicht klar erkannt werden kann, wo in der engen Verzahnung von ärztlichen Interventionen und Pflegeleistungen der entscheidende Fehler gemacht wurde, welcher sich später erkennbar auswirkt.[319] Sofern vom Patienten dargelegt und bewiesen werden kann, dass die Fehlerquelle im Krankenhaus gesucht werden muss, jedoch keine Person speziell verifiziert werden kann, ist jeder Arzt des umgrenzten Bereichs gemäß § 830 Abs. 1 S. 2 BGB Haftungsschuldner des Patienten, soweit jeder einen Behandlungsbeitrag geleistet hat, der zur Hervorrufung des schädigenden Ereignisses hätte führen können.[320] Hierdurch wird wirksam vermieden, dass die komplexen Abläufe bei eingetretener Schädigung aufgrund eines Behandlungsfehlers oder ärztlicher Eigenmacht dem Patienten die Durchsetzung seiner Ansprüche unmöglich machen. Zudem kommt ein Anspruch gegen das Krankenhaus sowohl gemäß § 280 Abs. 1 als auch gemäß § 823 Abs. 1 BGB wegen Verletzung von Organisationspflichten in Betracht.[321]

---

[316] Die korrekte Zurechnungsnorm ist jeweils daran zu entscheiden, ob eine Person handelte, die der Leitungs- und Führungsebene zuzurechnen ist (§ 31 BGB analog jedenfalls für Chefärzte, vgl. BGH NJW 1980, 1901, und leitende Krankenhausärzte, vgl. BGH NJW 1985, 677 und 2189; zu den Einschränkungen vgl. *Frahm/Nixdorf/Walter*, Arzthaftungsrecht, S. 48 f. Rn. 53 f.), oder aber ob es um sonstiges Personal oder um Dritte, auch nicht weisungsabhängige Personen geht (§ 278 BGB, so alle Pflegekräfte und sonstige Ärzte sowie Einbeziehung Dritter, vgl. *Frahm/Nixdorf/Walter*, Arzthaftungsrecht, S. 51 f. Rn. 60 und S. 56 f. Rn. 65 f.).

[317] Die Ausnahme des Art. 34 GG, welcher eine Haftungsüberleitung auf den Staat vorsieht, ist bei der THS als Heilbehandlung undenkbar, da ein entsprechender Heilbehandlungseingriff hoheitlich nicht angeordnet werden kann. Für nicht indizierte Zwangseingriffe s. Kap. 2.

[318] Hier ist parallel zum Vertragsrecht zu unterscheiden, vgl. *Frahm/Nixdorf/Walter*, Arzthaftungsrecht, S. 60 f. Rn. 69 f.

[319] Auf diese besondere und für den Patienten praktisch nicht überschaubare Verzahnung der ineinander greifenden Abläufe wurde bereits bei der Ablehnung einer vorformulierten Vertragsklausel zu Gunsten eines gespaltenen Arzt-Krankenhaus-Vertrags hingewiesen, vgl. Kap. 1 A I 1 a. Dieses Problem zieht sich insbesondere in das Haftungsrecht.

[320] Hierzu *Frahm/Nixdorf/Walter*, Arzthaftungsrecht, S. 64 f. Rn. 74.

[321] Mangelhafte Klinikorganisation als Behandlungsfehler , vgl. *Frahm/Nixdorf/Walter*, Arzthaftungsrecht, S. 85 Rn. 96. Hohe Anforderungen an die Organisationspflichten des im Krankenhaus, vgl. *Steffen/Pauge*, Arzthaftungsrecht, Rn. 190 ff.; *Bergmann/Kienzle*, Krankenhaushaftung, Rn. 471 ff. Keine Rücksichtnahme auf sachliche oder personelle Engpässe, fehlende Ausbildung oder Erfahrung, Eil- und Notfälle sowie vermeidbare Fehler, die letztlich dem besten Arzt auch passieren können, vgl. *Bergmann/Wever*, Die Arzthaftung, S. 13.

Die besonders enge Zusammenarbeit der verschiedenen ärztlichen Abteilungen bedarf eines geregelten Ablaufs, durchdachter Arbeitspläne, eines Systems zum Abfangen von Unregelmäßigkeiten[322] und bei Notwendigkeit die Sicherung des Patienten. Zudem sind die Ausstattung[323] im Krankenhaus und die Einhaltung des medizinischen Standards zu überwachen.[324] Sind diese Voraussetzungen durch das Krankenhaus nicht gewährleistet und entsteht hierdurch trotz ordnungsgemäßen Verhaltens der Ärzte ein Schaden beim Patienten, da beispielsweise auf Basis besser geregelten Ablaufs eine entscheidende Rücksprache den Neurochirurgen im Einzelfall zu einem anderen Vorgehen bewogen hätte, so ist eine eigenständige Haftung des Krankenhauses wegen Organisationsverschuldens zu bejahen. Das benannte Pflichtenprogramm ist umso schärfer zu handhaben, je komplexer das verwendete medizinische Verfahren ist.[325] Dies bedeutet für die THS konsequent eine sehr hohe und dezidierte Kontrolldichte und präzise Vorbereitung, um Behandlungsfehlervorwürfe auszuschließen.

Dieses Haftungsinstitut ist letztlich aber nur dann von Relevanz, wenn das erfolgte ärztliche Handeln medizinisch vertretbar war und daher nicht dieses bereits als Behandlungsfehler gewertet werden kann. Es geht in diesem Bereich im Wesentlichen also um Optimierungserwägungen, aber auch um eine Erleichterung für den geschädigten Patienten, seine Ansprüche direkt beim Krankenhausträger zu liquidieren. Dies gilt umso mehr in den bereits vorbenannten Fällen, wenn die Schadensursache unklar ist, dieselbe aber jedenfalls auf Mängel im Krankenhaus zurückgeführt werden kann. Zudem kann sich aus dem Gesamtbild von Organisationsmängeln auch der Vorwurf eines groben Behandlungsfehlers mit den beweisrechtlichen Vorteilen für den klagenden Patienten im Prozess ergeben.[326]

Für verursachte Schäden durch Fehlfunktionen des angelieferten Materials zur Therapie mit THS kommt als Haftungsschuldner zudem der Hersteller in Betracht.[327]

---

322 Im Allgemeinen ist also ein angemessenes Risikomanagement zu fordern, durch welches der THS-Patient eine gewisse Sicherheit erhält, dass die typischen Komponenten menschlichen Versagens bestmöglich unterdrückt werden. Allgemein zum Risk-Management vgl. *Bergmann/Kienzle*, Krankenhaushaftung, S. 351 ff.

323 Vgl. grundlegend BGH NJW 1975, 2246.

324 Die sog. Kardinalpflichten der klinischen Organisation, vgl. Einbecker-Empfehlungen der Deutschen Gesellschaft für Medizinrecht e.V., GesR 2006, 110, 111. Zur Standardüberwachung vgl. *Katzenmeier*, JZ 2007, 642, 644.

325 *Frahm/Nixdorf/Walter*, Arzthaftungsrecht, S. 86 Rn. 96.

326 Vgl. OLG Stuttgart VersR 2001, 1560; ähnlich OLG Köln VersR 1997, 1404; OLG München VersR 1997, 977; OLG Oldenburg VersR 1997, 749. Thematisch liegt der Schwerpunkt hier allerdings auf fehlenden Notfalleinrichtungen bei negativen Schwangerschaftsverläufen und problematischen Geburtsvorgängen. Dennoch lässt sich eine klare Linie zu Gunsten eines allgemeinen Haftungsinstituts erkennen.

327 Für diesen finden sich allerdings im MPG keine speziellen Haftungsvorschriften, so dass auf die Normen des ProdhaftG sowie auf das BGB zurückgegriffen wird, vgl. *Deutsch/Spickhoff*, Medizinrecht, S. 942 f. Rn. 1669 ff. Die durch das ProdhaftG bestehende Gefährdungshaftung hält die ganz h.M. für geboten, vgl. BGHZ 54, 332 = NJW 1971,

1. Verstoß gegen ethische Vorgaben

Sofern ein klares Gebot der Ethik für die therapeutische Verwendung der THS formuliert wird, bindet dies die Ärzte berufsrechtlich.[328] Ein Verstoß gegen diese Regeln begründet allerdings keinen Anspruch auf Schadensersatz, solange hiermit nicht zugleich ein Behandlungsfehler einhergeht. Die Gebote der Ethik sind Grenzen, die ein Arzt aufgrund seines Berufsstandes nicht zu überschreiten hat.[329] Aus einem Verstoß ergibt sich jedoch keine Gefahr für den Patienten, solange das ärztliche Vorgehen im Übrigen, insbesondere bezüglich seines Ergebnisses, medizinisch vertretbar ist. Zudem sind die berufsrechtlichen Satzungen nach der Rechtsprechung keine Schutzgesetze im Sinne des § 823 Abs. 2 BGB.[330] Zum identischen und zustimmungswürdigen Ergebnis kommt *Taupitz* mit einer präzisen Analyse der Ärzteordnungen vor dem Hintergrund des § 823 Abs. 2 BGB.[331] Der Schutzkreis der ärztlichen Berufspflichten reicht demnach nicht hin, um einen deliktischen Schadensersatzanspruch begründen zu können.[332]

Anderes ist nur dann anzunehmen, wenn der Verstoß gegen die bestehende Ethiknorm die patientenseitige Einwilligung zur THS als sittenwidrig erscheinen lässt, weil der Arzt nach diesen Gesichtspunkten einen Eingriff trotz im Übrigen vollständig wirksam erteilter Einwilligung hätte unterlassen müssen.[333] Für diese Fälle scheitert die Einwilligung jedoch ohnehin an der Grenze der §§ 228 StGB, 138 Abs. 1 BGB, so dass der Bindung an die ethischen Vorgaben im Berufsrecht keine eigenständige haftungsrechtliche Bedeutung mehr zukommt. Alle ethischen Erwägungen fließen in die Gesamtbetrachtung für die Bewertung der sittenwidrigkeitsbegründenen Umstände ein.[334] Kann hiernach im Einzelfall nicht der Schluss einer sittenwidrigen Einwilligung gezogen werden, so kann dies auch nicht über einen speziellen berufsrechtlichen Verstoß zu begründen sein.

32; BGHZ 55, 229 = NJW 1971, 607; *Deutsch/Spickhoff*, Medizinrecht, S. 942 FN 8 m.w.N.

[328] Vgl. Kap. 1 E I.

[329] Es bleibt insoweit bei berufsrechtlichen Sanktionen vgl. Kap. 1 E I 3.

[330] BGH VersR 1965, 849 noch mit der grundsätzlichen Möglichkeit der Schutzgesetzeigenschaft bei berufsständischen Satzungen, während BGH NJW 1981, 2007 f. mit klaren Worten gegen die Schutzgesetzeigenschaft. Wesentlich differenzierter und mit guten Gründen für eine grundsätzliche Eignung ärztlicher Berufsordnungen *Taupitz*, Die Standesordnungen der freien Berufe, S. 1268 ff. *Taupitz* weist zu Recht darauf hin, dass der Schutzzweck im Einzelnen genau zu ermitteln ist.

[331] *Taupitz*, a.a.O., S. 1276 – 1280. Diese Ausführungen sind ob den detaillierten Überlegungen zum Schutzzweck der Norm deutlich überzeugender.

[332] Anderes kann aber für die Frage der Nichtigkeit nach § 134 BGB gelten. Hierzu Kap. 1 A I 2 c aa.

[333] BGH NJW 1978, 1206 - Zahnextraktion gegen Kopfschmerzen.

[334] Grundlage des Sittenwidrigkeitsgefühls sind objektive Maßstäbe, welche die grundlegenden Wertvorstellungen der rechtlichen und außerrechtlichen Prinzipien des Verfassungslebens widerspiegeln, vgl. *Larenz/Wolf*, § 41 Rn. 12. Im Einzelfall ist dabei auf den jeweiligen Verkehrskreis und dessen Gepflogenheiten Rücksicht zunehmen, BGHZ 10, 228, 232 = NJW 1953, 1665.

2. Haftung für technische Mängel und unterlassene Qualitätsaufklärung

a) Die Technik im Krankenhaus muss auf einem Stand sein, welcher den Standardanforderungen jedenfalls (noch) genügt. Hierfür hat das Krankenhaus zu sorgen und haftet bei Verstoß wegen Pflichtverletzung auf den zurechenbar verursachten Schaden. In einem solchen Fall ist es Sache des Krankenhauses, und für dieses stellvertretend auch Sache der behandelnden Ärzte, darzulegen und zu beweisen, dass alles Erforderliche getan wurde, um solcher Art Risiken zu vermeiden (voll beherrschbarer Risikobereich).[335] Mithin wird bei technischen Ausfällen wie Schäden an der Operationsausrüstung, mangelnd geeigneten Elektroden oder unerwarteten Ausfalls des Generators gemäß § 630 h Abs. 1 BGB eine Pflichtverletzung der Behandlungsseite und damit des Krankenhauses vermutet.

Nicht vermutet wird jedoch der Kausalitätszusammenhang zwischen Gesundheitsschaden und Pflichtverletzung.[336] Diese im Arzthaftungsprozess zumeist entscheidende Hürde muss der Patient auch bei technischen Defekten darlegen und beweisen.

Wird der Patient jedoch mit schadhaftem Material dergestalt behandelt, dass das ärztliche Vorgehen im Einzelfall aus objektiver Sicht schlechterdings nicht mehr nachvollziehbar ist, so handelt es sich um einen groben Behandlungsfehler, wodurch zudem vorbenannter Kausalitätszusammenhang gemäß § 630 h Abs. 6 S. 1 BGB zu Lasten der Behandlungsseite vermutet wird.[337] Fälle dieser Art sind bei der THS jedenfalls dann anzunehmen, wenn ein technisches Mittel verwendet wird, welches bereits Versagen gezeigt hat oder Materialien (Elektrode, Impulsgenerator) in Gebrauch genommen werden, die Vorbeschädigungen aufweisen, nicht fabrikneu und originalversiegelt mit CE-Prüfzeichen sind,[338] oder aber nicht nach den üblicherweise zu erwartenden Regeln technischer Vorbereitung auf den medizinischen Eingriff getestet werden.[339] Ebenfalls von entscheidender Bedeutung sind Warn- und Sicherheitshinweise des Herstellers an den Verwender. Diese muss der behandelnde Arzt sorgfältig studieren und beachten.[340] Ein Verstoß hiergegen ist nicht nachvollziehbar und lässt schlichtweg nur auf mangelhafte Vorbereitung schließen. Mithin ist auch in einem solchen Fehlverhalten ein grober Behandlungsfehler zu erblicken. Schließlich muss die Behandlungsseite beachten, welches Zubehör, insbesondere welches Steuerungselement oder welche Compu-

---

335 St. Rspr. vgl. nur BGH NJW 2007, 1682 = VersR 2007, 847 m. Anm. *Jungbecker*.

336 BGH NJW 1994, 1594; BGH VersR 1981, 462.

337 Vgl. die ausführliche Übersicht bei *Frahm/Nixdorf/Walter*, Arzthaftungsrecht, S. 113 ff. Rn. 131 ff.

338 Vgl. §§ 6, 9 MPG. Im Übrigen ergibt sich aus dem klaren Anwendungsverbot der MPG-Vorschriften in den §§ 4, 6, 9 MPG mit der Strafbewährung nach § 40 Abs. 1 MPG ein gesetzlich angeordneter Drittschutz, welcher bei Verstoß zur Haftung nach § 823 Abs. 2 BGB führt, vgl. *Scherer*, MPJ 111, 113. Deutlich wird dies jedenfalls durch § 4 MPG, welcher explizit Verbote zum Schutz der Patienten statuiert.

339 Zu den besonderen Sorgfaltspflichten bei der Verwendung von Medizinprodukten vgl. *Pflüger*, Krankenhaushaftung und Organisationsverschulden, § 13 S. 194.

340 *Pflüger*, a.a.O. m.w.N. aus der Rspr.

tersoftware sie für die Navigation und Anwendung der implantierten Elektrode verwendet. Sofern hier anderes, als vom Hersteller vorgeschrieben zusammengefügt wird, erlischt die rechtliche Erlaubnis der Verwendung durch das CE-Prüfkennzeichen.[341] Zudem ist nunmehr das Krankenhaus als Hersteller im Sinne des § 4 Abs. 1 S. 1 ProdhaftG anzusehen, da insoweit gesetzlich auch denjenigen die scharfe Haftung des § 1 ProdhaftG treffen soll, der durch Kombination anderer Produkte ein „Endprodukt" herstellt.

Im Übrigen ist es nicht Aufgabe der Behandlungsseite ordnungsgemäß präparierte Technikware für die Therapie mit THS im Krankenhaus vor der Verwendung weiteren Tests zu unterziehen, die über die genannte Funktionsprüfung hinausgehen.[342] Das Krankenhaus darf auf ordnungsgemäß getestete Technik mit Prüfzeichen vertrauen.[343] Ein anderes Ergebnis würde dem jeweiligen Krankenhaus eine untragbare Zusatzlast von technischem Sachverstand und gesonderten Prüfeinrichtungen aufbürden, welche in keinem tragbaren Verhältnis zum erforderlichen Schutzaufwand zu Gunsten des Patienten mehr stünden.[344]

Schäden, die auf Fehlfunktionen korrekt verwendeter fabrikneuer Ware basieren, hat daher ausschließlich der Medizinproduktehersteller nach § 1 ProdhaftG zu ersetzen.[345]

b) Daneben gilt es auch zu beachten, dass den behandelnden Arzt im Einzelfall eine Qualitätsaufklärungspflicht trifft, sofern solcher Art technische Mängel bekannt sind oder aber eine andere Einrichtung dem eigenen Stand wesentlich voraus ist.[346] Dieser Aspekt erlangt neben vorbenanntem Behandlungsfehlerspektrum nur dann eine eigenständige haftungsrechtliche Bedeutung, wenn der Patient mit qualitativ minderwertigen Geräten therapiert wird, bezüglich welcher eine Aufklärung geboten war, welche jedoch nach Aufklärung noch hätten verwendet werden dürfen. In diesem Fall ist eine Einwilligung zur Therapie ohne die erforderliche Qualitätsaufklärung nicht auf Basis eines vollumfassenden Informed Consent erfolgt. Für eine Haftung von Arzt und Krankenhaus ist es daher entscheidend, ob ein Rechtswidrigkeitszusammenhang zwischen Qualitätsmangel und fehlender patientenseitiger Kenntnis bei der Einwilligung bejaht werden kann,[347] ob sich also eben jenes Qualitätsrisiko verwirklichte, was die Behandlungsseite hätte er-

---

[341] Die Reichweite des Prüfkennzeichens umfasst gerade auch Zubehör und Verbindungsstücke vgl. § 2 Abs. 3 MPBetreiberVO, hierzu *Pflüger*, a.a.O., § 13 S. 198 f.

[342] Vertrauensgrundsatz zwischen Arzt und Hersteller, vgl. OLG Saarbrücken NJW-RR 1999, 749-751 = MedR 1999, 83-86; OLG Zweibrücken MedR 1999, 80-83.

[343] *Kage*, Das Medizinproduktegesetz, S. 387, 388 ff.

[344] So bereits BGH NJW 1975, 2245. Dennoch betont der BGH in dieser Entscheidung, dass der ärztliche Beruf von großer Verantwortung geprägt ist und somit der Arzt auch ohne besonderen technischen Sachverstand immer aufmerksam bezüglich der Tauglichkeit aller zu verwendenden Gerätschaften zu sein hat. Eine besondere Schwere der mit einer Gerätenutzung einhergehenden Gefahr ändert hieran nichts.

[345] Vgl. Rehmann/Wagner/*Rehmann*, MPG, Einführung Rn. 76 – 78.

[346] Zu den Details vgl. Kap. 1 A IV 1 a bb (1).

[347] Grundsätzlich hierzu *Katzenmeier*, in: Laufs/Katzenmeier/Lipp, Arztrecht, S. 125 Rn. 54 ff.

wähnen müssen. Die Rechtsprechung[348] geht zunächst davon aus, dass bei einem Aufklärungsmangel grundsätzlich die gesamte Einwilligung unwirksam ist, während sich zahlreiche Stimmen in der Literatur[349] für eine Begrenzung auf die verwirklichten und nicht aufgeklärten Risiken finden. Jedoch wurde jüngst auch vom BGH anerkannt, dass die Behandlung jedenfalls dann noch von einer wirksamen Einwilligung gedeckt sei, wenn sich ausschließlich ein Risiko verwirklicht hat, über das pflichtgemäß aufgeklärt wurde.[350] Soweit also ein Risiko, das sich aus einem Qualitätsmangel ergibt, nicht in einen Schaden beim Patienten umschlägt, und über andere bestehende Risiken ordnungsgemäß aufgeklärt wurde, ist bei behandlungsfehlerfreier Durchführung von einem rechtmäßigen medizinischen Eingriff auszugehen. Ob dies dem Selbstbestimmungsrecht des Patienten bei der THS gerecht werden kann, darf bezweifelt werden, da es aufgrund der Komplexität der Methode und der besonderen Berücksichtigung der qualitativ hohen Anforderungen an Fachpersonal und Gerätschaften zweifelhaft erscheint, dass der Patient im Hinblick auf seine eigene Risikobereitschaft derart problematische Aspekte tolerieren möchte. Es kann aus richterlicher Perspektive kaum davon ausgegangen werden, dass der Patient erhebliche Qualitätsunterschiede, die bereits als aufklärungspflichtig zu erachten sind, bei einer Behandlung im zentralen Nervensystem für unerheblich halten wird.[351] Im Gegenteil. Es ist bei neurochirurgischen Eingriffen grundsätzlich mit der früheren Rechtsprechungslinie davon auszugehen, dass das erhebliche Nebenwirkungspotential den Patienten dazu veranlassen wird, insbesondere Qualitätsunterschiede in seine Entscheidung bezüglich der Behandlung einzubeziehen. Sofern die Behandlungsseite im Falle unterlassener Qualitätsaufklärung also keine besonderen Aspekte vorbringt und beweist, welche zur Überzeugung führen, dass die gegebenen Unterschiede die Entscheidung des Patienten nicht beeinflussen konnten, ist vom Vorliegen des erforderlichen Rechtswidrigkeitszusammenhanges auszugehen.

Auch der Einwand hypothetischer Einwilligung[352] gemäß § 630 h Abs. 2 S. 2 BGB bleibt in diesen Fällen aus den genannten Gründen regelmäßig versagt, da

---

348 BGHZ 106, 391, 398 = NJW 1989, 1533; BGH NJW 1991, 2346 f.

349 *Kern/Laufs*, Die ärztliche Aufklärungspflicht, S. 151 f.; *Katzenmeier*, in: Laufs/Katzenmeier/Lipp, Arztrecht, S. 126 Rn. 55 Fn. 197 m.w.N.

350 BGHZ 168, 103, 111 = NJW 2006, 2477 m. Anm. *Katzenmeier*, NJW 2006, 2738; BGHZ 144, 1, 7 f. = NJW 2000, 1748.

351 Anders als der nachvollziehbare Einwand in jüngerer Rspr., dass die Frage der Versagung einer Einwilligung bei Kenntnis eines nicht verwirklichten Risikopotentials notwendigerweise spekulativ sei, vgl. BGH NJW 2003, 2309, ist es letztlich die Anwendung von Vernunft und Lebenserfahrung erhebliche Qualitätsunterschiede zum Gegenstand der Überlegung einer Eingriffszustimmung zu machen und eben aus jenem Grund denselben zu versagen.

352 Übersicht zu Rspr. und Lit. bei *Katzenmeier*, in: Laufs/Katzenmeier/Lipp, Arztrecht, S. 127 f. Rn. 58 ff.

der Patient bei Qualitätsfragen nahezu immer in einen Entscheidungskonflikt geraten wird.[353]

3. Wirtschaftliche Aufklärung

Die Auswirkungen der fehlenden wirtschaftlichen Aufklärung sind umstritten.[354] Dass eine solche Pflicht der Behandlungsseite in gewissem Umfang existiert, ist jedoch anerkannt.[355] Die Reichweite für die Vorbereitung einer Therapie mit der THS wurde bereits geklärt. Sofern jedoch gegen diese Pflicht ohne weitergehende besondere Umstände verstoßen wird, ist von einem Schadensersatzanspruch wegen der Verletzung einer vertraglichen Nebenpflicht nach § 630 c Abs. 3 BGB nach § 280 Abs. 1 BGB auszugehen.[356] Mit diesem Anspruch kann gegen einen bestehenden Vergütungsanspruch aufgerechnet werden. Der Umfang dieses Anspruchs variiert jedoch von Fall zu Fall. So ist im Rahmen des Mitverschuldens nach § 254 BGB das Verhalten des Patienten umfassend zu würdigen. Es ist trotz des erkannten Aufklärungsanspruchs nach wie vor primär eine Obliegenheit eines jeden selbst, für die eigenen wirtschaftlichen Möglichkeiten und drohenden Ausgaben Sorge zu tragen. Ein Patient kann auch nicht ohne jedwede Nachforschung behaupten, dass er bei einer umfangreichen Behandlung mit schwieriger Operation von lediglich geringfügigen Kosten ausgegangen sei. Allerdings wird das Mitverschulden in aller Regel dennoch dadurch reduziert, dass ein gesetzlich oder privat versicherter Patient ohne jeden ärztlichen Hinweis davon ausgehen wird, dass die Krankenkasse im Zweifel die ihm vorgeschlagene Methode bezüglich der Kosten trägt. Solange dies dann auch tatsächlich geschieht, ist kein Haftungsfall gegeben. Andernfalls, sofern auch die Krankenkasse nicht zulässig in Anspruch genommen werden kann, ist ohne besondere Anhaltspunkte das Vertrauen des Patienten in den beratenden Arzt als überwiegend schutzwürdig zu erachten. Zu Lasten eines Patienten, der nicht versichert ist, muss demgegenüber ein erhebliches Mitverschulden angenommen werden, welches im Einzelfall auch geeignet sein kann, den Anspruch gegen die Behandlungsseite auf Null zu mindern.

4. Verstoß gegen Pflicht zur Qualitätssicherung

Die Behandlungsseite treffen Qualitätssicherungspflichten, wodurch mittelbar die Patienten geschützt werden.[357] Diese Pflichten sind bei der THS von besonderer Bedeutung, da die medizinische Forschung auf diesem Gebiet derzeit laufend Fortschritte macht. Allerdings kann eine Missachtung dieser Gebote nach keinem Ansatz zu einer zivilrechtlichen Haftung führen. Nur für den Fall, dass hieraus ein Behandlungsfehler resultiert, erhält der Patient bei Schädigung einen entsprechen-

---

[353] Zum notwendigen Entscheidungskonflikt BGHZ 90, 103, 111 f. = NJW 1984, 1397; eine umfassende Übersicht der ergangenen Rspr. findet sich bei *Katzenmeier*, in: Laufs/Katzenmeier/Lipp, Arztrecht, S. 128 Rn. 60 Fn. 216.

[354] Vgl. *Deutsch/Spickhoff*, Medizinrecht, S. 182 f. Rn. 280 f. m.w.N.

[355] Vgl. den Überblick bei *Katzenmeier*, in: Laufs/Katzenmeier/Lipp, Arztrecht, S. 107 f. Rn. 17 f. m.w.N.

[356] Vgl. BGH NJW 2000, 3429, 3431.

[357] Siehe Kap. 1 E II.

den Schadensersatzanspruch. Die Vorschriften zur Qualitätssicherung sind demgegenüber nicht unmittelbar dem Individualschutz des Patienten gewidmet. Es besteht kein Anspruch auf Einhaltung derselben, solange jedenfalls die individuelle Behandlung ordnungsgemäß, das heißt nach ärztlichen Standards, garantiert wird. Dass organisatorisch auch das notwendige Qualitätsmanagement gewährleistet wird, ist durch berufs- und planungsrechtliche Sanktionen gesichert.[358]

Allerdings ergibt sich eine haftungsrechtliche Absicherung hinreichender Qualität vor dem Hintergrund des Übernahmeverschuldens. Der Arzt hat sich vor Übernahme einer THS-Behandlung zu vergewissern, dass er sowohl über die notwendigen Fach- und Spezialkenntnisse als auch über eine hinreichend technisch-apparative Ausstattung verfügt. Er muss sich also darauf verlassen können, dass die gebotenen Eingriffe und die weitergehende medizinische Versorgung gewährleistet sind, da er andernfalls die Behandlung abzulehnen hat. Im Falle der Übernahme ergibt sich bereits hieraus ein Behandlungsfehler.[359] Eingedenk dieser drohenden Haftung kann sich auch der THS-Patient mittelbar auf fehlende Qualitätssicherung berufen, sofern er hierdurch vortragen kann, dass dieselbe dazu führte, dass der behandelnde Arzt sich nicht auf die gebotene Vorbereitung habe verlassen können. Eben jener Vortrag eines geschädigten THS-Patienten wird aber durchdringen, wenn die Behandlungsseite bei dieser komplizierten Methode nicht dafür Sorge trägt, dass der neuste Stand in Medizin und Wissenschaft beachtet und die Qualität der Behandlungsumgebung in allen Facetten einer geregelten und effizienten Überprüfung unterzogen wird.

Hieraus kann sich im Umkehrschluss freilich keine Pflicht zu einer bestimmten Form von Qualitätssicherung ergeben. Wie bereits im Rahmen berufsrechtlicher Erwägungen erörtert, sind bestimmte Qualitätssicherungsstandards bislang nicht präzise statuiert. Zudem gibt es je nach Krankheitsbild erhebliche Abweichungen. Die Qualität muss letzten Endes also „nur" gewährleistet werden. Wie die Behandlungsseite dies sicherstellt, bleibt ihr überlassen.

5. Dokumentationsmängel und besondere Aspekte der Sicherungsaufklärung

Verletzt die Behandlungsseite die Pflicht zur gebotenen Dokumentation, so ergibt sich allein hieraus kein Haftungsgrund.[360] Es bestehen aber je nach Intensität des Mangels prozessuale Beweiserleichterungen zu Gunsten des Patienten bezüglich der Frage, ob eine umstrittene ärztliche Maßnahme tatsächlich stattgefunden hat und wie sie erfolgt ist.[361] Beweiserleichterungen gemäß § 630 h Abs. 3 BGB für den Ursachenzusammenhang zwischen Körperverletzung und Behandlungsfehler ergeben sich grundsätzlich nur dann, wenn die als unterblieben zu wertende Maßnahme zugleich einen groben Behandlungsfehler darstellt.[362]

---

358 Im Einzelnen Kap. 1 E II 3.

359 BGH NJW 1994, 3008 f.; *Martis/Winkhart*, Arzthaftungsrecht, Rn. B 106 m.w.N.

360 BGH NJW 1983, 332; BGH NJW 1988, 2949.

361 *Laufs/Kern*, in: Laufs/Kern, Handbuch des Arztrechts, § 111 Rn. 10 ff.

362 BGHZ 132, 47 = NJW 1996, 1589.

Unabhängig von diesen allgemeinen Grundsätzen ist aber bei der gebotenen Dokumentation zur THS zu beachten, dass jene Dokumentationsanteile, die unmittelbar der Patienteninformation zur Behandlungsdurchführung dienen, Teil der Therapie selbst sind. Somit stellt es nicht nur einen allgemeinen Dokumentationsmangel, sondern zugleich einen Behandlungsfehler dar, wenn der Arzt es versäumt, für den Patienten eine verständliche und hinreichende Dokumentation zur Nutzung und Nachsorge des Stimulators zu erstellen und auszuhändigen, § 10 MPBetreibVO. In diese Schriftstücke sind über § 10 MPBetreibVO alle relevanten Aspekte des Einzelfalls aufzunehmen, die einer ordnungsgemäßen Sicherungsaufklärung entsprechen. An dieser Stelle überschneiden sich die ärztliche Pflicht zu ordnungsgemäßer Dokumentation und Sicherungsaufklärung und führen bei Verstoß zu zivilrechtlicher Verantwortlichkeit der Behandlungsseite, sofern hieraus kausal ein Schaden hervorgeht. Freilich ist der haftungsbegründende Behandlungsfehler hierbei ausschließlich die Verletzung der Pflicht zur therapeutischen Aufklärung gemäß § 630 c Abs. 2 S. 1 BGB. Das Unterlassen der Aushändigung der genannten Dokumentation kann daher durch andersartige Patienteninformation kompensiert werden. Unterbleibt die gebotene therapeutische Aufklärung über Nutzung und Nachsorge des Stimulators, so handelt es sich aber um einen groben Behandlungsfehler, welcher die prozessuale Beweislastumkehr bezüglich der haftungsbegründenden Kausalität zwischen Pflichtverletzung und Körperverletzung mit sich bringt.

6. Vertrauensgrundsatz

Seit langem erkennt die Rechtsprechung im Zivil- und Strafrecht bereits an, dass im Rahmen horizontaler Arbeitsteilung Fachkollegen auf die ordnungsgemäße Tätigkeit des jeweils anderen vertrauen dürfen.[363] Es wurde bereits verdeutlicht, dass die Zusammenarbeit von Ärzten verschiedener Fachrichtungen für die THS elementar ist. Gleichermaßen wurde auf die unentbehrliche Verschränkung der Arbeitsbereiche verwiesen. Daraus ergibt sich konsequent, dass der Vertrauensgrundsatz bei der THS im Rahmen horizontaler Arbeitsteilung nur eingeschränkt gültig ist.[364]

Unterläuft dem vorbehandelnden Arzt oder dem eingriffsleitenden Neurochirurgen ein Fehler, welcher unabhängig von aller Verschränkung und Planung nur diesen in seinem Tätigkeitsfeld betrifft, so können die Kollegen der parallel zuarbeitenden Fachabteilungen sich auf den Vertrauensgrundsatz berufen und sind daher für Schäden des Patienten nicht haftbar.

Unterläuft jedoch ein Fehler, welcher auf mangelnde gegenseitige Kontrolle zurückzuführen ist, die bei der THS ausnahmsweise im Vergleich zu anderen

---

363 BGH NJW 1991, 1539; 1998, 1803.

364 Ohnehin kann ein „blindes" Vertrauen bei der ärztlichen Behandlung nicht zulässig sein, vgl. *Pauge*, in: FS Hirsch, Ärztliche Arbeitsteilung und Vertraulichkeit, S. 423, 425. *Pauge* verweist auf die Notwendigkeit des Vertrauenstatbestandes, dessen Umfang im Einzelnen abgesteckt werden muss.

Therapien[365] in besonderem Maße geboten ist, oder ergeben sich Unwägbarkeiten aus mangelnder Planung und Rücksprache, so können vor- und nachbehandelnde Ärzte sowie die Eingriffsleitenden sich nicht durch Berufung auf ein bestehendes Vertrauen bezüglich des Kollegen von Haftung freizeichnen.[366] Insofern ist der erforderliche Vertrauenstatbestand nicht gegeben, auf welchen sich der Fachkollege berufen müsste, um darzulegen, weshalb die Fehlerentstehung ihm nicht zugerechnet werden könne, da er sich auf die Kompetenz des Kollegen und/oder der Kollegialabteilung verlassen habe.

7. Haftung gegenüber Dritten

a) Eine spezifische Gefahr, die mit der THS einhergeht, ist die Möglichkeit einer gewissen Entfremdung des Patienten gegenüber seiner Umwelt, sofern es zu wesentlichen Verhaltens- und Ansichtsänderungen kommt. Zudem wurden teilweise Impulsivitätssteigerungen festgestellt. Hieraus geht konsequent die Frage hervor, inwieweit bei ärztlichem Fehlverhalten Haftungsansprüche Dritter in Betracht kommen, die von den Auswirkungen betroffen sind.

Grundsätzlich ist die Behandlungsseite Dritten gegenüber mangels gesetzlicher Anordnung weder vertraglich noch deliktisch verantwortlich. In den Schutz des Behandlungsvertrags sind weder Freunde noch engste Verwandte einbezogen, sofern Krankenhaus und/oder Arzt dies nicht privatautonom mit dem Patienten oder mit dem Dritten vereinbart haben. Dies kommt in der Praxis jedoch typischerweise nicht vor und würde wohl auch ärztlicherseits nicht akzeptiert werden. Eine Einbeziehung in den vertraglichen Schutz über das Institut des Vertrags mit Schutzwirkung zu Gunsten Dritter ist ebenfalls auszuschließen, da weder die erforderliche Leistungsnähe des Dritten noch dessen Schutzwürdigkeit bejaht werden kann.[367] Bei der selbstbestimmten Entscheidung einer Person, sich in ärztliche Behandlung zu begeben, stehen selbst dem Ehepartner oder dem Kind des Patienten über die gesetzlich gegebenen Schutzmaßstäbe hinaus keine Haftungsansprüche zu. Eine besondere Ausnahme macht die Rechtsprechung dann, wenn die fehlerhafte Behandlung eines Kindes unmittelbar zu Schädigungen der Eltern führt.[368] Dies ist bei der THS denkbar, sofern das ärztliche Fehlverhalten zur Vermehrung der patientenseitigen Bedürfnisse beim Minderjährigen führt. Da die Stimulation allerdings jeder Zeit wieder unterbunden werden kann, müsste es sich hierbei um eine Schädigung handeln, welche mit der Implantation einhergegangen wäre und irreversibel ist. Bei Reversibilität schuldet die Behandlungsseite zuvörderst die Beseitigung des Zustands oder den Ersatz der Kosten für dieselbe, § 249

---

365 So wird beim exemplarischen Grundfall der horizontalen Arbeitsteilung, Anästhesist und Chirurg, eine gegenseitige Überwachung nicht verlangt, vgl. BGH NJW 1980, 649 f.

366 Diese Konsequenz klingt sowohl in der Rspr. so OLG Naumburg, OLGR 2008, 649 = ArztR 2009, 103-104 als auch in der Lit. so *Bergmann/Kienzle*, Krankenhaushaftung, Rn. 200; *Bergmann/Wever*, Die Arzthaftung, S. 56 vereinzelt an.

367 Zu Herleitung und Umfang im Einzelnen PWW/*Medicus*, BGB, Vor §§ 328 ff. Rn. 2 – 11.

368 BGHZ 106, 153 = NJW 1989, 1538 - Fehler bei Geburtshilfe.

Abs. 1, 2 BGB. Ob der Präzision des Verfahrens handelt es sich aber um ein minimales Risikofeld.

Im Übrigen finden sich nur deliktische Haftungsgrundlagen. So schuldet die Behandlungsseite bei zurechenbar verursachtem Tod des Patienten nach § 844 Abs. 2 BGB Ersatz für nunmehr verlorenen Unterhalt, zu dessen Leistung der Verstorbene verpflichtet gewesen wäre oder dessen Verpflichtung bevorstand. Darüber hinaus erkennt der BGH eine Ersatzpflicht naher Angehöriger wegen Schocks über den Tod des Verwandten oder Ehegatten an, sofern dieser echten Krankheitswert aufweist.[369] Im Umkehrschluss muss konsequent davon ausgegangen werden, dass es sich bei Schädigungen Dritter durch gesellschaftliche Auswirkungen der Stimulation, um das von Jedermann zu akzeptierende allgemeine Lebensrisiko handelt.[370]

b) Anders ist die Situation zu bewerten, wenn der Patient aufgrund der Folgen ärztlichen Fehlverhaltens eine für die Gesellschaft nach dem allgemeinen Lebensrisiko nicht zu erwartende Gefahr darstellt.[371] Dies ist dann zu bejahen, wenn durch die Stimulation eine signifikante Aggressivität hervorgerufen oder die Wahrnehmung des Patienten bezüglich seiner Umwelt auf riskante und möglicherweise gewalttätige Art und Weise verfälscht werden sollte.[372] Jedoch kann eine Haftung der Behandlungsseite nicht im Falle eigenverantwortlich herbeigeführter Schädigung durch den Patienten bejaht werden. Vielmehr muss die stimulationsbedingte Beeinträchtigung dazu führen, dass der Patient für seine Taten nicht mehr vollständig zur Verantwortung gezogen werden kann und die hieraus resultierende Drittschädigung der Behandlungsseite objektiv zurechenbar ist.[373]

Letztlich ist aber ein klares Regel-Ausnahme-Verhältnis dahingehend zu konstatieren, dass eine Haftung von Arzt und Krankenhaus gegenüber betroffenen Dritten nur in besonderen Fällen anzuerkennen sind, welche dem allgemeinen Lebensrisiko gerade nicht mehr zugeordnet werden können und über die anerkannten Zurechnungskriterien auf die Therapie mit der THS zurückzuführen sind. Im Übrigen kann und darf auch von der Behandlungsseite während des Aufenthalts des Patienten keine Übermaßkontrolle desselben verlangt werden, weil hiermit sowohl die Grenze des für den Krankenhausablauf Zumutbaren überschritten als auch der Therapieerfolg in Frage gestellt werden würde.[374]

8. Selbstgefährdungen und Selbstschädigungen des Patienten

a) Sofern der Patient sich selbst gefährdet oder schädigt, ist die Behandlungsseite grundsätzlich für negative Folgen nicht haftbar zu machen. Dies folgt aus dem Eigenverantwortlichkeitsprinzip, wonach der freiverantwortlich handelnde

---

369 BGH NJW 1989, 2317-2318.

370 So die Grundlinie des BGH in der Abgrenzung bei der Ersatzfähigkeit von Reflexschäden Dritter, vgl. BGH, VersR 1971, 1140-1141.

371 Vgl. hierzu BGH NJW 1985, 677.

372 Vgl. zu den einzelnen Teilmotiven Kap. 1 C II.

373 Vgl. die Ausführungen zu den §§ 20, 21 StGB in Kap. 1 C II.

374 Auf dieser Linie auch BGH NJW 1994, 794; 2000, 3425; zur Lit. vgl. *Frahm/Nixdorf/Walter*, Arzthaftungsrecht, S. 92 Rn. 104 m.w.N.

Mensch allein die Konsequenzen seines Verhaltens zu tragen hat.[375] Allerdings ist der entscheidende Aspekt des freiverantwortlichen Handelns unter Stimulationseinfluss bei der THS teilweise in Frage zu stellen.[376]

Ist der Patient in erheblicher Weise geistig durch die Stimulation eingeschränkt und hat die Behandlungsseite organisatorisch und/oder personell keine oder mangelhafte Schutzvorkehrungen für diesen Fall getroffen, so ist auch eine Selbstschädigung dem Arzt und Krankenhaus objektiv zuzurechnen, sofern sich eben jenes Risiko verwirklicht, was durch die Mängel bei den erforderlichen Vorfeldmaßnahmen geschaffen wurde.[377] Diese erforderlichen Vorkehrungen zum Schutz des Patienten, die sich insbesondere in psychologischer Betreuung und Beobachtung des Patientenverhaltens unter Stimulationseinfluss im stationären Bereich äußern, sind ein für die Behandlungsseite voll beherrschbarer Risikobereich mit den hieraus resultierenden Beweiserleichterungen in einem denkbaren Arzthaftungsprozess,[378] sofern sie sich in der Zeit verwirklichen, in der der Patient vollständig überwacht werden muss.

Allerdings besteht im Rahmen der Gebote ärztlicher Intervention bei Selbstschädigungen des Patienten regelmäßig die Abgrenzungsproblematik zwischen verbotener Hinderung des freien Willens und gebotenen Zugriffs wegen stimulationsbedingt fehlender Verantwortlichkeit. Insofern gilt es, die Behandlungsseite bei ordnungsgemäßem Vorgehen vor Haftungsrisiken zu schützen. Es kann nur verlangt werden, dass alle Vorfeldmaßnahmen getroffen wurden und der zuständige Arzt in der Situation unter Einhaltung anerkannter Verhaltensregeln nach bestem Wissen und Gewissen den Geisteszustand des Patienten, bei Bedarf auch unter Hinzuziehung weiterer Experten, beurteilt und dementsprechend handelt. Aufgrund des jedem Menschen innewohnenden Selbsterhaltungstriebs steht allerdings eine Vermutung für das Fehlen vollständiger Freiverantwortlichkeit, sofern der Patient sich selbst zu schädigen versucht. Hieraus ergibt sich, dass der Arzt im Zweifel eingreifen sollte und dass bei Verkennung der tatsächlich gegebenen Freiverantwortlichkeit den gewissenhaft handelnden Arzt haftungsrechtlich kein verschulden trifft. Selbst wenn jedoch nach aller Gewissensanstrengung und sämtlichen erforderlichen Hilfsmitteln die gefällte Entscheidung zum Eingreifen letztlich objektiv gegen den freien Willen des Patienten ist und dies im Nachhinein festgestellt werden kann, so handelt der Arzt sowohl nach vertraglichem als auch nach deliktischem Maßstab gleichwohl pflichtgemäß, da nicht verlangt werden kann, dass der Arzt etwas beachtet, was nach gegenwärtigem Stand der Wissenschaft nicht erkennbar ist. Im Übrigen fehlt es jedenfalls auch am Verschulden, da in diesem Fall die im Verkehr erforderliche Sorgfalt beachtet wurde.

---

375 Vgl. *Ulsenheimer*, Arztstrafrecht in der Praxis, § 1 S. 274 - 276 Rn. 231a – e m.w.N.

376 Zu den einzelnen Abgrenzungen im Detail vgl. Kap. 1 C II.

377 Dieser Pflichtwidrigkeitszusammenhang ist grundsätzliche und unverzichtbare Voraussetzung für die Haftungszurechnung, vgl. für die Erfüllung des Schutzgesetzes § 229 StGB die Rspr. der Strafgerichte BGHSt 11, 1, 7; 21, 59; BGH NStZ 1986, 217; 2004, 151; OLG Celle VRS 18, 127; OLG Hamm DAR 63, 245.

378 Vgl. zu den anerkannten Beweiserleichterungen BGH NJW 2007, 1682 = VersR 2007, 847 m. Anm. *Jungbecker*.

Als Fazit ergibt sich, dass im Zweifelsfall die Behandlungsseite den Patienten an einer Selbstschädigung zu hindern hat und bei konkret drohenden Gefahren die Stimulation auch gegen den geäußerten aber letztlich nicht als freiverantwortlich erkannten Willen des Patienten unterbinden muss.

b) Eine besondere Überwachungspflicht[379] trifft die Behandlungsseite nach der Rechtsprechung auch unabhängig[380] vom Geisteszustand des Patienten immer dann, wenn die Operation und anfängliche Stimulation erst kurz zurückliegen. Die Behandlungsseite hat zu gewährleisten, dass der Patient in diesem Zeitraum an einem Ort ist, wo ein plötzliches, eigenmächtiges Verschwinden nicht unbemerkt möglich ist. Hierdurch wird sichergestellt, dass selbst der freiverantwortlich Handelnde vor einer Selbstgefährdung zunächst aufgehalten und an bestehende Gefahren erinnert wird. Ist hierfür nicht gesorgt, so haften die Verantwortlichen selbst bei freier Entscheidung des Patienten, sofern im Rahmen der Kausalitätsprüfung nachgewiesen werden kann, dass bei ordnungsgemäßer Überwachung es zum eigenmächtigen Verlassen des Krankenhauses mit an Sicherheit grenzender Wahrscheinlichkeit nicht gekommen wäre.[381]

9. Haftung bei Missbrauch

Jedwede nicht abgesprochene Verwendung[382] der THS, welche dem Patienten nicht klar ist, geschieht ohne dessen Einwilligung, wodurch Krankenhaus und Arzt sowohl nach vertraglichen als auch nach deliktischen Grundsätzen für sämtliche entstandenen Schäden haften.

---

379 Als besondere Ausformung der Verkehrspflichten, vgl. BGH NJW 2003, 2309 = MedR 2003, 629, 630.

380 Anders *Katzenmeier,* MedR 2003, 632 als Anm. zu BGH NJW 2003, 2309 = MedR 2003, 629, der richtigerweise den freiverantwortlich Handelnden für grundsätzlich fähig hält, autonom über sein Geschick zu entscheiden. Daher kann sich diese Überwachungspflicht nur aus besonderen Medikations- und Behandlungswirkungen ergeben, wodurch der Patient sogar gegenüber sich selbst besonders schutzbedürftig wird. Jede weitergehende Pflicht ist der Behandlungsseite nach ordnungsgemäßem Hinweis auf alle drohenden Gefahren nicht mehr zumutbar.

381 So der BGH im Fall eines stark sedierten Patienten, welcher vor der Behandlung ausdrücklich darauf hingewiesen wurde, dass er die Einrichtung nicht verlassen dürfe. Auch wurde er nicht vorzeitig nach Hause geschickt. Dennoch verließ der unbeaufsichtigte Patient das Krankenhaus und kam zu Tode. Der VI. Zivilsenat gab den Klägern, denen hiermit der Unterhalt entzogen war, vollumfänglich Recht, vgl. BGH NJW 2003, 2309 = MedR 2003, 629 m. krit. Anm. *Katzenmeier*, der darauf hinweist, dass der BGH hierdurch die Sorgfaltspflichten möglicherweise überspannt. Es ist *Katzenmeier* darin zu folgen, dass das Institut der Verkehrspflichten nicht dazu verwendet werden darf, um eine Haftung wegen extrem fern liegender Risiken heraufzubeschwören. Gleichwohl ist aufgrund besagter Rspr. im Klinikalltag ein erhöhtes Maß an Vorsicht geboten. Jede gute medizinische Einrichtung sorgt hierfür aber bereits aus Sorge um die Patienten. Eine Antwort auf die Frage, wie auch entfernteste Risiken gleichermaßen zu unterbinden sind, bleibt der BGH schuldig. S. hierzu auch Laufs NJW 2003, 2288 f.

382 Für die verschiedenen Formen missbräuchlicher Verwendung siehe Kap. 1 A I 2 c.

Darüber hinaus ist allerdings auch eine Einstandspflicht gegenüber dem Patienten zu bejahen, wenn die Behandlungsseite eine THS auf Patientenwunsch hin durchführt, obgleich dieselbe als Therapie im Einzelfall ungeeignet ist.[383] Hieran ändert sich auch dann nichts, wenn der Patient dezidiert darüber aufgeklärt wird, dass von der THS im gegebenen Einzelfall nach medizinischem Dafürhalten abgeraten werden muss, da es sich um die grundlegend falsche therapeutische Maßnahme handelt. Dies bedeutet nicht, dass Arzt und Patient die Methode nur bei medizinischer Indikation wählen dürfen. Wie bereits erläutert, ist dem Arzt sogar bei der Indikationsstellung ein erheblicher Prognosespielraum zuzugestehen.[384] Der vorbenannte Haftungsfall ist ausschließlich dann zu bejahen, wenn die THS in gegebener Situation vollständig ungeeignet ist.

10. Haftungsumfang

Im Falle von Behandlungsfehlern oder ärztlicher Eigenmacht haften das Krankenhaus und der jeweils verantwortliche Arzt gesamtschuldnerisch auf Ersatz aller hieraus kausal und zurechenbar entstandenen Schäden. Im Falle fehlerhafter Implantierung kann der Patient im Wege der Naturalrestitution nach § 249 Abs. 1 BGB auch eine erneute Operation mit Entfernung oder Fehlerbehebung verlangen, sofern dies möglich ist. Allerdings wird der Patient im Zweifel immer zu einem anderen Arzt gehen, sofern es ihm auf die Fehlerfolgenbeseitigung ankommt, da das Vertrauensverhältnis zu einem Arzt, der die Situation verschlimmert hat, zerstört sein dürfte. Der Patient kann sich nach § 249 Abs. 2 S. 1 BGB jeder Zeit frei dafür entscheiden, von Arzt und Krankenhaus nur die Kosten für die Herstellung seines Körpers nach bestem ärztlichen Vermögen zu verlangen. Soweit vermehrte Bedürfnisse eingetreten sind, sind diese dem Geschädigten ebenfalls zu ersetzen. Gleichermaßen verhält es sich mit konkret bezifferbarem entgangenen Gewinn nach § 252 BGB. Schließlich steht dem Patienten regelmäßig ein angemessenes Schmerzensgeld zu, wobei dessen Umfang nach Ausgleichs- und nur untergeordnet nach Genugtuungsgesichtspunkten zu bemessen ist, selbst wenn es sich im Einzelfall um einen groben Behandlungsfehler handelt.[385] Dies ist nur bei besonders groben und unverständlichen ärztlichen Fehlern anders, bei denen wertungsmäßig eine erhebliche Vorsatznähe angenommen wird.[386]

11. Konsequenzen bei unzureichender Compliance

a) Wirkt der Patient entsprechend § 630 c Abs. 1 BGB nicht in gebotenem Maße an der Heilbehandlung mit, so können hieraus resultierende Fehlschläge bezüglich des gewünschten Therapieerfolgs nicht gegenüber der Behandlungsseite im Wege

383 Basierend auf den Feststellungen des BGH, vgl. BGH NJW 1978, 1206 - Zahnextraktion ohne Indikation.

384 Vgl. Kap. 1 A II.

385 So überwiegende Ansicht vgl. OLG Düsseldorf Urt. v. 17.11.2011 - 8 U 1/08; OLG Nürbgerg VersR 2009, 1079 m.w.N. auf die frühere Senatsrechtsprechung; OLG Schleswig OLGR 2003, 430. Scheinbar ohne Beachtung dieses Grundsatzes OLG München Urt. v. 23.12.2011 - 1 U 3410/09.

386 Vgl. OLG Köln VersR 2013, 113.

des Schadensersatzes geltend gemacht werden. Es fehlt insoweit bereits an einer ärztlichen Pflichtverletzung, sofern der Patient auf die Notwendigkeit der Mitwirkung hingewiesen wurde und eine hinreichende therapeutische Aufklärung stattfand. Für Mängel bei der therapeutischen Aufklärung gemäß § 630 c Abs. 2 S. 1 BGB ist der Patient beweisbelastet, da es sich hierbei um einen Behandlungsfehler handelt. Zu beachten sind auch hier die Beweiserleichterungen in einem Arzthaftungsprozess bei unzureichender Dokumentation,[387] § 630 h Abs. 3 BGB. Daher und zur Einhaltung der Pflicht aus § 630 f BGB ist auch an dieser Stelle darauf hinzuweisen, dass die Behandlungsseite für eine korrekte Dokumentation Sorge zu tragen hat.

Für den Fall, dass neben die Mitwirkungsverstöße des Patienten zusätzlich ärztliches Fehlverhalten tritt, dürfte es bei der THS, mit ihren komplexen Wirkungszusammenhängen regelmäßig kaum aufklärbar sein, woraus letztlich der eingetretene Schaden resultierte. Für diese Frage der haftungsbegründenden Kausalität ist ebenfalls der Patient als möglicher Kläger im Arzthaftungsprozess beweisbelastet. Daher ist davon auszugehen, dass in den meisten Fällen, in welchen der Patient unvernünftigerweise ärztlichen Ratschlägen bei der THS zu wider handelt, eine Liquidation eines eintretenden Gesundheitsschadens gegenüber der Behandlungsseite ausgeschlossen sein dürfte. Sollte sich dennoch im Einzelfall die Kausalität zwischen ärztlichem Fehlverhalten und Primärschädigung beim Patienten darlegen lassen, so sind jedenfalls Abstriche bezüglich des zu ersetzenden Umfangs gemäß § 254 BGB zu machen.

Sofern dem Arzt allerdings ein grober Behandlungsfehler zur Last zu legen ist, kommt es auch bei fehlender Compliance zur Umkehr der Beweislast bezüglich der haftungsbegründenden Kausalität. Dies ist nur dann nicht der Fall, wenn das Patientenverhalten gleich dem ärztlichen groben Behandlungsfehler in solchem Maße als hinderlich für den Therapieerfolg zu betrachten ist, dass die Begründung für die prozessuale Hilfestellung[388] zu Gunsten des Patienten nicht mehr akzeptabel ist.[389] Ob diese Rechtsprechung letztlich den richtigen Weg zur Lösung hiermit zusammenhängender, schwieriger Abgrenzungsprobleme eingeschlagen hat, wird kontrovers diskutiert und ist derzeit nicht zu beantworten.[390] Hier bedarf es noch weit reichender wissenschaftlicher, Vertiefung.

b) Mängel im Mitwirkungsverhalten des Patienten entbinden den Arzt allerdings keineswegs von der Pflicht, drohende Schäden so gering wie möglich zu halten. Sollte der Patient mit der Stimulation unvorsichtig umgehen und seine

---

387 Zu den verschiedenen Konstellationen und Abstufungen vgl. *Geiß/Greiner*, Arzthaftpflichtrecht, S. 160 Kap. B Rn. 202 ff.

388 Welche umstritten ist, vgl. statt aller *Katzenmeier*, Arzthaftung, S. 459 ff.

389 So erstmalig KG Berlin VersR 1991, 928 und hierzu der Nichtannahmebeschluss des BGH v. 19.02.1991 – VI ZR 224/90; später fortgeführt vgl. OLG Braunschweig VersR 1998, 459; OLG Köln VersR 1997, 1102;
BGH NJW 2009, 2820 mit Anm. *Kunz-Schmidt,* NJ 2009, 470.

390 Das hiermit einhergehende Problemfeld basiert auf dogmatischen Grundlagefragen, welche für die rechtliche Betrachtung der THS im Einzelnen nicht interessieren, da eine Änderung der Rspr. derzeit kaum zu erwarten ist. Zur Problemnäherung vgl. *Gerecke*, Non-Compliance und grober Behandlungsfehler, MedR 2010, 689 ff.

Lebensgewohnheiten nach ärztlichen Ratschlägen nicht anpassen, so ist es seitens des behandelnden Arztes geboten, den Patienten zur Mitwirkung zu bewegen und im Notfall mit Behandlungsabbruch zu drohen, um Schlimmeres zu verhindern. Kommt der Arzt dieser Pflicht nicht nach, ist die fehlende Schadenseingrenzung nach bestem Wissen und Gewissen selbst beim unvernünftigen Patienten als Behandlungsfehler zu werten, wodurch ein Haftungsanspruch begründet wird.

B. Versicherungsrecht

I. Vorüberlegungen

Der für die THS erforderliche finanzielle Aufwand ist erheblich. Um diese äußerst wirkungsvolle Therapie durchführen zu lassen, ist für den Patienten entscheidend, ob die entstehenden Kosten getragen werden. Für alle diejenigen, die ob ihres erheblichen Vermögens unproblematisch im Notfall als Selbstzahler aufzutreten vermögen, kann die Frage von geringer Bedeutung sein. Dies ist allerdings ein extremer Ausnahmefall. Grundsätzlich ist davon auszugehen, dass die meisten Patienten, die für eine THS in Betracht kommen, nicht in der Lage sind, die erforderlichen finanziellen Mittel ohne große Schwierigkeiten selbst aufzubieten. Somit kommt es darauf an, ob ein Krankenversicherungsschutz zur Übernahme dieser Therapie greift und einen Anspruch auf vollständige oder wenigstens teilweise Zurverfügungstellung oder Bezahlung der THS gewährt.

Dieses Problemspektrum ist vor dem Hintergrund wachsender Nöte des Sozialversicherungssystems, möglichst viele Gesundheitsleistungen finanzieren zu können, vor allem bei besonders kostspieligen medizinischen Verfahren, von Bedeutung. Insofern sind auch die zahlreichen Finanzierungseinschränkungen des Sozialgesetzgebers grundsätzlich verständlich. In einem derartigen Spannungsfeld muss für die THS dennoch ein Platz gefunden werden, um dieser Methode zum einen den ihr zukommenden Stellenwert einzuräumen und zum anderen hilfesuchenden Patienten eine ernst zu nehmende Alternative zu bieten.

II. Anspruch des Patienten auf eine THS

Vorab ist darauf hinzuweisen, dass die THS bislang nur vollstationär im Krankenhaus durchgeführt wird. Einzelne Vertragsärzte sind derzeit weder in der Lage die erforderlichen Einrichtungen noch die notwendigen Rahmenbedingungen und die verschiedenen ärztlichen Fachkomponenten zu bieten, welche sämtlich im Zusammenspiel für eine erfolgreiche Implantation der Elektroden und des Stimulators notwendig sind. Davon gehen wohl auch die Spitzenverbände der Krankenkassen aus, wenn sich im Einheitlichen Bewertungsmaßstab (EBM) von 2010 zwar ein abrechnungsfähiger Posten für die Entfernung von Neurostimulatoren findet,[391] jedoch im Übrigen eine THS nicht aufgeführt ist. Dies kann sich durch Zusammenschlüsse zu großen medizinischen Versorgungszentren oder sehr gro-

[391] EBM Nr. 2.5 Operationen am Nervensystem 5-028.6.

ßen Praxisgemeinschaften künftig ändern. Dann könnte die THS ggf. auch ambulant durchgeführt werden. Allerdings bleiben der mit ihr einhergehende notwendige Pflegeaufwand und die enormen apparativen Anschaffungskosten bestehen, so dass eine Entwicklung in diese Richtung eher unwahrscheinlich ist. Hinzu kommen außerdem vor- und nachsorgende Behandlungselemente. Bei der einer Krankenhausbehandlung vorangehenden vorstationären Behandlung wird die Indikation für die vollstationäre Behandlung überprüft, die immer dann positiv ausfällt, wenn eine Behandlung mit THS tatsächlich erfolgen soll. Die nachstationäre Behandlung dient der Überprüfung des Operationsergebnisses, der Ein- und Nachstellung der Stimulation wie auch der notwendigen Beobachtung im Hinblick auf mögliche Komplikationen und der psychologischen Betreuung des Patienten in Bezug auf die neue Lebenssituation. Letztere ist in der Folgezeit als geregelte Nachsorgeuntersuchung über Jahre hinaus, zur Beendigung der Stimulation und gegebenenfalls bis zum Tod des Patienten fortzuführen. Bei ordnungsgemäßem Therapieverlauf können relativ schnell große Prüfintervalle angesetzt werden, so dass die notwendige Behandlungsbelastung für den Patienten gering ist.

Die Gesamtkosten einschließlich des Materials werden bei einer THS-Behandlung auf rund 40.000 € geschätzt.[392] Hinzu kommen noch die Kosten der verbleibenden Nachsorgeuntersuchungen, welche ambulant erfolgen. Eine nachstationäre Phase im Sinne des § 115 a SGB V wird in der Praxis von den Krankenhäusern dagegen vermieden, da die jeweilige Diagnosis Related Group (DRG) für die stationäre Phase auch den nachstationären Anteil mitumfasst und somit die Kosten, die das Krankenhaus selbst zu tragen hat, mit jeder Minute nachstationärer Behandlung steigen.

Im Folgenden wird der Leistungsanspruch des Versicherten daher auf Basis der erfolgten Vorklärung ausschließlich für die stationäre Durchführung im Akutkrankenhaus untersucht. Im Übrigen gelten die Regelungen zur ambulanten Versorgung, bei denen eine ordnungsgemäße ärztliche Sprechstunde beim zuständigen Spezialisten von den Krankenkassen als übliche, unstreitig notwendige Heilbehandlung anerkannt wird.

1. Der gesetzlich Versicherte

a) Ersatzfähigkeit der Therapie

Sofern ein Patient zum Kreis der gesetzlich Versicherten gehört,[393] bemisst sich sein Krankenversicherungsschutz nach dem SGB V. Da für den Großteil der Bevölkerung die Versicherungspflicht nach § 5 SGB V greift, weil die jeweiligen

---

[392] *Spottke et al.*, Evaluation of healthcare utilization and health status of patients with Parkinson's disease treated with deep brain stimulation of the subthalamic nucleus, J Neurol (2002) 249: 759–766; *Valldeoriola et al.*, Prospective Comparative Study on Cost-Effectiveness of Subthalamic Stimulation and Best Medical Treatment in Advanced Parkinson's Disease, Movement Disorders Vol. 22, No. 15, 2007, pp. 2183–2191. Der genannte Betrag kann je nach Einzelfall variieren.

[393] Vgl. §§ 5, 9, 10 SGB V und hierzu *Fuchs*, in: Fuchs/Preis, Sozialversicherungsrecht, § 18 S. 246 ff.

Ausnahmetatbestände der § 5 Abs. 5, §§ 6 bis 8 SGB V[394] nur bei etwa 14 % der Versicherten einschlägig sind,[395] ist die GKV die mit Abstand bedeutendste Form der Krankenversicherung. Den Versicherten schuldet die jeweilige Krankenkasse Gesundheitsleistungen im Sinne des § 11 SGB V nach dem Sachleistungsprinzip.[396] Hierzu gehört gemäß § 11 Abs. 1 Nr. 4 SGB V die erforderliche Krankenbehandlung. Die THS ist eine Form der Krankheitsbehandlung. Daher ist für gesetzlich Versicherte ein Anspruch auf Erhalt dieser Therapieform grundsätzlich denkbar. Jedoch bedarf es für eine Leistungspflicht der Krankenkasse verschiedener sozialversicherungsrechtlicher Voraussetzungen, die im Einzelfall kumulativ vorliegen müssen:

aa) Vorliegen einer Krankheit,

bb) Notwendigkeit zur Heilung, Verschlimmerungsverhütung oder Linderung,

cc) Standards und Wirtschaftlichkeit.

aa) Krankheitsbegriff

Die jeweiligen Leiden, bei denen die THS bislang als indiziert anerkannt wurde,[397] sind ohne Ausnahme vom Krankheitsbegriff erfasst. Dies gilt unabhängig davon, ob auf die sehr weit reichende Begrifflichkeit der WHO[398] abgestellt wird oder aber schlicht nach einem regelwidrigen Körper- oder Geisteszustand zu fragen ist,[399] so genannter juristischer Krankheitsbegriff. Die jeweiligen Krankheitsbilder sind jedenfalls als regelwidrige Zustände zu bezeichnen, welche auch das Wohlbefinden der betroffenen Person einschränken.

Demgegenüber sind menschliche Leistungssteigerungen oder medizinisch nicht indizierte Regulierungen des Menschen[400] grundsätzlich keine Behandlungen, die unter den Krankheitsbegriff im beschriebenen Zusammenhang passen. Bei Veränderungen dieser Art ist bereits der grundlegend zu fordernde Krankheitszustand nicht gegeben.

---

394 Zu den Details der Versicherungspflicht vgl. Becker/Kingreen/*Just*, SGB V, §§ 5 – 8.

395 Versicherte in der GKV sind derzeit ca. 86 % der Bevölkerung vgl. *Fuchs*, in: Fuchs/Preis, Sozialversicherungsrecht, § 15 S. 226 zum Stand vom 31.12.2007. Die Zahlen sind nach wie vor nahezu identisch, vgl. http://www.gbe-bund.de/oowa921install/servlet/oowa/aw92/dboowasys921.xwdevkit/xwd_init?gbe.isgbetol/xs_start_neu/&p_aid=i&p_aid= 83158484&nummer=249&p_sprache=D&p_indsp=824&p_aid=41533395 (Abrufdatum 15.11.2010).

396 Hierzu *Fuchs*, in: Fuchs/Preis, Sozialversicherungsrecht, § 16 S. 229 ff.

397 Vgl. hierzu Einleitung I sowie Kap. 1 A II.

398 „Zustand vollständigen körperlichen, geistigen und sozialen Wohlbefindens", vgl. *Herzog*, in: LdR/SozR, S. 201.

399 BSGE 35, 10, 12 = BB 1973, 146 f.; BSGE 59, 119 = NJW 1986, 1572.

400 Etwa Beeinflussung von Straftätern durch die THS.

bb) Notwendigkeit zur Heilung, Verschlimmerungsverhütung oder Linderung

Die THS ist eine wirksame Methode, um das Leidensspektrum im bislang erfassten Indikationsbereich zu großen Teilen auf Dauer zu unterdrücken.[401] Eine Heilung dahingehend, dass das Leiden verschwindet und nicht wiederkehrt, wird regelmäßig nicht erreicht, so dass bei Ausschalten der Stimulation die Symptome der Krankheit wieder auftreten. Da jedoch eine angemessene Krankenbehandlung nach dem Gesetzeswortlaut des § 27 Abs. 1 S. 1 SGB V grundsätzlich auch dann verlangt werden kann, wenn dieselbe Linderung verschafft, handelt es sich bei der THS jedenfalls in diesem Sinne um eine vom SGB V erfasste Therapieform. Zudem verbessert die Stimulation den Gesundheitszustand des Patienten regelmäßig in erheblichem Maße, so dass auch partiell eine Heilung möglich ist.[402]

Weiterhin ist die erforderliche Behandlungsbedürftigkeit[403] bei jedem Leiden des bislang definierten Indikationsspektrums gegeben, da eine Linderung oder gar Heilung ohne ärztliche Hilfe in diesen Fällen bisher nahezu immer aussichtslos war[404], die Krankheitsbilder mit der THS nun aber wirksam therapierbar sind.[405]

Zudem ist zu bedenken, dass der operative Eingriff im Rahmen der THS aus verschiedenen Gründen bisher nur vollstationär im Krankenhaus durchgeführt werden kann. Das Sozialversicherungsrecht schreibt für die Fälle der Krankenhausbehandlung in § 39 SGB V eine besondere Notwendigkeitsprüfung vor. So dürfen die erstrebenswerten Behandlungsziele ambulant oder teilstationär nicht erreichbar sein. Dies ist bei der THS der Fall.[406] Hinzu kommen besondere Erwägungen der Wirtschaftlichkeit (hierzu sogleich unter c). Schließlich stehen den GKV-Patienten in der Regel nur zugelassene Krankenhäuser im Sinne des § 108 SGB V zur Verfügung. Hierbei handelt es sich namentlich um solche Einrichtungen, die wirksam einen Versorgungsvertrag gemäß § 109 Abs. 1 S. 1 SGB V abgeschlossen haben (§ 108 Nr. 3 SGB V) oder aber Hochschulkliniken (§ 108 Nr. 1 SGB V) oder Plankrankenhäuser (§ 108 Nr. 2 SGB V) sind, bei welchen ein entsprechender Versorgungsvertrag gemäß § 109 Abs. 1 S. 2 SGB V fingiert wird.

---

[401] Vgl. etwa *Kuhn et al.*, Tiefe Hirnstimulation bei psychiatrischen Erkrankungen,Dtsch Arztebl Int 2010; 107(7): 105-13 m.w.N.

[402] Der Begriff der Heilung ist bereits dann erfüllt, wenn fehlende Funktionen wieder hergestellt und der Gesundheitszustand verbessert wird, vgl. BSGE 35, 10, 12 f. = BB 1973, 146 f.

[403] Zum Begriff der Behandlungsbedürftigkeit vgl. Kruse/Hänlein/*Adelt/Kraftberger*, SGB V, § 27 Rn. 16 ff.

[404] Es sind keine Fälle bekannt, in denen Bewegungserkrankungen wie Morbus Parkinson, Dystonie oder psychiatrische Erkrankungen wie das Tourette-syndrom oder schwere Zwangserkrankungen ohne ärztliche Hilfe bewältigt werden konnten. Allerdings gibt es in extrem seltenen Ausnahmefällen Linderungen von psychiatrischen Erkrankungen ohne ärztliche Hilfe, etwa durch Veränderung der gewohnten Umgebung u.Ä.

[405] Zur Notwendigkeit der Behandlungsfähigkeit BSGE 26, 240, 243 = SozR Nr 23 zu § 182 RVO; BSGE 39, 167, 168 f. = NJW 1975, 2267; BSGE 59, 116 f. = SozR 2200 § 184 Nr 27; BSGE 62, 83, 84 = NJW 1988, 1550.

[406] Vgl. Einleitung II - IV.

Somit ist gewährleistet, dass die Kassen ihrer Versorgungspflicht gegenüber den Versicherten gerecht werden. Zugleich wird aber auch vorab für die Möglichkeit von entsprechend vorbereiteten Verträgen zwischen Kassen und Krankenhäusern Sorge getragen.[407] Diese beziehen sich zwar nicht auf spezielle Leistungen, sondern nur auf angebotene Struktureinheiten der Krankenhäuser, jedoch ist zu beachten, dass eine Einrichtung, die eine THS-Behandlung durchführen will, einer Stereotaxie als Sondereinrichtung der Chirurgie bedarf. Daher kapriziert sich der Versicherungsschutz der gesetzlich Krankenversicherten sinnvoll auf diese Einrichtungen, wenn eine THS in Betracht kommt.

cc) Sozialrechtliche Standards und Wirtschaftlichkeit

Die THS ist in der medizinischen Fachwelt zur Behandlung von im Übrigen austherapierten Patienten mit Bewegungserkrankungen anerkannt. Bei Patienten mit psychiatrischen Erkrankungen ist sie zwar bislang noch nicht medizinischer Standard, jedoch konnte bereits nachgewiesen werden, dass die Methode ein erhebliches Erfolgspotential aufweist und daher einen sinnvollen Heilversuch darstellt.[408] Mit den bisherigen wissenschaftlichen Erfolgen kann auch die große Hürde des Wirksamkeitsnachweises genommen werden, die das BSG in ständiger Rechtsprechung für die sozialrechtliche Anerkennung einer Methode selbst dann verlangt,[409] wenn die jeweils in Anspruch genommene Krankenkasse entgegen der auf Basis des § 137 c SGB V zulässigen Entscheidung des Krankenhauses anderer Ansicht sein sollte.

Der sozialrechtliche Standard, der die im Grundsatz entscheidende Konkretisierung der geschuldeten Krankenbehandlung darstellt, folgt gemäß § 2 Abs. 1 S. 3 SGB V dem auch im Übrigen in der Medizin Anerkannten.[410] Daher darf auf die bereits erfolgte Akzeptanz der THS zunächst vollumfänglich Bezug genommen werden.[411]

Allerdings schuldet die Krankenkasse nur eine ausreichende Versorgung. Dies impliziert, dass zwar eine angemessen qualitative und wirksame Methode geschuldet wird, die jedoch auch wirtschaftlich im Sinne des § 12 SGB V[412] zu sein hat.

(1) Ausreichende Behandlung

- Wirksamkeit: Im Rahmen der Wirksamkeit besteht bei der THS im Bereich der Bewegungserkrankungen kein Zweifel. Die Methode hat sich als besonders wirksam etabliert, wird aber nur dann angewendet, wenn Parallelverfahren, wie insbe-

---

407 Kruse/Hänlein/*Hänlein*, SGB V, Vor §§ 107 – 114, Rn. 10 f., 12 f.

408 Zu den Details vgl. Kap. 1 A II.

409 BSGE 52, 70 = SozR 2200 § 182 Nr 72; BSGE 64, 255 = NJW 1989, 2349; BSGE 70, 24, 26 = NJW 1992, 1584.

410 *Fuchs*, in: Fuchs/Preis, Sozialversicherungsrecht, § 20 S. 293.

411 Vgl. hierzu Kap. 1 A II.

412 Wie der Begriff der Wirtschaftlichkeit exakt zu verstehen ist, bildet den Gegenstand einer umfangreichen Kontroverse, vgl. *Zuck*, in: Quaas/Zuck, Medizinrecht, § 9 S. 162 ff. Rn. 26 ff.

sondere die medikamentöse Therapie, weitestgehend versagen. Nach zahlreichen klinischen Versuchsreihen und hinreichendem wissenschaftlichen Diskurs ist an der Standardisierung der Angemessenheit zur Krankenbehandlung - auch im sozialrechtlichen Sinne - keine andere Schlussfolgerung mehr akzeptabel. Dies ist offensichtlich auch Ansicht des GKV-Spitzenverbandes, des Verbandes der privaten Krankenversicherung und der deutschen Krankenhausgesellschaft, die gemeinsam auf Basis der Ausarbeitung des Instituts für das Entgeltsystem im Krankenhaus (InEK)[413] den therapeutischen Einsatz von Hirnstimulatoren für die genannten Bereiche in den DRG-Fallpauschalenkatalog für das Jahr 2010 aufnahmen.[414] Hieraus kann unzweifelhaft geschlossen werden, dass diese therapeutischen Möglichkeiten als wirksam anerkannt wurden und den Patienten bei entsprechender Indikation auch zur Verfügung stehen sollen.

Dieses Ergebnis muss darüber hinaus aber auch für neuere Indikationsbereiche akzeptiert werden, bei denen bereits eine erhebliche Erprobung und eine entsprechende Erfolgsgeschichte vorgewiesen werden kann. Selbstverständlich ist die Angemessenheit insbesondere in diesen Indikationsbereichen ausschließlich dann zu bejahen, wenn der Patient innerhalb der Standardverfahren als austherapiert anzusehen ist.

- Qualität: Die nötige Qualität des Therapieverfahrens wird bei der THS automatisch durch die grundsätzliche Begrenzung der Durchführbarkeit in zugelassenen Krankenhäusern gewahrt. Diesen ist von Grund auf ein hohes Qualitätsniveau und eine entsprechende Überprüfung zuzuschreiben, auf dass gemäß § 137 c SGB V das gewählte Verfahren keiner vorherigen Zulassung durch den gemeinsamen Bundesausschuss (GBA) bedarf. Dies wäre im Übrigen bei Leistungen im ambulanten Bereich nach § 135 SGB V der Fall. Ein spezielles Verbot der THS seitens des GBA existiert nicht und ist auch nicht zu erwarten. Geht somit der im Krankenhaus behandelnde Arzt von der Notwendigkeit einer THS aus, so wird hierdurch zugleich die Kostentragungspflicht der Krankenkasse für die stationäre Behandlung konkretisiert. Zwar stellte der große Senat des BSG im Jahre 2007 fest, dass über die Finanzierung der Krankenhausbehandlung allein die Krankenkasse entscheide und dem Arzt hierzu kein umfassendes Konkretisierungsrecht zustehe,[415] jedoch schuldet die Kasse dem Versicherten eine "ausreichende" Behandlung gemäß § 2 Abs. 1 S. 3 SGB V. Und diese ist nach gegenwärtigem Stand von Wissenschaft und Technik in der Medizin für die genannten Patientengruppen die THS.[416] Da der behandelnde Arzt der Experte vor Ort ist, kommt ihm rein

---

413 http://www.g-drg.de/cms/index.php/inek_site_de (Abrufdatum: 02.01.2012).

414 DRG-Fallpauschalenkatalog S. 8 Kennziffer B21A (Implantation eines Neurostimulators), S. 129 Kennziffer ZE86 (Zusatzentgeltkatalog Ersatzfähigkeit des Stimulators), S. 131 Kennziffer B21B (Vollstationäre Leistungen für Hirnimplantation von Neurostimulatoren), S. 135 und 164 Kennziffer ZE2010-61 (Anrechenbarkeit der Neurostimulatoren), S. 145 Kennziffer ZE86 (Funktionelle Eingriffe am Hirn) und S. 166 Kennziffer ZE2010-73 (Neurostimulatoren).

415 BSG GS SGb 2008, 295.

416 Ob dies aufgrund wachsender Kosten im Gesundheitssystem und fehlender Gelder bei den Krankenkassen einzuschränken ist, kann hier nicht behandelt werden. Aus der umfang-

faktisch unter Zugrundelegung der Krankenvorgeschichte ein Einschätzungsspielraum zu, sofern sich dieser an medizinisch vertretbare Maßstäbe hält.

Schließlich ist die Qualität der Methode selbst auch in der medizinischen Fachwelt anerkannt. Sie wird in zahlreichen Empfehlungen und Leitlinien zu den verschiedenen Leidensspektren als vernünftige medizinische Intervention empfohlen.[417]

(2) Wirtschaftlichkeit

Die seitens der Krankenkasse geschuldete ausreichende Leistung umfasst nur jene, die im Rahmen der möglichen Standardbehandlungen der Zweckerreichung genügen.[418] Es existiert somit zumeist ein Leistungskorridor, nach dem die Krankenkasse in der gesetzlichen Versicherung nur "die untere Grenze des Standards" schuldet. Das BSG hält eine Leistung dann für zweckmäßig, „wenn andere Behandlungsmethoden aus medizinischen Gründen auszuscheiden haben und bestimmte Voraussetzungen hinsichtlich der Möglichkeit eines Behandlungserfolgs erfüllt sind".[419] Somit ist unter den im Einzelfall denkbaren medizinischen Verfahren dasjenige zu wählen, das die BSG-Vorgaben erfüllt und zugleich nach dem Gebot der Wirtschaftlichkeit die Kosten-Nutzen-Relation beachtet.[420] Unter mehreren möglichen und nach medizinischen Maßstäben vernünftigen Interventionen ist somit nur die kostengünstigste Variante ersatzfähig und von der Krankenkasse geschuldet.

Dieser Kerngedanke des GKV-Rechts wiegt bei der THS zunächst scheinbar schwer, da diese Behandlungsmethode mit erheblichen Kosten verbunden ist. Bei näherer Betrachtung fällt jedoch auf, dass die THS ihrem Indikationsbereich entsprechend typischerweise erst in Betracht kommt, wenn parallele Standardmethoden versagen oder nur noch einen geringen Nutzen aufweisen, wobei insofern die Abwägung im Einzelfall entscheidend ist.[421] Daher verbleibt in den meisten Fällen die THS als die zweckmäßige Methode, sobald ihr Indikationsbereich eröffnet ist. Ob sie die einzige zweckmäßige Methode ist, könnte nur noch vor dem Hintergrund der generellen Leistungsmöglichkeit der Krankenkassen im Gesamtsystem angezweifelt werden, wenn davon ausgegangen würde, dass die Krankenkasse eine Leistung ausschließlich wegen zu hohen Gesamtkostendrucks durch das Gesundheitssystem verweigern könnte. Diese Möglichkeit ist bislang aber nicht er-

---

reichen Literatur sei verwiesen auf *Katzenmeier*, in: Laufs/Katzenmeier/Lipp, Arztrecht, S. 321 ff. Rn. 20 ff. m.z.N. sowie auf *Arnade*, Kostendruck und Standard.

417 Vgl. DGN-Leitlinien, vorrangig für Parkinson http://www.dgn.org/inhalte-a-z/513-leitlinien-der-dgn-parkinson-syndrome--diagnostik-und-therapie.html (Abrufdatum: 03.12.2011).

418 *Zuck*, in: Quaas/Zuck, Medizinrecht, § 9 S. 159 Rn. 18.

419 BSGE 64, 255, 257 f. = NJW 1989, 2349; BSGE 63, 102, 103 = NJW 1989, 794.

420 Hintergrund der Eingrenzung und damit umfassend zu beachtendes Leitmotiv ist die Finanzierbarkeit der GKV vgl. *Zuck*, in: Quaas/Zuck, Medizinrecht, § 9 S. 168 Rn. 50.

421 Vgl. hierzu Kap. 1 A II.

öffnet. Die Debatte schwelt zwar in der Öffentlichkeit[422] und mag möglicherweise früher oder später zu gesetzlichen Einschränkungen führen. Genauere Untersuchungen dazu sind aber nicht Gegenstand der vorliegenden Arbeit. Nach bestehender Gesetzeslage darf damit jedenfalls gegenüber dem einzelnen GKV-Versicherten nicht argumentiert werden.

In den Fällen, in denen die THS eingesetzt werden soll, obgleich etwa eine medikamentöse Behandlung erfolgversprechend sein könnte, ist zu beachten, dass die regelmäßig insbesondere bei Bewegungserkrankungen extrem hohe Dosis von Medikamenten über Jahre hinweg zu erheblichen Kosten führt. Demgegenüber verursacht die THS einmalig ein erhebliches Kostenvolumen, führt jedoch in der Folge regelmäßig zu einer umfangreichen Kostendämpfung der weiterführenden Behandlung. Die zukünftig erforderliche Erhaltungs- und Weiterbehandlungsdosis von Medikamenten kann nämlich in der Regel auf ein Minimum reduziert werden. Hinzu kommt die Erwägung, dass die THS zumeist ein erhöhtes Maß an Zweckmäßigkeit und möglichem Behandlungserfolg gegenüber anderen Verfahren bietet.

Schließlich darf auch nicht übersehen werden, dass der GKV-Spitzenverband selbst die Aufnahme in das DRG-Fallpauschalensystem akzeptierte.[423] Dies gilt freilich nicht für alle bislang erkannten Einsatzgebiete und Einsatzformen der THS, jedoch ist auch bei den noch nicht aufgenommenen Indikationen, die hinreichender Erprobung bereits standhielten,[424] von keinem anderen Ergebnis auszugehen.

Eine präzise wirtschaftliche Analyse ist an dieser Stelle aufgrund der weitergehenden notwendigen Feldforschung nicht möglich. Allerdings gibt es bereits Ansätze solcher Feldforschung, bei welchen nach den verschiedenen Allokationsebenen - was kostet der Patient die Gesellschaft, wie viel kann er als arbeitsfähiger Zahler an die Kasse zurückgeben, welchen Nutzen hat das Kollektiv von seiner Arbeitskraft, welchen privaten Nutzen erfährt der Patient an Gesundheit und Lebensqualität, welche Kostenlast deckt der Patient selber ab – Untersuchungen stattfanden.[425] Für weitere Details sei hierauf verwiesen.

---

[422] Man denke nur an die äußerst umstrittenen Priorisierungsmaßnahmen, die mittlerweile häufig erwogen werden. Gesetzlich umgesetzt sind solcher Art rechtspolitische Drahtseilakte bislang nicht.

[423] DRG-Fallpauschalenkatalog S. 8 Kennziffer B21A (Implantation eines Neurostimulators), S. 129 Kennziffer ZE86 (Zusatzentgeltkatalog Ersatzfähigkeit des Stimulators), S. 131 Kennziffer B21B (Vollstationäre Leistungen für Hirnimplantation von Neurostimulatoren), S. 135 und 164 Kennziffer ZE2010-61 (Anrechenbarkeit der Neurostimulatoren), S. 145 Kennziffer ZE86 (Funktionelle Eingriffe am Hirn) und S. 166 Kennziffer ZE2010-73 (Neurostimulatoren).

[424] So vor allem der Einsatz in anderen Hirnstrukturen als im Nucleus Subthalamicus oder im Thalamus.

[425] Analytische Ansätze speziell für die THS finden sich bei *Jürgens TP, May A.*, Chronic cluster headache: How much does treatment cost?, Schmerz. 2010, 221-225; *Spottke et al.*, Evaluation of healthcare utilization and health status of patients with Parkinson's disease treated with deep brain stimulation of the subthalamic nucleus, J Neurol 2002, 759–766.

b) Übernahmeverpflichtung von Teilbeträgen

Der Anspruch der Patienten ist durch § 39 Abs. 4 in Verbindung mit § 61 S. 2 SGB V dahingehend eingeschränkt, dass für jeden Tag des stationären Aufenthalts eine Selbstbeteiligung in Höhe von 10 Prozent der Pflegekosten anfallen. Dies gilt für maximal 28 Tage. Da diese Pflegekosten im Rahmen der vorstationären Phase jedoch häufig nach § 115 a Abs. 1 SGB V wegfallen, dürfen sie vom Patienten naturgemäß erst dann eingefordert werden, wenn sie tatsächlich entstehen. Die vorstationäre Behandlung zur Feststellung der Notwendigkeit einer vollstationären Aufnahme ist bei der THS üblich.

c) Fazit

In der überwiegenden Zahl der Fälle besteht ein Anspruch des gesetzlich Versicherten auf Behandlung mit THS, sofern dieses Verfahren medizinisch indiziert ist. Allerdings ist zu beachten, dass Gründe des Einzelfalls entgegenstehen können, wodurch stets eine vorherige Absprache mit der Krankenkasse anzuraten ist. Ausnahmen, in denen kein Anspruch auf eine THS-Behandlung trotz Indikation besteht,[426] sind primär wirtschaftliche Erwägungen zugunsten vorzuziehender paralleler Standardverfahren, weil diese im konkreten Einzelfall deutlich preisgünstiger und zugleich hinreichend erfolgversprechend sind. Insoweit haben zwar die Krankenkassen grundsätzlich selbst die Entscheidungsbefugnis über die Kostenübernahme, jedoch besteht faktisch eine Bindung an die Sicht des behandelnden Arztes, der unmittelbar durch Untersuchung des Patienten eine Einschätzung zur medizinischen Notwendigkeit vornehmen muss und dies auch kann. Die Krankenkasse ist in diesen Fällen in der Pflicht, Gründe aufzuzeigen, die gegen die THS und das heißt insbesondere gegen ihre Wirtschaftlichkeit in der gegebenen Fallkonstellation sprechen. Um daher für alle Seiten kostspielige Auseinandersetzungen zu vermeiden, sollte eine THS-Behandlung vor Beginn mit der Krankenkasse abgeklärt werden, damit eventuell dagegen sprechende Erwägungen frühzeitig erkannt und diskutiert werden können.

Die Patienten haben bei Aufnahme zur Durchführung der indizierten THS-Behandlung einen vollständigen Behandlungsanspruch gegen ihre Krankenkasse, welcher lediglich um eine notwendige Selbstbeteiligung von 10 Prozent der täglichen Pflegekosten gekürzt sein kann.

2. Privat Versicherte

Im Falle des privat versicherten Patienten ist die Frage der Kostentragung durch die Vertragskasse gemäß § 192 VVG in Verbindung mit der jeweiligen vertraglichen Vereinbarung zwischen Versichertem und Versicherung zu beantworten. Da sich eine individualvertragliche Klausel über die Behandlung mit THS in der Regel in den Formularverträgen nicht finden wird, sind insofern die grundsätzlich zum Vertragsgegenstand erklärten Musterbedingungen für die Krankheitskosten und Krankenhaustagegeldversicherung (MB/KK) als Auslegungshilfe heranzuziehen. Diese bestimmen in § 1 Abs. 1, 2 MB/KK ebenso wie § 192 Abs. 1 VVG,

[426] Zu den Überschneidungen vgl. Kap. 1 A II.

dass der Versicherer die medizinisch notwendige Heilbehandlung zu tragen hat. Dabei schuldet die Versicherung allerdings nicht selbst die ärztliche Intervention (Sachleistungsprinzip wie im GKV-System[427]), sondern ist zur Kostenerstattung verpflichtet (Kostenerstattungsprinzip[428]). Allerdings besteht bei gewähltem Basistarif ein Direktanspruch des Leistungserbringers gemäß § 192 Abs. 7 VVG,[429] so dass für diese Fälle der Patient typischerweise ähnlich dem Sachleistungsprinzip in der GKV aus der Kostenabrechnung herausgehalten wird.

Der entscheidende Anknüpfungspunkt ist der Parameter "Notwendigkeit der Therapie". Dabei wird der Begriff der Notwendigkeit wie folgt definiert: Notwendigkeit liegt vor, wenn nach den objektiven medizinischen Erkenntnissen im Zeitpunkt der Vornahme der ärztlichen Behandlung das gewählte Verfahren vertretbar war.[430] Eine medizinische Intervention ist jedenfalls dann notwendig, wenn sie nach den Wertungen des SGB V als ausreichend, zweckmäßig und notwendig einzustufen ist,[431] wie such auch aus § 4 Abs. 6 MB/KK ergibt. Im Rahmen dieser Wertungen wird an die schulmedizinischen Erkenntnisse angeknüpft.[432] Hieran besteht wie dargelegt kein Zweifel mehr, wenn die THS nach ärztlichem Standard im Einzelfall indiziert ist. Somit hat auch der privat Versicherte in diesen Fällen einen vollumfänglichen Anspruch auf Kostenerstattung für die THS-Behandlung. Der entscheidende Nachweis klinischer Wirksamkeit[433] wurde auch im Rahmen der neueren Indikationsbereiche erbracht.

Das Gebot der Wirtschaftlichkeit, wie es in § 12 SGB V statuiert ist, gilt als solches nicht im Rahmen des § 192 VVG.[434] Jedoch wurde einige Zeit lang angenommen, dass bei zwei gleichwertigen Therapieverfahren, bei denen eines das jeweilige Parallelverfahren kostentechnisch wesentlich überwiegt, nur der Ersatz des Kostengünstigeren von der Vertragskasse geschuldet wird. Die Kasse dürfe ihre Leistung dann auf das notwendige Maß herabsenken.[435] Hiervon rückte der BGH in der Alpha-Klinik-Entscheidung ab und stellte fest, dass weder das VVG

---

427 *Müller*, in: Beckmann/Matusche-Beckmann, Versicherungsrechtshandbuch, § 44 S. 2697 Rn. 4.

428 *Müller*, in: Beckmann/Matusche-Beckmann, Versicherungsrechtshandbuch, § 44 S. 2697 Rn. 10.

429 Hintergrund ist das Versicherungsaufsichtsgesetz in den §§ 12 ff., wonach die PKV diese erleichterte Regulierungsmöglichkeit für die Patienten im Rahmen der substitutiven Leistungserbringung anzubieten hat. Vgl. zur substitutiven Krankenversicherung *Müller*, in: Beckmann/Matusche-Beckmann, Versicherungsrechtshandbuch § 44 S. 2697 Rn. 66 ff.

430 BGHZ 133, 208, 213 = VersR 1996, 1224 f.

431 Es gilt derselbe Ansatz, wie im Recht der gesetzlichen Krankenversicherung, wonach eine Heilbehandlung medizinisch notwendig ist, wenn esnach den objektiven medizinischen Befunden und wissenschaftlichen Erkenntnissen im Zeitpunkt der Behandlungvertretbar ist, sie als notwendig anzusehen, vgl. BGH NJW 2005, 3783, 3784. Näher hierzu Schwintowski/Brömmelmeyer/*Brömmelmeyer*, VVG-PK, § 192 Rn. 20 ff.

432 Schwintowski/Brömmelmeyer/*Brömmelmeyer*, VVG-PK, § 192 Rn. 20 ff. Vgl. im Übrigen die grundsätzlichen Ausführungen oben Kap. 1 B I.

433 Looschelders/Pohlmann/*Reinhard*, VVG, § 192 Rn. 12.

434 BGH, VersR 2003, 581.

435 BGHZ 154, 154, 167 = VersR 2003, 581, 584 m.w.N.

noch die Ausführungen in den MB/KK Höhenbegrenzungen vorsehen.[436] Als Reaktion normierte der Gesetzgeber daher ein Übermaßverbot in § 192 Abs. 2 VVG[437] und es wurde in § 5 Abs. 2 MB/KK eine Kostenbegrenzungsvorschrift im Fall des Übersteigens des medizinisch Notwendigen eingefügt.

Da das Übermaßverbot aber nur extreme Kostengefälle untersagt, ist für die Behandlung mit THS zu folgern, dass eingedenk der bestehenden positiven Kostenprognose wegen Einschränkungen der Einnahme notwendiger teurer Medikamente diese Sittenwidrigkeitsparallele regelmäßig nicht berührt wird. Da ein restriktives Wirtschaftlichkeitsgebot insoweit nicht existiert, kann vor dem Hintergrund der Berücksichtigung der Kostentragung unter eventuell gebotener wirtschaftlicher Aufklärung seitens Arzt und Patient sogar frühzeitiger an eine THS-Behandlung gedacht werden, um etwa bei Parkinson-Patienten die Auswirkungen der Extremstadien mit unkontrollierbarem Tremor oder extremer Akinese möglichst früh zu unterbinden. Dies ist freilich nur unter Einhaltung der im Übrigen bestehenden arztrechtlichen Gebote als gangbarer Weg eröffnet.[438]

Es kann zusammenfassend nicht übersehen werden, dass für einen privat versicherten Patienten, für den die THS in Betracht kommt und bei dem keine individuelle Vertragsklausel entgegensteht, günstigere Konditionen gelten können. Das Fehlen einer § 12 SGB V vergleichbaren gesonderten Wirtschaftlichkeitsklausel eröffnet zusätzlichen Bewegungsspielraum, wenn die THS im Einzelfall als indiziert, aber noch nicht als letzte Möglichkeit zur wirksamen Therapie erkannt wird.

C. Strafrecht

I. Strafrechtliche Verantwortlichkeit für den Heileingriff

1. Tatbestandmäßigkeit der THS

Auch der medizinisch indizierte und lege artis ausgeführte Heileingriff ist nach ständiger Rechtsprechung eine tatbestandsmäßige Körperverletzung im Sinne der §§ 223 ff. StGB.[439] Für die THS gilt nichts anderes. Das Verabreichen von Medikamenten zur Operationsvorbereitung wie auch das Bohren der erforderlichen Öffnung am Schädel des Patienten und die Implantierung der Elektrode unter Verdrängung von Hirnmasse sind in ihrer Gesamtheit als tatbestandsmäßige Körperverletzungen zu werten. All das will und weiß der Arzt, womit er vorsätzlich handelt.

Zudem kommen die Qualifikationstatbestände und Erfolgsqualifikationen der §§ 224, 226 und 227 StGB in Betracht.[440] So sind die bei der Operation zur THS verwendeten Instrumente durchaus im Falle des Missbrauchs als gefährliche

---

436 BGHZ 154, 154, 167 = VersR 2003, 581, 584

437 Looschelders/Pohlmann/*Reinhard*, VVG, § 192 Rn. 16 ff.

438 Vgl. hierzu Kap. 1 A.

439 RGSt 25, 375; BGHSt 11, 111; 12, 379; 16, 303; 43, 306; 45, 221.

440 Diese Tatbestände sind auch im Rahmen der missglückten Heilbehandlung anwendbar, vgl. *Ulsenheimer*, in: Laufs/Uhlenbruck, Handbuch des Arztrechts, § 139 Rn. 9.

Werkzeuge im Sinne des § 224 Abs. 1 Nr. 2 StGB zu werten. Dies gilt jedoch nicht für den bestimmungsgemäßen Einsatz, „weil der Tathandlung in solchen Fällen der Angriffs- oder Verteidigungscharakter fehlt".[441] Somit bleibt es im Rahmen der Heilbehandlung grundsätzlich bei einer einfachen Körperverletzung. Auch ist die Anwesenheit des Operationsteams nicht als gemeinschaftliche Begehung im Sinne des § 224 Abs. 1 Nr. 4 StGB anzusehen. Objektiv mögen aus der Arbeitsteilung, der Notwendigkeit der Koordination und des Zusammenwirkens spezifische Gefahren resultieren, aber es fehlt an einer gemeinschaftlichen Tatbegehung im Sinne des § 224 Abs. 1 Nr. 4 StGB vor dem Hintergrund ihres Schutzzwecks der "Gefahrerhöhung" durch Gruppendynamik.[442] Vielmehr begründet die Anwesenheit mehrerer Experten einen zusätzlichen Schutz für den Patienten. Durch die besonderen Sicherheitsvorkehrungen bei der Operation zur THS ist auch § 224 Abs. 1 Nr. 5 StGB von vornherein nicht zu diskutieren, weil diese Norm auf die abstrakte Lebensgefährlichkeit der Körperverletzungshandlung abstellt,[443] welche hier besonders kontrolliert und besonnen erfolgt.

Eine Anwendung des § 226 Abs. 1 StGB kommt grundsätzlich in Betracht, sofern dort genannte Folgen bei der Behandlung auftreten und für den Arzt wenigstens vorhersehbar und vermeidbar waren, § 18 StGB. Jedoch sind entsprechende Fälle kaum bekannt. Die Stimulation kann jeder Zeit unterbrochen werden. Im Notfall ist auch die Entfernung der Elektrode möglich, ohne erhebliche Läsionen im Gehirn zu verursachen. Daher dürfte diese Erfolgsqualifikation im Rahmen der Heilbehandlung mit der THS weitestgehend bedeutungslos sein. Tritt ein solcher Fall dennoch ein, so ist zu beachten, dass die Behandlung auf Basis der Patienteneinwilligung erfolgte. Sofern der Patient über entsprechende Risiken aufgeklärt wurde und die Einwilligung letztlich ein darüber hinausgehendes, insbesondere fahrlässiges Fehlverhalten[444] des Arztes nicht abdeckt, ist stets das Vorliegen eines minder schweren Falls gemäß § 226 Abs. 3 StGB bei der Strafzumessung zu er-

---

[441] BGH MDR 1987, 445; BGH NJW 1978, 1206; Schönke/Schröder/*Stree*, StGB, § 224 Rn. 9b. Hierdurch wird dem Umstand Rechnung getragen, dass der Arzt im Rahmen der Heilbehandlung mit seinen Instrumenten nicht zu kriminalisieren ist, als wäre er an einem gefährlichen Angriff beteiligt. Die Gefährlichkeit von Gerätschaften ist immer auch an der Art und Weise ihres Einsatzes und des Umfelds zu bestimmen. Sähe man dies anders, so müsste grundsätzlich jeder Zahnstocher als gefährliches Werkzeug gelten, da dieser schließlich auch gegen das Auge geführt werden könne, hierzu Schönke/Schröder/*Stree*, StGB, § 224 Rn. 4.

[442] Vgl. *Tag*, Der Körperverletzungstatbestand im Spannungsfeld zwischen Patientenautonomie und Lex artis, § 18 S. 428 unter Bezugnahme auf *Küper*, GA 1997, 301, 304 zu § 223a StGB a.F.; Schönke/Schröder/*Stree*, StGB, § 224 Rn. 11 m.w.N.

[443] *Tag*, a.a.O., S. 429 m.w.N.

[444] Fahrlässige Negativfolgen sind grundsätzlich nicht von der Patienteneinwilligung gedeckt. Hier ist nur der Hinweis hervorzuheben, dass für die Erfolgsqualifikationen eine fahrlässige Verwirklichung der schweren Folge genügt.

wägen.[445] Diese Milderung bei der Strafzumessung sollte wegen der Motivation zur Heilbehandlung seitens der Gerichte als Regelfall anerkannt werden.[446]

Die Verschärfung des § 226 Abs. 2 StGB scheidet nahezu ausnahmslos aus, da dem Arzt hierfür sogar klar sein müsste, dass es zum Eintritt einer schweren Folge kommen wird.[447] Bei der THS handelt es sich aber um ein Präzisionsverfahren, bei welchem durch verschiedene Vorrichtungen gewährleistet ist, dass dauerhafte Schäden - oder auch Schäden überhaupt - vermieden werden. Zudem ist zu bedenken, dass Negativkonsequenzen durch die Stimulation mittels Abschalten der Elektroden bislang in jeder bekannten Form unterbunden werden können. Denkbar wären allenfalls Situationen, in denen mangelhafte Instrumente oder sonstige veraltete Technik wissentlich zum Einsatz kommen. Solcher Art bewusste Fehler würden mit der Anwendung des § 226 Abs. 1, 2 StGB allerdings auch berechtigterweise hart bestraft werden.

Letztlich ist festzuhalten, dass die Sterblichkeitsrate bei diesem Verfahren nahe null ist. Todesfälle durch den Eingriff selbst wurden bislang kaum verzeichnet, was zweifelsfrei nicht auf eine unzureichende Dokumentation zurückgeführt werden kann.[448] Daher ist § 227 StGB im Rahmen der THS nicht von Interesse, wenn auch bei vermeidbarem Fehler und Vorhersehbarkeit der schweren Folge (§ 18 StGB) eine Anwendbarkeit der Norm grundsätzlich eröffnet bleibt.

Schlicht ungewollte und unbewusste Handlungen, die im Rahmen des Eingriffs zur THS vorkommen können und Verletzungen beim Patienten hervorrufen, sind demgegenüber als fahrlässige Körperverletzungen im Sinne des § 229 StGB zu werten.[449] Dabei ist auf Tatbestandsseite im Hinblick auf die zu fordernde ob-

---

[445] Vgl. hierzu Schönke/Schröder/*Stree*, StGB, § 226 Rn. 18.

[446] Der patientenfreundlichen Motivation des Arztes ist hierdurch Rechnung zu tragen. Die gefährliche Gratwanderung, welche der Arzt bei komplizierten und risikoreichen Eingriffen zum Wohle des Patienten beschreitet, führt in der Gesamtbewertung zu einem grundlegend anderen Bild, als bei sonst in der Praxis vielfach vorkommenden Körperverletzungen durch Gewalttaten. Sofern ein Arzt nicht im Rahmen eines Heileingriffs zu Wohl des Patienten zu handeln versucht, ist dieser freilich wie jeder andere zu strafen, der eine entsprechende Körperverletzung begeht. Es bleibt der richterlichen Bewertung des Einzelfalls vorbehalten, ob die jeweils begangene ärztliche Eigenmacht menschlich und unter Hilfsgesichtspunkten nachvollziehbar war, oder ob der Arzt mit seinem Verhalten bereits ein erhöhtes Maß an krimineller Energie aufwies, die eine mildernde Betrachtungsweise unter dem Gesichtspunkt eines minder schweren Falls verbietet.

[447] Vgl. BGH NJW 2001, 980.

[448] Vgl. mit einer bereits vorsorglich im Wesentlichen warnenden Darstellung *Hilker/Weise*, Sektion für Neuromodulation am Universitätsklinikum Frankfurt am Main, Sektion für Neuromodulation, http://www.kgu.de/index.php?id=2287.

[449] Unter Berücksichtigung der Tatsache, dass der Arzt helfen möchte und in diesem Zusammenhang ob der sensiblen Materie dennoch nebst zivilrechtlichen Konsequenzen strafrechtliche Sanktionen drohen, bemühen sich viele um eine Entkriminalisierung der schlichten Behandlungsfehler, vgl. *Jürgens*, Die Beschränkung der strafrechtlichen Haftung für ärztliche Behandlungsfehlers, § 10 S. 104 ff. m.z.N. Diese Überlegungen sind bislang durch die Rspr. im Wesentlichen nicht anerkannt worden, jedoch ist dies in der täglichen Praxis weitestgehend unschädlich, da häufig kein Strafantrag gegen den Arzt gestellt wird und im

jektive Pflichtwidrigkeit ein streng objektivierter medizinischer Standard die Maßeinheit.[450] Es wird vom Arzt das entsprechende Expertenwissen in Form des Facharztstandards für Neurochirurgie vorausgesetzt.[451] Zudem ist das darüber hinausgehende Spezialwissen des Stereotaktikers erforderlich, für welches zwar bislang keine eigenständige Weiterbildung existiert, welches jedoch mit üblichen chirurgischen Eingriffen kaum noch zu vergleichen ist.[452] Eine Operation durch einen Berufsanfänger kommt bei der THS keinesfalls in Betracht. Operative Eingriffe dieser Art darf ein Neurochirurg erst vornehmen, wenn er ausreichende neurochirurgische Erfahrungen gesammelt hat und von Stereotaktikern präzise eingewiesen wurde oder die notwendigen Zusatzkenntnisse auf anderem Wege erlangt hat.

2. Rechtswidrigkeit der Behandlung

Der Heileingriff ist grundsätzlich tatbestandsmäßig und rechtswidrig, sofern der Patient nicht einwilligt. Die Basis einer wirksamen Einwilligung ist eine hinreichende ärztliche Aufklärung, die Einwilligungsfähigkeit des Patienten und die Beachtung der Grenzen in den §§ 216 und 228 StGB. Es gilt insoweit, was zur Einwilligung auf Basis eines Informed Consent im zivilrechtlichen Teil ausgeführt wurde.[453] Eine unterschiedliche Beurteilung ist weder durch Sinn und Zweck des Strafrechts noch mit den drohenden Konsequenzen für die Behandlungsseite geboten.[454] Bei der im Rahmen des § 228 StGB notwendigen Gesamtbetrachtung sind auch Verstöße gegen ethische Vorgaben beachtlich.[455] Allerdings umfasst die Gesamtbetrachtung ausschließlich Aspekte der „Tat", wie es der Wortlaut des § 228 StGB wiedergibt. Darunter versteht die höchstrichterliche Rechtsprechung alle Bezugspunkte zur Körperverletzung und deren Gefährlichkeit,[456] nicht jedoch Hintergründe wie verfolgte Ziele.[457] Somit können ethische Aspekte nur Berücksichtigung finden, sofern es um Maximen der Eingriffsdurchführung und Patientengefährdung geht.

Rahmen eines Zivilprozess oder mit außergerichtlichen Lösungen sinnvolle Übereinkommen zur Schadensbeseitigung getroffen werden.

450 *Ulsenheimer*, in: Laufs/Uhlenbruck, Handbuch des Arztrechts, § 139 S. 1244 Rn. 18 ff.

451 Zum Facharztstandard vgl. *Uhlenbruck*, in: Laufs/Uhlenbruck, § 39 Rn. 9.

452 Der Stereotaktiker zeichnet sich durch besondere Planungsarbeit und erhebliche Tätigkeiten im Vorfeld aus. Dies weicht vom üblichen chirurgischen Facharztbild in erheblichem Maße ab. Vgl. hierzu Kap. 1 E II 2.

453 Vgl. Kap. 1 A IV.

454 So zutreffend *Deutsch/Spickhoff*, Medizinrecht, S. 298 f. Rn. 480.

455 Zur Statuierung entsprechender Vorgaben und ihrer Bedeutung vgl. Kap. 1 E I 1 und 2.

456 St. Rspr. vgl. BGHZ 10, 232 = NJW 1953, 1665; BGHZ 141, 361 = NJW 1999, 2266; BGH NJW 2005, 2991 ff.;PWW/*Ahrens*, BGB, § 138 Rn. 15; Palandt/*Heinrichs*, BGB, § 138 Rn. 2 m.w.N. Zur ausführlichen Diskussion vgl. Kap. 3 B III 2 d aa.

457 Für eine Zweckorientierung des Sittenwidrigkeitsbegriffs *Fischer*, StGB, § 228 Rn. 9; LK/*Hirsch*, StGB, § 228 Rn. 8; *Roxin*, JuS 1964, 379; *Lenckner*, JuS 1968, 308.

3. Medizinprodukterecht

Vor Einsatz der für die THS notwendigen Gerätschaften bedarf es der Prüfung, ob diese die Vorgaben des Medizinprodukterechts erfüllen. Eine Verwendung von Elektroden, Impulsgenerator oder Operationswerkzeugen, welche die erforderliche und unbeschädigte Kennzeichnung nach dem MPG nicht aufweisen, führt zur Strafbarkeit des behandelnden Arztes gemäß §§ 6 Abs. 1 Satz 1, 41 Nr. 2 MPG, da es sich bei der zu implantierenden Elektrode sowie deren gesamtem Zubehör um Medizinprodukte im Sinne der §§ 2 Abs. 1 und 3 Nr. 1 MPG handelt.

Gleichermaßen ist auch das Herstellen und Inverkehrbringen von als gefährlich oder schädlich erkannten Medizinprodukten strafbewehrt. Hierdurch ist der strafrechtliche Schutz bereits auf den Zeitpunkt des Herstellens und Inverkehrbringens vorverlagert. Schon dem Hersteller drohen also strafrechtliche Konsequenzen, wenn er die Restriktionen des MPG nicht beachtet.

§ 40 IV MPG sieht zudem eine Strafbarkeit wegen fahrlässiger Begehung vor, was zu einem erheblichen Plus bezüglich des Patientenschutzes führt, da bereits die technische Vorbereitung im Interesse von Produzenten und Behandlungsseite genauer Überwachung unterliegt.

Darüber hinaus ist mit den §§ 4 Abs. 1 Nr. 1, 40 Abs. 1 Nr. 1 MPG die Verwendung eines Medizinproduktes bei Strafe verboten, das aufgrund erkennbarer Anzeichen den Verdacht erregt, dass nach wissenschaftlichen Maßstäben nicht zumutbare Gesundheitsgefahren für den Patienten, den Anwender oder Dritte entstehen können.

Für die THS ist der so geschaffene Schutz von großer Bedeutung, da eingedenk der Wirkweise – elektrische Impulse im zentralen Nervensystem – insbesondere technische Schwächen des Verfahrens regelmäßig verheerende Auswirkungen nach sich ziehen können. Ein technischer Bereich, der voll überprüf- und beherrschbar ist, darf keine fehlerhaften Produkte bis zum Patienten gelangen lassen. Insbesondere die Fahrlässigkeitsstrafbarkeit trägt diesem Gedanken konsequent Rechnung. Zudem ist der behandelnde Arzt aufgrund des Normbefehls in § 4 Abs. 1 Nr. 1 MPG dazu verpflichtet, potentielle Ausmaße für Dritte zu bedenken. Hierbei ist erneut darauf hinzuweisen, dass eine Stimulans insbesondere auch negative Folgen wie unkontrollierte emotionale Ausbrüche und Aggressionen bewirken kann.

Ergänzt wird der dargestellte strafrechtliche Schutz um die Regelungen der Medizinproduktebetreiberverordnung (MPBetreiberVO), nach der besonders umsichtige Anwendung und Kontrolle sowie Qualitätssicherung durch die §§ 4, 4a, 5 ff. MPBetreiberVO angeordnet und gemäß § 13 MPBetreiberVO bei Nichtbeachtung bußgeldbewehrt sind.

4. Werbung für den Heileingriff

Die THS eröffnet in einer Vielzahl von Fällen die Möglichkeit erheblicher Leidenslinderung. In diesem Zusammenhang ist allerdings mit öffentlichen Anpreisungen vorsichtig umzugehen. So verbietet das Heilmittelwerbegesetz (HWG) gemäß §§ 3, 14 HWG bei Strafe jede Form irreführender Werbung bei Heilmethoden.[458] Von Interesse ist im Zusammenhang mit der THS § 3 Nr. 2 HWG, wonach es untersagt ist, bei Verfahren die Möglichkeit von Schädigungen herabzuspielen oder einen gesicherten Erfolg zu versprechen. Die bislang tatsächlich vorzuweisende Erfolgsgeschichte der THS, die bei den anbietenden Krankenhäusern verständlicherweise in den Vordergrund gestellt wird,[459] kann leicht an das Maß verbotener Werbung heranreichen. Es ist darauf zu achten, dass auch bei der Werbung für die THS als Alternativbehandlung in einem zunehmend größeren Indikationsbereich nicht suggeriert wird, diese Technik habe keine Nebenwirkungen, berge keine Gefahren in sich oder sei gar eine Art Wundermittel.

Nicht zuletzt ist eine unsachgemäße und überzogene Werbung als unethisches Verhalten der Verantwortlichen einzustufen, so dass ein berufsrechtlicher Verstoß im Sinne der Berufsordnung mit den daraus resultierenden berufsrechtlichen Konsequenzen die Folge wäre.

Die aufgezeigten Restriktionen sollten allerdings keinesfalls eine grundsätzlich abschreckende Wirkung bezüglich vernünftiger Informationen haben. So führt eine sachliche, detailgenaue Werbung, welche die Indikationsbereiche aufführt und die Möglichkeiten und Gefahren der THS erläutert, auch zu einer ansprechenden Erstinformation für potentiell Betroffene und Ratsuchende. Da sicherlich nicht erwartet werden kann, dass die THS allerorts in der Bevölkerung bekannt ist, ist eine vernunftgeleitete und ethisch vertretbare Werbemaßnahme für die Möglichkeiten und das Angebot der THS zu begrüßen.

II. Strafrechtliche Verantwortlichkeit für Selbst- und Fremdschädigung durch den Patienten unter Stimulationseinfluss

Der Patient hat für sein Tun selbst einzustehen. Eine dritte Person ist strafrechtlich grundsätzlich nicht ohne besonderes Zutun,[460] Anstiftung, Beihilfe oder gar eine

---

458 Die Anwendbarkeit ergibt sich aus § 1 Abs. 1 Nr. 2 HWG.

459 Vgl. etwa die Internetveröffentlichung der Universitätsklinik Köln, http://cms.uk-koeln.de/stereotaxie/content/behandlungsverfahren/dbs/index_ger.html (Abrufdatum: 11.12.2011), und dort insbesondere die Rubrik „Welche Symptome werden verbessert?". In diesem Fall wurde hinreichende Zurückhaltung geübt, so dass ein Verstoß gegen das HWG nicht erkannt werden kann. Dieses Ergebnis wird besonders dadurch gestützt, dass die verwendeten Prozentangaben sich bereits durch verschiedene Studien belegen lassen. Noch deutlich vorsichtiger formuliert wurden die Therapiehinweise vom Universitätsklinikum Freiburg, bei welchen lediglich auf möglichst präzise Zahlenangaben in Fremdstudien aufmerksam gemacht wird und die eigene Wertung nahezu vollständig zurücktritt, http://www.uniklinik-freiburg.de/epilepsie/live/therapie/tiefenhirnstimulation1.html (Abrufdatum: 11.12.2011).

460 Eigenverantwortlichkeitsprinzip mit Regressverbot, vgl. BGH NJW 2003, 2326 f.; 2000, 2286 f.; *Schmidt*, Strafrecht AT, S. 352 Rn. 862 m.w.N.

Form von Täterschaft, belangbar.[461] Allerdings kommen Ausnahmen von diesem Grundsatz dann in Betracht, wenn der Patient im Rahmen der Behandlung mit der THS in einen Zustand gerät, durch welchen er für seine Taten nur noch bedingt oder nicht mehr zur Verantwortung gezogen werden kann. Darüber hinaus gibt es Rechtsprechungserwägungen, dass selbst Taten des voll zurechnungsfähigen Patienten zur Verantwortlichkeit der Behandlungsseite führen können, sofern in Anbetracht einer besonderen Situation, die ein erhöhtes Maß an Obhut verlangt, der zuständige Arzt die Patienten nicht hinreichend überwacht.[462]

1. Einstufung des Patientenzustands nach den §§ 20, 21 StGB

a) Theoretischer Ansatz

Für somatisch kranke THS-Patienten besteht eine deutliche geringere Gefahr, unter der Stimulationswirkung ihre persönliche Steuerungsfähigkeit zu verlieren, als dies bei psychisch kranken Menschen der Fall ist. Bei letzteren kann durch die Stimulationswirkung auch die Sensibilität hinsichtlich ihrer Einsichts- und Differenzierungsfähigkeit zwischen Recht und Unrecht tangiert sein.[463]

Bei psychischen Erkrankungen spielt das Krankheitsbild oftmals eine so gewichtige Rolle, dass die Schuldfähigkeit wesentlich schneller beeinträchtigt sein kann.

Unabhängig vom Krankheitsbild wurde allerdings festgestellt, dass es je nach Stimulationsziel im menschlichen Gehirn zu Nebeneffekten kommen kann, die sich zumeist in hypomanischem oder manischem Verhalten äußern.[464] In diesem Zusammenhang kommt es vor, dass Patienten das Gefühl für gesittetes und gesellschaftstaugliches Verhalten zeitweilig verlieren. Die Patienten sind in diesen Phasen in der Regel grundsätzlich im Stande, Unrecht noch als solches einzustufen, jedoch kommt es immer wieder zu erheblichen Verminderungen dieser Fähigkeit.[465] Diese Negativfolge der Stimulation ist nicht zuletzt dann zu befürchten, wenn die Operation oder die nachsorgende Behandlung planwidrig verläuft. Das Problem ist daher maßgeblich dem sensiblen Bereich menschlicher Körperfunktionen zuzurechnen, die durch die THS beeinflusst werden und deren Effekte nicht immer vorhersehbar sind.

---

461 Um Aspekte dieser Art soll es hier nicht gehen, da diese Fragen keinen spezifischen THS-Bezug aufweisen. Diesbezüglich ist auf die allgemeinen Lehren des Strafrechts zu verweisen.

462 Mit letztlich restriktiver Handhabung so BGH MedR 2011, 578.

463 Einsichts- und Steuerungsfähigkeit sind als zwei mögliche Alternativen auseinander zu halten und streng getrennt voneinander zu betrachten, sofern die §§ 20, 21 StGB Prüfgegenstand sind, vgl. BGHSt 21, 27 f. = NJW 1966, 1275; BGH NStZ 1982, 200, f.; *Schreiber*, in: Venzlaff/Foerster (Hrsg.), Psychiatrische Begutachtung, S. 20.

464 Erfahrungsbericht der Neurologen und Psychiater aus der ELSA-DBS Forschungsgruppe.

465 Erfahrungsbericht von Prof. Timmermann und Prof. Sturm aus dem Behandlungsalltag der letzten Jahre an der Universitätsklinik Köln bezüglich Folgen der Neurostimulationen.

Eine weitere Gefahrenquelle für ein eingeschränktes Patientenverständnis bezüglich Recht und Unrecht droht bei Nichteintritt erhoffter Behandlungserfolge. Es darf nicht außer Acht gelassen werden, dass sich zumeist Menschen mit erheblichem Leidensdruck für eine THS entscheiden.[466] Zudem sind nahezu immer zahlreiche Therapien vorangegangen.[467] Der Patient droht daher psychisch in einen Zustand von Verzweiflung und Lebensmüdigkeit zu geraten, sofern lang ersehnte Linderungen ausbleiben. Somit ist mit Verzweiflungstaten gegen sich selbst und Aggressionstaten gegen Dritte zu rechnen.

Schließlich ist es denkbar - wenn auch praktisch höchst selten - dass ein Patient unter Stimulationseinwirkung sogar jede Form von notwendigem Unrechtsverständnis verliert und sich im Zustand krankhafter Störung der Geistestätigkeit im Sinne des § 20 StGB befindet. In dieser Situation ist der Patient regelmäßig eine Gefahr für sich und andere.

b) Das Problem der praktischen Umsetzung

In der praktischen Handhabung bereitet das Erkennen eines nicht mehr in vollem Umfang freiverantwortlich Handelnden erhebliche Schwierigkeiten.[468] Deswegen sind Vorsichtsmaßnahmen und Überprüfungen des Patientenzustands geboten. Die Behandlungsseite muss gewährleisten, dass der Patient nach der Operation und unter der beginnenden Stimulationseinwirkung hinreichend beobachtet und bei Bedarf von einem Psychologen untersucht wird. Organisatorisch hat das Krankenhaus[469] hierfür die erforderlichen Einrichtungen bereitzustellen und die Dienstpläne zu gestalten. Es trägt die Organisationsverantwortung.

Um jedoch wirksam Vorsicht walten lassen zu können, ist der Behandlungsseite bezüglich der Zustandseinschätzung beim Patienten bei hinreichender Gewissensanstrengung und Hinzuziehung von weiteren Experten ein Einschätzungs-

---

[466] Dies ergibt sich bei Betrachtung des Indikationsfeldes: Morbus Parkinson, Essentieller Tremor, Dystonie, Tourette-Syndrom und schwere Depressionen bringen als Krankheiten eine die Lebensqualität und –führung wesentlich beeinflussende Leidenskomponente mit sich.

[467] Dies nicht zuletzt deshalb, weil die THS bislang weitestgehend als Therapie der im Übrigen austherapierten Patienten gesehen wird.

[468] Zur Bekämpfung dieses Problems wurden Klassifikationssysteme erstellt, die eine rasche und möglichst zweifelsfreie Einschätzung des Arztes gewährleisten sollen. Eine Übersicht findet sich bei *Stange*, Gibt es psychiatrische Diagnostikansätze, um den Begriff der schweren anderen seelischen Abartigkeit in §§ 20, 21 StGB auszufüllen?, S. 50 ff.

[469] Freilich ist das Krankenhaus nur eine organisatorische Einrichtung, die selbst nicht strafrechtlich zur Verantwortung gezogen werden kann. Die strafrechtliche Verantwortlichkeit kann die Personen in der Verwaltung treffen, die fehlerhafte Dienstpläne aufstellen oder andere Organisationsmängel schaffen oder schuldhaft nicht beseitigen, obgleich sie hierzu verpflichtet wären. Ebenso ist an die Verantwortlichkeit des jeweils beaufsichtigenden Chef- und Oberarztes für die einzelne Abteilung zu denken, in der das strafbarkeitsbegründende Verhalten geschieht. Zur damit regelmäßig zusammenhängenden Problematik der strafrechtlichen Verantwortlichkeit von Gremienmitgliedern vgl. BGHSt 37, 106 - Lederspray = BGH NJW 1990, 2560.

spielraum gleich eines ex post beurteilenden Sachverständigen zuzugestehen.[470] Dies hat der Richter unter Würdigung der gesamten Situation im Nachhinein zu berücksichtigen, wenn auch das Letztentscheidungsrecht über die Frage, ob die Schwellen der §§ 20, 21 StGB überschritten wurden, dem Richter obliegt.[471] Aber auch der jeweilige Richter ist gehalten, die Situation nach einer objektiv nachträglichen Prognose zu beurteilen.[472]

2. Verantwortlichkeit der Behandlungsseite im Fall des § 20 StGB

a) Handlungsbedarf

Wird auf Basis hinreichender Sorgfalt erkannt, dass der Patient nach der Operation unter dem Einfluss der THS in einen Zustand verfällt, in welchem jede Art von freiverantwortlichem Handeln[473] ausgeschlossen werden kann, so ist der Patient unverzüglich vor sich selbst zu schützen.[474] Vor potentiellen Gefahren sind Dritte abzuschirmen. Sofern der Zustand auf die Stimulation zurückgeführt werden kann, ist eine Weiterführung der THS sofort zu beenden, es sei denn, dass zwingende medizinische Erfordernisse entgegenstehen. Dem behandelnden Arzt ist bei der Bewertung, ob der krankhafte Zustand des Patienten auf die Stimulation rückführbar ist, ebenso wie bei der bereits angesprochenen Frage der Einschätzung des

---

470 Letztlich ist der Arzt der Experte vor Ort. Er und seine Kollegen sind die ersten Sachverständigen im Geschehen und müssen nach den anerkannten Regeln ärztlicher Kunst zu einer Beurteilung bezüglich des Geisteszustands des Patienten kommen. Solange nach objektiven Maßstäben im Rahmen dieser Beurteilung aus der Sicht des Arztes in der Situation das ärztliche Handeln als vertretbar und geboten einzustufen ist, ist nach gegenwärtigem Stand von Wissenschaft und Technik davon auszugehen, dass der Patient sich tatsächlich im jeweils diagnostizierten Zustand befand. Für das Gegenteil ist in einem Arzthaftungsprozess der Patient beweisbelastet. Ebenso wäre es an der Staatsanwaltschaft im Strafprozess darzulegen und zu beweisen, dass der Patient in besagtem Zeitpunkt zu selbstbestimmter Entscheidung fähig war und der Arzt dies bei hinreichender Sorgfalt hätte erkennen können.

471 BGHSt 2, 14, 16 = NJW 1952, 353; BGHSt 7, 238, 240 = NJW 1955, 840; BGHSt 8, 113, 118 = NJW 1955, 1642; BGH NStZ 1999, 395.

472 Vgl. *Ulsenheimer*, Arztstrafrecht in der Praxis, § 1 S. 28 Rn. 19a m.w.N. zu ärztlichen Standards. *Ulsenheimer* bezieht diesen Grundsatz aber auch explizit auf jedwede Bewertung ärztlicher Sachverhalte.

473 Es wird hier davon ausgegangen, dass eine Person, die sich in einem der in § 20 StGB aufgezählten Zustände befindet, gleichsam nicht mehr in der Lage sein kann, willentlich freie Entscheidungen zu treffen. Es ist ein steter Gleichlauf von dem Ausschluss der Steuerungsfähigkeit (§ 20 StGB) und der Möglichkeit, willentlich frei zu entscheiden (Willensfreiheit), anzuerkennen. Zum Streitstand vgl. Schönke/Schröder/*Lenckner/Perron*, StGB, § 20 Rn. 1 m.w.N.

474 Dies umfasst letztlich alle erforderlichen Maßnahmen zur Verhinderung von Selbstgefährdung und Selbstschädigung, wie das Festhalten des Patienten durch Dritte und beruhigende Medikation. Die zu wahrende Grenze ist der Maßstab des § 34 StGB, solange Maßnahmen nach dem PsychKG nicht rechtmäßig ergriffen werden.

Zustands im Ganzen, ein Einschätzungsspielraum zuzugestehen.[475] Die Intervention wird typischerweise vom mutmaßlichen Willen des nunmehr einwilligungsunfähigen Patienten umfasst sein, da davon ausgegangen werden kann, dass dieser, könnte er vernünftig zur Situation befragt werden, eine Stimulation unter völligem Verlust seiner geistigen Steuerungsfähigkeit nicht wünschen wird.[476] Vorrangig sind aber immer sämtliche Anhaltspunkte für das Erkennen des wahren Patientenwillens auszuwerten.[477] Bei der Erforschung des wahren Willens hat der Arzt unter zumutbarer Anstrengung das erreichbare Indizienmaterial auszuwerten, wobei dies nach der Situation des Arztes im gegebenen Einzelfall zu bewerten ist.[478] Keinesfalls darf diese schwierige Aufgabe den Arzt aus Sorge einer potentiellen Verletzung der Patientenautonomie zu stark hemmen, da sonst der gesetzlich vorgesehene Schutz zum Schaden für die Gesundheit des Betroffenen führt. Das Patientenschutzrecht würde sich gegen den Geschützten wenden.[479]

Ein gegenteiliger Wille des Betroffenen hat aber zur Folge, dass dem Arzt das Berufen auf das Institut der mutmaßlichen Einwilligung versagt ist. Dies gilt unabhängig davon, ob der wahre Wille des Betroffenen nach den üblichen Maßstäben vernünftig oder sogar grob unvernünftig ist.[480]

Erfolgen die Zwangsmaßnahmen nur, um den Patienten vor Selbstgefährdung und daraus möglicherweise resultierender Selbstschädigung zu schützen, so befindet sich der Arzt jedenfalls im rechtfertigenden Notstand gemäß § 34 StGB, solange der Patientenwille nicht eruiert werden kann und eine ausdrückliche Einwilligung nicht zu erlangen ist.[481]

Selbst wenn durch vorherigen Wunsch des Patienten oder Erklärung des eingesetzten Bevollmächtigten[482] eindeutig zu ermitteln ist, dass ein Abstellen der Sti-

---

475 Durch die komplexen Zusammenhänge der menschlichen Hirnaktivität lässt sich mit den Mitteln des bislang bekannten Standes der Wissenschaft regelmäßig nicht nachvollziehen, ob zum Zeitpunkt der Intervention ein ganz bestimmter Faktor allein die negative Auswirkung hervorbrachte oder fortbestehen ließ. Die hier propagierten Einschätzungsspielräume zu Gunsten des behandelnden Arztes sind besagter Problematik geschuldet. Mit Präzisierung der Erkenntnismöglichkeiten dezimieren sich solcher Art Spielräume und verschwinden, sofern eine exakte Ursachendiagnostik möglich und zumutbar wird.

476 Vgl. zu den Voraussetzungen und der Anerkennung der mutmaßlichen Einwilligung BGHSt 35, 246 = NJW 1988, 2749 m.Anm. *Weitzel,* JZ 1988, 1022 ff.; StA Mainz, NJW 1987, 2946.

477 Vgl. *Uhlsenheimer*, Arztstrafrecht in der Praxis, § 1 S. 282 Rn. 234 d.

478 *Rieger*, Die mutmaßliche Einwilligung in den Behandlungsabbruch, S. 95.

479 BGHSt 45, 219, 225 f. = NJW 2000, 885.

480 So schon RGSt 25, 382 und seither st. Rspr.; siehe dazu auch *Müller-Dietz,* JuS 1989, 282.

481 Schönke/Schröder/*Lenckner/Perron*, StGB, § 34 Rn. 8.

482 Verweigert ein Bevollmächtigter oder eingesetzter Betreuer missbräuchlich die gebotene medizinische Maßnahme, so ist gemäß § 1666 BGB das Vormundschaftsgericht anzurufen oder aber bei Unaufschiebbarkeit der Maßnahme der mutmaßliche Wille des Vormundschaftsgerichts zu ergründen. In diesem Fall ist ein Rückgriff auf § 34 StGB nicht erforderlich, vgl. *Brose*, Aufgabenteilung im Gesundheitswesen – Horizontale und vertikale Arbeitsteilung auf klinischer und präklinischer Ebene, in: Roxin/Schroth, Medizinstrafrecht, S. 82 f. a.A. häufig die Rspr., vgl. OLG Celle NJW 1995, 792.

mulation dem Willen des Patienten zuwiderliefe, darf der Arzt trotzdem die THS unterbinden, sofern ein gegenwärtiger rechtswidriger Angriff auf Dritte vorliegt oder unmittelbar bevorsteht. Der handelnde Arzt ist in diesem Fall gemäß § 32 StGB gerechtfertigt. Je nach Zustand des Patienten ist von einer Dauergefahr eines bevorstehenden Angriffs auszugehen, welche zur Präventivnotwehr berechtigt. Diese wird teilweise auf § 32 StGB analog[483] und teilweise auf § 34 StGB[484] gestützt, ist letztlich für Dauergefahren aber anerkannt, wenn diese auch mit großer Zurückhaltung im Einzelfall akzeptiert werden.[485] Insbesondere für die Fälle unberechenbarer geistiger Störungen ist ein Interventionsbedürfnis wegen bestehender Dauergefahr anerkannt.[486]

Allerdings ist ein Schutz des Patienten vor sich selbst gegen seinen eindeutigen Willen in keiner Hinsicht zu rechtfertigen, sofern eine Bedrohung für Dritte ausgeschlossen werden kann und der Wille klar erkennbar ist.[487] In dieser höchst seltenen Konstellation muss der Arzt den Betroffenen gewähren lassen und wenn er auch unter ausschließlicher Verfolgung altruistischer Hilfsmotive handelt. Sofern allerdings die Möglichkeit besteht, kann der Arzt versuchen, die fehlende Einwilligung über Anrufung des Betreuungsgerichts ersetzen zu lassen, § 1896 Abs. 1 BGB. Das Gericht hat darüber zu befinden, ob die Person freiverantwortlich handelt und eine Bestellung nach § 1896 Abs. 1a BGB ausscheidet, was zugleich den Arzt in seiner Sicht entlastet. Gegen uneinsichtige Eltern und interventionsablehnende Minderjährige kann gemäß § 1666 Abs. 1 BGB das Vormundschaftsgericht um Entscheidung ersucht werden.[488] Schlussendlich ist aber eine freiverantwortliche Selbstschädigung rechtlich zulässigerweise nicht zu verhindern. Dies ist der Preis des unantastbaren Kernbereichs der Freiheit des Einzelnen, den es zu achten und zu schützen gilt. Bei Fehleinschätzung ist der Rechtsprechung in einem solchen Fall auferlegt, das Unrechtsbewusstsein des Arztes auf das Genaueste zu überprüfen und gegebenenfalls nach den Grundsätzen

---

483 *Geilen*, Jura 1981, 210; *Hillenkamp*, Vorsatztat und Opferverhalten, S. 116 ff., 150 f., 164 ff.; a.A. Schönke/Schröder/*Lenckner/Perron*, StGB, § 32 Rn. 17 m.w.N.

484 RGSt 66, 225; BGHSt 5, 373 = NJW 1954, 1126; BGHSt 48, 258 = NJW 2003, 2464; *Rotsch*, JuS 2005, 12; *Widmaier*, NJW 2003, 2788.

485 Vgl. hierzu die Ausführungen von *Haverkamp*, GA 2006, 586 ff. zum "Haustyrannenmord".

486 Schönke/Schröder/*Lenckner/Perron*, StGB, § 34 Rn. 17.

487 Vergleichbar mit Bluttransfusion bei einer Person, die bekennender Zeuge Jehovas ist und daher Transfusionen durch Patientenverfügung strikt ablehnt OLG München, MedR 2003, 174. Ein beachtlicher Unterschied verbleibt aber insoweit, als der bewusstlose Zeuge Jehovas bereits vorab außerhalb der lebensbedrohlichen Situation die Entscheidung getroffen hatte. Gleichwohl dürfte es sich in beiden Fällen nach medizinischen Maßstäben um eine "unvernünftige" Entscheidung handeln.

488 Hier ist ebenfalls die Situation mit Eltern zu vergleichen, die eine Blutgabe an ihr minderjähriges Kind aus Glaubensgründen verweigern, obgleich das Kind das Blut aus gesundheitlichen Gründen dringend benötigt, vgl. BVerfG NJW 2002, 206 und dazu *Hessler*, Das Ende des Selbstbestimmungsrechts?, MedR 2003, 13.

des Erlaubnistatumstandsirrtums[489] nur wegen Fahrlässigkeit[490] zu strafen oder aber die Strafe wegen vorliegenden vermeidbaren Verbotsirrtums nach den §§ 17 S. 2, 49 Abs. 1 StGB zu mildern. Ein unvermeidbarer Verbotsirrtum im Sinne des § 17 S. 1 StGB dürfte in besagten Fallkonstellationen schwer darzulegen sein. Die Umstände des Einzelfalls müssten zu richterlicher Überzeugung ergeben, dass es unter keiner denkbaren und zugleich zumutbaren Möglichkeit zu bewerkstelligen war, den Patientenwillen korrekt zu erkennen. Gerade dies ist jedoch grundsätzlich dann ausgeschlossen, wenn handfeste Bekundungen greifbar sind, die als Ausdruck des freien Patientenwillens verstanden werden müssen. Der Wunsch, mit dem eigenen Körper destruktiv zu verfahren, kann allenfalls ein anfängliches Indiz aber keinesfalls ein letztlich allein durchschlagendes Argument für fehlende Einsichtsfähigkeit sein.

Sollte schließlich der Zustand des Patienten nicht unmittelbar mit rechtmäßiger Beendigung der Stimulation regulierbar sein, so sind gegebenenfalls Maßnahmen nach dem PsychKG geboten. Dies kann jedoch nur die Behandlungsseite nach hinreichender Überprüfung der Situation und sorgfältiger Gewissensanstrengung im Einzelfall entscheiden. Falls notwendig, ist ein weiterer Experte hinzuzuziehen. Sofern allerdings zum Schutz aller Beteiligten ein rasches Handeln geboten ist, steht der Weg nach dem PsychKG dem verantwortlichen Arzt unmittelbar offen.

b) Konsequenzen bei Verfehlungen

Sind Vorbereitungen für potentiell erforderliche Maßnahmen mangelhaft oder wird ihre Umsetzung im Einzelfall von der Behandlungsseite unterlassen,[491] so drohen den Verantwortlichen für Taten des Patienten strafrechtliche Sanktionen.

Der unmittelbar zuständige Arzt ist bei fehlendem Eingreifen und Schäden Dritter wegen Aggressionstaten des Patienten regelmäßig gemäß §§ 222, 229 StGB[492] verantwortlich, sofern das gesetzte Risiko der mangelnden Überwachung

---

[489] Vgl. zur Analogielösung zu § 16 StGB BGH NJW 2000, 885, 887; BGH NStZ 2001, 530; BGH NStZ-RR 2002, 73; *Mitsch*, JuS 2000, 848, 850 und zum Ausschluss des Vorsatzschuldvorwurfs *Jescheck/Weigend*, StGB AT, § 41 III 2d; *Wessels/Beulke*, StGB AT, Rn. 479. Im Ergebnis wird immer die Vorsatztat verneint und eine Fahrlässigkeitsstrafbarkeit angedacht.

[490] Sofern eine Fahrlässigkeitsstrafbarkeit denn gesetzlich vorgesehen ist.

[491] Sorgfaltsgemäß handelt demgegenüber nach objektiven Maßstab, wer diejenige Sorgfalt angewendet hat, die von einem besonnenen und gewissenhaften Menschen in der konkreten Lage und der sozialen Rolle des Handelnden zu erwarten war, vgl. BGHSt 11, 389, 393 (unterlassene Schutzmaßnahmen am Beispiel abgestellter Fahrzeuge – Rspr. ist auf ein generelles Prinzip rückführbar) = NJW 1958, 1358; BGH NStZ 1991, 30; *Schmidt*, Strafrecht AT, S. 347 Rn. 851. Bezüglich der sozialen Rolle ist hier besonderes Gewicht auf die Regeln ärztlicher Standards zu legen, so insbesondere Prüf- und Sicherheitsvorschriften zum Schutz von Patienten und Dritten.

[492] Eine Strafbarkeit wegen mittelbarer Täterschaft gemäß § 25 Abs. 1 2.Alt. StGB bei entsprechenden Vorsatzdelikten kann im Rahmen der Heilbehandlung nicht vorkommen. Ein solch verwerflicher Missbrauch der THS, sofern es gelingen könnte, den Betroffenen in diesem Maße steuerbar zu machen, ist allenfalls als grauenvolles Negativbeispiel für einen Einsatz der THS als Neuroenhancement anzuführen.

und Bändigung des unberechenbaren Schädigers objektiv vorhersehbar und im hinreichenden Zusammenhang mit dem eingetretenen Unrechtserfolg steht.[493] Die alles entscheidende Frage bei ärztlichen Sorgfaltspflichtverletzungen mit anschließender Drittschädigung durch den Patienten ist daher die objektive Zurechenbarkeit. Wie bereits dargelegt, besteht bei Patienten unter Stimulationseinfluss häufig ein Hang zu hypomanischem oder manischem Verhalten. Sofern ein Patient also tatsächlich in derart erheblicher Weise von der THS beeinflusst wird - etwa wegen Fehlfunktionen der Elektrode oder unvorhergesehener Nebenwirkungen -, auf dass die Zustände zur Kontrolllosigkeit der Sinne führen, ist grundsätzlich ein Aggressionsverhalten objektiv vorhersehbar. Allerdings ist der zeitliche und räumliche Rahmen zu beachten. Zeigt sich der problematische Zustand des Patienten erst nach Entlassung, ist genau zu ergründen, wie es zur Anordnung der Entlassung aus dem Krankenhaus kommen konnte und inwieweit die eingetretene Drittschädigung auf die THS zurückgeführt werden kann. In den Fällen der tiefgreifenden Bewusstseinsstörung dürfte dies aber, abgesehen von schweren Verfehlungen ärztlicherseits, irrelevant sein, da bei ordnungsgemäßer Untersuchung absonderliche Verhaltensweisen auffallen müssen. Wesentlich problematischer erscheint dies in den knappen Abgrenzungsfeldern zu § 21 StGB.[494] Die Verantwortlichkeit des Arztes endet jedenfalls mit Verlassen des Krankenhauses durch den Patienten, sofern dieser bis dahin nach den Maßstäben aller gebotenen Untersuchungen keine problematischen Anzeichen aufweist.

Der stationsbetreuende Chefarzt sowie die Krankenhausleitung[495] sind zur Überwachung und Organisation der Behandlungsvorgänge berufen.[496] Eine strafrechtliche Verantwortlichkeit dieser Personen ergibt sich dann, wenn eine planerische oder anderweitig organisatorische Maßnahme unterbleibt und die fehlende Patientenkontrolle auf dieses Versagen zurechenbar zurückgeführt werden kann.[497] Diesbezüglich ist die abgestufte Kontrollpflicht der Führungsebene von erheblicher Bedeutung.[498] Der Umfang der Kontrollpflicht bemisst sich anhand des Könnens und der Erfahrung der angewiesenen Person.[499] Sofern die organisatorischen Elemente[500] sichergestellt und geregelte Überprüfungen anberaumt werden, sind strafrechtliche Unrechtserfolge, die auf Basis von Sorgfaltswidrigkeiten der untergeordneten Kollegen entstehen, der Krankenhausleitung objektiv nicht zuzurechnen. Es gilt auch hier der strafrechtliche Vertrauensgrundsatz.[501] Anders

---

493 Hierzu *Wessels/Beulke*, StGB AT, Rn 196.

494 Hierzu sogleich unter Kap. 1 C II 3.

495 Sofern es sich um ein Gremium handelt, ist die strafrechtliche Verantwortlichkeit aller nach den in der Rspr. entwickelten Maßstäben gegeben, vgl. BGHSt 37, 106 - Lederspray = BGH NJW 1990, 2560; Schönke/Schröder/*Cramer/Heine*, StGB, Vor §§ 25 ff. Rn. 17.

496 Vgl. *Genzel*, in: Laufs/Uhlenbruck, Handbuch des Arztrechts, § 88 S. 815 ff. Rn. 2, 3, 5, 6, 10, 18 ff.

497 *Brose*, Aufgabenteilung im Gesundheitswesen – Horizontale und vertikale Arbeitsteilung auf klinischer und präklinischer Ebene, in: Roxin/Schroth, Medizinstrafrecht, S. 64.

498 *Brose*, a.a.O. m.w.N.

499 *Brose*, a.a.O.

500 Dienstpläne, Überprüfung des ärztlichen Fachwissens, hinreichende Fortbildung etc.

501 *Brose*, a.a.O. m.w.N.

könnte eine größere ärztliche Einrichtung im Hinblick auf das Risiko strafrechtlicher Verantwortlichkeit schlechterdings nicht geführt werden.

3. Verantwortlichkeit der Behandlungsseite im Fall des § 21 StGB

Der Zustand verminderter Schuldfähigkeit zeichnet sich in der Bestimmung zum Zustand der Schuldunfähigkeit einerseits und zum Normalzustand voller Schuldfähigkeit andererseits durch eine nahezu unüberwindbare Ansammlung von Abgrenzungsschwierigkeiten aus. Die bislang international erarbeiteten Erkennungssysteme versagen bei dieser Problemstellung.[502] Entsprechend diesem Ausgangspunkt ist vom behandelnden Arzt in der jeweiligen Situation nicht zu erwarten, dass er eine präzise Abgrenzung leistet. Dies wäre eine bislang menschlich unerfüllbare Pflicht, die juristisch nicht verlangt werden kann. Dennoch ist es ärztliche Aufgabe, den Patienten unter negativ wirkendem Stimulationseinfluss vor sich selbst und vor anderen zu schützen, sofern dem Patienten die nötige Einsichtsfähigkeit fehlt.

Durch dieses Spannungsfeld ergeben sich für den Arzt scheinbar untragbare Risiken strafrechtlicher Konsequenzen: Greift der Arzt ein, obgleich der Patient sich zu seinem Handeln freiverantwortlich entscheidet, kommt je nach Unrechtserfolg eine Strafbarkeit wegen Nötigung und/oder Körperverletzung in Betracht. Greift der Arzt jedoch nicht ein, weil er den Patienten für voll einsichtsfähig hält und verletzt dieser sich nunmehr selbst, so droht eine Strafbarkeit wegen fahrlässiger Körperverletzung nach 229 StGB oder gar fahrlässiger Tötung nach § 222 StGB. Einzig im Fall des Eingreifens wegen patientenseitiger Taten gegen Dritte wäre der Arzt aufgrund der Rechtfertigung durch Nothilfe nach § 32 StGB straffrei.

Diese extrem unsichere Situation schadet sowohl der Behandlungsseite als auch dem Patientenschutz. Juristisch ist ein Mittelweg geboten, welcher die notwendige Motivation beim zuständigen Arzt weckt, dass es den Patienten möglichst optimal zu umsorgen und zu überwachen gilt, wenn dieser in die ihm bislang unbekannte Situation des Stimulationseinflusses kommt. Zugleich ist der Selbstbestimmung des Patienten hinreichend Rechnung zu tragen, jedoch muss dieselbe zugleich immer den drohenden Gefahren gegenübergestellt werden, welche der Patient durch stimulationsbedingt fehlerhaftes Verhalten selbst hervorruft.

Um einen solchen Ausgleich herbeizuführen, ist anzuerkennen, dass der Arzt in Zweifelsfällen nach hinreichender Gewissensanstrengung und unter Einhaltung aller gebotener ärztlicher Sorgfalt die Gesundheit des Patienten schützen darf. Dies dürfte ohnehin in der ganz überwiegenden Anzahl der Fälle der wahre Wille des Menschen sein, welcher bei klarem Verstand regelmäßig Schädigungen seiner selbst zu meiden sucht.[503] Sofern später tatsächlich festgestellt werden kann, dass

---

502 *Stange*, Gibt es psychiatrische Diagnostikansätze, um den Begriff der schweren anderen seelischen Abartigkeit in §§ 20, 21 StGB auszufüllen?, S. 59 ff. m.w.N.

503 Im Einzelnen ist hier vieles umstritten. Wissenschaftlich wird in der Psychologie maßgeblich auf die Lehren von Sigmund Freud zurückgegriffen, die jedoch insofern keineswegs generell anerkannt sind. Vor diesem Hintergrund ist darauf hinzuweisen, dass jedenfalls in der Jurisprudenz eine deutliche Tendenz zur Anerkennung eines dem Menschen

der Patient in dieser Situation die Selbstgefährdung oder sogar -schädigung aus freien Stücken gewünscht hätte, ist der Arzt strafrechtlich dennoch nicht verantwortlich, da es an einer objektiven Sorgfaltspflichtverletzung fehlt. Vom Arzt wird verlangt, dass er gleich eines objektiven Betrachters in der Situation des Arztes und dessen sozialer Rolle als Helfer bei einer schwer beherrschbaren medizinischen Therapie diejenige Sorgfalt walten lässt, die nach ärztlichen Standards erwartet werden muss. Eben das leistet der Arzt, wenn er vor einer Intervention den unter Stimulationseinfluss stehenden Patienten befragt, bei Bedarf eine Drittexpertise einholt und im Übrigen nach allen standardisierten Maßstäben den Geisteszustand des Betroffenen ordnungsgemäß bewertet. Da die gegebenen Methoden nicht zu exakten Ergebnissen führen, kann nicht erwartet werden, dass der Arzt sodann immer zum richtigen Ergebnis gelangt. Dies ist ihm nicht vorzuwerfen.

Demgegenüber liegt ein Vorwurf zu Lasten der Behandlungsseite nahe, sofern der Patient von einer Selbstschädigung nicht abgehalten wurde, weil der zuständige Arzt aus einem Zweifelsfall heraus annahm, dass der in Wirklichkeit geistig situativ eingeschränkte Patient im entscheidenden Augenblick freiverantwortlich handelte. Dass dies offenbar auch der Rechtsprechung so beurteilt, kann immer wieder beobachtet werden.[504] Mithin ist dem Arzt das hier vorgeschlagene Verhalten anzuraten.

4. Verantwortlichkeit der Behandlungsseite bei freiverantwortlich handelnden Patienten

Handelt ein Patient unter Stimulationseinfluss freiverantwortlich, so sind Selbstgefährdungen und –verletzungen der Behandlungsseite nicht zurechenbar. Der Arzt hat keine rechtlich zulässige Möglichkeit sich in diesem Fall gegen das Selbstbestimmungsrecht des Patienten durchzusetzen. Solange der Arzt nicht sich selbst oder Rechtsgüter Dritter verteidigt, befindet er sich auch nicht im Bereich der Nothilfe oder eines gesetzlichen Notstands.

Diese klare Entscheidung zu Gunsten der Freiheit des Patienten - und hierdurch mittelbar auch zur Entlastung des Arztes - wird auf Umwegen in der Rechtsprechung teilweise in Frage gestellt, indem der Behandlungsseite ein extrem umfangreicher Pflichtenkatalog auferlegt wird,[505] welcher bei Lichte betrachtet kaum noch vom Arzt verlangt werden kann. Zwar kommt eine Verantwortlichkeit des Arztes wegen zurechenbarer Körperverletzung in Betracht, sofern durch Behandlungsfehler und/oder Aufklärungsmängel körperliche oder gesundheitliche Schäden hervortreten, die der Patient zwar bei bestem Geisteszustand selbst her-

innewohnenden Selbsterhaltungstriebs gibt. Hierfür sprechen nicht zuletzt die zahlreichen Versuche, entgegen religiöser Einstellungen Leben zu retten, vgl. BVerfG NJW 2002, 206; OLG München MedR 2003, 174 - Zeugen Jehovas. Beachte zudem die Wertungen der Ländergesetze zur Hilfe für psychisch Kranke, für NRW PsychKG NRW und hierzu *Prütting*, PsychKG, § 1 Rn. 1 f, 5 f., 13 f.

504 Vgl. insbesondere BGH NJW 2003, 2309 = MedR 2003, 629 m. krit. Anm. *Katzenmeier*. Anders aber unter Berücksichtigung der Sondersituation beim freiverantwortlichen Suizid LG Gießen, Beschl. v. 28. 6. 2012 – 7 Qs 63/12 = NStZ 2013, 43.

505 BGH NJW 2003, 2309.

beiführte, welche jedoch vermieden worden wären, sofern die Behandlungsseite pflichtgemäß gehandelt hätte. Jedoch müssen klare Grenzen beachtet werden, ab welchem Punkt noch sinnvoll von ärztlicher Pflicht gesprochen werden kann. Die bereits zuvor dargelegte dezidierte Untersuchungspflicht führt dazu, dass der zuständige Arzt den Patienten unter Stimulationseinfluss auf das Genaueste überwacht und Gefahren in zumutbarem Maße bestmöglich vorbeugt. Weitergehende schadenstiftende Ereignisse, die der Patient bei ordnungsgemäßem Geisteszustand herbeiführt, kann der Arzt nicht beherrschen. Strapaziert man nunmehr weiteregehend den Pflichtenkatalog, wie dies in der höchstrichterlichen Rechtsprechung anklingt,[506] so drohen Umstände, die vom Arzt die Einhaltung nicht zu bewältigender Vorschriften verlangen. Das kann letztlich auch nicht Ziel der Rechtsprechung sein. Vielmehr steht zu vermuten an, dass ein zivilrechtlicher Schadensausgleich fern ab von strafrechtlichen Erwägungen in der Verbindung Patient, Arzt und Arzthaftpflichtversicherung sowie deren Beitragszahler gesucht wird. Dieser Weg, sollte man ihn in Deutschland beschreiten wollen, ist jedoch eine politische Entscheidung und daher Sache des Gesetzgebers, der sich für ein grundlegend anderes Haftungssystem im Falle von Patientenschädigungen mit einer etwaigen Vollversicherung dahinter entscheiden müsste.[507] Demgegenüber ist es nicht angezeigt, durch eine immer weitergehende Verschärfung des ärztlichen Pflichtenkatalogs das System im Rahmen der Rechtsprechung zu ändern. Strafrechtlich steht einer anderweitigen Entwicklung zudem entgegen, dass es äußerst fraglich erscheint, ob gegen Arzt und Krankenhaus im Wege der Strafverfolgung vorgegangen werden darf, sofern ein solch überspannter Pflichtenkatalog nicht eingehalten wurde. Dies widerspricht dem Ultima-ratio Gedanken des Strafrechts.[508] Zudem trägt es auch nicht zur Lösung des gesuchten zivilrechtlichen Ausgleichs bei, sofern nicht darauf abgestellt wird, dass die Bestrafung des Arztes insbesondere der Genugtuung des geschädigten Patienten diene.

Als Fazit bleibt festzuhalten, dass eine Strafbarkeit der Behandlungsseite im Falle der Selbstschädigung des freiverantwortlich handelnden Patienten unter Stimulationseinfluss ausschließlich bei pflichtwidrigem Verhalten in Betracht kommt. In diesem Zusammenhang ist der ärztliche Pflichtenkatalog mit ebenso großer Sorgfalt und Feingefühl bezüglich des menschlich Zumutbaren zu statuieren, wie es darum geht, einen wirksamen Patientenschutz zu gewährleisten. Dieser Pflichtenkatalog ergibt sich aus einer Zusammensetzung möglichst präzise erarbeiteter medizinischer Standards und zumutbarer juristischer Anforderungen.[509]

---

[506] Vgl. BGH MedR 2011, 578; BGH NJW 2003, 2309, hier allerdings zivilrechtliche Pflichten, deren Missachtung jedoch gleichwohl geeignet erscheinen, im Rahmen der Zurechnung eine strafrechtliche Verantwortlichkeit zu begründen.

[507] Ausführlich *Katzenmeier*, Arzthaftung, S. 214 ff.

[508] Vgl. BeckOK/*Mommsen*, StGB, § 32 Rn. 6.

[509] Zu den Anforderungsdetails vgl. Kap. 1 A II, III und IV.

D. Diskretion und Datenschutz

I. Vorüberlegungen

Der Indikationsbereich der THS bezieht sich in den meisten Fällen auf Krankheitsbilder, denen eine erhebliche stigmatisierende Wirkung für das gesellschaftliche Leben der Betroffenen innewohnt. Zudem ist vielen Patienten unwohl bei dem Gedanken, dass Dritte erfahren könnten, dass eine externe Stimulation des eigenen Gehirns vorgenommen wird. Ängste bezüglich mangelnder Akzeptanz und auch Schamgefühle sind nicht unüblich. Daher besteht ein besonders hohes Interesse am Geheimnisschutz. Der Patient muss sicher sein können, dass alle Informationen über seine Person, Krankheit und Behandlung nur mit seinem Willen und Wissen erhoben, gespeichert und an Dritte übermittelt werden. Das durch Art. 2 Abs. 1 in Verbindung mit 1 Abs. 1 GG verfassungsmäßig verbürgte Recht auf informationelle Selbstbestimmung[510], das seinen Ausdruck in zahlreichen einfachgesetzlichen Schutzvorschriften[511] findet, soll eben jene Diskretion rechtlich gewährleisten. Der Staat hat hierüber zu wachen.[512]

Dennoch ergeben sich an vielen Stellen und in vielen Situationen Probleme, den THS-Patienten mit der erforderlichen Sicherheit zu schützen und ihn gleichermaßen ordnungsgemäß und möglichst optimal zu behandeln.

Die THS muss im Sinne künftiger Anwendungen und neuartiger Heilungsmöglichkeiten weiterentwickelt werden. Dabei ist eine möglichst weitreichende Qualitätssicherung notwendig. Diese basiert primär auf Informationssammlung und –auswertung. Außerdem sollte die medizinische Einrichtung um ein ordnungsgemäßes Risikomanagement[513] bemüht sein, für das über die Verpflichtungen der behandelnden Ärzte hinaus auch die Krankenhausleitung und Aufsichtsorgane um die jeweiligen medizinischen Interventionen wissen müssen (II).

Zudem kann es die konkrete Behandlungssituation erfordern, dass der zuständige Arzt weiteres Expertenwissen eines Konsiliars beizieht (III).

---

510 BVerfGE 65, 1 - Volkszählungsurteil = NJW 1984, 419. Jeder hat das Recht zu entscheiden, wann und wem er zu welchem Zweck personenbezogene Daten offenbart, vgl. Dreier/*Dreier*, GG, Art. 2 I Rn. 78.

511 So insbesondere das BDSG, die verschiedenen Landesdatenschutzgesetze wie auch Gesundheitsdatenschutzgesetze und § 203 StGB. Zudem ist es zivilrechtlich vertragliche Nebenpflicht des Arztes, den Persönlichkeitsschutz des Patienten zu wahren. Auch im Deliktsrecht ist nach § 823 Abs. 1 BGB das allgemeine Persönlichkeitsrecht als sonstiges Recht anerkannt und geschützt. Berufsrechtlich erkennen sämtliche Berufsordnungen der Länder die ärztliche Schweigepflicht als fundamentale Berufsvorgabe an und erlauben grundsätzlich eine Informationsweitergabe nur auf Basis patientenseitiger Einwilligung.

512 Vgl. Dreier/*Dreier*, GG, Art. 2 I Rn. 89 ff.

513 Zu Begriff und Einordnung vgl. *Genzel/Degener-Hencke*, in: Laufs/Kern, Handbuch des Arztrechts, § 84 Rn. 17 sowie *Laufs/Kern*, in: Laufs/Kern, a.a.O., § 93 Rn. 12.

Sodann gilt es, der wachsenden Mengen notwendiger Dokumentation Herr zu werden. Hier wird vielfach Outsourcing erwogen, wodurch relevante Patienteninformationen in die Hände Dritter gegeben werden.

Bezüglich Zahlung und Abwicklung bedient sich die Behandlungsseite außerdem häufig einer Verrechnungsstelle. Daneben benötigt der Träger der Sozialversicherung Daten, um zu klären, ob die Behandlung in seiner Verantwortung liegt, also z.B. die Krankenkassen die Leistungen zu erbringen oder jedenfalls zu erstatten haben (IV).

Bei Minderjährigen Patienten erhebt sich je nach Alter und Einsichtsfähigkeit die Frage, ob und inwieweit die Eltern unterrichtet werden dürfen. Hier ist insbesondere zu beachten, dass zwar auch bei minderjährigen Kindern grundsätzlich ein Anrecht auf ein gewisses Maß an Diskretion gegenüber ihren Eltern anzuerkennen ist, dass jedoch bei schwerwiegenden Entscheidungen das Kindeswohl betreffend, die Eltern Informationen benötigen, um der notwendigen Kindessorge nachkommen zu können (V).

Gesellschaftspolitisch kritisch ist schließlich die Frage, ob es Rechte oder sogar Pflichten gibt, Dritte von der THS-Behandlung einer Person zu unterrichten, die aufgrund dieser Behandlung zu warnen und sogar weitergehend zu schützen sind. Dieser Aspekt ist unmittelbar mit der bei den strafrechtlichen Erwägungen angeführten Interventionsmöglichkeit des Arztes verbunden und auch vor diesem Hintergrund zu betrachten (VI).

II. Fortentwicklung und Qualitätssicherung versus Geheimnisschutz

1. Die klassische Qualitätssicherung

Qualitätssicherung und Fortentwicklung sind bei der THS wichtige Felder und nach § 135a SGB V auch Pflichten der behandelnden Krankenhäuser.[514] Qualitätssicherung setzt allerdings die Erhebung, Speicherung und Übermittlung sowie Besprechung patientenbezogener Daten voraus. Würde dies ohne Einwilligung des Patienten mit dessen unverschlüsselten Daten geschehen, so drohte spätestens bei Übermittlung und Auswertung ein Geheimnisverrat im Sinne des § 203 Abs. 1 Nr. 1 StGB. Zudem wäre ein Verstoß gegen § 4 Abs. 1 BDSG[515] sowie berufsrechtlich gegen § 9 Abs. 1, 2 MBO-Ä in der kodifizierten Form der Berufsordnungen der Länder denkbar. Beachtlich ist hierbei, dass im Rahmen des ärztlichen Berufsrechts wie auch im Rahmen des Datenschutzrechts bereits speziell durch Aufzählung von mehreren Rechtfertigungsmöglichkeiten die Rede ist, während in § 203 Abs. 1 Nr. 1 StGB entweder die Auslegung des Wortes „unbefugt"[516] über die Reichweite der Strafbarkeit nach dieser Vorschrift entscheiden muss oder aber

---

514 Vgl. hierzu Kap. 1 E II. Darüber hinaus ergibt sich diese Pflicht teilweise auch aus den Landeskrankenhausgesetzen.

515 In manchen Ländern, wie etwa in NRW, existieren eigenständige Gesundheitsdatenschutzgesetze, die in diesem Fall das gegenüber dem BDSG speziellere Gesetz darstellen. Vgl. auch das Bremer Krankenhausdatenschutzgesetz.

516 So Schönke/Schröder/*Lenckner*, StGB, § 203 Rn. 21 m.w.N.

im Berufs- und Datenschutzrecht eigenständige Rechtfertigungstatbestände[517] zu sehen sind. Eine Diskussion über diesen Aspekt erübrigt sich aber, weil ein nach speziellem Datenschutzrecht rechtmäßiges Verhalten unter keinen Umständen als strafbewehrt im Sinne des § 203 Abs. 1 Nr. 1 StGB gewertet werden kann.[518] Diese Maßgabe gebietet auch zwingend den Ausschluss des Unrechtstatbestandes[519] und schließt daher etwa ein Auffangen im Bereich strafrechtlicher Schuld aus, so dass sich auch für Teilnehmer bei der Tat keinerlei Unterschiede ergeben.

Somit kommen zur Durchführung der Qualitätssicherung bei der THS unter Einhaltung gesetzlicher Vorgaben drei Wege in Betracht, um das Daten- und Geheimnisschutzinteresse des Patienten zu gewährleisten:

- Einwilligung des Patienten,
- Erlaubnis oder Anordnung durch Rechtsvorschrift oder
- Anonymisierung und Randomisierung der Patientendaten.

Der rechtlich scheinbar einfachste Weg führt über die Patienteneinwilligung, die gemäß § 4a BDSG schriftlich und auf Basis vollständiger Aufklärung über Zweck und Konsequenzen der Datenerhebung und –nutzung zu erteilen ist. Hierfür kann jedenfalls im Falle der THS-Behandlung kein genereller formularmäßiger Hinweis bei der Krankenhausaufnahme genügen, den der Patient bei der Anerkennung der Allgemeinen Geschäftsbedingungen (AGB) mitunterschreibt. Ob entsprechende Einwilligungen in AGB überhaupt rechtmäßig sein können – zu beachten sind die besonderen Grenzen: Keine Einbindung in Erklärungspakete[520], Gebot der besonderen Kenntlichmachung[521], Überraschungsverbot[522] -, ist nach wie vor streitig.[523] Unabhängig davon wäre mit einer solchen Klausel vor dem Hintergrund der Schwere des THS-Eingriffs und der hiermit behandelten Krankheitsbilder ein untragbarer Überrumpelungseffekt gegeben, sollte auf Basis der Krankenhausaufnahme per AGB eine Generalnutzungserlaubnis der Patientendaten abgerungen werden. Im Rahmen einer Abwägung nach § 307 Abs. 1, 2 Nr. 1 und 2 BGB ist eine entsprechende Klausel jedoch auf jeden Fall als unangemessen benachteiligend zu erachten. Einerseits widerspricht sie eingedenk der Zielrichtung des Überraschungsverbots bereits wesentlichen Grundgedanken des § 4a BDSG. Andererseits wird der Vertragszweck der Heilung oder Leidenslinderung gefährdet, da der psychische Zustand eines ohnehin schwer belasteten Patien-

---

517 § 4 Abs. 1 BDSG. Vgl. Simitis/*Walz*, BDSG, § 4 Rn. 2 ff.

518 Es gilt das Prinzip der Einheit der Rechtsordnung zu beachten. Zudem kann vom Rechtsanwender in der Praxis nach rechtsstaatlichen Grundsätzen schlichtweg nicht verlangt werden, dass eine ständige Einzelfallerwägung zwischen einer Erlaubnis- und einer Verbotsnorm erfolgt. Selbst wenn man dies anders sähe, so befände sich der Rechtsanwender jedes Mal in einem unvermeidbaren Verbotsirrtum nach § 17 S. 1 StGB, solange die jeweilige Erlaubnisnorm eingehalten wird.

519 Schönke/Schröder/*Lenckner*, a.a.O.

520 OLG Celle NJW 1980, 347; LG Stuttgart DuD 1999, 297, 299.

521 Explizit in § 4a Abs. 1 S. 4 BDSG angeordnet.

522 Identische Schutzwirkung wie § 305c BGB und vergleichbarer Schutzumfang vgl. BT-Drucks. 11/4306, 35 ff.

523 Vgl. Simitis/*Simitis*, BDSG, § 4a Rn. 40 f.; vergleichend zu § 203 StGB *Ayasse*, VersR 1987, 538; *Fischer/Uthoff*, MedR 1996, 115; *Hollmann*, NJW 1978, 2332.

ten zusätzlich erheblich negativ beeinflusst werden kann. Ferner kann das entscheidende Vertrauensverhältnis zum behandelnden Ärzteteam nicht nur beeinträchtigt, sondern sogar zerstört werden. Zudem kann in AGB der gesonderten Hinweispflicht nach § 4a Abs. 1 S. 2 BDSG regelmäßig nicht genügt werden, da AGB häufig nicht hinreichend zur Kenntnis genommen werden.[524]

Weiterhin kann bei THS-Patienten regelmäßig nicht davon ausgegangen werden, dass sie sich zu einer gesondert erbetenen schriftlichen Einwilligung bewegen lassen. Das Gegenteil ist der Fall. So wünschen viele Patienten, die z.B. an Parkinson leiden oder schwere Zwangserkrankungen haben, dass so wenig wie möglich hierüber bekannt wird. Damit das Krankenhaus eine hinreichende Grundlage für die Qualitätssicherung hat, - insbesondere im Bereich der Ergebnisqualität – bedeutet eine geregelte Bitte an Patienten, die notwendige Einwilligung zur Nutzung der Patientendaten zu erteilen, wie sie AGB darstellen, im Zweifel nur eine unzureichende Grundlage für eine breite Datenerhebung und -verwertung.

Der Gedanke mag nicht fernliegen, dass die gesetzliche Anordnung in den Krankenhausgesetzen der Länder sowie in § 135a SGB V eine Erlaubnis für die Nutzung angefallener Patientendaten zu Zwecken des Qualitätsmanagements festlegt. Dem ist allerdings eine entschiedene Absage zu erteilen. Einerseits begründen diese Vorschriften ihrem Wortlaut und ihrer Begründung nach keine entsprechende gesetzliche Erlaubnis.[525] Andererseits ist auch das besondere Interesse an einem ordnungsgemäßem Qualitätsmanagement hierdurch nicht maßgeblich betroffen, da vor dem Hintergrund der vierten Variante - Anonymisierung und Randomisierung von Patientendaten – eine für die Praxis handhabbare Informationslage zur Messung von Struktur-, Prozess- und Ergebnisqualität bereits gegeben ist. Sofern die Identität der Patienten mit Variablen verschlüsselt ist und eine Einsortierung in ein Auswertungssystem dergestalt erfolgt, dass eine Rückführung auf die einzelne Person oder eine kleine Personengruppe mit an Sicherheit grenzender Wahrscheinlichkeit unmöglich gemacht wird, handelt es sich nicht mehr um zu wahrende Geheimnisse[526] im Sinne des Strafgesetzbuches und auch nicht mehr um personenbezogene Daten[527] im Sinne des BDSG. Das Problem ist somit auf dieser

---

524 Anderes mag im Bereich der Internetgeschäfte gelten, bei denen durch das Telemediengesetz (TMG) besondere Vorschriften gelten, die bei einer AGB-rechtlichen Prüfung zu berücksichtigen sind, vgl. BGH NJW 2010, 864 – Happy Digits. Diese Rechtsprechung kann jedoch auf das Verhältnis der Behandlungsseite zum Patienten keinesfalls direkt oder analog übertragen werden.

525 Die Pflicht richtet sich ausschließlich an die Leistungserbringer, unbeschadet möglicherweise betroffener Patientenrechte, die hierdurch nicht verletzt werden dürfen, vgl. Bekker/Kingreen/*Becker*, SGB V, § 135a Rn. 3 wo Verfasser allerdings unglücklich von „Überlagerung" spricht, was sich jedoch ausschließlich auf die Anwendbarkeit des Regelwerks bezieht, wie der Verweis auf § 69 Rn. 9 ff. verdeutlicht.

526 So fehlt bei abstrakten, für die Wissenschaft und Praxis relevanten Erkenntnissen ein sachliches Interesse des Patienten an der Geheimhaltung, wodurch der Geheimnisbegriff nicht erfüllt ist, vgl. Schönke/Schröder/*Lenkner*, § StGB, § 203 Rn. 5 m.w.N.

527 Nach § 3 Nr. 1 BDSG liegen personenbezogene Daten nur solange vor, als eine Bestimmbarkeit oder Zuordnungsfähigkeit zu einer Person hinreichend möglich erscheint.

Ebene zu lösen.[528] Praxisberichte, in denen sich Ärzte über die Notwendigkeit von Anonymisierung und Randomisierung bei der Datenerhebung und -nutzung ihrer THS-Patienten beschweren, sind bislang nicht bekannt. Sofern besondere persönliche Eigenschaften eines bestimmten Patienten mit den Wirkungen oder der Art und Weise der Anwendung der THS in Verbindung stehen oder jedenfalls eine Verbindung vermutet wird, kann mit abstrahierten Fallgruppen geholfen werden, sofern es sich nicht um leicht wiedererkennbare Einzelfälle handelt. Bei solchen Problemlagen gebietet die besondere ärztliche Rücksichtnahme, dass der Weg über ein Einwilligungsersuchen gewählt wird. Der Schutz der Patientendaten ist gegenüber dem zwar erforderlichen, aber regelmäßig niederrangigen Gebot eines ordnungsgemäßen Qualitätsmanagements zurückzustellen. Die geschilderte Handhabung der Patientendaten ist als vertragliche Nebenpflicht des Heilbehandlungsvertrags nach den §§ 630 a, 630 g, 242 BGB anzuerkennen und begründet bei Verletzung Schadensersatzansprüche gemäß § 280 Abs. 1 BGB. Zugleich drohen dem Arzt bei Verletzung straf- und berufsrechtliche Sanktionen. Diese umfassenden Schutzbarrieren, die der Gesetzgeber errichtet hat, deuten ebenfalls daraufhin, dass der behandelnde Arzt äußerst sorgsam mit sensiblen Daten umgehen muss und im Zweifelsfall an die Einwilligung des Patienten gebunden werden soll. Vor dem Hintergrund der schweren Krankheitsbilder, die mit der THS therapiert werden, ist diese Sicht auf den Datenschutz eine gebotene ärztliche Grundeinstellung beim Qualitätsmanagement.

2. Risikomanagement

a) Hintergrund

Als Unterkategorie des Qualitätsmanagements[529] ist es insbesondere im Bereich neuer und komplizierter medizinischer Verfahren von Bedeutung, bestehende Risiken zu kontrollieren und so weit wie möglich zu minimieren. Für eine regulierende Einrichtung dieser Art existieren bislang keine gesetzlichen Vorgaben[530] und es erscheint auch fraglich, ob sie wünschenswert wären, da je nach Einrichtung ein angemessenes Risikomanagement wohl variieren müsste.[531] Hier wäre allenfalls die Einführung gewisser Standards mittels Empfehlungen und Leitlinien von Interesse.

Dies wird durch ordnungsgemäße Anonymisierung und Randomisierung gerade ausgeschlossen.

[528] Vor dem Hintergrund der Qualitätssicherungspflicht der genannten Rechtsvorschriften bleibt den Leistungserbringern letztlich auch keine andere Wahl, wenn ein gesetzeskonformes Verhalten sichergestellt werden soll, vgl. Kruse/Hänlein/*Murawski*, SGB V, § 135a Rn. 1 ff.

[529] So zutreffend *Katzenmeier*, in: Laufs/Katzenmeier/Lipp, Arztrecht, S. 339 Rn. 57.

[530] Zur Diskussion vgl. *Katzenmeier*, in: Laufs/Katzenmeier/Lipp, Arztrecht, S. 338 ff. Rn. 54 ff.; *Hart*, MedR 2007, 383 ff.; *Bock*, in: Berg/Ulsenheimer, Patientensicherheit, Arzthaftung, Praxis- und Krankenhausorganisation, S. 239 ff.

[531] Daher sind solche Einrichtungen bislang auch kaum etabliert, *Bergmann/Müller*, MedR 2005, 650, 658.

Unabhängig davon werden aber mit einem Risikomanagement zwei Ziele verfolgt, die beide für den Einsatz der THS ein erhebliches Gewicht haben. Auf der einen Seite führen Behandlungsfehler, schlechte Organisation und Technik sowie mangelhafte Koordination und Kommunikation im Krankenhaus zu einer kaum übersehbaren Gefahr für den THS-Patienten.[532] Eine schlecht vorbereitete oder mangelhaft ausgeführte Elektrodenimplantation birgt die Gefahr schwerster Schädigungen beim Betroffenen in sich. Hieran ändert auch die Tatsache nichts, dass die Elektrode jeder Zeit wieder entfernt werden kann. Es darf nicht darüber hinweggetäuscht werden, dass Eingriffe am zentralen Nervensystem Nebenwirkungen mit sich bringen können, die bislang weder bekannt sind noch in ihren Auswirkungen abgeschätzt werden können. Die zahlreichen chemischen Prozesse im Gehirn, auf welche die Stimulation Einfluss nimmt, sind den behandelnden Ärzten bisher nur zu einem kleinen Teil geläufig.[533] Von einem absoluten Verständnis des menschlichen Gehirns ist die Wissenschaft noch weit entfernt. Das Risikomanagement dient daher der Minimierung der Gefahren. Auf der anderen Seite sind die Haftungsrisiken bei Fehlgehen der THS-Behandlung erheblich, so dass Krankenhaus und behandelnder Arzt ein besonderes Interesse an der Beherrschbarkeit der Risiken haben.

b) Einrichtungsmöglichkeiten - Übersicht

Zu unterscheiden sind inner-[534] und außerorganisatorische[535] Maßnahmen des Risikomanagements.

Innerorganisatorisch liegt es im Krankenhaus nahe, dass der jeweils leitende Chefarzt ggf. zusammen mit seinem Oberarzt die einzelnen medizinischen Maßnahmen zur Vorbereitung, Durchführung und Nachbehandlung der THS kontrolliert. Weiterhin sind präzise Mängeldokumentationen denkbar, an Hand derer organisatorische, materielle und personelle Fehlerquellen systematisch verfolgt und aufgedeckt werden können. Um dies allerdings sinnvoll durchzuführen, bleibt nur eine geregelte Rückmeldung an die Krankenhausverwaltung, welche zentral die Fehlersuche zu betreiben hätte. In diesem Zusammenhang sind auch die Hintergründe und die Verität eingehender Patientenbeschwerden sorgfältig aufzuklären und zu bewerten.[536] Die Umsetzung dieses Konzepts ist hindernisbehaftet. Einerseits ist der einzelne Arzt an seine Pflicht zur Geheimniswahrung gebunden, die auch dann verletzt wäre, wenn er personenbezogene Patientendaten der Krankenhausleitung vorlegen oder jedenfalls durch genaue Beschreibungen den Rückschluss auf bestimmte Patienten ermöglichen würde. Andererseits ist auch die Anzeige selbst begangener Behandlungsfehler problematisch, da der einzelne Arzt

---

532 Vgl. zur Wichtigkeit der Organisation Kap. 1 A III und IV.

533 Hier wird auf den aktuellen Wissensstand der ELSA-Forschungsgruppe Bezug genommen – Erkenntnisstand März 2011.

534 Vgl. *Hanika*, PflR 2006, 202 ff.

535 *Ulsenheimer*, MedR 1995, 438 ff.

536 *Katzenmeier*, in: Laufs/Katzenmeier/Lipp, Arztrecht, S. 339 Rn. 57 m.w.N.

kaum ein hinreichendes Interesse oder die hierzu gebotene Moral haben wird.[537] Gleichwohl ist er hierzu gemäß § 630 c Abs. 2 S. 2 BGB rechtlich verpflichtet.

Im Rahmen außerorganisatorischer Maßnahmen sind nationale und internationale Vergleiche mit THS-Behandlungen anderer Krankenhäuser denkbar.[538] Vorgehensweisen können über Empfehlungen, Leit- und Richtlinien systematisiert, angeglichen und optimiert werden. Dies ist für die verschiedenen bislang anerkannten Indikationsbereiche der THS bereits seit einiger Zeit im Fluss.[539]

c) Abwägung mit zu wahrendem Geheimnisschutz? - Fazit

Auf Basis der Grundüberlegungen zu Sinn und Zweck eines geordneten Risikomanagements und vor dem Hintergrund des erheblichen Nutzens für die THS-Patienten darf nicht der Schluss gezogen werden, dass bei Durchführung der T'HS Anwendbarkeit und Reichweite von Vorschriften zum Schutz der Patientengeheimnisse zurückgedrängt oder gar ausgeschlossen wären. Am umfänglichen Geheimnisschutz soll nicht gerüttelt werden. Jedoch ist es auch hier durch geeignete Verschlüsselung der Patientendaten möglich, abstrakte Datenerhebungen und –auswertungen zu betreiben. Gegenüber der Verwaltung eines Krankenhauses ist auf jeden Fall sicherzustellen, dass ein Rückschluss auf einzelne Patienten durch Informationsweitergabe nicht ermöglicht wird. Damit geht einher, dass das Krankenhausmanagement sich im Wesentlichen auf die Angaben des ärztlichen Personals verlassen muss. Prüfbeauftragte können demgegenüber nur mit Einwilligung der Patienten zur Behandlung hinzugezogen werden, um direkt vor Ort Verfahrensabläufe zu kontrollieren. Dies werden die meisten THS-Patienten allerdings kaum als angenehm empfinden. Einerseits würde hierdurch eine weitere Person Kenntnis von ihrer Situation und zahlreichen Geheimnissen erhalten und andererseits kann die notwendige Vertrauensbeziehung zwischen Arzt und Patient in Mitleidenschaft gezogen werden. Der behandelnde Arzt fühlt sich im Zweifel kontrolliert, während der Patient möglicherweise den Eindruck gewinnt, dass der Arzt zu kontrollieren ist und Letzterer somit an Glaubwürdigkeit verliert. Beide Elemente stellen bei der Therapie von schweren Krankheitsbildern durchaus erhebliche Probleme dar. Internes Risikomanagement ist somit nur unter umfassender Beachtung informationeller Integrität des Patienten möglich. Es bleibt grundsätzlich dem Patienten selbst vorbehalten, ob er mehr Schutz durch Kontrolle oder mehr Anonymität wünscht. Allein dieses Ergebnis trägt dem Persönlichkeitsrecht des Einzelnen hinreichend Rechnung.

Externes Risikomanagement bildet demgegenüber grundsätzlich kein Problem, da hier ohnehin nur von abstrakten Werten und Informationen ausgegangen wird.

Letztlich bleibt das Risikomanagement denselben Regeln wie die sonstige Qualitätssicherung unterworfen. Eine Abwägung zwischen erhöhtem Patientennutzen und Vernachlässigung des Geheimnisschutzes findet nicht statt. Im Zwei-

---

537 Eingehend zur Diskussion vgl. *Thüß*, Critical Incident Reporting System, 2012.

538 Eine Übersicht mit Beispielen gibt *Katzenmeier*, in: Laufs/Katzenmeier/Lipp, Arztrecht, S. 339 Rn. 58.

539 Vgl. etwa die zahlreichen DGN-Leitlinien.

felsfall ist und bleibt es Sache des Patienten, was über ihn persönlich bekannt wird.

III. Anrufung eines Konsiliars

Unerwartete Krankheitsverläufe und Reaktionen von THS-Patienten nötigen immer wieder zur Einholung externen Sachverstands. Dabei darf nicht übersehen werden, dass der Patient, der sich für eine Behandlung mit der THS entscheidet, damit keineswegs seine Einwilligung dazu erteilt, dass diese Information oder Auskünfte über den Krankheits- und Therapieverlauf an Dritte weitergegeben werden.[540] Dabei macht es keinen Unterschied, ob es sich bei dem Dritten um einen Arzt oder nichtärztliche Personen handelt.[541] Allerdings wird im Allgemeinen davon ausgegangen, dass ein Patient, der sich in ein Krankenhaus begibt, seine Einwilligung konkludent zur Informationsweitergabe an alle diejenigen Personen erteilt, bei denen mit einer Kenntnisnahme zu rechnen ist.[542] Das überzeugt bereits deshalb, weil ohne diese Grundannahme eine ordnungsgemäße Krankenhausbehandlung von vorneherein aufgrund einer rechtlich bedingten Schwerfälligkeit gefährdet wäre. Schnelles Reagieren und Interagieren z.B. zwischen Ärzten und Pflegepersonal wäre nur in Notfallsituationen denkbar, da insofern auf die mutmaßliche Einwilligung oder jedenfalls auf § 34 StGB zurückgegriffen werden könnte. Eine derart eingeschränkte Handhabung widerspräche allerdings dem Bild der einheitlichen Versorgung, das der Patient bei der Aufnahme in ein Krankenhaus in der Regel gewinnt, so dass von einer konkludenten Einwilligung durch das unmittelbar betroffene Personal auszugehen ist.

Beim angerufenen Konsiliar liegt die Sache aber anders. Die Hinzuziehung dieser Person war vom Patienten zunächst weder eingeplant noch musste er sie erwarten. Auch kann der Konsiliar nicht als Gehilfe im Sinne des § 203 Abs. 3 StGB eingestuft werden.[543] Zudem treten speziell bei der THS regelmäßig keine Formen von Notfällen auf, zu deren Bewältigung ein Konsiliar hinzugezogen werden müsste. Daher verbleibt im Einzelfall die Zeit, den Patienten um seine Einwilligung ausdrücklich zu ersuchen. Teilweise wird in der Literatur erwogen, dass bei vernunftgeleiteter Anrufung des Konsiliars die Einwilligung des Patienten als stillschweigend anzunehmen sei.[544] Nun ist jedoch die THS-Behandlung ein durchaus plakatives Beispiel dafür, dass dem nicht gefolgt werden kann. Dabei ist nicht nur in die Waagschale zu werfen, dass der Patient zunächst trotz Nachfra-

---

540 Die erfolgten Ausführungen zur formularmäßigen Einwilligung im Rahmen der AGB sind entsprechend heranzuziehen, vgl. Kap. 1 D II 1.

541 Dies ist für die ärztliche Schweigepflicht allgemeine Meinung, vgl. BGHZ 116, 269, 272 = NJW 1992, 737; *Langkeit*, NStZ 1994, 6 f.; *Laufs*, NJW 1975, 1433 f.; *Schlund*, in: Laufs/Kern (Hrsg.), Handbuch des Arztrechts, § 71 Rn. 1.

542 *Langkeit*, NStZ 1994, 6 f.; LK/*Schünemann*, StGB, § 203 Rn. 109; vgl. auch die weiteren Nachweise bei *Ulsenheimer*, Arztstrafrecht, Rn. 373.

543 Hierzu *Schlund*, in: Laufs/Kern (Hrsg.), Handbuch des Arztrechts, § 71 Rn. 1 ff. m.w.N.

544 *Lackner/Kühl*, StGB, § 203 Rn. 18; *Ulsenheimer*, Arztstrafrecht, Rn. 373 d.

gemöglichkeit übergangen wird. Vielmehr wird der Wille des Patienten hierdurch sogar objektiviert und die Figur des vernünftigen Patienten[545] einmal mehr propagiert. Es gilt aber anzuerkennen, dass jeder Mensch sowohl das Recht auf Selbstbestimmung über seine personenbezogenen Daten hat als auch mit sich selbst durchaus nach eigenem Gutdünken unvernünftig verfahren darf.[546] Gerade bei THS-Patienten ist daher ausschließlich nach deren Vorstellungsbild mit den personenbezogenen Daten im Rahmen der Heilbehandlung umzugehen.

IV. Dokumentation, Abrechnung und Outsourcing

1. Dokumentationsbewältigung

Eine andere notwendig mit den individuellen Patientendaten verbundene Frage ist, wie das Krankenhaus und die behandelnden Ärzte dem wachsenden Berg gebotener Dokumentationsunterlagen[547] bei der THS gerecht werden. Dabei ist zu berücksichtigen, dass es bei der Dokumentation um unterschiedliche Ziele geht. Zum einen gewährleistet sie die Nachvollziehbarkeit der Behandlung. Zum anderen ermöglicht sie das spätere Nachschlagen für Erinnerung und besseres Verständnis des Patienten und ist bezüglich der Aufklärung ein wichtiges Indiz für Inhalt, Zeitpunkt und Person des Aufklärenden sowie des Adressaten.[548] Vor diesem Hintergrund müssen die Dokumentationsunterlagen aufbewahrt und in angemessener Zeit griffbereit sein.[549] Dies gilt bei der THS umso mehr, als mit der Implantation der Elektrode im Weiteren geregelte Nachbehandlungen notwendig werden. Zudem muss bei unerwarteten Ergebnissen eine exakte Rückverfolgung der Eingriffsplanung und Durchführung möglich sein.

Mittels EDV-Einsatzes konnte das Problem der hierdurch entstehenden Datenmengen und der raschen Abrufnotwendigkeit in den vergangenen Jahren zunehmend besser bekämpft werden.[550] Nichtsdestotrotz ist in großen Einrichtungen häufig eine Überlastung festzustellen. Diesem Umstand wird teilweise mit dem Outsourcen von Dokumentationsunterlagen entgegengewirkt.[551] Hierdurch wird aber zugleich ein Drittzugriff ermöglicht, welcher weder im Rahmen des zivilrechtlichen Behandlungsverhältnisses noch auf Basis des sonstigen Datenschutzrechts ohne Einwilligung hinnehmbar ist. Hier könnte eine analoge Heranziehung des § 193 StGB als besonderer Rechtfertigungstatbestand erwogen werden. Allerdings ist auch eine Nachfrage beim Patienten bei Behandlungsbeginn dahingehend

---

545 Vgl. BGH, NJW 2009, 1209, 1211.

546 Zum entscheidenden verfassungsrechtlichen Hintergrund als Auslegungsmaxime für das Verständnis der Einwilligung vgl. Dreier/*Dreier*, GG, Art. 2 I Rn. 1 ff.

547 Vgl. zum Hintergrund der Dokumentationsverpflichtung bei der THS Kap. 1 A III 2.

548 Zu den Einzelheiten vgl. *Schlund*, in: Laufs/Kern, Handbuch des Arztrechts, § 55.

549 Für die besonders lange Zeitspanne der Aufbewahrungspflicht bei der THS beachte Kap. 1 A III 2 f.

550 Zur digitalen Datenspeicherung vgl. *Ortner/Geis,* MedR 1997, 337; s.a. OLG Hamm GesR 2005, 349.

551 Zur Grundlage *Denzel/Degener-Hencke*, in: Laufs/Kern, Handbuch des Arztrechts, § 85 Rn. 5.

unproblematisch möglich, ob ihm eine externe Speicherung bei einer zur Verschwiegenheit verpflichteten und integeren Stelle recht wäre. Es ist grundsätzlich nicht zu erwarten, dass der Patient unter diesen Voraussetzungen seine Zustimmung verweigern wird. Für die wenigen von Patienten verweigerten Zustimmungen dürfte eine krankenhausinterne Speicherung machbar sein. Eine analoge Heranziehung von § 193 StGB zur Überspielung des Einwilligungserfordernisses ist daher für den Fall des Outsourcings von Unterlagen abzulehnen.

2. Externe Abrechnungsstellen

Für die kostentechnische Abrechnung durch Dritte gilt jedenfalls laut Rechtsprechung[552] letztlich nichts anderes als für die Dokumentationsbewältigung.[553] Die Patientendaten, welche zur Geltendmachung von Ansprüchen notwendig sind, dürfen an Abrechnungsstellen nur übermittelt werden, wenn der Patient auf hinreichender Informationsbasis klar und unmissverständlich einwilligt. Gleiches gilt für privatärztliche Verrechnungsstellen.[554] Eine konkludente oder mutmaßliche Einwilligung sowie die analoge Anwendung des § 193 StGB kommen auch hier nicht in Betracht.

Im Bereich der gesetzlichen Krankenversicherung gilt ebenfalls die ärztliche Schweigepflicht.[555] Allerdings wird hier angenommen, dass die Krankenkasse die notwendigen Informationen zur Abrechnung erhalten dürfe, was im Wesentlichen mit § 60 Abs. 1 SGB I begründet wird.[556] Zu weiterer Informationspreisgabe sind GKV-Patient und Arzt auf Basis der §§ 100 SGB X, 276 Abs. 2 S. 2, 294 ff., 301 SGB V verpflichtet.[557]

V. Geheimnisschutz bei Minderjährigen gegenüber den Erziehungsberechtigten

Ein in der Praxis vergleichsweise selten auftretendes Sonderproblem ist die Situation, dass bei einem Minderjährigen die THS als indiziert erkannt wird, der Patient jedoch jene Personen, die für das Kindeswohl Sorge zu tragen haben – regelmäßig die Eltern nach den §§ 1626 ff. BGB -, nicht einweihen möchte. Wie bereits dargelegt, ist eine THS-Behandlung des Kindes ohne die Einwilligung der hinrei-

---

552 BGHZ 115, 123, 127 m. Anm. Taupitz, MedR 1991, 330.

553 Früher sehr umstritten, vgl. BGHZ 115, 123, 127 = NJW 1991, 2955 f.

554 Vgl. zur Unterscheidung zu sonstigen Abrechnungsstellen *Taupitz*, VersR 1991, 1213, 1215 m.w.N.; zur Anwendbarkeit besagten Grundsatzes vgl. *Tiebe*, Strafrechtlicher Patientenschutz, S. 107 FN. 557.

555 Vgl. *Kampfs/Kiesecker*, MedR 1997, 216 ff.; *Kamps*, ZaeFQ 1999, 754; *Lang*, Das Recht auf informationelle Selbstbestimmung des Patienten und die ärztliche Schweigepflicht in der gesetzlichen Krankenversicherung; *Schreiber*, ZaeFQ 1999, 762.

556 *Tiebe*, Strafrechtlicher Patientenschutz, S. 108 m.w.N.

557 Einschränkungen erfahren diese Vorschriften nur teilweise durch die Rspr., vgl. BSG NJW 2003, 845 mit Versagung des Einsichtsrechts in Behandlungsunterlagen zur Überprüfung der Zuordnung von Fallpauschalen.

chend aufgeklärten Erziehungsberechtigten nicht zulässig.[558] Auch die Anrufung des Vormundschaftsgerichts wird dem Kind regelmäßig nicht den Erfolg einer Einwilligungsersetzung bieten, sofern nicht davon ausgegangen werden muss, dass die Erziehungsberechtigten ihre Sorge im Sinne des § 1666 BGB missbräuchlich ausüben werden.

Hiervon ausgehend stellt sich die Frage, ob der behandelnde Arzt auch gegen oder ohne den Willen des Minderjährigen die Eltern informieren darf, damit die notwendige Einwilligung eingeholt oder jedenfalls das weitere medizinische Vorgehen beraten werden kann. Insofern sind die auf Basis des Art. 6 Abs. 2 S. 1 GG verfassungsrechtlich besonders geschützten erzieherischen Belange der Eltern gegen die auf Basis der Art. 2 Abs. 1 in Verbindung mit 1 Abs. 1 GG besonders geschützten Kindesbelange auf informationelle Selbstbestimmung gegeneinander abzuwägen. Bei den zivilrechtlichen Überlegungen wurde davon ausgegangen, dass sich sogar eine Verpflichtung des Arztes ergibt, die Eltern in Kenntnis zu setzen.[559] Diese basiert insbesondere auf der Grundüberlegung, dass der Arzt seinem Patienten in mehrerlei Hinsichten verpflichtet ist. Mit der Behandlungsübernahme hat er nach ärztlichen Standards Schaden vom Patienten abzuwenden. Ist dies mit der indizierten Behandlung jedoch nur dann möglich, wenn Dritte ihre Einwilligung erteilen, müsste grundsätzlich der Patient selbst um seine Einwilligung zur Einbeziehung Dritter ersucht werden. Die Behandlung des Minderjährigen hat aber die Besonderheit, dass mit Behandlungsübernahme neben den Interessen des Minderjährigen immer auch der erzieherische Wille der Eltern Berücksichtigung finden muss. Dies soll mittelbar gerade dem Minderjährigeninteresse in Form einer damit gewährleisteten Fürsorgeinstanz dienen. In der Zeit bis zur Vollendung des 18. Lebensjahrs ist der Mensch seinen Erziehungsberechtigten anvertraut. Entscheidungen, die von höchster gesundheitlicher Relevanz sind, müssen daher zur ordnungsgemäßen Personensorge auch immer den Sorgeberechtigten mitgeteilt werden. Der Schutz der informationellen Selbstbestimmung ist in diesem Bereich partiell zurückgedrängt. Das Bürgerliche Recht sieht in § 1626 Abs. 2 BGB vor, dass durch Abstimmung die eigens gefassten Willenselemente und Wesenszüge des Kindes soweit als möglich neben der zunächst bevormundenden Erziehung zur Geltung kommen sollen. Dies darf jedoch nicht darüber hinwegtäuschen, dass bis zur Vollendung des 18. Lebensjahrs bei wesentlichen Einschnitten wie einer THS-Behandlung die elterliche Sorge gegenüber dem Recht des Kindes auf informationelle Selbstbestimmung Vorrang genießen muss. Zudem ist der sorgsamen Kindespflege durch eine möglichst lastenfreie Kindheit und Zukunft des heranreifenden Menschen im Sinne einer objektiv vernünftigen Entscheidung Rechnung zu tragen. Anders gesagt: Die verfassungsrechtliche Wertung des Kindeschutzes durch Erziehung verlangt vor dem Hintergrund der Wächterstellung des Staates, dass bei Fragen des Kindeswohls keineswegs der freiverantwortlich unvernünftige Patient zu akzeptieren ist, wie dies in den Fällen des erwachsenen, autonom entscheidenden Patienten der Fall wäre. In seinem eigenen wohl verstandenen Interesse ist der Minderjährige unter den Schutz der Eltern gestellt und kann sich bei derart einschneidenden Maßnahmen selbst im Rahmen

558 Vgl. hierzu ausführlich Kap. 1 A IV 2 b.

559 So Kap. 1 A I 2 b.

des Informationsschutzes einer notwendigen Aufsicht nicht entziehen. Einer Einwilligung des Minderjährigen in die Informationsübermittlung seines Zustandes oder in Betracht zu ziehender Therapien seitens des Arztes an die Erziehungsberechtigten im Fall der THS-Behandlung bedarf es somit nicht.

VI. Drittschutz durch Information

Patienten, die nach erfolgter Operation unter Stimulationseinfluss stehen, können eine gewisse Gefahr für ihre Umwelt darstellen. So wurde bereits ausführlich dargelegt, dass mit der Stimulation in der Praxis teilweise steigende Aggressionspotentiale und unvorhergesehene Reaktionen verzeichnet wurden. Zudem besteht immer die Gefahr, dass die Stimulation die freie Willensbetätigung des Patienten beeinträchtigt und dessen Reaktionen nicht mehr abgeschätzt werden können.[560] Damit einher geht ein verständliches Interesse Dritter, um die Behandlung des THS-Patienten zu wissen oder erforderlichenfalls informiert zu werden.

1. Unbeteiligte Dritte, Freunde, entfernte Angehörige

Für Personen, die dem Behandlungsgeschehen nicht hinreichend nahe sind,[561] ist eine schuldrechtliche Beziehung zum behandelnden Arzt in Form eines Vertrags mit Schutzwirkung zu Gunsten Dritter nicht zu erwägen.[562]

Deliktischer Schutz oder mittelbarer Schutz durch das Strafrecht ist ausschließlich für jene Fälle anzunehmen, in denen der Patient für Dritte eine Gefahr darstellt, welche der behandelnde Arzt durch geeignete Maßnahmen erkennen und notfalls auf Basis gewaltsamer Einweisung nach PsychKG verhüten muss. In diesen Fällen bestehen allerdings zivilrechtliche Verkehrspflichten[563] zur Vorbeugung der durch die Stimulation gesetzten Gefahr. Solange jedoch die Überwachung einer geschaffenen Gefahrenquelle mit dem THS-Patienten nach medizinischer Standardbewertung nicht anzunehmen ist und der Patient also freiverantwortlich handelt und uneingeschränkt Herr seiner geistigen Tätigkeit ist, haben sämtliche der oben genannten Personen keinen Anspruch auf gefahrverhütende Tätigkeit des Arztes oder Kenntnisnahme der THS-Behandlung, solange der Patient dies nicht wünscht oder jedenfalls ausdrücklich oder konkludent einwilligt hat. Aber selbst in den benannten Ausnahmefällen kann der behandelnde Arzt vorbeugende Maßnahmen allenfalls wirksam gegen den Patienten richten und somit die Gefahrenquelle zu beherrschen suchen. Eine Information an potentiell Betroffene dürfte der faktischen Unmöglichkeit nahe kommen.

---

560 Näher hierzu Kap. 1 C II.

561 Zum Kriterium der Leistungsnähe vgl. BGHZ 159, 1 ff. = NJW 2004, 3035 f.; BGHZ 133, 168, 170 ff. = NJW 1996, 2927 f.; MüKo/*Gottwald*, BGB, § 328 Rn. 120

562 Vgl. zum abgestuften Verhältnis außervertraglicher Haftung in Bezug auf Vertrag mit Schutzwirkung zu Gunsten Dritter und Delikt BGHZ 161, 255, 262 = NJW 2005, 888.

563 Zur grundsätzlichen Dogmatik der Verkehrspflichten MüKo/*Wagner*, BGB, § 823 Rn. 50 ff., 232 ff. Konkret bezüglich der Sicherung einer Gefahrenquelle durch eine Person MüKo/*Wagner*, a.a.O. Rn. 258 ff.

2. Nahe Angehörige

a) Vertrag mit Schutzwirkung zu Gunsten Dritter

Demgegenüber läge es schon näher, nahe Angehörige wie Ehegatten und Kinder, in den vertraglichen Schutz des Behandlungsvertrages des THS-Patienten einzubeziehen und auf dieser Basis ein Informationsrecht Dritter zu gewähren. Dem stehen allerdings sowohl Patienteninteressen der Geheimniswahrung als auch Schutzzweckerwägungen des Instituts des Vertrages mit Schutzwirkung zu Gunsten Dritter entgegen. Zwar ist insbesondere der jeweilige Partner leistungsnah,[564] da die psychischen und physischen Veränderungen durch die THS besonders auf das Partnerschafts- und Familienleben Auswirkungen haben, was dem behandelnden Arzt aufgrund der besonderen Wirkungsweise der THS auch immer bewusst zu sein hat. Jedoch erscheint bereits das erforderliche Einbeziehungsinteresse[565] des Gläubigers fragwürdig. Dem Patienten als Gläubiger der Behandlungsleistung wird grundsätzlich auch gegenüber nahen Angehörigen die vollständige Eigenverantwortung für seine personenbezogenen Daten zuerkannt, was im Übrigen auch dem Patientenwillen in den meisten Fällen entsprechen dürfte. Daraus resultiert, dass der behandelnde Arzt auch nahen Angehörigen gegenüber zur Verschwiegenheit verpflichtet ist.[566] Zudem bezweckt der Schutz des Behandlungsvertrages seiner Zielrichtung nach a priori nicht den Schutz der dem Patienten nahestehenden Personen,[567] sofern keine außergewöhnlichen Umstände vorliegen.[568] Sähe man dies anders, so läge hierin zugleich eine Überforderung des Arztes, da dieser über die deliktischen Verpflichtungen hinaus im Behandlungsvertrag grundsätzlich auch mittelbar den Angehörigen zur ordnungsgemäßen Behandlung des Patienten jedenfalls insoweit verpflichtet wäre, als sich hieraus jedenfalls keine Drittgefährdungen ergeben dürften. Ein derart weit verstandener vertraglicher Schutzkreis ist sowohl mit der Lebenswirklichkeit in Behandlungsverträgen als auch mit der maßvollen Risikoverteilung nach Treu und Glauben nicht zu verein-

---

564 Zur Leistungsnähe BGH, a.a.O.

565 BGHZ 133, 168, 173 = NJW 1996, 2927 f. Zu den Details und Fallgruppen siehe MüKo/*Gottwald*, BGB, § 328 Rn. 121 ff.

566 *Tiebe*, Strafrechtlicher Patientenschutz, S. 106 f. m.w.N.

567 Vertragspflichten obliegen dem Arzt grundsätzlich nur gegenüber dem Patienten. Ihn allein muss er schützen und versorgen, vgl. *Lipp*, in: Laufs/Katzenmeier/Lipp, Arztrecht, S. 75 ff. Rn. 32 ff. Selbst wenn im Rahmen der Diskussionen um das ärztliche Berufsbild zurecht darauf hingewiesen wird, dass der Arzt sowohl Helfer des Kranken als auch mittelbar Verpflichteter der Volksgesundheit ist - so § 1 BÄO und hierzu zutreffend *Laufs*, in: Laufs/Katzenmeier/Lipp, Arztrecht, S. 11 f. Rn. 18 f. – so können sich hieraus aber keine uferlose bürgerlichrechtliche Haftung des Arztes ergeben, die dieser gegenüber Jedermann zu akzeptieren hätte. Dies würde den Berufsstand der Ärzte gefährden.

568 Vgl. *Kern*, in: Laufs/Kern, Handbuch des Arztrechts, § 39 Rn. 37, der hier den Kreis allerdings sehr weit ziehen möchte und keine griffigen Kriterien für notwendige Grenzen diskutiert. Insofern ist verstärkt auf das Gewicht der Schutzbedürftigkeit des Dritten in einer Abwägung zur Zumutbarkeit für den Arzt zurückzugreifen, vgl. generell zur Zumutbarkeit BGH NJW 1984, 355 sowie die Ausführungen bei MüKo/*Gottwald*, BGB, § 328 Rn. 122 f. und zur Erheblichkeit des Schutzbedürfnisses MüKo/*Gottwald*, a.a.O. Rn. 127 ff.

baren. Die erwähnten Ausnahmeumstände können allerdings bei erkannter konkreter Gefährlichkeit für einen Angehörigen durchaus zu bejahen sein.[569]

b) Delikt

Deliktsrechtlich gilt jedoch anderes. Hier ist nach Rechtfertigungstatbestand für den Übergriff auf das allgemeine Persönlichkeitsrecht des Patienten und der im Einzelfall bestehenden Verkehrspflicht zur Warnung zu unterscheiden.

aa) Rechtfertigung

Eine Rechtfertigung zur Offenbarung der THS-Behandlung gegenüber Dritten kann sich jedenfalls aus einer ausdrücklichen oder konkludenten Einwilligung ergeben, wobei eine konkludente Einwilligung dann anzunehmen ist, wenn der Patient etwa seinen Partner zur Behandlung, zu ärztlichen Beratungsgesprächen und zum Eingriff selbst mitnimmt.[570] Allerdings muss der Arzt jedes Mal aufmerksam prüfen, ob wirklich eine Einbeziehung gewollt ist, bevor Geheimnisse verraten werden.[571]

Problematisch sind jene Fälle, in denen eine Einwilligung nicht vorliegt oder sogar der Geheimhaltungswille des THS-Patienten deutlich wird. Insofern ist parallel zur Notfallintervention[572] auch für die Frage der Drittinformation zu entscheiden. Sofern der Patient Schädigungspotenzial für Dritte darstellt, ist eine Warnung jedenfalls auf Basis des § 34 StGB gerechtfertigt. Der Fall des THS-Patienten ähnelt im Rahmen der rechtlichen Würdigung den HIV-Fällen, bei denen der für den Arzt erkennbare potentielle Sexualpartner des Patienten jedenfalls vor ungeschütztem Geschlechtsverkehr mit dem HIV-Infizierten gewarnt werden kann.[573] Zu betonen gilt es aber, dass der Arzt in der jeweiligen Situation bei erkannter Gefährlichkeit des Patienten nicht leichtfertig dessen Geheimnisse preisgeben darf. Vielmehr ist zunächst auf den Patienten einzuwirken, dass dieser sich seinen Angehörigen offenbaren möge.[574] Verspricht dies keinen Erfolg, so hat der Arzt vor Offenbarung eine umfassende Interessenabwägung vorzunehmen, bei welcher der Schutz der Angehörigen den Schutz der Patientengeheimnisse deutlich überwiegen muss.[575] Demgegenüber ist ohne hinreichendes Anzeichen für eine erhebliche Drittgefährdung eine Offenbarung der THS-Behandlung unzulässig.

Eine Rechtfertigung über die analoge Anwendung des § 193 StGB ist grundsätzlich abzulehnen. Der Arzt verfolgt insofern keine berechtigten Interessen. Diese sind auch nicht auf Basis ärztlicher Gewissensentscheidung zu konstruieren,

---

569 Näher hierzu s.u. Kap. 1 D II 6 b bb.

570 So schon RGSt 38, 62, 66, aber auch LK/*Schünemann*, StGB, § 203 Rn. 109; NK/*Jung*, StGB, § 203 Rn. 24.

571 *Langkeit*, NStZ 1994, 6, 8; *Schünemann*, a.a.O.; *Jung*, a.a.O.

572 Vgl. Kap. 1 C II.

573 Vgl. OLG Frankfurt, NJW 2000, 875; dazu Anm. *Bender*, VersR 2000, 322; *Bruns*, MDR 1987, 353, 356; *Eberbach*, JR 1986, 230, 233; *Herzog*, MedR 1988, 289, 291.

574 BGH NJW 1968, 2288.

575 *Katzenmeier*, in: Laufs/Katzenmeier/Lipp, Arztrecht, S. 296 Rn. 29.

da der Arzt primär seinem Patienten verpflichtet ist und im Übrigen sich nicht zum Wächter des Privatlebens Dritter aufschwingen darf. Es kann auch nicht um Vermeidung von Haftungsrisiken gehen. Vielmehr ist die heikle Frage der Offenbarung von Patientengeheimnissen zum Drittschutz ein Problem der Interessenabwägung im Einzelfall, wie es § 34 StGB verlangt. Jede Umgehung dieser Abwägung würde verhindern, dass der Arzt zur umfassenden Gewissensanstrengung in Bezug auf die Wahrung der Patientengeheimnisse angehalten wird. Dies ist aber rechtlich keinesfalls zu billigen.

bb) Pflicht zur Information und Warnung

Mit einer Offenbarungs*pflicht* war die Rechtsprechung lange Zeit zurückhaltend und ging bis zum Jahr 2000[576] ausschließlich von einem Offenbarungs*recht* aus.[577] Demgegenüber klang in der Literatur bereits frühzeitig für besondere Fälle die Notwendigkeit einer Offenbarungspflicht jedenfalls dann an, wenn der Dritte gleichzeitig Patient des geheimniswahrenden Arztes ist.[578] Dieser Entwicklung ist im Fall der THS-Behandlung Folge zu leisten. Ob Vergleichbares auch bei Behandlungen mit einem niedrigeren Risikoniveau zu gelten hat, kann dahinstehen. Die Stimulation im zentralen Nervensystem ist bei unvorhergesehenen Nebenwirkungen oder bei Fehlleistungen im Zweifel grundsätzlich als eine erhebliche Gefahr einzustufen. Die Betroffenen drohen unzurechnungsfähig zu werden und weisen insbesondere für ihre nächsten Angehörigen ein erhebliches Schädigungspotential auf. In der Praxis ist teilweise ein starkes hypomanisches Verhalten zu beobachten.[579]

Eben wegen dieser besonderen Gefahren ist ebenso wie in den HIV-Fällen eine Aufklärungspflicht bei gegebener Garantenstellung des Arztes anzuerkennen. Eine solche Garantenstellung kann sich aber, wie oben bereits angeklungen, neben einer Hütergarantie durch Behandlungsübernahme des betroffenen Dritten auch aus einer Form der Überwachergarantie ergeben, sofern der Arzt feststellt oder erkennen muss, dass mit der Stimulation eine erhebliche und nicht mehr einschätzbare Gefahrenquelle geschaffen wurde. Es bedarf im Einzelfall einer zumutbaren Notintervention zur Abschirmung Dritter wegen eines nicht mehr freiverantwortlich handelnden Patienten.

Im Übrigen ist der seit Langem in der Literatur anerkannten These zuzustimmen, dass den Arzt außerhalb genannter Extremsituationen weder eine Nachforschungspflicht hinsichtlich betroffener Dritter noch eine Rechtspflicht zum Eingreifen auf Basis des Rechtfertigungstatbestandes gemäß § 34 StGB trifft.[580] Eine

---

576 OLG Frankfurt, NJW 2000, 875; zust. *Schlund*, JR 2000, 376 f.; *Spickhoff*, NJW 2000, 848 f.; *Deutsch*, VersR 2001, 1471, 1474.

577 BGH NJW 1968, 2288, 2290; dem auch nach wie vor zust. OLG Frankfurt VersR 2000, 320 m. Anm. *Bender*; *Parzeller/Bratzke*, DÄBL. 2000, A 2364 ff.; OLG Frankfurt MedR 2000, 196 m. Anm. Engländer, MedR 2001, 143; s.a. Anm. Wolfslast, *NStZ 2001, 151.*

578 *Eberbach*, JR 1986, 230, 233; *Langkeit*, Jura 1990, 452, 460; *Bruns*, MDR 1987, 353, 356; *Herzog*, MedR 1988, 284, 291; *Timm*, Grenzen der ärztlichen Schweigepflicht, S. 72.

579 Forschungsergebnisse von *Timmermann* im Rahmen der ELSA-Forschungsgruppe.

580 Hierzu BGH NStZ 1983, 314 f. m. Anm. *Lilie*; *Laufs*, NJW 1984, 1383, 1389.

Rechtspflicht kann sich im Rahmen dieser Abwägung grundsätzlich auch nicht aus § 323 c StGB ergeben, da eine so verstandene Wertung den Arzt in der Einzelfallsituation zum Bruch seiner Schweigepflicht geradezu drängen würde, zugleich aber bei fehlerhafter Abwägung nach § 34 StGB immer auch eine Strafbarkeit gemäß § 203 Abs. 1 Nr. 1 StGB zu erwägen wäre. Der Arzt wäre im Rahmen der notwendigen Abwägung in einer Art "Strafbarkeitsfalle" gefangen, aus welcher ihm bei grenzwertigen Entscheidungen kaum herauszuhelfen wäre. Dieses Gesetzesverständnis kann auf Basis von Zumutbarkeitserwägungen nicht überzeugen.

E. Berufsrecht

I. Ärztliche Pflichten

Das Berufsrecht der Landesärztekammern enthält allgemeine Vorgaben für das ärztliche Verhalten. Es verpflichtet den Arzt zur Verschwiegenheit, zum ordnungsgemäßen Umgang mit dem Patienten und zur Einhaltung beruflicher Standards. Insoweit gilt für die Behandlungsmethode THS nichts anderes als für sonstige Heilmethoden. Die genaueren Spezifikationen der geschuldeten Therapie ergeben sich aus dem zivilrechtlichen Behandlungsvertrag.[581] Jedoch ist für die Behandlungsmethode THS das Berufsrecht insoweit relevant, als die ethische Komponente des Handelns eine besondere Rolle spielt und ethisch unvertretbare Verhaltensweisen rechtliche Wirkungen entfalten können.[582] Drei Voraussetzungen sind für eine Einbeziehung ethischer Regeln von Bedeutung:

- Das Bestehen einer hinreichenden gesetzlichen Grundlage, die die Zulässigkeit der medizinischen Methode unter das bindende Gebot ethischer Regeln stellt;
- bindende und nach objektiven Maßstäben gebildete ethische Leitlinien und Vorgaben, die justiziabel sind.

Zu diesem Punkt ist grundlegend zu beachten, dass diese Regeln nicht allein von Juristen gefunden werden können, da insoweit spezieller medizinischer und ethischer Sachverstand notwendig ist. Es bedarf einer speziellen Institution, die mit Experten für ethische Fragen besetzt sein und eine hinreichende demokratische sowie rechtsstaatliche Legitimation aufweisen muss. Zwar herrscht große Uneinigkeit über die Frage, ob es klare Gebote ärztlicher Ethik[583] gibt und wie dieselben auszusehen haben.[584] Dies ist jedoch insoweit nicht von Belang, als es nach dem juristischen Maßstab einzig darum geht, „äußere" Grenzen zu ziehen, die nach ethischen Erwägungen nicht überschritten werden dürfen. Es bleibt der ethischen Fachdebatte im Übrigen überlassen, ob klare Verhaltensmaximen her-

---

[581] Näher hierzu Kap. 1 A.

[582] Vgl. zur Frage ethischer Bedenken die einleitenden Ausführungen.

[583] Um eine grundlegende Auflistung bemüht sich Ratzel/Lippert/*Lippert*, MBO-Ä, § 2 Rn. 7 ff.

[584] Dies zeigte sich wieder einmal bei der Sitzung des Deutschen Ethikrates am 28.05.2009 zum Thema „Der steuerbare Mensch? Über Einblicke und Eingriffe in unser Gehirn" vgl. *Honnefelder*, in: Tagungsdokumentation der Jahrestagung des deutschen Ethikrats, 2009, S. 83 ff.

ausgearbeitet werden können, auf die sich die Fachwelt als ethische Grundsatzgebote einigt.

- Schließlich ist ein Sanktionsmodell nötig, um die Umsetzung zu sichern, falls ein Arzt gegen definierte und rechtlich verbindliche Gebote verstößt. Insoweit fehlende Konsequenzen bedeuten vor allem Hindernisse in der praktischen Handhabung.

1. Gesetzliche Grundlagen

a) Bundesrecht

Art. 74 Abs. 1 Nr. 19 GG weist dem Bund eine konkurrierende Gesetzgebungskompetenz im ärztlichen Berufs*zulassungs*recht zu. Das ärztliche Berufs*ausübungs*recht ist dagegen kompetenzrechtlich Ländersache, wobei eine Kompetenz des Bundes kraft Sachzusammenhangs nicht erwogen wird.[585] Gegenstand der Berufsordnungen ist die Berufsausübung. Somit sind hier gemäß Art. 30, 70 GG die Länder ausschließlich zuständig.[586]

Bei § 2 Abs. 1 MBO-Ä handelt sich nicht um eine bundesrechtliche Regelung. Die Vorschrift ist zwar von einer Organisation auf Bundesebene, der Bundesärztekammer, formuliert worden. Diese hat aber keine Gesetzgebungskompetenz. Daher scheidet § 2 Abs. 1 MBO-Ä als gesetzliche Grundlage für die Beachtung ethischer Regeln durch Ärzte aus. Es handelt sich hierbei auch nicht um Gesetzesrecht, sondern lediglich um Empfehlungen der Bundesärztekammer an die Landesärztekammern.[587] Diese haben das Recht, sie in ihre Berufsordnungen zu übernehmen. Sie müssen dies aber nicht tun.

b) Heilberufsgesetze der Länder – Satzungen

Es ist die Frage der gesetzlichen Grundlage für eine rechtliche Implementierung ethischer Vorgaben nach den Landesgesetzen der 16 Bundesländer zu klären. Die Ermächtigungsgrundlagen sind in allen Ländern identisch.[588] Daher wird exemplarisch das Landesrecht Nordrhein-Westfalen, Heilberufsgesetz NRW (HeilBerG), herangezogen. Das Ergebnis ist aufgrund der Vergleichbarkeit der 17 Berufsordnungen[589] der Landesärztekammern auf alle 16 Bundesländer übertragbar.

---

[585] Vgl. *Laufs*, in: Laufs/Katzenmeier/Lipp, Arztrecht, S. 34 Rn. 5.

[586] BVerfGE 33, 125 – Facharztbeschluss = NJW 1972, 1504.

[587] Vgl. *Laufs*, in: Laufs/Katzenmeier/Lipp, Arztrecht, S. 36 Rn. 10 m.w.N.

[588] §§ 29, 31 HeilberG -BW; Art. 17, 19 HeilberG Bayern; §§ 4a Abs. 1, 4 HeilberG Berlin; §§ 30, 31, 32 Abs. 1 HeilberG Brandenburg; §§ 27, 28 Abs. 1, 29 HeilberG Bremen; §§ 27, 28 HeilberG Hamburg; §§ 22, 23, 24 HeilberG Hessen; §§ 31, 32, 33 HeilberG Mecklenburg-Vorpommern; §§ 32, 33 HeilberG Niedersachsen; §§ 20 – 23 HeilberG Rheinland-Pfalz; §§ 22 – 25 HeilberG Saarland; §§ 16, 17 HeilberG Sachsen; §§ 19, 20 HeilberG Sachsen-Anhalt; §§ 20 – 23 HeilberG Thüringen; §§ 29 – 31 HeilberG SH. Alle benannten Regelungswerke entsprechen dem Sinngehalt der §§ 29, 31, 32 HeilberG NRW.

[589] In jedem Bundesland gibt es eine Landesärztekammer, die eine Berufsordnung erlassen hat. Die einzige Ausnahme bildet NRW, wo es eine Unterteilung in die Ärztekammer Nordrhein und die Ärztekammer Westfalen-Lippe gibt, so dass sich für 16 Bundesländer

§ 29 HeilBerG bestimmt, dass der ärztliche Beruf gewissenhaft auszuüben ist. Dies wird auf Basis der §§ 31 Abs. 2, 32 HeilBerG in den Berufsordnungen dahingehend ausgeformt und präzisiert,[590] dass auch ethische Gebote als integrativer und somit bindender Bestandteil des Gewissenhaftigkeitsgebots gelten.[591] Diese berufsrechtlichen Regelungen sind ausnahmslos für alle der jeweiligen Landeskammer als Pflichtmitglieder angeschlossenen Ärzte verbindlich, §§ 2 Abs. 1 i.V.m. 1 Nr. 1 HeilBerG.[592]

aa) Anforderungen des Demokratieprinzips

Der Rahmen des § 29 HeilBerG muss die rechtliche Einbindung ethischer Vorgaben in eine Berufsordnung ermöglichen und selbst hinreichend bestimmt formuliert sein. Der Kern der Regelung und sein ermächtigender Rahmen müssen sich bereits aus § 29 HeilBerG und somit aus dem förmlichen Parlamentsgesetz selbst ergeben.[593] In Betracht kommt insoweit ausschließlich § 29 Abs. 1 HeilBerG, der lautet: „*Die Kammerangehörigen sind verpflichtet, ihren Beruf gewissenhaft auszuüben und den ihnen im Zusammenhang mit dem Beruf entgegengebrachten Vertrauen zu entsprechen.*“ Es bestehen somit zwei Ansatzpunkte in der Formulierung: „Entsprechen des entgegengebrachten Vertrauens“ und „*Gewissenhaftigkeit* bei der Berufsausübung“.

Da die Frage der *Gewissenhaftigkeit* den ersten Begriff weitgehend umfasst und zum Teil auch darüber hinausgeht,[594] soll vorliegend allein der weite Begriff zugrunde gelegt werden.

---

insgesamt 17 Kammern und somit 17 Berufsordnungen ergeben. Die Berufsordnungen sind im Wesentlichen der MBO-Ä nachgebildet und in den hier entscheidenden Regelungsgesichtspunkten identisch.

590 Gegen die Schaffung bindender Berufsordnungen, welche die Berufsausübungsfreiheit gemäß Art. 12 Abs. 1, 2 GG zu beschränken geeignet sind, bestehen grundsätzlich keine verfassungsrechtlichen Bedenken, vgl. BVerfGE 71, 162, 172 f. = NJW 1986, 1533 f. Das zulässige Ausmaß hängt von der Intensität des Eingriffs ab, vgl. BVerfGE 94, 372 = NJW 1996, 3067 - Apothekenwerbung.

591 Vgl. etwa §§ 2 Abs. 1 BO Nordrhein und 2 Abs. 1 BO Westfalen-Lippe.

592 Die Mitgliedstellung wird gesetzlich durch ärztliche Betätigung oder hilfsweise durch den gewöhnlichen Aufenthalt im jeweiligen Einzugsgebiet des Bundeslandes begründet, so dass ein regelwidriges Fernbleiben nicht möglich ist, vgl. § 2 Abs. 1 HeilBerG.

593 Dies wird für Satzungen unmittelbar aus dem Demokratie- und Rechtsstaatsprinzip gemäß Art. 20 Abs. 1 – 3, 28 Abs. 1 GG gefolgert.

594 Dieser Schluss ergibt sich insbesondere aus einem Vergleich mit den übrigen Landesheilberufsgesetzen, die vielfach ausschließlich den Begriff der Gewissenhaftigkeit verwenden. Hinzu kommt ein zwingender logischer Rückschluss: Ein gewissenhafter Arzt wird immer dem ihm entgegengebrachten Vertrauen des Patienten entsprechen. Ist dem nicht so, kann der Arzt unter keinen Umständen als gewissenhaft eingestuft werden. Zwar kann ein Patient auch zu einem gewissenhaften Arzt kein Vertrauen haben, jedoch ist dies für die Maxime der vertrauensvollen Berufsausübung irrelevant. Was berufsrechtlich geboten ist, kann nicht durch die Sicht des einzelnen Patienten definiert werden. Sähe man dies anders, so wäre täglich jeder Arzt in der Gefahr, das Gebot der vertrauensvollen Berufstätigkeit zu brechen, obgleich er absolut gewissenhaft agiert.

Gewissenhaft handelt ein Arzt dann, wenn er sowohl aus einer objektivierten Sicht der Patientenschaft als auch aus Sicht des gesamten Berufsstandes alle anerkannten Einzelgebote[595] ärztlicher Berufsausübung beachtet sowie seiner besonderen Verantwortung gegenüber dem menschlichen Leben, der Gesundheit und der Persönlichkeit gerecht wird.[596] Letzteres ist nur möglich, wenn der Arzt die zeitgeistlich anerkannten Regeln der Ethik achtet. Die Ethik[597] als Teildisziplin der Philosophie befasst sich mit dem Sittlichen und der Moral.[598] Es geht also um

---

595 Hierdurch ist der Begriff der Gewissenhaftigkeit gezwungenermaßen einer Dynamik ausgesetzt. Dies kann und darf vor dem Hintergrund fortwährenden medizinischen Fortschritts nicht anders gehandhabt werden. Maxime der Entscheidung ist die Frage der Anerkennung, welche nach medizinischer und Rechtsprechungspraxis zu bewerten ist. Die Ärztekammern stehen somit in der Pflicht, vor jedwedem Erlass neuer Berufsregeln die praktische Handhabung und die bislang ergangenen Urteile zu einer Frage sorgfältig auszuwerten und ihrer Entscheidung zu Grunde zu legen.

596 Da eine allgemeingültige Definition des Begriffs „gewissenhaft" bezüglich der ärztlichen Tätigkeit nicht existiert, ist der vorliegend verwendete Begriff vom Verfasser definiert worden. Diesem Begriff liegt eine Auswertung der Rechtsprechung zu Grunde, welche etliche Einzelbeispiele für die Frage der fehlenden Gewissenhaftigkeit aufweist. In einer konsolidierten Gesamtbetrachtung folgender Urteile, ergibt sich die hier verwandte Definition: Landesheilberufsgericht Münster Urt. v. 18.02.2009 6t A 898/07.T; VG Münster Urt. v. 08.08.2007 16 K 349/07.T = MedR 2008, 322-323; OVG Rheinland-Pfalz Urt. v. 23.07.2007 LBGH A 11625/06 = ArztR 2008, 51; VG Münster Heilberufsgericht Urt. v. 31.05.2006 19 K 1581/05.T = ZM 2007, Nr. 5, 103; Landesheilberufsgericht Münster Urt. 05.04.2006 6t A 3527/04.T = NWVBl 2006, 423-425 („Robodoc"); OVG Rheinland-Pfalz Urt. v. 20.09.2005 6 A 10556/05 = MedR 2006, 301-305; Heilberufsgericht Frankfurt Urt. v. 26.04.2005 21 BG 6932/04 = MedR 2006, 70-71; Heilberufsgericht VG Münster Beschl. v. 13.10.2004 14 K 788/04.T; OVG NRW 29.01.2003 6t A 1039/01.T = NJW 2003, 2332-2333 = GesR 2003, 247-248; VG Frankfurt Urt. v. 04.06.2002 21 BG 4443/01; Landesheilberufsgericht Münster Urt. v. 03.05.2001 15 A 4950/98.T = NJW 2002, 912-913 = ArztR 2001, 300-301; VG Münster Urt. v. 10.02.1999 6 K 1620/98 = MedR 1999, 284-287; Landesheilberufsgericht Münster Beschl. v. 16.10.1996 1t E 993/95 = OVGE MüLü 46, 72-79 = NWVBl 1997, 181-183; Landesheilberufsgericht Münster Urt. v. 27.09.1989 ZA 1/88 GewArch 1990, 210-212; OVG Münster Urt. v. 04.03.1982 ZA 6/79.
Zu einem vergleichbaren Ergebnis kommt *Lippert*, in Ratzel/Lippert, MBO-Ä, § 2 Rn. 1, 7 f., 16 f., 21, jedoch kann hierauf nicht uneingeschränkt zurückgegriffen werden, da *Lippert* an dieser Stelle seine Interpretation auf den Wortlaut und die Systematik der Berufsordnung stützt. Für den übergeordneten Begriff der Gewissenhaftigkeit im Heilberufsgesetz kann aber hierdurch keine bindende Auslegung erkannt werden, da die Berufsordnungen auf Basis der Heilberufsgesetze erlassen werden, wodurch die wesentlichen Entscheidungen in den Heilberufsgesetzen der Länder zu treffen sind – demokratischer Vorbehalt des Gesetzes. Die Berufsordnungen sind lediglich Präzisierungen der in den Heilberufsgesetzen niedergelegten Vorgaben.

597 Altgriechisch „ethike", übersetzt „das Sittliche" Wikipedia-Artikel Ethik, http://de.wikipedia.org/wiki/Ethik (Abrufdatum 23.11.2012).

598 Die Begriffe der Sitte und der Moral haben etliche Schnittmengen, worauf an dieser Stelle nicht näher einzugehen ist. Vgl. grundlegend *Ickelsheimer*, in: Otfried Höffe, Lexikon der Ethik, Stichwort Ethik.

menschlich vertretbares Verhalten gegenüber den Mitmenschen und der übrigen Umwelt. Ist eine ärztliche Behandlungsmethode ethisch nicht vertretbar, verstößt ihre Anwendung notwendigerweise gegen die gewissenhafte Berufsausübung, die dem Arzt nach § 29 Abs. 1 HeilBerG obliegt.[599] Der Arzt greift dann in moralisch nicht vertretbarer Weise in den berufsrechtlich gebotenen Persönlichkeitsschutz des Patienten ein oder missachtet das moralisch gebotene Verhaltensminimum, welches für den ärztlichen Berufsstand und dessen Ansehen in der Gesellschaft unerlässlich ist.[600] Diese Erwägungen sind Grundlage des gesellschaftlichen Vertrauens zwischen Ärzteschaft und Patienten. Daher ist die Wahrung ethischer Vorgaben zwingender Bestandteil der Gewissenhaftigkeit.

Die aufgezeigte heilberufsgesetzliche Grundlage ist formelles Parlamentsrecht und genügt in ihren Ausprägungen nach dem Demokratieprinzip den Vorgaben der Art. 20 Abs. 1, 2 und 28 GG.

bb) Rechtsstaatliche Bedenken

Bei dem Begriff „gewissenhaft“ handelt es sich um einen unbestimmten juristischen Terminus, auf dem die Berufsregeln aufgebaut sind, die den Arzt in seiner durch Art. 12 Abs. 1, 2 GG geschützten Berufsfreiheit beschränken. Bei einem Verstoß drohen ihm Sanktionen. Insofern ist auf die Einhaltung des rechtsstaatlichen Bestimmtheitsgebots besonderen Wert zu legen. Dies gilt nicht zuletzt auch deshalb, weil es eine allgemein anerkannte Definition der Gewissenhaftigkeit bislang nicht gibt.[601] Jedoch ist festzuhalten, dass an Hand der Verwendung des Begriffs in der Praxis wie auch durch verschiedene zur Thematik ergangene Urteile eine Konturierung der Gewissenhaftigkeit erfolgte. Der Begriff ist dadurch greifbar und praktikabel geworden.[602] Diese Grundlage reicht aus, um vor dem

---

599 Dieses Ergebnis lässt sich auch am Maßstab der anerkannten Grundsätze ärztlicher Berufsethik begründen, vgl. hierzu Ratzel/Lippert/*Lippert*, MBO-Ä, § 2 Rn. 9 – 15.

600 So spricht *Laufs*, in: Marré/Stüting, Essener Gespräche zum Thema Staat und Kirche 22, 1988, 114 – 131 vom „Arzt als Helfer, nicht als Beherrscher des Kranken, als minister naturae, nicht als Schöpfer und Richter, als fördernder Begleiter des Schicksals, nicht als Herr über Leben und Tod“. Diesem Bild kann nur der ethisch vertretbar handelnde Arzt gerecht werden.

601 Eine entsprechende Definition wird hier erstmals angeboten, um den Versuch zu unternehmen, der bestehenden Rechtsunsicherheit, welche insofern bislang besteht, durch Schaffung gewisser Grenzen Einhalt zu gebieten.

602 Vgl. hierzu die Rechtsprechungsübersicht in Fn. 653. Insofern kann als rechtstechnische Entwicklungsparallele die inhaltliche Ausformung des Begriffs „Zuverlässigkeit“ im ärztlichen Berufszulassungsrecht herangezogen werden. Die Problemlage ist ähnlich im Vergleich zum Verständnis des Begriffs der Gewissenhaftigkeit, da es auch hier einen unbestimmten Rechtsbegriff auszuformen gilt, welcher der Exekutive erhebliche Spielräume bei der Bewertung eines spezifischen beruflichen Verhaltens belässt und mithin rechtsstaatlich bedenklich ist, da bereits bei Erlass seine exakte Verwendung in der Rechtsanwendung kritisch hinterfragt werden musste. Nichtsdestoweniger haben auch hier Rechtsprechung und Literatur für eine genauere Bestimmbarkeit gesorgt, indem Maßstäbe und typische Anwendungsfälle sowie Wertungsgesichtspunkte herangezogen wurden.

Hintergrund mangelnder Bestimmtheit verfassungsrechtlich problematische Termini so zu präzisieren, dass diese als rechtmäßig zu werten sind.[603]

cc) Satzungsrechtlicher Spielraum für Berufsordnungen

Die gesetzliche Ermächtigung zum Erlass von berufsregelnden Satzungen und damit zur Konkretisierung ethischer Grundsätze ist nicht anzuzweifeln. Aus der umfangreichen Rechtsprechung zum Begriff der Gewissenhaftigkeit ist herauszulesen, dass den Kammern bei Erlass der Berufsordnungen ein erheblicher Spielraum zukommt. Dies gilt, solange die Berufsausübungsregelungen dazu dienen, die Patienten zu schützen und das Bild des Arztes als Vertrauensperson zu wahren. Die ärztliche Tätigkeit darf dabei nicht über Gebühr eingeschränkt und dementsprechend die berufliche Freiheit nicht unnötig begrenzt werden. Ein starker Patientenschutz genießt grundsätzlich die Vermutung, eine Form erlaubter und tragbarer Einschränkung zu sein. Diese Aussage basiert auf dem besonderen Gewicht der ärztlichen Berufstätigkeit zu Schutz, Erhalt und Wiederherstellung des überragend wichtigen Gutes der Volksgesundheit. Die Ärzteschaft muss dabei akzeptieren, dass ihre Berufsfreiheit in hohem Maß einer Sozialbindung unterliegt und damit entsprechende Einschränkungen hinzunehmen sind.[604]

Auf Basis vorbenannter Ermächtigung erließ die Ärztekammer Westfalen-Lippe eine Berufsordnung (BO-Ä WL), die im Folgenden exemplarisch für weitere Überlegungen herangezogen wird. In § 2 Abs. 1 S. 1 BO-Ä WL sind die Gebote ärztlicher Ethik bindend festgeschrieben:

„Ärztinnen und Ärzte üben ihren Beruf nach ihrem Gewissen, den Geboten der ärztlichen Ethik und der Menschlichkeit aus. Sie dürfen keine Grundsätze anerkennen und keine Vorschriften oder Anweisungen beachten, die mit ihren Aufgaben nicht vereinbar sind
oder deren Befolgung sie nicht verantworten können."[605]

§ 2 Abs. 1 S. 2 BO-Ä WL verbietet der Ärzteschaft explizit die Berufsausübung entgegen gebotener ärztlicher Aufgaben sowie entgegen den Maßstäben verantwortungsvoller Tätigkeit. Ein solcher Maßstab ist mit § 2 Abs. 1 S. 1 BO-Ä WL vorgegeben. Dabei ist nicht entscheidend, ob spezifische Gebote ärztlicher Ethik gefunden werden können oder ob bislang aufgestellte Gebote konsensfähig

---

603 Vgl. hierzu BVerfGE 6, 32, 42 = NJW 1957, 297; BVerfGE 8, 275, 326 = NJW 1959, 475. Das BVerfG steht auf dem Standpunkt, dass unbestimmte Rechtsbegriffe in legislativischen Ermächtigungsgrundlagen an die Exekutive dann als hinreichend bestimmt und ausformungsfähig anzusehen sind, wenn die Grundsätze der Gewaltenteilung und der Gesetzmäßigkeit der Verwaltung sowie der Justizgewährleistungsanspruch beachtet wurden. Dies ist laut BVerfG dann der Fall, wenn die richterliche Kontrolldichte die exekutivische Macht begrenzen kann, wenn also die verwandten unbestimmten Rechtsbegriffe nicht dazu führen, dass die Exekutive richterlich nicht überprüfbare Spielräume gleich der Legislative hat, es sei denn, dass sich dieser Art kontrollfreie Beurteilungsspielräume als unausweichlich darstellen. Daher können im Einzelfall von diesem Grundsatz Ausnahmen zulässig sein, sofern aus rein tatsächlichen Gründen eine Überprüfbarkeit nicht möglich ist, vgl. BVerfGE 64, 261, 279 = NJW 1984, 33; BVerwGE 72, 38, 53 = NJW 1986, 796.

604 Vgl. hierzu *Laufs*, in: Laufs/Kern, Handbuch des Arztrechts, § 3 Rn. 25.

605 § 2 Abs. 1 Berufsordnung Ärzte Westfalen-Lippe.

sind. Die rechtliche Verpflichtung greift jedenfalls dort, wo ein Verhalten als ethisch verwerflich und daher untragbar angesehen werden muss.

Somit ist eine satzungsrechtliche Grundlage gegeben, die auf Basis der Ermächtigung der §§ 31 Abs. 2, 32 i.V.m. 29 Abs. 1 HeilBerG NRW eine Berufsausübung entgegen ethischen Vorgaben verbietet.

2. Expertengremium

Als Expertengremien für die Entscheidung über das ethisch vertretbare ärztliche Verhalten könnten European Group on Ethics in Science and New Technologies (EGE) oder der Council for International Organizations of Medical Sciences (CIOMS)[606] in Betracht gezogen werden. Vorgaben dieser Institutionen können jedoch lediglich als Erkenntnisquellen herangezogen werden, da für sie eine gesetzliche Entscheidungsermächtigung und somit eine bindende Wirkung ihrer Regelungen für das deutsche Recht fehlen. Die Gremien sind daher als Rechtssetzungsorgane nicht geeignet.

Bisher kommen nur die Ethikkommissionen in Betracht. Sie sind bei den Ärztekammern der Länder, bei Landesgesundheitsbehörden, bei medizinischen Fakultäten sowie in Einzelfällen an privaten Hochschulen[607] oder als juristische Personen des Privatrechts[608] eingerichtet worden.[609] Diese Kommissionen sind Pflichteinrichtungen, soweit sie bei den Ärztekammern angesiedelt sind, vgl. § 7 Abs. 1 S. 1 HeilBerG. Die Landesbehörden wie auch die medizinischen Fakultäten staatlicher Hochschulen haben demgegenüber die Wahl, ob sie eigene Kommissionen einrichten oder aber in ethischen Angelegenheiten die Ärzteschaft auf die Kommissionen der Kammern verweisen wollen. Entscheidet eine medizinische Fakultät, eine eigene Ethikkommission einzurichten, so tritt diese an die Stelle der Ethikkommission der Ärztekammer, § 7 Abs. 7 HeilBerG.

Die Ethikkommissionen eignen sich besonders für die Herausarbeitung ethisch grenzwertigen Verhaltens, da ihre personelle Besetzung stets interdisziplinär mit Medizinern, Ethikern und Juristen gewährleistet sein muss, § 7 Abs. 2 HeilBerG. Ein vergleichbares sachnahes Gremium, welches auch die hinreichende örtliche Nähe aufweist und die Instrumentarien für rasche Einzelfallentscheidungen bereithält, existiert nicht.

Für die Kommissionen der Ärztekammern besteht laut Gesetz primär eine Beratungsaufgabe. Die Tätigkeitsfelder werden durch § 7 Abs. 1 S. 1 und 2 HeilBerG NRW sowie § 7 Abs. 4 HeilBerG in Verbindung mit den Satzungen der Ethikkommissionen festgelegt. Für das Beispiel Westfalen-Lippe finden sich die kon-

---

606 Von Interesse für Erkenntnisgewinne über den internationalen Standard des ethisch Vertretbaren ist das Kooperationswerk der CIOMS und der WHO (World Health Organization): International Ethical Guidelines for Biomedical Research Involving Human Subjects.

607 Vgl. den aktuellen Fall Witten-Herdecke.

608 So insbesondere die freie Freiburger Ethikkommission GmbH. Die Voten dieser Kommission sind im Rahmen der gesetzlichen Vorgaben ebenfalls hinreichend, etwa im Fall klinischer Prüfung eines Medizinprodukts, vgl. VGH Baden-Württemberg, MedR 2003, 109, 117 m. Anm. *Taupitz*.

609 Derzeit gibt es in Deutschland 53 Ethikkommissionen.

kreten Aufgaben und Zuständigkeiten der Ethikkommission in § 1 Abs. 2 – 4 der Satzung der Ethikkommission.[610]

Für die Beurteilung ethischer Probleme durch die Kommissionen bei der THS werden nachfolgend zwei Regelkreise erörtert. Zum einen ist § 7 Abs. 1 S. 1 HeilBerG NRW als generelle Aufgabenzuweisungsnorm zu diskutieren a) und zum anderen findet sich in § 1 Abs. 2 S. 1 der Satzung der Ethikkommission ein genereller Ansatz für die Begleitung medizinischer Forschung b) und c).

a) Heilberufsgesetz als Zuständigkeitsregelung

§ 7 Abs. 1 S. 1 HeilBerG NRW formuliert die allgemeine Vorgabe an die Ärztekammern, eine Ethikkommission zu errichten. Diese hat bei ethischen Fragen zu beraten. Eine Entscheidungsbefugnis der Kommission und ihrer Experten eröffnet die Norm nicht. Auch die systematische Stellung der Vorschrift im Gesetz weist darauf hin, dass es sich eher um einen Programmsatz handelt. Dieser ist allerdings durch die Ärztekammern über § 7 Abs. 4 HeilBerG in Verbindung mit einer Satzung für Ethikkommissionen zu konkretisieren. Für diese Auslegung spricht, dass § 7 Abs. 1 S. 2 in Verbindung mit den dort genannten spezialgesetzlichen Vorgaben für bestimmte Zuständigkeiten eine eigene Festlegung fordert. Aus § 7 Abs. 1 S. 1 HeilBerG ist keine unmittelbare Zuständigkeit der Ethikkommission für abschließende Entscheidungen über ethische Fragen herzuleiten.

b) Spezielle Zuständigkeitsregelungen de lege lata

Nach § 1 Abs. 2 S. 1 der Satzung der Ethikkommission ist die Kommission zur Beratung im Falle medizinischer und epidemiologischer Forschung berufen. Dies leitet sich aus dem Wortlaut und der Systematik als spezialgesetzliche Aufgabennorm ab. Um Fragen epidemiologischer Forschung[611] geht es bei der THS nicht. Sie tangiert vielmehr den Bereich medizinischer Forschung[612], sofern im Rahmen klinischer Studien z.B. neue Indikationsbereiche und veränderte Einsatzbedingungen der Methode getestet werden. Anders ist dies nach gegebener Gesetzeslage und herrschendem Gesetzesverständnis jedoch dann, wenn die THS als Heilversuch[613] eingesetzt wird.[614]

---

[610] Abgedruckt im Westfälischen Ärzteblatt 1/2006, S. 62 ff.

[611] Ursachen-, Folgen- und Verbreitungsforschung von Gesundheitszuständen und Gesundheitseffekten in der Bevölkerung.

[612] Eine medizinische Intervention, die nicht der ärztlichen Versorgung dient, sondern dessen entscheidendes Ziel der Erkenntnisgewinn ist, vgl. hierzu *Lipp*, in: Laufs/Katzenmeier/Lipp, Arztrecht, S. 460 Rn. 15.

[613] Zur Abgrenzung von Heilversuch und klinischem Experiment s. Kap. 2 II.

[614] Betreten von medizinischen Neuland oder Anwendung jedenfalls bislang nicht standardisierter Methoden zum Versuch von Heilung oder Leidenslinderung beim Patienten. Ziel ist die Verbesserung des Gesundheitszustandes und nicht ein möglicher Erkenntnisgewinn über die Methode, vgl. BGHZ 168, 103 = NJW 2006, 2477 – Robodoc; BGHZ 172, 1 = NJW 2007, 2767; *Vogeler*, MedR 2008, 697, 701.

Der Regelungsumfang des Begriffs der „medizinischen Forschung“ in § 1 Abs. 2 S. 1 der Satzung der Ethikkommission wird restriktiv eingestuft.[615] Hierunter wird nur der Fall des klinischen Experiments subsumiert. Der Patient ist im Rahmen einer Studie oder einer vergleichbaren Einbindung in das THS-Verfahren gesondert darauf hinzuweisen, dass die anstehende Methode im Rahmen der Grundlagenforschung angewendet wird und von daher besondere, vielleicht unbekannte Risiken drohen, die gerade mangels Studien noch nicht aufgedeckt werden konnten. Die Kommissionen sollen somit bislang nur ein experimentelles ärztliches Vorgehen begleiten, in dessen Rahmen ärztliche Interventionen erfolgen, die nicht therapeutischen Zwecken dienen.[616] Ob solche Zwecke mitverwirklicht werden, ist bei experimenteller Zielrichtung irrelevant.[617]

So ist eine Pflichtberatung zur Behandlungsmethode THS nur in geringem Rahmen gegeben. Es kommt insbesondere eine Diskussion über die Handhabung der THS auf mangelhaft oder unerforschten Gebieten in Betracht. Diese sind im Wesentlichen der Einsatz der Methode im Bereich psychiatrischer Erkrankungen und die Durchführung als Enhancement. Zur Beurteilung der THS als Enhancement wird auf Teil 3 der Arbeit verwiesen. Dieses Problemfeld befasst sich im Kern nämlich mit der Verbesserung menschlicher Fähigkeiten über den Normalzustand[618] hinaus, also nicht mit medizinisch notwendigen Behandlungen im engeren Sinn. Für die Bereiche der Heilbehandlung und der Forschungsaktivitäten im Hinblick auf verbesserte Heilungstechniken sind die Ethikkommissionen indessen zur Beratung verpflichtet, weil es hier darum geht, Fälle zu bewerten, in denen die Therapie mit THS experimentell gezielt medizinisches Neuland erschließen soll.

c) Erweiterte Zuständigkeit – objektiv teleologisches Gesetzesverständnis

Ein enges Verständnis der medizinischen Forschung greift zu kurz. Es verhindert, dass die Ethikkommission ihrer ureigenen Aufgabe hinreichend gerecht werden kann, Medizinern in ethischen Fragen umfassend mit Rat zur Seite zu stehen. Ethisch fragwürdige Verhaltensweisen kommen keineswegs nur im Bereich der speziell als Experiment titulierten medizinischen Studien vor. Vielmehr ergeben sich Ethikfragen bei jeder Fortentwicklung medizinischer Methoden. Insoweit wird vorgeschlagen, § 1 Abs. 2 S. 1 der Satzung der Ethikkommission unter objektiv teleologischen Erwägungen weiter zu interpretieren. Das Verständnis ist auf den medizinischen Fortschritt im Allgemeinen, den es ethisch zu bewerten und

---

[615] Vgl. zur Parallelregelung in § 15 Abs. 1 S. 1 MBO-Ä *Lipp*, in: Laufs/Katzenmeier/Lipp, Arztrecht, S. 498 Rn. 110 ff. m.w.N.

[616] Näher *Laufs*, in: Laufs/Kern, Handbuch des Arztrechts, § 130 Rn. 5 ff.

[617] *Lipp*, in: Laufs/Katzenmeier/Lipp, Arztrecht, S. 462 f. Rn. 23.

[618] Die Bestimmung des menschlich gesunden Normalzustands ist in nahezu allen Details umstritten, s. zum Grundstandard der WHO: The Introduction of the Constitution of the WHO, 1st principle. Dem stehen verschiedene Ansätze soziologisch-empirischer wie auch medizinischer Natur gegenüber, vgl. *Beck*, MedR 2006, 95 f.; *Pschyrembel (Begr.)*, Klinisches Wörterbuch, Stichwort „Gesundheit“, S. 748, Stichwort „Krankheit“ S. 1118.

beratend zu begleiten gilt, zu erweitern. Dieser Ansatz wird vom systematischen Zusammenhang, in dem § 7 Abs. 1 S. 1 HeilBerG steht, bereits getragen. Der identifizierte Programmsatz besagt, dass die Ethikkommission in allen ethischen Fragen beratend agieren soll. Dieser Aussage kann nicht entgegengehalten werden, dass ein Programmsatz allenfalls einen äußeren Rahmen beschreibt der lediglich die Frage beantwortet, bis zu welcher oberen Grenze der Ethikkommission ein Mitspracherecht zustehen könnte. Es kann auch nicht behauptet werden, dass § 1 Abs. 2 S. 1 der Satzung der Ethikkommission hinter dieser Forderung zurückbleibt.

Es handelt sich bei der Ethikkommission nach § 7 Abs. 1 S. 1 HeilBerG um eine Pflichteinrichtung. Sie muss für die Bearbeitung und Beantwortung aller Ethikfragen im medizinischen Berufsfeld eingerichtet werden. Wenn die Ärztekammern also zwar die Pflicht hätten, eine entsprechende Kommission einzurichten, jedoch dann deren Zuständigkeitsbereich durch Erlass einer Satzung auf die medizinische Forschung beschränken könnten, würden der besondere Zweck der Einrichtung nicht vollends erreichbar und sein Potential nicht ausschöpfbar sein.[619] Daher ist in § 7 Abs. 1 S. 1 HeilBerG lediglich eine Untergrenze für die Konkretisierung der Zuständigkeit der Ethikkommission zu sehen. Damit sie gewahrt werden kann, muss § 1 Abs. 2 S. 1 der Satzung der Ethikkommission vor dem Hintergrund des § 7 Abs. 1 S. 1 HeilBerG weit ausgelegt werden. Der Begriff der „medizinischen Forschung" ist demnach dahingehend zu verstehen, dass jede Form medizinischer Weiterentwicklung gemeint ist.[620] Sofern in irgendeinem Verfahren ethische Bedenken auftreten, ist es also eine grundsätzliche Aufgabe der Ethikkommission, beratend zur Verfügung zu stehen. Nach dieser Auffassung ist auch der Heilversuch eingeschlossen. Die Interpretation entspricht zudem dem Leitbild der Kommissionen. Sie sollen einerseits berufsrechtliche und berufsethische Fragestellungen bearbeiten und nach besten Kräften mit handhabbaren Ergebnissen aufwarten und andererseits als Teil der staatlichen Forschungsaufsicht agieren.[621] Forschung, insbesondere im Sinne von Versorgungsforschung, findet aber eben auch im Rahmen von Heilversuchen statt. Dabei wird keineswegs erwogen, dass vor jeglichem Heilversuch mittels eines gesonderten formellen Antrags die Kommission anzurufen ist. Es ist vielmehr eine geregelte Übersicht erwogener und durchgeführter Heilversuche von den behandelnden Ärzten zu erstellen, an Hand derer die Kommission ethische Beratung leisten kann. Dies würde den Ablauf der ärztlichen Behandlung nicht stören, da die angesprochene Liste mit der üblichen gebotenen Dokumentation verknüpft werden könnte.

In der bisherigen Praxis werden die Kommissionen aber grundsätzlich nicht für eine derart weitreichende Tätigkeit als tauglich erachtet. Der häufig schwer zu

---

[619] Der Landesgesetzgeber weist auf die besondere Bedeutung der Ethikkommission hin. Insoweit wird zwar kein Umfang der Kommissionszuständigkeit benannt, jedoch muss der angesprochenen Bedeutung Rechnung getragen werden, wofür die gegebene Grundklausel als Anhaltspunkt geschaffen wurde, vgl. Lt-Drucks. NRW 12/4379.

[620] Hierunter sind methodische Weiterentwicklungen ebenso zu fassen wie Fortschritte durch wissenschaftliche Erkenntnis, die zur Veränderung von Standards führen.

[621] Vgl. zu diesem Leitbild *Lipp*, in: Laufs/Katzenmeier/Lipp, Arztrecht, S. 503 f. Rn. 125 ff.

erlangende Konsens in der Kommission und die hiermit verbundenen zeitlichen Verzögerungen werden kritisch gewürdigt.[622] Vor dem Hintergrund des hier vorgeschlagenen Vorgehens können solche Einwände aber nur schwerlich überzeugen. Insbesondere wäre die jeweilige Kommission nicht dazu berufen, jede einzelne Therapie zu begleiten, sondern zumeist vom ärztlichen Alltag unabhängig zu den generellen Abläufen Stellung zu nehmen. Insofern ist gerade der in der Kommission mögliche interdisziplinäre Diskurs ein Gewinn.

Weiterhin werden die mangelhafte Legitimation der Kommissionen und ihre willkürliche Zusammensetzung beklagt.[623] Dem muss jedoch mit Hinweis auf die Vorgaben der Heilberufsgesetze widersprochen werden, wonach eine klare strukturelle Einbindung in den ärztlichen Entscheidungsprozess gewollt ist und die beratenden Mitglieder bestimmte Voraussetzungen erfüllen müssen. Allenfalls Einwände gegen die Art und Weise der Berufung zum Kommissionsmitglied sind insofern begründet. An dieser Stelle gilt es aber nicht die Aufgaben der Kommissionen zu verkürzen, sondern gesetzlich nachzubessern, um die Berufung der Mitglieder transparenter zu machen und an striktere Voraussetzungen zu binden.

Schließlich wird bemängelt, dass es in ethischen Fragen ohnehin keinen tragfähigen Konsens geben könne und die Schaffung eines hierüber befindenden Expertengremiums nur der Absegnung politischer Entscheidungen Vorschub leiste.[624] Bei diesem Vorhalt wird übersehen, dass bereits die eingehende Auseinandersetzung mit ethischen Problemen zur Vorsicht im Umgang mit ärztlichen Methoden mahnt und auch führt, wodurch auch ein erhöhter Patientenschutz entsteht. Weiterhin mag es sicherlich kaum bestreitbar sein, dass ein genereller Konsens über ethische Fragen wohl kaum jemals erzielbar sein wird. Darum kann es aber auch nicht gehen. Vielmehr müssen Grenzen ethisch vertretbaren Handelns ausgelotet werden, was ohne eine hinreichende Auseinandersetzung von Experten kaum zu erreichen sein dürfte. Die Gegner der Kommissionstätigkeiten bleiben eine Antwort auf die Frage schuldig, wer gegenüber den im Einsatz befindlichen Ärzten mahnend und beratend auftreten soll, wenn nicht eine interdisziplinär besetzte Kommission, die zu diesem Zweck berufen ist.

Bei der THS ist eine kontinuierliche, beachtliche Weiterentwicklung zu verzeichnen.[625] Daher ist diese Behandlungsmethode in jeder Einsatzform - derzeit unabhängig vom konkreten Einsatzgebiet - Gegenstand "medizinischer Forschung" im Sinne des § 1 Abs. 2 S. 1 der Satzung der Ethikkommission nach hier vertretener weiter Auslegung der Norm. Die jeweils zuständige Ethikkommission wäre daher nach dieser bislang in Rechtsprechung und Praxis nicht anerkannten Sicht künftig in beratender Funktion heranzuziehen. Zum Schutz von Patienten und Ärzten liegt dieser Schritt besonders nahe. Alle Instrumentarien stehen zudem bereit und müssen nur noch ihr erweitertes Tätigkeitsfeld in Angriff nehmen.

---

622 *Rom,* Welche Aufgaben haben Ethikkommissionen eigentlich?, DoxMedical 1/2010, 13.

623 *Rom*, a.a.O.

624 *Rom*, a.a.O.

625 Vgl. *Perlmutter/Mink*, Deep Brain Stimulation, Anu.Rev.Neurosci 2006, 229 ff. und im Vergleich *Kuhn et al.*, Tiefenhirnstimulation bei psychiatrischen Erkrankungen, Fortschr Neurol Psychiat 2007 m.z.N.

d) Plädoyer für erweiterte Zuständigkeit de lege ferenda

Noch weitergehender als bisher diskutiert, könnten die Ethikkommissionen auch dem Grunde nach bindend darüber entscheiden, was ethisch vertretbar ist. Eine bindende Entscheidung eines hierzu berufenen Gremiums wäre ein wesentlicher Meilenstein auf dem Weg zu einer sichereren Rechtslage in ethischen Fragen für Patienten und Ärzteschaft. Diese Bindungswirkung erführe allerdings notwendige Einschränkungen durch die ärztliche Therapiefreiheit, die Möglichkeiten der Forschung sowie das Gebot eines effizienten Gesundheitsschutzes von Patienten oder Probanden.

Diese über den Gesetzeswortlaut hinausgehenden Erwägungen mögen hier zunächst als Anregung de lege ferenda dienen und beruhen im Detail auf folgenden Kernüberlegungen. Zur rechtlichen und ethischen Sicherung der ärztlichen Verantwortlichkeit muss es eine verlässliche und in ihren Entscheidungen verbindliche Stelle geben aa), die hinreichend demokratisch legitimiert ist und rechtsstaatlichen Grundsätzen genügt bb).

aa) Das Gremium – entscheidende Aspekte der Tätigkeit

Solange eine Ethikkommission nicht bindend und abschließend für ihre Mitglieder entscheiden kann, sind die behandelnden Ärzte bei grenzwertigen Problemlagen immer in der Gefahr, gegen Berufsrecht zu verstoßen und somit rechtswidrig und darüber hinaus unethisch zu handeln, sofern eine im Einzelfall letztlich nicht mehr vertretbare Entscheidung getroffen wird. Jeder Irrtum der beratenden Kommission kann heute den Ärzten zur Last gelegt werden, da sie bislang im Ergebnis allein darüber zu entscheiden haben, ob einer Behandlung grundlegende ethische Bedenken entgegenstehen. In diesem Zusammenhang sei das Bundesverwaltungsgericht zur freien ärztlichen Gewissensentscheidung zitiert, das sich zur Thematik bereits 1967 in einem Urteil wie folgt äußerte:

„In den entscheidenden Augenblicken seiner Tätigkeit befindet sich der Arzt in einer unvertretbaren Einsamkeit, in der er – gestützt auf sein fachliches Können – allein auf sein Gewissen gestellt ist.“[626]

Somit ist grundsätzlich eine gewisse Entlastung zu fordern, wenn Ärzte in der Entwicklung begriffene Therapiemethoden testen wollen und Antworten auf ethische Fragestellungen geben müssen. An dieser Stelle wird selbstverständlich auch das Risiko einer Öffnung gesehen. Die Abnahme von ethischer Verantwortung kann auch zu Leichtsinn führen und Abwägungsprozesse hemmen. Der ärztlichen Verantwortung ist nämlich stets eine ethische Verantwortung immanent. Diese Hemmschwelle soll selbstverständlich nicht unterminiert werden.

Für die THS heißt das völlige Ausbleiben einer Entlastung bei reiner Beratung, dass die ethisch relevanten Fragen bei der Vorbereitung und Annahme der zu behandelnden Patientenschaft[627] letztlich allein vom behandelnden Arzt in der

---

[626] BVerwGE 27, 303 = NJW 1968, 218.

[627] Der Zwiespalt zwischen Wunsch nach Linderung des Leidensdrucks und der Möglichkeit oder auch Gefährlichkeit der THS für den Patienten, je nach der Beschaffenheit seiner Physis, bedarf einer möglichst weitreichenden ethischen Klärung vorab, auf welche sich der behandelnde Arzt stützen kann.

jeweiligen Situation entschieden werden müssen. Dies gilt auch für die Einstufung der Methode selbst sowie die Modalitäten der Nachbehandlung, insbesondere die Überwachung und die ethisch brisanten Fragen der Beeinflussung des Patienten bei der Nutzung eines Stimulators.[628] Bisher ist nur für die Nutzung eines Stimulators bei der klinischen Prüfung in bislang nicht erforschten Anwendungsbereichen gemäß § 20 Abs. 1 S. 1 MPG eine zustimmende Kommissionsentscheidung obligatorisch. In allen übrigen Fällen bleibt die ethische Bewertung allein Sache des Arztes.

Dies übersteigt nach der hier vertretenen Auffassung das Maß des Zumutbaren und missachtet die Möglichkeiten der geschaffenen Experteneinrichtung.

(1) Der behandelnde Arzt ist mit der Vorbereitung und Durchführung der Behandlung vollumfänglich beschäftigt. Zwar wünschen viele Ärzte dennoch, dass ihr Alleinentscheidungsrecht im Hinblick auf die ethische Vertretbarkeit nicht angetastet werden möge, jedoch fehlt regelmäßig die Spezialisierung auf ethische Fragen, die andere Ärzte und Ethiker mit unterschiedlichen fachlichen Vorkenntnissen besitzen. Es bedarf insoweit bereits aus Gründen der Praktikabilität und Leistungsfähigkeit der fachlichen Expertise eines verlässlichen Entscheidungsgremiums. Auch ist die Tatsache nicht entscheidend, dass die Ethikkommissionen teilweise vor einer solchen Entscheidungskompetenz zurückschrecken.[629] Dies wird insbesondere mit dem Hinweis auf untragbare Verantwortlichkeiten und Haftung begründet. Diese Einwände können jedoch schwerlich überzeugen. Derzeit liegt das gesamte Haftungsrisiko bei Arzt und Krankenhaus, die sich ebenso mit einer entsprechenden Berufshaftpflichtversicherung schützen müssen. Vor diesem Hintergrund liegt es nahe, mögliche haftungsrechtliche Konsequenzen zu verteilen, anstatt die Fokussierung auf die Ärzteschaft hinzunehmen.

Die geschilderte Grunderkenntnis und die hieraus notwendige Folgerung der Entscheidungszuweisung an die Ethikkommissionen lassen sich bislang nicht aus den einschlägigen Regelungen entnehmen, vgl. die Ausführungen zu §§ 7 Abs. 1 S. 1 HeilBerG, 1 Abs. 2 S. 1 der Satzung der Ethikkommission WL.[630] Anderes gilt nur in den Fällen des § 7 Abs. 1 S. 2 HeilBerG i.V.m. §§ 40 Abs. 1 S. 2 AMG, 20 Abs. 1 S. 1 MPG, 8 Abs. 2 S. 1 Nr. 7 TransfusionsG, 28 g, b Abs. 1 Nr. 2 RöntgenVO. In diesen Rechtsmaterien ist zwingende Voraussetzung für die Rechtmäßigkeit der medizinischen Durchführung einer Maßnahme eine vorab einzuholende bindende Stellungnahme der Ethikkommission. Allerdings darf die angerufene Kommission ihre Zustimmung nur unter bestimmten Voraussetzungen verweigern, vgl. beispielhaft § 22 Abs. 3 MPG.

(2) Gleichwohl sind die im Übrigen für die Ethikkommissionen im HeilBerG sowie in den Berufsordnungen und auch in den Satzungen der Ethikkommissionen angelegten Einrichtungsmerkmale prädestiniert, um verbindliche ethische Entscheidungen treffen zu können. Die Satzung der Ethikkommission wird daher der

---

[628] Hier sind vor allem Verhaltensfragen bezüglich des Arztes bei fehlender Compliance auf Patientenseite, insbesondere im Falle eines aus medizinischer Sicht unvernünftigen Patienten, zu klären.

[629] Diese Information entstammt Gesprächen mit Mitgliedern der bei der Kölner Universitätsklinik eingerichteten Ethikkommission.

[630] Kap. 1 E I 2 a, b.

hier postulierten besonderen Notwendigkeit ärztlicher Entlastung und Rechtssicherheit nicht gerecht. Dies erscheint vor dem Hintergrund des Bestehens des Entscheidungsgremiums umso fragwürdiger. Im Einzelnen sind folgende Bestimmungen hervorzuheben.

In § 7 Abs. 6 S. 1 HeilBerG findet sich die Verpflichtung zum Abschluss einer Haftpflichtversicherung zur Deckung von Schadensersatzansprüchen für den Fall fehlerhafter Tätigkeit der Kommission. Wenn diese jedoch nur in beratender Funktion ohne Entscheidungskraft tätig wird, stellt sich die Frage, für welche Haftungsfälle der Gesetzgeber eine Vorsorgeverpflichtung eingestellt wissen will.[631] Eine Beschränkung auf die Fälle des § 7 Abs. 1 S. 2 HeilBerG NRW erscheint zu kurz gegriffen, wenn man die große Anzahl verbleibender nicht erfasster Ethikfragen bei anderen Therapieformen bedenkt, die z.B. im Vergleich zur THS von untergeordneter Bedeutung sind. Das Ausmaß negativer Folgen nach fehlerhafter Beratung kann gerade im Falle der THS enorm sein.[632]

Weiterhin darf nicht übersehen werden, dass die Ethikkommissionen nach § 7 Abs. 1 S. 1 HeilBerG Pflichteinrichtungen sind, die speziell auf die Überprüfung und Einhaltung ethischer Grundsätze ausgerichtet werden. Dies ist auf der einen Seite ein wirksames Mittel, um die behandelnden Ärzte vor ethischen Fehlentscheidungen zu schützen. Auf der anderen Seite soll eine objektivierte und somit nachvollziehbare Linie ethischer Einschätzungen gewährleistet werden. Sie ist aufgrund der rechtlichen Einbindung ethischer Vorgaben nach rechtsstaatlichen Grundsätzen zwingend. Nur auf diese Weise kann eine nachvollziehbare richterliche Überprüfbarkeit erreicht werden, die sowohl bei Ärzten als auch bei Patienten auf Akzeptanz stößt. Daraus folgt auch, dass der Antrag nach § 1 Abs. 2 S. 1 Satzung der Ethikkommission vor Aufnahme der Tätigkeit bei medizinischen Forschungen verpflichtend für den Forscher ist. Dieser muss gehalten sein, die Voraussetzungen für die notwendige Objektivierung ethischer Maßstäbe zu schaffen und hieran aktiv mitzuwirken. Eine entsprechende Pflicht zur Anrufung der Ethikkommission ist in § 15 Abs. 1 S. 1 MBO-Ä aufgenommen worden, eine Regelung, die allerdings nur dann greift, wenn sie von der Kammersatzung übernommen wird. Dies ist mit § 15 Abs. 1 BO-Ä WL geschehen, sodass für den Arzt eine verbindliche Regelung getroffen worden ist. Der in § 15 MBO-Ä verwendete Begriff der „bio-medizinischen" Forschung ist synonym zum Begriff der „medizinischen" Forschung in § 1 Abs. 2 S. 1 Satzung der Ethikkommission zu verstehen, da die Kommissionen durch ihre Satzungsgewalt nicht über die eingeräumte Ermächtigung des Berufsrechts hinausgehen können und keine Anhaltspunkte oder Gründe ersichtlich sind, weshalb sie dahinter zurückblieben.

Zu beachten ist zudem, dass in § 5 der Satzung der Ethikkommission ein geordnetes Verfahren zur Findung, Sicherung und Veröffentlichung der Kommissionsentscheidung normiert ist. Dieses stärkt die Rechtssicherheit bei der Überprü-

631 Gesetzesbegründung nachschlagen zu § 7 VI HeilBerG NRW.

632 Denkbar und in Diskussion sind sogar persönlichkeitsverändernde Einwirkungen, wodurch erhebliche Auswirkungen auf das weitere Leben des Patienten drohen. Bei einem negativen Verlauf aus Patientensicht sieht sich der behandelnde Arzt sodann auch potentiellen Schadensersatzansprüchen ausgesetzt, die aufgrund fehlerhafter Vorentscheidungen im Rückgriffswege von den Ethikkommissionen wenigstens mitzutragen sein können.

fung ethischer Fragestellungen, indem die zu Grunde liegenden Erwägungen und die gefundenen Wertungen nachvollziehbar durch Protokoll festzuhalten sind. Obliegt die ethische Entscheidung allein dem behandelnden Arzt, so ist auch er zur Protokollierung seiner Überlegungen und seiner Entscheidung verpflichtet. Insbesondere bei ethischen Zweifeln sind entsprechende Einträge in die ärztliche Dokumentation einzuführen. Hierbei sind sowohl Bedenken angebracht, dass sich eine für den Arzt praktikable Form der Dokumentation finden lässt als auch, dass die ärztlichen Behandlungsunterlagen im Ergebnis ein klares Bild der angestellten Erwägungen ergeben. Leichter und nachvollziehbarer wären die Aussagen mit Sicherheit, wenn die Kommission diese Aufgabe übernähme.

Ferner ist ein Folgeproblem zu bedenken. Im Rahmen möglicher Arzthaftungsprozesse werden vom behandelnden Arzt unterlassene ethische Überlegungen einer rechtlichen Bewertung unterzogen. Dabei muss eine Einschätzung darüber vorgenommen werden, ob der Umfang der Dokumentation im Patienteninteresse ausreicht, um den Abwägungsprozess über die ärztlichen Entscheidungsgründe für oder gegen eine Therapie mit der THS nachvollziehbar festzuhalten. Je mehr objektivierte Grundlagenentscheidungen hinsichtlich einzelner Therapiemethoden existieren, umso transparenter und nachvollziehbarer wird im Ergebnis die gesamte ärztliche Intervention sein. Für die THS wäre dieser Gewinn an Transparenz besonders wichtig. Schon rechtspolitisch verlangt die Vielschichtigkeit dieses Verfahrens, dass jede weitere Verkomplizierung vermieden wird.

Der Kommission obliegt auch die Überwachung wesentlicher Änderungen in Bezug auf Methode, Technik und Verschiebungen ethischer Leitbilder in der Gesellschaft. Damit wird die Überprüfung einmal bezogener Standpunkte – ggf. im Wege einer Wiederaufnahme des Verfahrens - § 7 Abs. 7 Satzung der Ethikkommission, notwendig. Dem gegenüber muss der einzelne Arzt zunächst typischerweise für die Öffentlichkeit unbemerkt, seine Behandlungspraxis ändern, sofern die bisherige Art und Weise der Behandlungsdurchführung den erkannten Neuerungen in ethischer Hinsicht nicht mehr genügt. Es bedürfte auch in diesem Fall einer hinreichenden Dokumentation für den konkreten Einzelfall. Die Kommissionsentscheidung wäre demgegenüber von vorneherein darauf angelegt, die bestehenden Fragen in grundsätzlicher Hinsicht zu klären.

Für Fälle besonders wesentlicher, grundsätzlicher Voten der Ethikkommission geht die Bedeutung auch aus § 7 Abs. 5 HeilBerG NRW hervor. Diese „Soll-Vorschrift" gibt den Kommissionen die Nutzung externen Sachverstands vor. Es handelt sich im Rechtssinn um eine Verpflichtung der Kommission, die bei Nichtbeachtung allerdings nicht mit einer Sanktion belegt ist. Es sollen übereilte oder von fehlerhaften Erwägungen getragene Aussagen vermieden werden. Externer Sachverstand soll die fachliche Expertise der Kommissionsmitglieder untermauern. Dies ist vor dem Hintergrund der Tragweite der Stellungnahmen eine gezielte Qualitätssicherungsmaßnahme.

Problematisch bleibt die Tatsache, dass die verschiedenen in der Bundesrepublik vertretenen Ethikkommissionen unterschiedliche Bewertungen vornehmen können. Die Gremien sind bezüglich medizinischer Verfahren unterschiedlicher Auffassung, sehen die ethischen Komponenten aus verschiedenen Blickwinkeln und können daher entsprechend unterschiedlich votieren. Jedoch existieren auch für dieses Problem in den Satzungen der Ethikkommissionen jedenfalls formelle

Kollisionsregeln, vgl. § 6 Satzung der Ethikkommission WL. Die Vorschrift bestimmt, dass eine bereits positiv erfolgte Bewertung einer anderen Kommission anerkannt und die nachfolgende Kommissionsäußerung nur noch beratende Funktion haben darf, sofern die Zuständigkeitsregeln eingehalten wurden und im Einzelfall tatsächlich rechtmäßigerweise zwei Kommissionen mit sich überschneidenden Aspekten befasst werden. Jede Kommission in einem anderen Einzugsbereich kann zwar vom vorhergehenden Votum abweichen, ist dabei jedoch formell an den eigenen Zuständigkeitsbereich gebunden. Diese Regelung überbrückt das bestehende Problem und würde es sogar in den Hintergrund drängen, wenn die Kommissionen generell bereit wären, das vorliegende Votum einer anderen Kommission auch inhaltlich zu akzeptieren. In der praktischen Umsetzung wird es jedoch immer wieder zu unterschiedlichen Voten kommen, so dass die jeweiligen Ärzte und Patienten/Probanden im Einzugsbereich einer ablehnenden Ethikkommission durchaus schlicht an eine Umgehung durch Ortswechsel denken könnten. Daher wird an dieser Stelle eine länderübergreifende Abstimmung der Regelungen in den Landesheilberufsgesetzen oder aber eine Initiative der Bundesärztekammer vorgeschlagen, auf deren Basis eine Anpassung der Satzungen aller Ärztekammern erfolgen könnte. Insbesondere Letzteres liegt nahe, da bislang Vereinheitlichungsbemühungen über die BÄK regelmäßig im ganzen Bundesgebiet von Erfolg gekrönt waren.[633]

Im Bereich der THS bleibt abzuwarten, ob die Methode und die ethischen Aussagen dazu letztlich einheitlich beurteilt werden. Sollte dies in der Zukunft nicht der Fall sein und die Anwendung der THS insgesamt oder aber in bestimmten Anwendungsgebieten in Teilen Deutschlands ethisch und damit auch rechtlich verboten sein, während vereinzelt Ärzte die THS als ethisch unbedenklich durchführen, droht generell die bereits angesprochene Gefahr eines gewissen „medizinischen Tourismus". Dieses Problem ließe sich nur durch ein übergeordnetes Vermittlungsgremium lösen, welches im Streitfalle für alle Kommissionen bindend entscheiden könnte. Ein solches existiert derzeit nicht. Die Regelung, wie sie sich in § 6 der Ethikkommission Westfalen-Lippe findet, bietet jedenfalls keinen praktikablen Ansatz. Es kann nämlich nicht darum gehen, ob eine Kommission und ggf. welche zeitlich vor einer anderen entschieden hat. Maßgebend können nur Erwägungen zur Sache sein, da nur sie in der praktischen Anwendung auf Akzeptanz stoßen werden. Es gibt bundesweite Foren, auf denen die ethische Diskussion geführt werden kann. Zu erwähnen ist insbesondere der deutsche Ethikrat, der am 28.05.2009 zum Thema „Der steuerbare Mensch" und in diesem Rahmen auch zum Thema der Behandlungsmethode THS tagte. Auch internationale Gremien beschäftigen sich mit den aufkommenden Fragen zur THS, so etwa die EGE.[634] Auf die Erwägungen und Ergebnisse dieser Gremien können die Kommissionen zurückgreifen. Dies ist durchaus gängige Praxis. Schließlich ist besonders die zentrale Ethikkommission bei der BÄK hervorzuheben. Sie könnte regelmäßig zur Streitentscheidung im Einzelfall angerufen werden. So ist die Bemühung um eine faktische Vereinheitlichung bislang gewährleistet, wenn auch umfassende ab-

633 Man vergleiche nur die verschiedenen Berufsordnungen der Länderkammern mit der MBO-Ä.

634 Vgl. EGE Opinion No 20, Ethical Aspects of ICT implants in the human body, S. 80.

schließende Entscheidungen unter der gegebenen Gesetzeslage nicht realisierbar sind. Dies kann auf Dauer zu weit größeren Problemen führen, als eine Änderung im System mit sich brächte. So sei bezüglich gegenwärtig drohender Negativkonsequenzen auf die Entwertung ethischer Voten durch immer weitergehende Meinungszersplitterung hingewiesen. Freilich kann bereits gegenwärtig nicht von Einigkeit unter den Ethikern bezüglich der THS gesprochen werden,[635] jedoch ist nicht erkennbar, dass der Diskussionsprozess festgefahren wäre und einheitliche Entscheidungen außerhalb jeder Reichweite gesehen werden müssten.[636]

(3) In der Gesamtbetrachtung zeigt sich, dass die Ethikkommissionen auf Basis des geltenden Rechts dem Wortlaut nach nur zur Beratung im Falle medizinischer Forschung berufen sind. Zugleich wurde aufgezeigt, dass die Expertengremien hierdurch weit weniger praktische Hilfe anbieten können, als dies nach der Art ihrer Einrichtung möglich wäre. Die Kommissionen bieten ein geordnetes Verfahren, die Möglichkeit einer klaren Entscheidungsfindung, hinreichendes Expertenwissen sowie die zeitlichen Ressourcen für die Überprüfung des medizinischen Fortschritts. Ihre Entscheidungen sind fachmännisch und sorgfältig vorbereitet, kontrovers diskutiert und ordnungsgemäß dokumentiert. Dem Arzt die Grundsatzentscheidungen im Rahmen der Heilbehandlung allein und vollständig zu überlassen, ist demgegenüber insbesondere für den Fall der THS die schlechtere Alternative. Er kann Entsprechendes nicht leisten, selbst wenn er seiner klinischen Tätigkeit gerecht werden will. Der klinische Alltag belässt ihm weder die zeitlichen noch die personellen Ressourcen.

Das Problem ist für die Forschung mit und an der THS allerdings abgemildert. Alle Veränderungen durch den Einsatz der Stimulationselektrode sind gemäß §§ 6, 9 MPG zunächst einer angemessenen Testphase zu unterziehen. Insoweit handelt es sich um die Implantation eines aktiven Medizinprodukts. Dieses muss vor seiner Verwendung die Voraussetzungen des § 7 MPG erfüllen. Das heißt, dass auf Basis einer hinreichenden Erprobung eine CE-Kennzeichnung erteilt worden sein muss. Vor Beginn der Testphase ist gemäß § 20 Abs. 1 S. 1 MPG zwingend die Zustimmung der zuständigen Ethikkommission einzuholen. Damit findet die Expertenentscheidung in ethischen Fragen bei der THS-Behandlung häufig bereits Eingang. Es verbleiben allerdings dennoch ethische Problemkonstellationen, die unabhängig von einer Änderung des Technikeinsatzes bestehen.[637]

(4) Den dargelegten Erwägungen ist die durch Art. 12 Abs. 1, 2 GG gewährleistete Berufsfreiheit des Arztes in der speziellen Ausformung der Therapiefreiheit gegenüberzustellen. Damit die vorgeschlagene Möglichkeit der Einschränkung der Therapiefreiheit unter Heranziehung eines extern entscheidenden Gremiums für die generellen ethischen Grundlagenentscheidungen gerechtfertigt werden kann, ist eine Bindungswirkung dieser Entscheidungsgewalt a priori zu relativieren. Im Rahmen seiner Therapiefreiheit muss dem Arzt nämlich das Recht zugestanden

---

[635] Dies wurde auf der Tagung des Deutschen Ethikrates am 25.08.2009 „Der steuerbare Mensch“ deutlich.

[636] Wegweisend sind insofern die aufgezeigten Kontroversen zur THS bei *Talbot*, Tiefenhirnstimulation und Autonomie, in: Müller/Clausen/Maio, S. 165 ff.

[637] Vgl. im Einzelnen die oben geführte Diskussion um relevante Problemfelder.

werden, willkürliche oder fehlerhafte Entscheidungen der Kommission zu missachten. Ihm steht also jedenfalls auch unter der vorgeschlagenen Veränderung eine *Missbrauchs- und Fehlerkontrolle* zu.

Zudem ist der Arzt gegenüber dem Patienten verpflichtet, im Einzelfall über ethisch Bedenkliches zu reflektieren. Der Arzt soll sich nur auf die Entlastungswirkung durch die Kommissionsentscheidung berufen können, soweit ihre Wirkung reicht. Die Kommission soll nur eine abstrakte Klärung ethischer Fragen herbeiführen. Sie soll über die gesamte Methode und deren Umfeldmaßnahmen grundsätzlich entscheiden. Im Einzelfall weiß dann der Arzt, dass die THS als Methode ethisch vertretbar ist, er weiß aber nicht, ob dies bei dem konkret von ihm behandelten Patienten ebenfalls gilt. Insoweit muss er erneut die ärztliche und ethische Anwendbarkeit im Moment der Behandlung prüfen. In diesem Fall kann die Ethikkommission über ihre Grundsatzentscheidung hinaus zusätzlich beratend vom Arzt angerufen werden. Das heißt also, dass der Arzt auch weiterhin die Pflicht hat, ethische Bedenken, die sich aus dem speziellen Einzelfall ergeben, zu beachten und entsprechend zu reagieren - notfalls durch Unterlassen des Eingriffs. Hierdurch wird auch der sich aus der ärztlichen Verpflichtung notwendigerweise ergebende Schutz für den Patienten in der konkreten Situation aufrechterhalten. Der Patient kann sich dann darauf verlassen, dass die THS als Methode von der zuständigen Ethikkommission hinreichend geprüft wurde und der behandelnde Arzt zudem die Besonderheiten des gegebenen Einzelfalls berücksichtigt. Aus der Therapiefreiheit des Arztes und einem wirksamen Patientenschutz ergibt sich ein Gegengewicht zu einer erweiterten Bindungswirkung der Kommissionsentscheidung mit der Folge einer verbesserten Überprüfbarkeit ärztlicher Entscheidungen.

Das Ergebnis zeigt eine klare Trennung von Aufgaben und Kontrolle: Die jeweils zuständige Kommission soll unter Heranziehung aller ihr zu Gebote stehenden Erkenntnisquellen abstrakt über die Methode und deren Umfeld in ethischer Hinsicht entscheiden. Der behandelnde Arzt soll dieser grundlegenden Entscheidung unterworfen sein. Er muss auf ihrer Basis den jeweiligen Einzelfall und dessen Unwägbarkeiten prüfen und einstufen. Ergeben sich dabei weiterführende, abstrakt zu lösende Probleme, so wäre eine erneute Anrufung der Ethikkommission geboten.

bb) Demokratische und rechtsstaatliche Legitimation der Kommission

Jede Stelle, die staatliche Macht ausübt, bedarf hierfür hinreichender demokratischer und rechtsstaatlicher Legitimation. Die Ethikkommissionen leiten ihre Kompetenz für die von ihr gefällten Entscheidungen vom jeweiligen Landesgesetzgeber, also in NRW gemäß § 7 Abs. 1 S. 1, Abs. 4 in Verbindung mit der Satzung der Ethikkommission ab. Sollen die getroffenen Entscheidungen künftig rechtliche Bindungswirkungen entfalten, sind denkbare Zweifel an der demokratischen (1) wie auch an der rechtsstaatlichen (2) Legitimation zu erörtern.

(1) Beachtung des Demokratieprinzips

Aus dem Demokratieprinzip nach den Art. 20 Abs. 1, 2, Art. 28 Abs. 1 S. 1 GG ergibt sich, dass jede Ausübung staatlicher Macht hinreichend auf das Volk rückführbar sein muss.[638] Es bedarf also einer demokratischen Legitimationskette, für welche das deutsche Volk durch Wahlen den Ausgangspunkt setzt und hierdurch die letztlich herrschende Instanz im Staat ist. Dieser Grundsatz muss im Bundesstaat, durch den sich eine Trennung nach Landes- und Bundesvolk ergibt, sowohl bei der Ausübung von Landesrecht als auch von Bundesrecht entsprechend beachtet werden. Vorliegend steht mit den Kommissionsentscheidungen eine Machtausübung auf Landesebene in Rede, welche auf das jeweilige Landesvolk rückführbar sein muss. Die Legitimationskette ergibt sich für die Kommissionen in NRW aus § 7 HeilBerG, einer Vorschrift, die als formelles Landesgesetz grundsätzlich eine hinreichende sachliche Legitimation[639] darstellt. Es bleibt jedoch zu beachten, dass jede weitere Mediatisierung staatlicher Macht die getroffenen Entscheidungen zunehmend vom Volk entfernt. Dadurch sinkt das demokratische Legitimationsniveau. Dies ist grundsätzlich zulässig, sofern die wesentlichen Entscheidungen bei der unmittelbar gewählten Volksvertretung verbleiben.[640] Jedoch bietet die untersuchte Grundlage des § 7 HeilBerG NRW i.V.m. § 1 Abs. 2 S. 1 Satzung der Ethikkommission Westfalen-Lippe lediglich eine Grundlage für die Schaffung der Kommission und deren Beratungstätigkeit, nicht aber eine spezielle Ermächtigung durch den parlamentarischen Gesetzgeber zum eingreifenden Tätigwerden.

Wie bereits aufgezeigt, genügt dies dem praktischen Bedürfnis an Rechtssicherheit und Zumutbarkeit für den behandelnden Arzt im täglichen Krankenhausbetrieb nicht. Daher ist über die zitierte Grundlage hinaus eine rechtlich bindende Entscheidungstätigkeit der Kommissionen durch Gesetzesänderung zu fordern. Die hiermit geforderte Entscheidungsdelegation an die Kommissionen ist vor dem Hintergrund verfassungsrechtlicher Rechtsprechung gerechtfertigt, wie im Folgenden gezeigt wird.

Bei den Ethikkommissionen handelt es sich um eine Form funktionaler Selbstverwaltung.[641] Insoweit sind nur abgeschwächte Anforderungen an das notwendige Legitimationsniveau zu stellen.[642] Dies ergibt sich aus zwei Postulaten. Zum einen ist die Verwaltung durch gezielte Aufgabenverteilung und zusätzliche Gewinnung von Expertenwissen zu effektivieren. Zum anderen besteht das legitime Interesse, den jeweils Betroffenen eine erhöhte Sachnähe und mögliche Mitspracherechte zu bieten. All diese Elemente sind im Falle der Ethikkommissionen

---

638 Dezidiert ausgeführt vom VerfGH NRW in NWVBl. 2009, 185 ff. Rn. 32 ff.

639 Demokratische Legitimation durch Gesetz seitens eines personell legitimierten Gremiums, vgl. zu den Modellen Dreier/*Dreier*, GG, Art. 20, Demokratie, Rn. 113 ff.

640 BVerfGE 83, 130, 152 = NJW 1991, 1471, 1475; BVerfGE 95, 267, 307 = NJW 1997, 1974, 1978 f.; BVerfGE 98, 218, 251 = NJW 1998, 2515, 2520.

641 *V. Dewitz/Pestalozza*, in: v. Dewitz/Luft/Pestalozza, Ethikkommissionen in der medizinischen Forschung, Gutachten für die Enquete-Kommission „Ethik und Recht der modernen Medizin" S. 85 ff.

642 BVerfGE 107, 59, 92 ff. = NVwZ 2003, 974, 978.

gegeben. Gemäß § 7 Abs. 2 HeilBerG NRW ist eine Zusammensetzung der zu bildenden Kommission schon jetzt sowohl mit Interessenvertretern als auch mit speziell hierfür ausgebildeten Experten gesichert. Durch die in § 7 Abs. 3 HeilBerG NRW garantierte Unabhängigkeit ist zudem die Grundlage für eine rein sachbezogene Beurteilung gelegt. Eine vergleichbare Effektivität, verbunden mit entsprechend notwendiger Weisungsfreiheit, dürfte sich im Wege unmittelbarer Staatsverwaltung kaum erreichen lassen. Hierdurch ist auch die damit einhergehende Mediatisierung staatlicher Macht gerechtfertigt.

(2) Beachtung des Rechtsstaatsprinzips

Die bisher angestellten Erwägungen zum Fehlen einer spezifischen gesetzlichen Grundlage führen konsequent auch zu rechtsstaatlichen Defiziten der Bindungswirkung einer Kommissionsentscheidung. Da ablehnende oder beschränkende Entscheidungen in die Therapiefreiheit des Arztes nach Art. 12 Abs. 1, 2 GG eingreifen, ist nach dem rechtsstaatlichen Grundsatz vom Vorbehalt des Gesetzes ein ermächtigendes Eingriffsgesetz erforderlich. Dieses muss dem Gesetzesvorbehalt des Art. 12 GG genügen.[643] Ein solches existiert derzeit nicht.[644] Zur Lösung ist auf die Schaffung einer formell gesetzlichen Grundlage zu verweisen.[645] Zudem darf nicht übersehen werden, dass der Arzt durch eine Kommissionsentscheidung nicht daran gehindert ist, auf Basis sachlich ordnungsgemäßer Erwägungen vor dem Hintergrund der Therapiefreiheit im Einzelfall anders zu entscheiden. Die ethische Grundentscheidung der Kommissionen bringt lediglich eine geringfügige Beschränkung der ärztlichen Freiheit und demgegenüber eine erhebliche Entlastung im Rahmen der Behandlungstätigkeit mit sich. Da die sich aus der verfassungsrechtlich garantierten Berufsfreiheit ergebende Therapiefreiheit zudem ein fremdnütziges Recht ist,[646] welches der Arzt ohnehin immer im besten Sinne des Patienten auszuüben hat, kann bei stützender Expertenentscheidung über das ethisch Vertretbare ohnehin kaum von einem erheblichen Eingriff die Rede sein. Der zu schaffende rechtsstaatliche Kontrollmechanismus ist erträglich und vor dem Hintergrund der Notwendigkeit einer möglichst klaren Entscheidung für die Ärzteschaft geboten. Der gegebene Eingriff stellt sich letztlich sogar als Förderung und Schutz der Behandlungsseite dar. Übermäßige Risiken und drohende Haftungsfälle können bei neuen und komplizierten Methoden für den ausführenden Arzt vermieden werden. Dabei kann an die Entscheidungen besonderes Vertrauen geknüpft werden, da es sich bei der Kommission um ein spezielles Expertengremium handelt, für dessen Erwägungen, ähnlich eines „antizipierten Sachverständigengutachtens" im naturwissenschaftlichen und technischen Bereich,[647] eine nur schwer widerlegbare Vermutung der Richtigkeit gilt.

---

[643] Dreier/*Schulze/Fielitz*, GG, Art. 20, Rechtsstaat, Rn. 106 f; Dreier/*Wieland*, GG, Art. 12 Rn. 94 ff.

[644] Vgl. hierzu die obigen Ausführungen.

[645] Vgl. die vorangegangene Diskussion.

[646] Hierzu *Laufs*, ZaeFQ 1997, 586 ff.; *ders*. NJW 1997, 1609 f.

[647] BVerwGE NJW 1978, 1450 f.

Als Schlussfolgerung ist festzuhalten: Trotz zahlreicher Bedenken müssen die Ethikkommissionen bei den Kliniken und Ärztekammern der Länder eine notwendige rechtliche Grundlage erhalten, um über Methoden der medizinischen Forschung im weiteren Sinne entscheiden zu können. Das Expertenwissen und die rechtlichen Durchführungsvoraussetzungen bieten sie bereits. Die THS ist hiervon vollumfänglich betroffen. Dabei ist es in jeder Hinsicht wünschenswert, dass die Kommissionen über die ethische Vertretbarkeit der gesamten Methode mit Vor- und Nachbehandlung befinden, um letztlich der Behandlungsseite in den Krankenhäusern eine gewisse Sicherheit bezüglich ethischer Grundsatzbedenken zu geben. Die Ärzte werden hierdurch zwar entlastet, aber keinesfalls von der Aufgabe entbunden, auf Grundlage der jeweiligen Kommissionserwägungen den Einzelfall und dessen Unwägbarkeiten zu berücksichtigen.

3. Konsequenzen bei Verstoß gegen die Gebote der Ethik

Die Gebote der Ethik sind hinsichtlich bestimmter Grenzen überall in der Rechtsordnung insbesondere als Verbotssätze normiert, so die §§ 211 ff. StGB, 223 ff. StGB etc. Eine Generalklausel für ungeschriebene ethische Grenzen ist ausschließlich berufsrechtlich verankert. Daher drohen bei Verstoß primär berufsrechtliche Konsequenzen durch die zuständigen Ärztekammern nach den §§ 58, 58 a HeilBerG NRW sowie die enumerativ aufgezählten Sanktionen gemäß § 60 Abs. 1 HeilBerG NRW im Wege berufsgerichtlicher Verurteilung.

Eine zivilrechtliche Haftung ergibt sich aus Verstößen gegen ethische Gebote grundsätzlich nicht, sofern diese nicht zugleich eine spezielle Verrechtlichung durch Gesetzgeber oder Rechtsprechung erfahren haben.[648] Allerdings haben solche Verstöße Einfluss auf die Gesamtbetrachtung bei der Bewertung der Wirksamkeit patientenseitiger Einwilligung, die so entfallen könnte. Daraus können sich im Einzelfall Schadensersatzansprüche zu Lasten der Behandlungsseite ergeben. Es ist auch eine Strafbarkeit wegen Körperverletzung in Betracht zu ziehen.[649]

Nach der Zusammenschau der §§ 58 ff. HeilBerG NRW in Verbindung mit dem Gebot der Einhaltung ethischer Regeln nach § 2 Abs. 1 BO-Ä Nordrhein und Westfalen-Lippe ist jedenfalls die ordnungsrechtliche Möglichkeit gegeben, die Ärzteschaft zu rechtmäßigem Verhalten zu zwingen, sofern die Voraussetzungen zur Ziehung klarer ethischer Grenzlinien geschaffen werden.

Allerdings ist vor dem Hintergrund der unter 2. vorgestellten Erwägungen Zurückhaltung geboten. Zwar gibt es eine Stelle, die rechtlich bindend über die ethische Vertretbarkeit medizinischer Methoden in der Forschung entscheidet, jedoch dürfen bei der Anwendung belastender Konsequenzen die aufgezeigten besonderen Abwägungsprobleme des Einzelfalls nicht unberücksichtigt bleiben. Dem ist jedoch Genüge getan, wenn der Arzt grundsätzlich die Möglichkeit behält, sich auf Basis seiner Therapiefreiheit mit medizinisch vernünftigen Erwägungen im Einzelfall gegen eine Entscheidung der zuständigen Ethikkommission zu wenden, ohne dass er berufsrechtliche Konsequenzen zu befürchten hat.

---

648 Vgl. hierzu Kap. 1 A VI 1.

649 Hierzu ebenfalls Kap. 1 A VI 1 sowie C I 2.

Für die gesamte Methode der THS ist eine Einstufung der Heilbehandlung als ethisch unvertretbar weder gegeben noch künftig zu erwarten. Das bedeutet, dass künftig von den Kommissionen erkannte Problembereiche im Therapieverlauf von dem behandelnden Arzt kritisch überdacht und berücksichtigt werden müssen. Sollte der Arzt von bindenden Entscheidungen der für ihn zuständigen Kommission abweichen wollen, besteht eine widerlegbare Vermutung, dass er hiermit gegen § 2 Abs. 1 BO-Ä verstoßen hat. Dann kann er etwa mittels Zwangsgeldes zu ordnungsgemäßer Berufsausübung angehalten werden. Im Rahmen der durch § 58 HeilBerG vorgesehenen Ermessensausübung hat die Kammer den Einfluss der Therapiefreiheit erneut zu berücksichtigen und bei ihrer Entscheidung den Grundsatz der Verhältnismäßigkeit zu wahren. Vor dem Hintergrund bestehender Defizite ist eine umsichtige und restriktive Praxis im Bereich berufsrechtlicher Ordnungsmaßnahmen gegen behandelnde Ärzte geboten. Besondere Bedeutung kommt hierbei der Suche nach dem relativ mildesten Mittel zu. Außerdem ist dem Arzt stets eine hinreichende Möglichkeit zu gewähren, zunächst sein von den Entscheidungen der zuständigen Kommission abweichendes Verhalten zu erklären.[650] Insbesondere bei der THS sind häufig Unwägbarkeiten im Einzelfall zu erwarten, auf die der behandelnde Arzt zu reagieren hat. Es sollte nicht die Befürchtung geschürt werden, dass ein entschlossenes ärztliches Vorgehen zu Gunsten optimaler Ergebnisse für den Patienten durch drohende berufsrechtliche Sanktionen unterbunden wird.

II. Qualitätsmanagement, Fort- und Weiterbildung

1. Qualitätsmanagement und rechtliche Konsequenzen

Da es sich bei der THS um eine junge medizinische Behandlungsmethode handelt, die einerseits ständig fortentwickelt und verbessert wird, andererseits aber erhebliche Anforderungen an ärztliches wie nichtärztliches Personal stellt, spielt die Sicherung der Qualität[651] eine wichtige Rolle. Gegenstand ist die Gewährleistung, dass sowohl intern im Krankenhausbetrieb wie auch extern durch Vergleiche der Zentren, die diese Therapie anbieten, die notwendigen Voraussetzungen geprüft, Fehlerquellen aufgedeckt und Entwicklungen einbezogen werden.[652] Die Qualitätssicherung dient der Optimierung der Behandlung unter Berücksichtigung entstehender Kosten. Daher können Mängel in diesem Bereich einen Indikator für ärztlich zu vertretende Pflichtverletzungen darstellen. Sie werden sogar als eigen-

---

[650] Dies ergibt sich bereits zwingend aus dem Recht auf rechtliches Gehör gemäß Art. 103 Abs. 1 GG.

[651] Der Begriff ist schwer zu bestimmen. Eine praktikable und somit verwendbare Zusammenfassung gelang *Beyerle*, Rechtsfragen medizinischer Qualitätskontrolle, S. 3 „...wenn vorgegebene medizinische Standards erreicht, aktuelle Forschungsergebnisse aufgenommen und zwischen den Spezialisten verschiedener Fachrichtungen Übereinkünfte erzielt werden."

[652] Maßstab sind hierfür die Strukturqualität, die Prozessqualität und die Ergebnisqualität, so grundlegend *Donabedian*, Evaluating the Quality of Medical Care, Milbank Memorial Fund Quaterly 1966, 166 ff.

ständiger Haftungsgrund gegen Krankenhausträger diskutiert.[653] Berufliche Konsequenzen aus defizitären Qualitätssicherungsmaßnahmen können zudem erweiterte Fort-[654] und Weiterbildungen[655] sein. Für die Kostentragung und Kostenerstattung durch private[656] und gesetzliche Krankenkassen ist die Qualität ebenfalls von elementarer Bedeutung. Die Qualitätskontrolle hat immer das Spannungsfeld von Effektivität und Wirtschaftlichkeit einer medizinischen Methode im Blick.[657] Damit ist ein entscheidender Maßstab für die Kostenübernahme durch die Versicherer definiert.[658] Darüber hinaus wird durch die Qualitätskontrolle eine Grundlage für die Bewertungsaufsicht durch den Gemeinsamen Bundesausschuss (GBA) nach § 137 c Abs. 1 SGB V sowie durch das Bundesministerium für Gesundheit und Soziale Sicherung gemäß § 137 c Abs. 2 SGB V begründet.[659]

Eine Schranke bildet der notwendige Schutz sensibler Patientendaten. Durch die Qualitätssicherung darf er nicht angetastet werden.[660]

---

653 S. dazu Kap. 1 A VI 2.

654 Im Wesentlichen stehen hinter diesem Begriff Veranstaltungen zur Kenntnisverfestigung oder –erweiterung für Ärzte, bei welchen jedoch keine Kenntnisüberprüfung stattfindet, und durch schlichte Anwesenheit des Teilnehmers nach einem bei den Ärztekammern geführten Punktesystem der Fortbildungspflicht

655 Zertifizierte Bildung eines grundlegend ausgebildeten Arztes, etwa die Facharztausbildung.

656 Für private Krankenkassen ist jedoch das SGB V nicht anwendbar, sondern es gelten die §§ 192 ff. VVG. Daher ist der Qualitätssicherungsmaßstab, der speziell sozialrechtlich für die zugelassenen Krankenhäuser nach den §§ 107 ff. SGB V in den §§ 135 a, 137 c SGB V normiert ist, nicht bindend, sofern es um die Kostenerstattungspflicht gegenüber dem entsprechend privat Versicherten geht. Allerdings ist es dem Patienten unbenommen, sich gegenüber seiner Krankenkasse auf entsprechende Qualitätsberichte zu berufen, wie es auch der Krankenkasse möglich ist, sich nach denselben zu richten.

657 Dies steht nicht in Widerspruch zur herrschenden Literatur, die die Qualitätssicherung nicht als Instrument der Wirtschaftlichkeitsprüfung sieht, vgl. *Katzenmeier*, Arzthaftung, S. 299; *Laufs*, in: FS Deutsch, S. 625, 629; *Beyerle*, Rechtsfragen medizinischer Qualitätskontrolle, S. 4; *Schneider*, MedR 1998, 151. Die Qualitätssicherung ist jedenfalls für die Krankenkassen der Anknüpfungspunkt, um die Frage der Kostenübernahme zu entscheiden, so §§ 1, 12, 27, 39 i.V.m. 135 ff. SGB V für die Entscheidung über die Wirtschaftlichkeit einer Behandlungsmaßnahme.

658 Hierzu näher in Kap. 1 B.

659 Entsprechende Richtlinien seitens des GBA oder Eingriffe seitens des zuständigen Ministeriums existieren bisher nicht und sind im Rahmen der THS als Methode zur Heilung und Linderung von Krankheiten auch nicht zu erwarten. Es finden sich in Deutschland von Seiten der behandelnden Ärzte stetige Maßnahmen zur ordnungsgemäßen Durchführung und Verbesserung dieser Therapieform. Eine Notwendigkeit zur Intervention durch den G-BA oder das Ministerium erscheint nicht geboten. Als repräsentative Beispiele mögen die Arbeitsgemeinschaft Tiefe Hirnstimulation e.V. und die Forschungsgruppe ELSA-DBS dienen.

660 Vgl. hierzu Kap. 1 D I.

2. Pflicht zur Qualitätssicherung, einzuhaltende Mindesterfordernisse, Fort- und Weiterbildung

Die rechtliche Verpflichtung der Krankenhäuser zur Gewährleistung der Qualitätssicherung findet sich in § 135 a SGB V[661], den Berufsordnungen[662] der Ärzteschaft und den Krankenhausgesetzen[663] der Länder. Gemäß §§ 135 a Abs. 2 i.V.m. 137 Abs. 1 SGB V besteht die Möglichkeit zur Schaffung von Richtlinien zur einrichtungsübergreifenden Qualitätssicherung durch den G-BA. Von dieser Grundlage hat der G-BA durch eine Vereinbarung zur Qualitätssicherung im Jahr 2006[664] Gebrauch gemacht. Die Regelung wird seither regelmäßig aktualisiert.[665] Jedoch findet sich in der Anlage, die alle erfassten Therapieformen aufzählt, kein Bezugspunkt zur THS. Vorgaben der Ärztekammer analog des § 5 MBO-Ä sind in keinem Bundesland gemacht worden. Gleiches gilt für die Krankenhausgesetze der Länder. In NRW obliegt es gemäß § 7 KHGG NRW dem Landesausschuss für Krankenhausplanung, Vorschläge für eine externe Qualitätskontrolle zu machen. Für die THS liegen sie nicht vor. In Thüringen und in Mecklenburg Vorpommern ist grundsätzlich eine interne Qualitätskontrolle vorgesehen, §§ 23 ThürKHG und 7 LKHG M-V.[666] Spezifikationen für die THS sind auch hier nicht vorgenommen worden, jedoch bilden diese Regelungen einen Ansatz für eine allgemeine Pflicht zur Qualitätssicherung.

Eine für den Bereich der Leistungserbringer in der gesetzlichen Krankenversicherung übergeordnete allgemeine Qualitätssicherungspflicht findet sich sodann für das gesamte Bundesgebiet in § 135 a Abs. 1 SGB V. Jedoch enthält diese Vorschrift ebenfalls nur eine generelle Verpflichtung zur Qualitätssicherung, ohne dass dabei bislang exakte Vorgaben für die Behandlungsseite statuiert worden wären.

---

[661] Diese Norm statuiert eine grundsätzliche Verpflichtung zum Qualitätsmanagement (vgl. hierzu *Schönig*, Öffentlich-rechtliche Instrumente der Qualitätssicherung im stationären Sektor, S. 75), wenngleich dies kompetenzrechtlich fraglich erscheint, da das SGB V als Bundesgesetz insoweit nur die Kostentragung im Rahmen des Systems der Sozialversicherung regeln darf. Im Übrigen handelt es sich bei der Frage des Qualitätsmanagements um den Bereich der ärztlichen Berufsausübung, welcher seit dem Facharztbeschluss des BVerfG von 1972, BVerfGE 33, 125 ff. = NJW 1972, 1504 ff., unstreitig den Ländern zuzuordnen ist.

[662] Vgl. hierzu § 5 MBO-Ä. Eine wortlautgetreue Umsetzung findet sich in sämtlichen Berufsordnungen der Länder.

[663] So §§ 7 KHGG NRW, 23 ThürKHG, 7 LKHG M-V. In den übrigen Ländern ist eine Qualitätssicherung nach landesrechtlichem Krankenhausgesetz nicht vorgesehen.

[664] BAnz. 2006, 6361.

[665] Zuletzt 2009 siehe BAnz. 2009, 1271.

[666] Diese landesrechtlichen Bestimmungen binden sowohl private Krankenhäuser als auch Leistungserbringer der gesetzlichen Krankenversicherung. Ersteres bildet eine Besonderheit, da in den übrigen Ländern eine gesondert gesetzlich festgelegte Qualitätssicherungspflicht nur auf Basis des § 135 a Abs. 1 SGB V besteht.

Somit muss für die THS auf einen Grundstandard zurückgegriffen werden.[667] Ein anerkannter Grundstandard externer Qualitätssicherung existiert nicht. Solange keine speziellen Vorgaben im Rahmen des § 135 a Abs. 2 SGB V ergehen, ist es den Krankenhäusern freigestellt, inwieweit sie einrichtungsübergreifende Qualitätssicherung betreiben wollen oder auch Dritte zur externen Qualitätssicherung heranziehen.

Demgegenüber ist jedes gemäß §§ 107 ff. SGB V ein zugelassene Krankenhaus durch § 135 a Abs. 1 SGB V intern dazu verpflichtet, Struktur-[668], Prozess[669]- und Ergebnisqualität[670] zu sichern.[671] Für diese Merkmale besteht ebenfalls kein allgemein anerkannter Standard. Daher muss die Konkretisierung an der jeweiligen Behandlungsmethode selbst erfolgen, so dass deren Spezifika bezüglich des einzuhaltenden Mindeststandards berücksichtigt werden.

Im Rahmen der Strukturqualität ist bei der THS zu fordern, dass die Behandlung von einem Ärzteteam durchgeführt wird, welches für alle notwendigen Behandlungsschritte die entsprechende Kompetenz aufweist. So ist für die Voruntersuchung und Eignungsfeststellung zur THS ein Facharzt für Neurologie unentbehrlich. Der operative Eingriff bedarf eines Facharztes für Neurochirurgie, der neben seiner neurochirurgischen Weiterbildung vertiefte Kenntnisse in der funktionellen Stereotaxie besitzen muss. Es ist also notwendig, dass Ärzte, mit einer einschlägigen Weiterbildung durch theoretische und praktische Fortbildungsmaßnahmen auf die Besonderheiten der funktionellen Stereotaxie vorbereitet werden. Diese Form der Fortbildung ist mit einem „schlichten Beiwohnen" in Seminaren nicht zu vergleichen. Es handelt sich um eine Fortbildungsform, die einer Weiterbildung gleicht, für die jedoch ein spezieller Weiterbildungsgang fehlt. Daher kommt es auch nicht zu einer entsprechenden Zertifizierung. Es fehlt an einer Leistungsüberprüfung. Bevor diese Voraussetzungen aber nicht erfüllt sind, darf der Arzt, der zu einem qualitativ angemessenen Standard THS anwen-

---

667 Sollte eine weitergehende Reglementierung erforderlich sein, so ist es an den zuständigen Gremien, Leit- und/oder Richtlinien zu erlassen. Insofern muss jedoch darauf hingewiesen werden, dass die Arbeitsgemeinschaft Tiefe Hirnstimulation e.V. wie auch die Forschungsgruppe ELSA-DBS sich um eine Ausarbeitung von Empfehlungen zur Indikation, Durchführung und Nachbehandlung der THS bemühen. Wann dieselben zu erwarten sind und ob die zuständigen öffentlichen Stellen entsprechende Vorschläge übernehmen werden und diesen somit in gewissem Maße Rechtsverbindlichkeit verleihen, kann derzeit nicht ausgemacht werden. Jedoch ist aufgrund zahlreicher Spezifika und damit einhergehenden erheblichen Fehlerpotentials bei dieser Therapieform in erhöhtem Maße eine Vereinheitlichung und Überprüfung zu fordern. Rechtsverbindliche Vorgaben zur Qualitätssicherung speziell für die THS sind daher wünschenswert.

668 Qualifikation des medizinischen und nicht-medizinischen Personals sowie die Modalitäten des Behandlungsumfeldes, das heißt Krankenhauseinrichtung, Technik etc., vgl. KassKomm/*Hess*, Band 1, Vor §§ 135 – 139 Rn. 2.

669 Ordnungsgemäßheit des Behandlungsverlaufs: Anamnese, Diagnose, Therapie und Nachbehandlung, vgl. KassKomm/*Hess*, Band 1, Vor §§ 135 – 139 Rn. 2.

670 Wirksamkeit des Behandlungsprozesses, das heißt Heilungsdauer, Lebensqualität, Letalität etc., vgl. KassKomm/*Hess*, Band 1, Vor §§ 135 – 139 Rn. 2.

671 Zur Frage haftungsrechtlicher Konsequenzen bei Nichteinhaltung, vgl. Kap. 1 A VI 4.

den will, nicht herangezogen werden. Sonst würde der Patient einer erheblichen Gefahr ausgesetzt. Das Krankenhaus hat also im Rahmen der notwendigen Strukturqualität sicherzustellen, dass die beschriebenen Qualifikationen bei der Behandlungsseite gegeben sind.

Da es einen eigenen Facharztstandard für Stereotaxie derzeit nicht gibt, ein erhöhtes Spezialwissen über den Facharztstandard für Neurochirurgie hinaus aber notwendig ist, liegt es nahe, über die Einführung eines speziellen Weiterbildungslehrgangs zum Stereotaktiker nachzudenken. Damit würde die bisherige Praxis überprüfbar gestaltet.

Um die Prozessqualität nachzuhalten, ist ein System im Krankenhaus notwendig, das elementare Vorgehensweisen in Anamnese, Diagnose, Therapie und Nachbehandlung dokumentiert, Fehlerquellen nennt, und sie auf ihren Ursprung hin untersucht. Nur so können Patienten vor einer Wiederholung von Fehlern effektiv bewahrt werden. Gleichzeitig wird damit die stetige Fortentwicklung der Methode gewährleistet. Von entscheidender Bedeutung für die THS ist schließlich, dass die Kommunikation zwischen den Ärzten sowie die Einbindung des nicht-ärztlichen Personals sichergestellt werden. Da stets ein Ärzteteam benötigt wird, um die gesamte Behandlung ordnungsgemäß durchzuführen, ist eine präzise Abstimmung der Beteiligten auf Behandlungsseite unerlässlich. Auch hierfür muss das Krankenhaus organisatorisch im Rahmen der Sicherung der Prozessqualität durch klare Vorgaben die Grundlage bieten.

Eine besondere Stellung nimmt bei der THS die Sicherung der Ergebnisqualität ein.[672] Die Stimulation durch elektrische Impulse ist an verschiedenen Stellen im Hirn denkbar. Die medizinische Wissenschaft ist noch nicht so weit, beantworten zu können, welcher Punkt für die Stimulation bei welchem Krankheitsbild tatsächlich die besten Resultate ergibt.[673] Bislang befasst man sich mit Erfahrungswerten, denen folgend sich in den kommenden Jahren im Zweifel weiterführende Erkenntnisse anschließen werden. Es sind mit wachsender Erkenntnis noch erhebliche Veränderungen bei der THS zu erwarten, für die eine sorgfältige Sicherung der Ergebnisqualität bedeutsam ist. Dabei steht das Patienteninteresse an einer möglichst wirkungsvollen und schonenden Behandlung an erster Stelle. Konkret ist somit bei der THS eine ordnungsgemäße Dokumentation mit anschließender Auswertung geboten. Dies ist durch organisatorische Einrichtungen

---

[672] In der Lit. wird der Pflicht zur Sicherung der Ergebnisqualität eine Nachrangigkeit gegenüber der Struktur- und Prozessqualität beigemessen. Dahinter steht der Hinweis, dass der Arzt grundsätzlich keinen Heilungserfolg, sondern „nur" die korrekte ärztliche Tätigkeit schulde, vgl. Wannagat/*Francke*, SGB V, Vor §§ 135 – 139 Rn. 6. Dies ist für die vorliegende Betrachtung allerdings unschädlich, da der zu sichernde Ergebnisbezug sich zum einen auf Verbesserungen von Struktur Prozess der Behandlung beziehen und zum anderen eine Analyse der Wirtschaftlichkeit der Methode gewährleisten sollen. Insbesondere Letzteres ist Gegenstand sozialrechtlicher Qualitätssicherung, vgl. Wannagat/*Francke*, SGB V, Vor §§ 135 – 139 Rn. 8.

[673] Die Streitigkeiten sind je nach behandlungsbedürftigem Krankheitsbild unterschiedlich stark ausgeprägt. Während bezüglich Parkinsonpatienten bereits klare Empfehlungen und Leitlinien vorliegen, ist etwa im Bereich der Zwangserkrankungen noch vieles unklar, vgl. *Ammel*, Tiefenhirnstimulation bei therapieresistenten Zwangsstörungen, S. 13 ff. m.w.N.

zu überprüfen und sicherzustellen. Insofern zeigen sich aber auch deutliche Überschneidungen von Struktur-, Prozess- und Ergebnisqualität.

Der zweite Faktor, den es im Rahmen der Ergebnisqualität besonders zu berücksichtigen gilt, ist die statistische Erfassung der Kosten-Nutzen-Relation. Die THS verlangt den Einsatz erheblicher wirtschaftlicher Mittel für Vorbereitung, Durchführung und Nachbehandlung. Auch das Material für die Therapie ist ein nicht unerheblicher Kostenfaktor. Daher bedarf es fortlaufender statistischer Erhebungen zu zwei Kernfragen: a. Ist die THS nach der jeweiligen Indikation mit bestehenden Behandlungsalternativen zu vergleichen? b. Können die erforderlichen Aufwendungen mit der Schwere und Erträglichkeit der behandelten Krankheiten in Relation gesetzt werden? Die unter erheblichem Ressourceneinsatz lediglich im Ansatz bestehende Möglichkeit von Heilung oder Linderung eines Leidens rechtfertigt nicht grundsätzlich jede Methode. Dennoch ist bislang eine Korrelation von zivilrechtlichem Haftungsmaßstab und versicherungsrechtlicher Kostentragung durch den BGH nicht anerkannt worden.[674]

Mit fortschreitenden Erkenntnissen werden einrichtungsübergreifende Qualitätssicherungsmaßnahmen nötig werden. Diese sollten von den Krankenhäusern, die die THS anbieten, dringend erwogen werden. Eine unterstützende Tätigkeit der Ärztekammern ist wünschenswert, wenn auch nicht absolut erforderlich. Bei Methoden wie der THS, deren Qualitätsmängel regelmäßig verheerende Auswirkungen nach sich ziehen können, ist ein einrichtungsübergreifendes, zumindest aber interdisziplinäres Management die aus heutiger Sicht einzig wirksame Form kontrollierter und effektiver Fortentwicklung. Zu Gunsten einer konsequenten Herausbildung von Behandlungsstandards erscheint es daher geboten, ärztliche Leitlinien[675] für den Ablauf im Krankenhaus sowie für die Indikationsstellung, Durchführung und Nachbehandlung speziell für die THS zu erstellen. Eine Rechtspflicht für die Schaffung solcher Leitlinien gibt es nicht. Auch aus der Qualitätssicherungspflicht kann ein entsprechendes Verhalten der Behandlungsseite oder ihrer Verbände nicht abgeleitet werden. Also überlässt der Gesetzgeber den Behandlungseinrichtungen die Methodenwahl. Die medizinische Praxis zeigt allerdings, dass konkrete Leitlinien im ärztlichen Berufsalltag erhebliche Beachtung finden und damit durch eine nicht von der Hand zu weisende Effektivität

---

[674] Zum Problem ausführlich *Arnade*, Kostendruck und Standard, S. 157 ff., 193 ff. m.z.N.

[675] Leitlinien sind strukturierte Zusammenfassungen von medizinischem Wissen zur Verwendung in der Behandlungspraxis, vgl. Wannagat/*Francke*, SGB V, Vor §§ 135 – 139 Rn. 11. Mangels gesetzlicher Anknüpfung und Legitimation derer, die Leitlinien entwerfen, stellen dieselben eine typisches Möglichkeitsspektrum ärztlichen Verhaltens dar, welches dem ärztlichen Standard entspricht, hinter ihm zurückbleiben oder ihn auch überholen kann, vgl. *Katzenmeier*, in: Laufs/Katzenmeier/Lipp, Arztrecht, S. 317 Rn. 9. Mithin sind Leitlinien für den Arzt nicht rechtlich verbindlich, sondern geben vielmehr eine Wissensbasis für die korrekte Entscheidung im Einzelfall der Behandlung. Insoweit sind sie allerdings ein wichtiges Instrument der Informationsvermittlung und –sicherung. Ihnen kann daher im Einzelfall auch Indizwirkung für angemessenes ärztliches verhalten beigemessen werden, vgl. BGH GesR 2008, 361; OLG Düsseldorf GesR 2007, 110.

gekennzeichnet sind.[676] Insofern ist der Versuch der Arbeitsgemeinschaft Tiefe Hirnstimulation e.V. und der Forschungsgruppe ELSA-DBS, konkrete Leitlinien zu entwerfen, eine willkommene Entwicklung.

Würde den angestellten Erwägungen zur Qualitätssicherung Genüge getan, so wäre die zusätzliche Einrichtung eines speziell für THS-Behandlungen vorgesehenen Risk-Managements[677] nicht notwendig. Ein die Behandlung übernehmendes Krankenhaus mit internen und externen Qualitätssicherungsverfahren minimiert sein Haftungsrisiko bei der Anwendung der THS.[678] Beide Qualitätsvorgaben sind heute grundsätzlich als Standard zu verlangen. Gleichwohl kann eine durchgreifende rechtliche Verpflichtung zu konkreten Maßnahmen kaum aus den Gesetzesvorschriften gefolgert werden.

3. Konsequenzen bei mangelhafter Qualitätssicherung

Eine konkrete Sanktion bei Zurückbleiben hinter den Erfordernissen des § 135 a Abs. 1 SGB V ist nicht geregelt.

Mittelbar droht jedoch, dass hieraus hervorgehende Lücken durch eine Richtlinie des G-BA gemäß § 137 c Abs. 1 S. 1, 2 i.V.m. § 92 Abs. 1 SGB V auf Antrag geschlossen werden, da ein mangelhaftes Qualitätsmanagement sich in kurzer Zeit auf die Qualität der Methode selbst auswirken kann. Daneben ist für diesen Fall eine Beanstandung des zuständigen Ministeriums gemäß § 94 Abs. 1 S. 2 SGB V denkbar, jedoch für die THS wohl nicht zu erwarten, da zahlreiche Experten sich mit der Verbesserung des Verfahrens auseinandersetzen und hierzu in den letzten Jahren publiziert haben.[679]

In Thüringen und Mecklenburg-Vorpommern besteht auf Basis der Landeskrankenhausgesetze, welche die Notwendigkeit einer internen Qualitätssicherung regeln, die Möglichkeit, dass diese bei mangelhaftem Qualitätsmanagement aus dem Krankenhausplan herausgenommen werden, wodurch die wesentliche Finanzierung entfiele. Bezüglich möglicher zivilrechtlicher Ansprüche ist auf Kap. 1 A VI 3 zu verweisen.

Für all diese möglichen Konsequenzen erscheint jedoch die Umsetzung in der Praxis schwierig. Nur wenn Qualitätsstandards klar bestimmt werden können, die die Krankenhäuser einhalten müssen, kann auch das Recht als effektive Kontrolle wirken. Demnach muss zwischen einzuhaltenden Grundstandards und spezifischen Methodenstandards in der Qualitätskontrolle unterschieden werden. Die wesentlichen Grundstandards einer Qualitätskontrolle wurden für die THS aufge-

---

676 *Schwenzer*, Richtlinien, und Leitlinien im klinischen Alltag, in: Ratajczak/Stegers, Leitlinien, Richtlinien und Gesetz, S. 81 ff.

677 Nach dem englischen Vorbild Critical Incident Reporting System (CIRS), vgl. *Katzenmeier*, Arzthaftpflicht in der Krise – Entwicklungen, Perspektiven, Alternativen, MedR 2011, 201, 211 f. m.V.a. *Thüß*, Rechtsfragen des Critical Incident Reporting Systems, 2012 Kap. 3.

678 Eine treffende Übersicht m.w.N. zum Stand der Diskussion bietet *Katzenmeier*, in: Laufs/Katzenmeier/Lipp, Arztrecht, S. 338 ff. Rn. 54 ff.

679 Eine übersichtliche Liste findet sich im Literaturverzeichnis bei *Ammel*, Tiefenhirnstimulation bei therapieresistenten Zwangsstörungen, S. 115 ff.

zeigt. Spezifische Methodenstandards können demgegenüber nur einbezogen werden, wenn diese speziell durch den GBA oder die medizinische Fachwelt festgelegt sind. Solche sind bei der THS bislang nur schwer und auch nur partiell auszumachen.[680] Ein Wettlauf von Forschung und darauf basierender öffentlicher Debatte ist bereits im Gange.[681]

680 Näher hierzu bei den ärztlichen Behandlungsstandards in der privatrechtlichen Betrachtung Kap. 1 A II.

681 Dies belegen die zahlreichen Publikationen zu den Besonderheiten und zum Umgang mit der THS in der medizinischen Fachliteratur, vgl. *Perlmutter/Mink*, Deep Brain Stimulation, Anu.Rev.Neurosci 2006, 229, 231 m.w.N.

Kapitel 2: Die THS in der medizinischen Forschung – Klinische Studie

A. Grundsätzliches

Das Potential der THS ist bislang noch nicht ausgeschöpft. In kurzen Zeitabständen ergaben sich in der Vergangenheit immer wieder neue Stimulationszielpunkte sowie zuvor nicht erwogene Indikationen.[1] Es ist davon auszugehen, dass dieser Prozess sich - eingedenk zahlreicher Ideen und verdeckter Potentiale[2] - fortsetzen wird. Die Möglichkeit, im zentralen Nervensystem des Menschen hochgradig präzise Stimulationen vorzunehmen, birgt nach Meinung vieler Experten der Hirnforschung bislang ungeahnte Potentiale.[3] Die wirksame Behandlung von Demenz[4] und der jüngst festgestellte Erfolg zur Bekämpfung von Neurodegeneration With Brain Iron Accumulation (NBIA)[5] ist dabei nur ein Beispiel neuerdings erwogener Anwendungsfelder. Um diese Potentiale Stück für Stück realisieren zu können, sind klinische Studien zur kontrollierten Forschung wichtig und zu begrüßen. Zugleich sei insbesondere bei der Forschung am menschlichen Gehirn, bei welcher jede Art missbräuchlicher Handhabung und Verwendung verheerend wäre, immer auch an die unrühmliche Vergangenheit solcher Interventionen in Form eines „Mahnzeichen(s)“ erinnert.[6]

Zur Untersuchung der rechtlichen Grundlagen experimenteller Forschung der in ihrer heutigen Form vergleichsweise jungen Therapiemethode[7] soll im Folgenden zunächst die Abgrenzung zum bereits erörterten Heilversuch[8] erfolgen, welcher ohne die besonderen Voraussetzungen des Forschungseingriffs im Wesentlichen nach den Regeln der Heilbehandlung durchführbar ist (B). Sodann werden die rechtlichen Rahmenbedingungen in einem Regelwerk zur Durchführung einer entsprechenden Studie aufgezeigt, wobei weniger die Details der Durchführung als vielmehr die äußeren Grenzen Gegenstand rechtlicher Betrachtung sein müs-

---

1 Vgl. *Perlmutter/Mink*, Deep Brain Stimulation, Anu.Rev.Neurosci 2006, 229 ff.; Übersicht im Literaturverzeichnis bei *Ammel*, Tiefenhirnstimulation bei therapieresistenten Zwangsstörungen, S. 115 ff.

2 Besonders hervorzuheben sind die Erkenntnisse der jüngsten Zeit zum Einfluss der THS auf das Erinnerungsvermögen, vgl. *Hamani et. al.*, Memory enhancement induced by hypothalamic/fornix deep brain stimulation, Ann Neurol. 2008, 119-23, und auf das Schlafverhalten, vgl. *S. Lim/Moroet. al.*, Selective Enhancement of rapid eye movement sleep by deep brain stimulation of the human pons, Ann Neurol. 2009, 110–114, die im Rahmen künftiger Heilbehandlung nutzbar gemacht werden könnten.

3 Anschaulich vorgeführt in FAZ vom 08.04.2010, Nr. 81, S. 34 mit Zitaten.

4 So *Synofzik/Schlaepfer*, in: Gehirn und Geist, 11/2008, 33.

5 Siehe die Studie von *Timmernmann et. al.*, Dystonia in neurodegeneration with brain iron accumulation: outcome of bilateral palidal stimulation, Brain 2010, 1 – 12.

6 So zu Recht *Laufs*, in: Laufs/Kern, Handbuch des Arztrechts, § 130 Rn. 1 m.w.N.

7 Vgl. Einleitung III.

8 Vgl. hierzu die Ausführung in Kap. 1 A II 2.

sen, da es insoweit nicht die Aufgabe rechtlicher Regulation sein kann, die Experten bei der Optimierung ihrer Arbeit unnötig zu stören. Nichtsdestotrotz ist vor allem die spezialgesetzlich angeordnete Einbindung staatlicher Kontrolle hervorzuheben. Speziell die ethischen Problemfaktoren bei der THS legen Zeugnis von der Wichtigkeit dieser Einbindung ab.

Es gilt der Grundsatz: *Effektive Forschung im Bewusstsein der besonderen Verantwortung für Probanden und Kollektiv* (C).

Besondere Vorsicht bei der Erforschung und Weiterentwicklung der THS gilt es bei minderjährigen und einwilligungsunfähigen Probanden walten zu lassen. Der staatliche Schutzauftrag gegenüber allen denjenigen, die ihren eigenen Willen nicht oder nicht hinreichend bilden und vertreten können, verlangt dem Grunde nach, dass nur solche medizinischen Interventionen durchgeführt werden, die den Betroffenen nützen.[9] Inwieweit zu Gunsten medizinischer Forschung zum Wohle des Kollektivs von diesem Grundsatz abgewichen werden kann, ist für die Forschung im Rahmen der THS auf den Prüfstand zu stellen, da diese Therapie gegen Krankheiten wie das Tourette-Syndrom eingesetzt wird, welches sehr häufig bei Minderjährigen auftritt.[10] Ohne weitergehende Forschung kann aber für künftig erkrankte Kinder keine Einsatzerweiterung und -verbesserung gefunden werden (D).

B. Heilversuch und Forschungseingriff

Die Unterscheidung zwischen Heilversuch und Forschungseingriff ist für die Erörterung des geltenden Regelwerks die entscheidende Voraussetzung. Wesentliches Unterscheidungskriterium ist die Zweckrichtung der medizinischen Intervention.[11] Wird die THS als Heilversuch bei einer psychiatrischen Erkrankung eingesetzt, so findet ausschließlich eine Heilbehandlung statt. Ziele dürfen in diesem Moment nur die Heilung und Leidenslinderung beim Patienten sein, da nur für diesen Fall allein die weitgehend unveränderten rechtlichen Maximen der Heilbehandlung herangezogen werden.[12] Sofern jedoch wenigstens auch ein Forschungszweck im Raum steht, bedarf dessen Verfolgung einer besonderen Legitimation.[13] Die entscheidende Frage für die Abgrenzung lautet daher, ob eine Stimulation einzig den Zweck der Heilung oder Leidenslinderung verfolgt oder ob neben einer medizinischen Indikation auch andere Erwägungen angestellt werden. Dabei kann darauf zurückgegriffen werden, ob sich der jeweilige THS-Einsatz an bereits anerkannten Standardverfahren orientiert und etwa aufgrund der Tatsache, dass der Patient austherapiert ist, zum Wohle des Betroffenen der individuelle Versuch unternom-

---

9 Zur grundsätzlich fehlenden Nützlichkeit *Lipp*, in: Laufs/Katzenmeier/Lipp, Arztrecht, S. 497 f. Rn. 105.

10 Hierzu *V. Faust*, http://www.psychosoziale-gesundheit.net/psychiatrie/tourette.html (Abrufdatum: 01.11.2011).

11 *Lipp*, in: Laufs/Katzenmeier/Lipp, Arztrecht, S. 459 ff. Rn. 14 ff. m.w.N.

12 *Laufs*, in: Laufs/Kern, Handbuch des Arztrechts, § 130 Rn. 25 f.; *Kirchhof,* MedR 2007, 147, 148 f.

13 Prinzip der doppelten Legitimation vgl. *Kollhosser*, MedR 1993, 93 f.

men wird, mit der Stimulation medizinische Erfolge herbeizuführen. Diese Zweckrichtung muss für jede THS-Intervention gesondert bestimmt werden, die nicht bereits anerkanntem Standard entspricht und für den Einzelfall nicht medizinisch indiziert ist. Die Bestimmung der Zweckrichtung erfolgt letztlich an Hand verschiedener objektivierbarer Kriterien,[14] wodurch auch in Grenzen eine gewisse Überprüfbarkeit gewährleistet ist.

Es bleibt als Fazit festzuhalten, dass das folgende Regelwerk immer dann angewendet wird, wenn Forschungszwecke auch nur nebenbei Berücksichtigung finden. Der Arzt hat dies peinlich genau zu kontrollieren und muss den jeweils verfolgten Zweck in die Dokumentation der Behandlung aufnehmen, so dass nachvollzogen werden kann, ob und welche Heilbehandlungsziele angestrebt und welche sonstigen Zweckrichtungen erwogen wurden.

C. Das Regelwerk

I. Besonderes Kontrollverfahren bei Medizinprodukten

Die zu implantierende quadripolare[15] Elektrode, die notwendigen Zubehörstücke für die Anwendung wie insbesondere die Anwendersoftware und das externe Steuerungsmodul sind zweifelsohne Medizinprodukte im Sinne der §§ 2 Abs. 1, 3 Nr. 1 MPG, sofern ihre Herstellung zu therapeutischen Zwecken erfolgt. Wenn nunmehr die Forschung im Rahmen der THS vorangetrieben werden soll, bei der Stimulationsziele angesteuert werden und für die die Elektrode als aktives[16] Medizinprodukt bislang noch nicht zugelassen ist, bedarf es der Durchführung des besonderen Verfahrens nach den §§ 20 – 23 b MPG. Dabei erfolgt die spätere Zulassung mit CE-Kennzeichnung nach §§ 6 Abs. 1, 7, 9 MPG gerade auch für eine bestimmte Einsatzart und ein bestimmtes Einsatzgebiet des Produkts. Ein

---

14 Eine Übersicht findet sich bei *Lipp*, in: Laufs/Katzenmeier/Lipp, Arztrecht, S. 463 f. Rn. 25. Zu Recht wird in diesem Zusammenhang ein Abstellen auf die rein subjektive Motivation des Arztes oder auf den rein objektiven Nutzen für den Patienten abgelehnt. Diese verengten Sichten werden der im Einzelfall schwierigen Unterscheidung nicht gerecht. Man denke bloß an eine medizinisch eindeutig indizierte Maßnahme, die der Arzt in der irrigen Vorstellung vornimmt, er betrete zu wissenschaftlichen Zwecken Neuland. Vgl. für die jeweiligen Nachweise *Lipp,* a.a.O.

15 Mittlerweile wurden auch noch mehrpolige Elektroden in das Verfahren mit aufgenommen, wobei es sich aber jedenfalls noch um Beschreitung von Neuland handelt. Vgl. den Redaktionsbericht „Neuartiger Hirnschrittmacher für Parkinson implantiert" Dtsch Arztebl v. 10.11.2010.

16 Die Elektrode ist als aktives Medizinprodukt mit besonderem Risikopotential einzustufen, da sie durch eine nicht körpereigene Energiequelle betrieben wird und eigenständig Einfluss auf für den menschlichen Organismus hochrelevante Körperfunktionen ausübt. Hierdurch ist ihr eine eigenständige Regulations- und Manipulationsmöglichkeit ähnlich einem Herzschrittmacher immanent. Vgl. zur Einordnung, Rehmann/Wagner/*Rehmann*, MPG, § 3 Rn. 6; so auch schon zur früheren Gesetzeslage § 3 Nr. 3 MPG a.F. vgl. Deutsch/Lippert/Ratzel/*Deutsch*, MPG, § 3 Rn. 15.

erneutes Konformitätsverfahren im Sinne des § 6 Abs. 1 MPG mit erneuter Forschung im Sinne der §§ 20 – 23 b MPG ist dann durchzuführen, wenn sich Art und Weise des Einsatzes der bereits geprüften Technik wesentlich ändern.[17] Demgegenüber kommt eine Prüfung der THS ohne klinische Studie für das Konformitätsverfahren nach §§ 6 Abs. 1 MPG, 4 MPV i.V.m. den Vorgaben des Anhangs 1 der Richtlinie 90/385/EWG[18] grundsätzlich nicht in Betracht. Die Qualitäts- und Sicherheitsvorgaben des Anhangs 1 der Richtlinie außerhalb einer klinischen Studie können nicht eingehalten werden und wären auch nicht hinreichend valide. Dies erkannte der Gesetzgeber und schrieb daher für den Wirksamkeitsnachweis eines Medizinproduktes im Sinne des § 3 Nr. 25 MPG eine klinische Bewertung gemäß § 19 Abs. 1 S. 1 MPG als zwingende Voraussetzung vor.

Entscheidendes Merkmal und zugleich Restriktion ist nach diesen Vorschriften sodann, dass die klinische Forschung nur begonnen werden darf, wenn die zuständige Ethikkommission ein zustimmendes Votum vorgelegt und die zuständige Bundesoberbehörde ihre Zustimmung erteilt hat, § 20 Abs. 1 S. 1 MPG. Hierdurch wird eine besondere hoheitliche Kontrolle gewährleistet. Anders als dies noch in den Heilberufsgesetzen und Satzungen der Ethikkommissionen festgehalten ist,[19] besteht auf dem Gebiet der Medizinprodukte eine Pflicht zur Einholung einer zustimmenden Entscheidung eines Expertengremiums für die ethischen Hintergründe. Dies hat für die THS ein besonderes Gewicht.[20] Die begrüßenswerte Schranke bewirkt, dass Stimulationen im Gehirn auch nicht versuchsweise zugelassen werden dürfen, bei denen ethisch unvertretbare Ergebnisse wie rapide Aggressionssteigerungen und Ähnliches zu befürchten sind. Zwar ist nicht zu bestreiten, dass das notwendige Überprüfungsverfahren, das Verfassen entsprechender Ethikanträge, die notwendige thematische Auseinandersetzung und schließlich die Entscheidungsfindung Zeit beanspruchen, wodurch der Fortschritt der THS-Forschung unweigerlich eine Verlangsamung erfährt. Dies ist jedoch zwingend in Kauf zu nehmen, um die gebotene ethische Debatte vor neuartigen Eingriffen in das zentrale Nervensystem des Menschen sicherzustellen. Die Vorschriften des MPG sorgen somit bei neuartigen Einsatzformen der THS für eben jene hoheitliche Kontrolle, welche auf Basis des Berufsrechts bislang nicht hinreichend vorgesehen ist. Dies mildert die Probleme für den Bereich der Medizinprodukte und damit der THS als aktives Medizinprodukt erheblich ab.

Zugleich werden durch die scharfen Vorschriften des MPG die Möglichkeiten individueller Heilversuche bei der THS deutlich verringert. Ein Heilversuch ist nur im Rahmen des Einsatzes bereits mit CE-Kennzeichnung zugelassener Elektroden möglich. Wichtigster Anwendungsbereich für den Heilversuch ohne Forschungscharakter bleibt daher die Stimulation an bereits getesteten Stellen, an

---

17 Unbestritten, vgl. nur Rehmann/Wagner/*Wagner*, MPG, § 6 Rn. 7.

18 ABl. L 189 vom 20.7.1990, S. 17, zuletzt geändert durch Art. 1 der Richtlinie 2007/47/EG s. ABl. L 247 vom 21.9.2007, S. 21.

19 Hier nur Beratungsaufgabe nach Anrufungspflicht, vgl. § 15 MBO-Ä und die Satzungen der Ethikkommissionen der Ländern.

20 Vgl. zu den Hintergründen sowohl die Einleitung als auch Kap. 1 E I.

welchen jedoch auch positive Wirkungen zur Bekämpfung neuartiger Krankheitsbilder zu erwarten sind.[21]

II. Generelle Restriktionen vor dem Hintergrund des MPG

Neben den Zustimmungen der zuständigen Ethikkommission und der zuständigen Bundesoberbehörde bedarf es für ein Forschungsvorhaben einer weitergehenden Legitimation, da es sich nicht um eine indizierte Heilbehandlung handelt.[22] Der Proband der Studie bringt ein Opfer zum Wohle des Kollektivs, gleichzeitig wird die Wissenschaft gefördert.[23] Entsprechend ist auch der Zweck eines Forschungseingriffs der Erkenntnisgewinn. Es geht vorrangig damit nicht um das Wohl des Probanden. Letzteres muss im Einzelfall natürlich im Sinne einer Vermeidung von Schäden mitverfolgt werden. Die Interessen des Probanden, seine körperliche Integrität, sein Persönlichkeitsrecht und seine Menschenwürde stehen dem Forscherinteresse und der Wissenschaftsfreiheit gegenüber. Auch wenn das Bild der medizinisch indizierten Intervention ein anderes ist, so ist doch der Verlauf des Forschungseingriffs vergleichbar.[24] Die entscheidende Abweichung liegt im regelmäßig erhöhten Nebenwirkungsrisiko für den Probanden bei zugleich gesteigerter Unsicherheit bezüglich eines therapeutischen Nutzens für den Probanden. Beide Risiken sind für den Probanden a priori erhöht. Gleichwohl bestreitet heute niemand mehr, dass Humanforschung grundsätzlich möglich sein muss, sofern sich Probanden finden lassen. In Orientierung an den Voraussetzungen des Heileingriffs bildeten sich daher einige generell obligatorische Elemente für die Beurteilung der Rechtmäßigkeit eines Forschungseingriffs:[25]

a) Probandenvertrag,
b) Sachliche Rechtfertigung der Forschungsmaßnahme,
c) Informed Consent und
d) Durchführung lege artis.

Auch wenn allgemeine Grundregeln vorhanden sind, ist es von entscheidender Bedeutung, dass es sich beim Einsatz von Anwendungszubehör im Rahmen der THS um einen Fall der Forschung mit Medizinprodukten handelt. Für die Humanforschung statuieren die §§ 20 und 21 MPG besondere Zulässigkeitsvoraussetzungen, in denen der Gesetzgeber die allgemeinen Grundsätze aufgreift und zum Schutze der Probanden spezialgesetzlich niederlegt.

---

21 Näher hierzu Kap. 1 A II 2.

22 Eine weit reichende Übersicht zur Literatur findet sich bei *Lipp*, in: Laufs/Katzenmeier/Lipp, Arztrecht, S. 472 Rn. 44 FN. 148.

23 So schon *Deutsch*, Das Recht der klinischen Forschung am Menschen, S. 14 f.

24 *Kirchhof*, MedR 2007, 147 f.; *Rieger*, in: Roxin/Schroth, S. 549 ff.; *Lipp*, in: Laufs/Katzenmeier/Lipp, Arztrecht, S. 471 FN. 134.

25 *Lipp*, a.a.O. S. 471 ff.

1. Probandenvertrag

Einen gesonderten Probandenvertrag wird im MPG vorausgesetzt, ohne dass gesonderte Regeln hierfür normiert sind. Wichtigster Aspekt ist, dass es den Parteien freisteht, die Studie und damit den Vertrag jeder Zeit aufzukündigen.[26] Zudem kann eine Entschädigung an den Probanden vereinbart werden,[27] sofern hiermit kein unzulässiger Handel mit dem eigenen Körper betrieben wird.[28] Davon ist allerdings bei der THS solange nicht auszugehen, als Gegenstand des Probandenvertrages nicht die Verobjektivierung der Versuchsperson als schlichtes Material gegen Entgelt ist. Erst eine entsprechend anmutende Vereinbarung wäre als Menschenwürdeverstoß im Sinne des Art. 1 Abs. 1 GG zu werten und würde zur Nichtigkeit des Vertrages gemäß § 138 Abs. 1 BGB führen.[29] Im Übrigen ist es nicht zu beanstanden, wenn der Proband für seine Gefahren und seinen Einsatz zu Gunsten der Wissenschaft einen Obolus erhält.

2. Sachliche Rechtfertigung der Forschungsmaßnahme

Eine sachliche Rechtfertigung des Forschungseingriffs ist nur dann zu bejahen, wenn gemäß § 20 Abs. 1 S. 4 Nr. 1 MPG vor dem Hintergrund einer umfassenden Abwägung zwischen Eingriffsgefahren und avisiertem Nutzen die neuartige Stimulation als medizinisch vertretbar gewertet werden kann. Dabei ist die besondere Nützlichkeit der Verbesserung der THS zu berücksichtigen, durch die auch schwerste Krankheitsbilder und bislang therapieresistente Krankheitsstadien nunmehr oder künftig wirksam behandelt werden können. Die äußerst erfolgreiche Entwicklung bei der Therapie von Morbus Parkinson ist hierfür ein bedeutendes Beispiel. Auch muss zu Gunsten weitergehender Studien bedacht werden, dass die Stimulation rasch abgeschaltet werden kann und somit gut kontrollierbar ist. Zudem ist der gesamte Eingriff nach bisherigen Erkenntnissen in vollem Umfang reversibel.[30]

Demgegenüber müssen die Forscher genau überlegen, welche chemischen Prozesse durch eine Stimulation in Gang gesetzt werden und ob nicht auch bereits

---

[26] *Deutsch*, VersR 2005, 1609, 1611; *Gödicke*, Formularerklärungen in der Medizin, S. 33 ff.

[27] Hierzu *Graf*, KliFoRe 2006, 136, 137 f.; *Deutsch*, VersR 2005, 1609 ff.; *Ehling/Vogeler*, MedR 2008, 273, 278, 280; *Eberbach*, Die zivilrechtliche Beurteilung der Humanforschung, S. 82 f.

[28] Keine Gültigkeit können insofern die Vorschriften über den Organhandel beanspruchen, da bei der THS kein Teil des Körpers weggegeben oder veräußert wird, vgl. §§ 1, 1a, 17, 18 TPG.

[29] Art. 1 Abs. 1 GG wirkt insofern als unverfügbares Recht im Rahmen der objektiven Werteordnung (vgl. BVerfGE 7, 206 - Lüth = NJW 1958, 257 und seither st. Rspr.) auf das Privatrecht ein.

[30] Gegenteilige Auffassung ohne nähere Begründung *Ong*, Deep Brain Stimulation: The Quest for cognitive enhancement, The Triple Helix 2008, 6 f. Die Autorin weist lediglich darauf hin, dass die Gefahr einer Abhängigkeit bestehe und Nebenwirkungen auftreten könnten. Sie hat hierfür weder Belege noch wissenschaftlich anerkennenswerte Ansätze.

eine geringfügige Erregung im falschen Hirnareal trotz der Möglichkeit, die elektrischen Einwirkungen abzubrechen, bereits zu unabsehbaren Folgen führen kann. Zu bedenken ist insoweit insbesondere die Schaffung chaotischer Zustände in den natürlich angelegten cerebralen Kreisläufen. Dies kann Suchtgefahren wie auch vorab unerwartete dauerhafte Veränderungen der Person nach sich ziehen. Die Forscher müssen sich darüber im Klaren sein, dass mit den Strukturen des zentralen Nervensystems umsichtig verfahren werden muss. Jeder Test, der an dieser Stelle erfolgt, ist mit besonderer Sorgfalt vorzubereiten.

Modifiziert sind die Anforderungen, wenn der Eingriff an einem Kranken erfolgen soll, § 21 Nr. 1 MPG. In diesem Fall muss der THS-Versuch die Zielrichtung der Leidenslinderung oder Heilung aufweisen. Darüber hinaus muss der Forscher zuvor abwägen, ob die THS-Behandlung nach den gegebenen wissenschaftlichen Erkenntnissen angezeigt ist, um dem Betroffenen helfen zu können. Somit kommt ein Forschungseingriff mit der THS an Kranken nur im Bereich bereits im Übrigen austherapierter Patienten in Betracht. Das verengt die Bandbreite möglicher Forschungsvorhaben mit der THS erheblich. Als von vorneherein unvertretbar wertet der Gesetzgeber die Forschung an Personen, die staatlich untergebracht sind, § 20 Abs. 1 S. 4 Nr. 3 MPG.

Hinter diesen spezialgesetzlichen Einschlägen des MPG verbleibt kaum noch Raum für weitergehende allgemeine Vertretbarkeitsüberlegungen. Nur in besonderen, von den Maßstäben vorbenannter Normen abweichenden Fällen ist es den Forschern und Probanden unbenommen, weitergehende Überlegungen anzustellen. Entscheidend ist diesbezüglich, dass ein Zurückbleiben hinter dem durch das MPG geschaffenen Schutz nicht zulässig ist. Kein Mensch ist zu einem weitergehenden Sonderopfer verpflichtet oder auch nur berechtigt. Für die Reichweite zulässiger Fremdeinwirkung ist der Gesetzgeber bei der Umsetzung des staatlichen Schutzauftrags mit einer erheblichen Einschätzungsprärogative ausgestattet, von welcher im MPG auf zulässige Weise unter Beachtung der gewichtigen Forschungsinteressen Gebrauch gemacht wurde.

3. Informed Consent

Der entscheidende Punkt einer jeden Forschungsmaßnahme bleibt die ohne Täuschung, Zwang oder sonstigem Druck erteilte Einwilligung auf Basis hinreichender Aufklärung. Es finden die Grundsätze Anwendung, die auch bei Heilbehandlungen anerkannt sind.[31] Daher sei für die Details auf die entsprechenden Ausführungen zum Heilversuch verwiesen.[32] Für den Forschungseingriff gilt aber, dass die Aufklärung besonders weit reichend und sorgfältig zu sein hat,[33] da die bevorstehenden Eingriffe medizinisch nicht indiziert sind und häufig nicht einmal partiell auf den gesundheitlichen Nutzen des Probanden zielen. Das MPG unterstreicht diese entscheidende Voraussetzung durch die Vorgaben in § 20 Abs. 1 S. 4 Nr. 2, Abs. 2 MPG, wonach die Einwilligung schriftlich zu sein hat und jeder Zeit widerruflich ist. Zudem werden an die Person des Aufklärenden nach § 20

---

31 Vgl. *Lipp*, in: Laufs/Katzenmeier/Lipp, Arztrecht, S. 472 f. Rn. 43 ff. m.w.N.

32 Kap. 1 A IV 1.

33 Allg. Meinung vgl. etwa *Kirchhof*, MedR 2007, 147, 149.

Abs. 1 S. 4 Nr. 2 MPG besondere Qualifikationsvoraussetzungen gestellt. Außerdem muss der Proband gemäß § 20 Abs. 2 Nr. 1 sowohl geschäfts- als auch einsichtsfähig sein.[34] Die Aufklärung selbst muss dem Probanden offen, sprachlich klar und adressatengerecht sowohl das Spektrum spezifischer Gefahren als auch darüber hinausgehende Risiken verdeutlichen. Wichtig ist, dass die Aufklärung „schonungslos“ erfolgen muss, so dass dem Probanden das Ausmaß bevorstehender Gefahren deutlich vor Augen tritt und er sich hierüber nicht etwa mit Blick auf die potentiell beeindruckenden Ergebnisse zu etwas verführen lässt, was den Grad des subjektiv Hinnehmbaren übersteigt. Das betrifft bei der THS vor allem die Gefahren von Verhaltens- oder gar Persönlichkeitsveränderungen sowie die besondere Gefahr unbeabsichtigter Nebenwirkungen durch Modulation der cerebralen Prozesse.

4. Verfahren lege artis

Schließlich hat die gesamte Durchführung den Regeln ärztlicher Kunst zu genügen. Hierzu legt § 20 Abs. 1 S. 4 Nr. 4, 5, 6 und 8 MPG Kriterien fest. Den jeweiligen Eingriff darf nur medizinisch geschultes Fachpersonal durchführen. Wenigstens ein Experte hat als Prüfer anwesend zu sein. Die gewählte Einrichtung muss den medizinischen, die verwendete Apparatur den Sicherheitsstandards entsprechen. Anderweitige Grundlageprüfungen zur Zweckbestimmung des Medizinprodukts und seiner Anwendungsmöglichkeiten müssen vorgenommen worden sein. Ein gesonderter Prüfplan ist zu erstellen. Für die Methodik der Durchführung verweist § 23 MPG zusätzlich auf 2.3 des Anhangs 7 der Richtlinie 90/385/EWG, der wie folgt lautet:

„2.3. *Methoden*

2.3.1. Die klinischen Prüfungen sind nach einem angemessenen Prüfplan durchzuführen,
der dem Stand von Wissenschaft und Technik entspricht und
der so angelegt ist, dass sich die Angaben des Herstellers zu dem Gerät
bestätigen oder widerlegen lassen. Diese Prüfungen müssen eine angemessene
Zahl von Beobachtungen umfassen, damit wissenschaftlich gültige
Schlussfolgerungen gezogen werden können.

2.3.2. Die Vorgehensweise bei der Durchführung der Prüfungen muss an das zu prüfende Gerät angepasst sein.

2.3.3. Die klinischen Prüfungen müssen unter gleichartigen Bedingungen durchgeführt
werden, wie sie für die normalen Einsatzbedingungen des Gerätes
gelten.

2.3.4. Alle einschlägigen Merkmale des Gerätes, einschließlich der sicherheitstechnischen
und leistungsbezogenen Eigenschaften und der Auswirkungen
auf den Patienten, müssen geprüft werden.

2.3.5. Alle schwerwiegenden unerwünschten Ereignisse müssen vollständig registriert

---

[34] Vgl. für die besonderen Ausnahmen sogleich unter Kap. 2 IV.

und unmittelbar allen zuständigen Behörden der Mitgliedstaaten,
in denen die klinische Prüfung durchgeführt wird, mitgeteilt werden.
2.3.6. Die Prüfungen müssen unter der Verantwortung eines entsprechend
qualifizierten Arztes oder einer anderen befugten Person in
einer angemessenen Umgebung durchgeführt werden.
Der Arzt muss Zugang zu den technischen Daten des Gerätes haben.
2.3.7. Der schriftliche Bericht, der von dem verantwortlichen Arzt zu unterzeichnen
ist, muss eine kritische Bewertung aller im Verlauf der klinischen
Prüfung erlangten Daten enthalten."

Der Katalog wiederholt in weiten Teilen, was durch § 20 MPG bereits angeordnet ist. Hervorzuheben ist die Sicherung der Validität und Reliabilität der Ergebnisse durch 2.3.4 des Richtlinienanhangs. Anders wäre der Versuch einer Systematisierung der Einsatzfähigkeit bei der THS auf Dauer nicht denkbar, da die menschlichen Hirnstrukturen zu komplex sind. Es ist sogar regelmäßig zu befürchten, dass die Auswertungen zunächst mehr Einzelfallausnahmen als klar strukturierte Befunde ausweisen werden. Umso mehr ist bei der Forschung an weiteren Einsatzmöglichkeiten für die THS auf Validität und Reliabilität zu achten.

Der Kreis für Studien mit Medizinprodukten ist sogar über die Anwendungs- und Durchführungssicherheit hinaus noch weiter gezogen. So ist es gemäß § 20 Abs. 1 S. 4 Nr. 9, Abs. 3 MPG Pflicht, dass eine Probandenversicherung abgeschlossen wird. Weiterhin muss gemäß § 20 Abs. 1 S. 4 Nr. 1a MPG ein Sponsor gefunden werden.

Ähnlich wie bei Arzneimittelprüfungen ist die Forschung mit Medizinprodukten und damit für den Fall der THS streng reglementiert. Dies gewährleistet einen besonders hohen Schutz für die Probanden bei gleichzeitiger Zulassung der Humanforschung. Der Gewährleistung praktischer Konkordanz der anfänglich erwähnten Verfassungsgüter, die bei der Humanforschung betroffen sind, ist hiermit hinreichend gedient. Eine Schutzerweiterung von rechtlicher Seite ist jedenfalls im Fall der THS nicht geboten.

D. Minderjährige und Einwilligungsunfähige

Forschung an einer einwilligungsunfähigen Person die zugleich geschäftsunfähig ist, darf vor dem Hintergrund der spezialgesetzlichen Ausformungen der §§ 20 Abs. 1 S. 4 Nr. 2, Abs. 2 Nr. 1 und 21 Nr. 2 MPG ausschließlich dann betrieben werden, wenn die Betroffene an einer Krankheit leidet, die anders nicht wirksam zu therapieren ist und der Betreuer eine Einwilligung nach umfassender Aufklärung erteilt hat. Es gelten ergänzend die §§ 1896 ff. BGB. Sofern nicht konkreter Nutzen für den im Einzelfall betroffenen Kranken durch die Studie in Aussicht gestellt werden kann, ist somit eine Einbindung von Geschäftsunfähigen in THS-Studien untersagt.

Demgegenüber ist die in der Rechtswissenschaft vielfach kritisch untersuchte Forschung an Minderjährigen[35] durch den Gesetzgeber des MPG in weiterem Rahmen zugelassen worden.[36] So soll es nach § 20 Abs. 4 MPG möglich sein, dass Minderjährige in klinische Studien mit Medizinprodukten eingebunden werden, wenn die Produkte generell zur Krankheitsverhütung oder Krankheitserkennung bei Minderjährigen eingesetzt werden sollen und eine Testreihe an Erwachsenen keine hinreichenden Prüfergebnisse erwarten lässt. Daneben gilt der zuvor für Einwilligungsunfähige erläuterte Ansatz zur Hilfe gegen eine akut bestehende Krankheit nach § 21 Nr. 2 MPG ebenfalls für Minderjährige.

Allerdings ist zu beachten, dass der Minderjährigenschutz durch das Kindschaftsrecht der §§ 1626 ff. BGB ergänzt wird, wonach die gesetzlichen Vertreter in der Pflicht ordnungsgemäßer Personensorge stehen. Im Rahmen der Einwilligungsentscheidung zur Behandlung des bereits erkrankten Kindes, für das sich keine gangbare Therapievariante bietet, so dass der Fall des § 21 Nr. 2 MPG erfüllt ist, begründet die elterliche Personensorge lediglich das Gebot, eine sorgfältige Risiko-Nutzen-Analyse vorzunehmen. Soweit dies möglich ist, soll das Kind in die Entscheidung mit einbezogen werden, § 1626 Abs. 2 BGB.

Sofern Gegenstand der Studie jedoch die Behandlung eines Kindes mit einem Medizinprodukt ist, das zur Diagnose oder Prävention eingesetzt werden soll, ist es gemäß § 20 Abs. 4 Nr. 2 MPG erforderlich, dass dieses Kind nach wissenschaftlichen Erkenntnissen in die entsprechende Risikogruppe potentieller Patienten fällt. Insofern kann durchaus bezweifelt werden, ob ohne gesicherten Nutzennachweis die elterliche Einwilligung vor dem Hintergrund gesetzlich gebotener Personensorge überhaupt erteilt werden darf. Dabei ist zu betonen, dass die Personensorge Garant für das körperliche Wohl des Kindes zu sein hat und daher dessen verfassungsrechtlich verbürgtes Recht nach Art. 2 Abs. 2 S. 1 GG gezielt vor nicht gebotenen elterlichen Entscheidungen schützen soll. Der entsprechende Ansatz ist bereits durch ein verfassungskonformes Verständnis des MPG zu wählen. Wenn dort Medizinproduktestudien an Minderjährigen unter gewissen Bedingungen für zulässig erachtet werden, so muss allen voran die Vorschrift des § 20 Abs. 4 Nr. 2 MPG verfassungskonform dahingehend ausgelegt werden, dass an dieser Stelle keine elterliche Entscheidung getroffen werden darf, die mit der Personensorge nicht vereinbar ist. Dies kann nur dadurch gewährleistet werden, dass an den Nachweis des Nutzens für den minderjährigen Probanden hohe Anforderungen gestellt werden. Da die THS kein diagnostisches Verfahren ist, sind Ausführungen hierzu entbehrlich. Jedoch kann eine Stimulation zur Krankheitsprävention, insbesondere gegen das bei Minderjährigen auftretende Tourette-Syndrom eingesetzt werden. Vor dem Hintergrund des erforderlichen restriktiven Verständnisses des § 20 Abs. 4 Nr. 2 MPG ist für die Einbindung eines Minderjährigen, der nicht krank ist, in eine THS-Studie erforderlich, dass nach wissenschaftlicher Expertenansicht der Minderjährige die zu bekämpfende Krankheit in

---

[35] Umfassend *v.Freier*, Recht und Pflicht in der medizinischen Humanforschung.

[36] An dieser Stelle wird die grundsätzliche Möglichkeit der Forschung an Minderjährigen akzeptiert und die Grundsatzdebatte nicht geführt.

absehbarer Zeit ohne die Stimulation bekommen wird. Ein weitergehendes Opfer für das Kollektiv ist demgegenüber vom Minderjährigen keinesfalls zu verlangen.

Kapitel 3: THS als medizinisch nicht gebotener Eingriff

A. Möglichkeiten außerhalb der Heilbehandlung – Vorüberlegungen

I. Untersuchungsgegenstand und Denkansätze

Die THS bietet durchaus beeindruckende neue Wege zur Therapie schwerer Krankheitsbilder. Passend zum Einsatzgebiet wurde die elektrische Stimulation von Nervenzentren entwickelt. Vor diesem Hintergrund will sie auch verstanden sein.

Dennoch zeigen sich auch andere Einsatzfelder. Das menschliche Gehirn ist die letzte weitgehend unerschlossene, aber auch komplexeste Bastion möglicher Anlaufstellen für medizinische Veränderungen am Menschen. In diesem Bereich sind die Zusammenhänge bislang noch nicht vollumfänglich erschlossen und das potentielle Ausmaß von Nebenwirkungen reicht von leichten emotionalen Schwankungen über Veränderungen der gesamten Persönlichkeitsstruktur[1] bis hin zur irreparablen Zerstörung kognitiver Fähigkeiten.[2] Diese Aufzählung dient keineswegs der Abschreckung, sondern soll als Denkanstoß zunächst verdeutlichen, dass im menschlichen Gehirn jede Veränderung unabsehbare Folgen haben kann, die aufgrund unseres bislang noch mangelhaften Verständnisses des zentralen Nervensystems nicht erwartet werden. Wenn das menschliche Gehirn manipuliert wird, so erscheint es vor dem Hintergrund dieser ersten Erwägung juristisch durchaus angebracht, einen medizinischen Grund als Teil der Eingriffsrechtfertigung zu unterlegen. Dies kann aber keineswegs als gesicherte Voraussetzung gelten. In vielen Bereichen dienen medizinische Interventionen nämlich nicht der Heilbehandlung, sondern der Verschönerung oder anderweitigen Veränderung zu wunschmedizinischen Zwecken.[3] Es sei beispielhaft an Schönheits-OPs, Piercing und dergleichen erinnert.[4] Die besondere Sorge und das sofort aufkeimende Unbehagen bei der Nutzung der THS außerhalb des Bereichs anerkannter medizinischer Indikationen sind dem Einsatzgebiet und der Wirkweise der Methode ge-

---

1 *Talbot*, Tiefenhirnstimulation und Autonomie, in: Müller/Clausen/Maio, Das technisierte Gehirn, S. 165 ff.; vgl. zu neuronalen Eingriffen im Allgemeinen *Meier*, Hirneingriffe historisieren, in: Müller/Clausen/Maio, a.a.O., 65, 72 ff.

2 *Müller*, in: Müller/Clausen/Maio, Das technisierte Gehirn, S. 187, 188.

3 Vgl. zum Begriff und seinen Grundlagen *Eberbach*, Möglichkeiten und rechtliche Beurteilung der Verbesserung des Menschen, in: Wienke/Eberbach/Kramer/Janke, Die Verbesserung des Menschen, 2009, S. 1, 15 f.

4 *Rohde-Dachser*, Im Dienste der Schönheit: Schönheit und Schönheitschirurgie unter psychoanalytischer Perspektive, in: Kettner, Wunscherfüllende Medizin, S. 209 ff.; *May*, Piercing: Körpermodifikation oder Verstümmelung, in: Kettner, Wunscherfüllende Medizin, S. 229 ff.

schuldet.[5] Einwirkungen auf das Gehirn als zentraler Leit- und Entscheidungsstelle des menschlichen Körpers rufen unvermittelt Kritik hervor. Es werde in den Kern der Menschlichkeit eingegriffen. Der Mensch drohe durch derartige Stimulationen Gefangener im eigenen Körper zu werden oder aber, das Erzielen möglicher Vorteile gegenüber Dritten ohne entsprechende Stimulationen führe zu einem untragbaren Zerfall der Wettbewerbsgesellschaft.[6] Auf der Basis des Nebenwirkungspotentials wähnt man Gefahren für Dritte, indem eine gesteigerte Impulsivität und Aggressivität durch die Stimulation hervorgerufen werden könne.[7]

Den Bedenken gilt es im Folgenden nachzugehen. Dabei sei vorausgeschickt, dass bislang umstritten ist, welche Wirkweisen mit der Stimulation verschiedener Hirnareale erreicht werden können.[8] Dies lässt aber eine Debatte über eine vernunftgeleitete Verwendung und Begrenzung der Methode keineswegs obsolet erscheinen.[9] In Anbetracht der jüngsten Entwicklungen und Fortschritte, die mit der THS erzielt wurden,[10] muss davon ausgegangen werden, dass das Potential möglicher Nutzbarmachung noch lange nicht an seine Grenzen gestoßen ist.[11] Wissenschaftler gehen teilweise davon aus, dass durch die THS bereits zum jetzigen Zeitpunkt erhebliche Leistungssteigerungen in Form verbesserter Gedächtnisleistungen, erhöhter Aufmerksamkeit und Beschleunigung kognitiver Vorgänge herbeigeführt werden können.[12] Steigerungen der Gedächtnisleistung sind mittlerweile bereits im Rahmen von Heilbehandlungen als Nebeneffekt nachgewiesen

---

5 Ausführlich für alle Arten neurobionischer Interventionen *Groß*, Neuro-Enhancement unter besonderer Berücksichtigung neurobionischer Maßnahmen, in: Wienke/Eberbach/Kramer/Jahnke, Die Verbesserung des Menschen, S. 85, 88 ff.

6 Vgl. hierzu *Lindner*, MedR 2010, 463, 465 FN. 23 m.z.w.N.

7 Folgerungen aus Praxisberichten von *Timmermann* aus der Neurologie der Kölner Universitätsklinik im Rahmen der Forschungsgruppe ELSA-DBS.

8 *Clausen*, Etablierung neuroelektrischer Systeme, in: Müller/Clausen/Maio, Das technisierte Gehirn, S. 219, 226 f.; *Benabid et al* (2005).; A putative generalized model of the effects and mechanism of action of high frequency electrical stimulation of the central nervous system. Acta Neurologica Belgica 105 (3), 149 – 157.

9 So will es *Langlitz* mit seinem Beitrag Das Gehirn ist kein Muskel, in: FAZ.NET vom 14. August 2010, http://www.faz.net/s/Rub7F74ED2FDF2B439794CC2D664921E7FF/Doc~EC8AFAD359F794C97B4E82E560F7AF7D7~ATpl~Ecommon~Scontent.html (Abrufdatum: 02.02.2012) darstellen, wenn er die ethische Debatte hierüber für überflüssig erklärt.

10 Einsatz der THS bei Alzheimerpatienten zur Steigerung der Gedächtnisleistung, vgl. *Lozanoet al.*, A phase I trial of deep brain stimulation of memory circuits in Alzheimer's disease. *Annals of Neurology*, 2010, 521 ff.

11 *Talbot*, Tiefenhirnstimulation und Autonomie, in: Müller/Clausen/Maio, Das technisierte Gehirn, S. 182.

12 Diese These vertrat allen voran *Sturm* auf einer Tagung der Forschungsgruppe ELSA-DBS im August 2009.

worden.[13] Außerdem kann durch die THS die REM-Schlafphase manipuliert und reguliert werden.[14]

Je weiter die Hirnforschung voranschreitet und sich daneben die Technik der Stimulation verbessert und präzisiert, umso mehr rücken derartige Alternativen sachgedanklich in den Vordergrund. Im Hinblick auf diese Möglichkeiten gilt es frühzeitig eine umfassende Debatte über Kontrolle und Konsequenzen der Entwicklung zu führen, auf dass zu gegebener Zeit vernunftgeleitete Strukturen und notwendige Begrenzungen vorhanden sind.[15]

Für die Ärzteschaft bedeuten Entwicklungen und Veränderungen dieser Art zugleich eine neue Sicht auf den eigenen Berufsstand. Das besondere medizinische Wissen kann auf diese Weise zu anderen Zwecken als der bekannten Heilbehandlung eingesetzt werden. Dies mag auf manche Ärzte abstoßend wirken, andere fasziniert es. Ebenso verändert sich damit einhergehend das Bild des Arztes in der Öffentlichkeit. Der Schritt vom Heiler zum Dienstleister ist schon lange getan.[16] Jetzt verändert sich aber auch das Leistungsangebot und zwar in erheblichem Maße.[17]

II. Wahrnehmung der Öffentlichkeit

Interessant sind die unterschiedlichen Auffassungen in der Öffentlichkeit zu Neuerungen, die besondere Eingriffe in das menschliche Gehirn zulassen. Sie erlauben sowohl ein Bild von der Kenntnisnahme der geschilderten Entwicklung als auch einen Einblick in die Haltung der nationalen Bevölkerung der Gegenwart zu Nutzung und Umsetzung möglicher Anwendungsgebiete der THS.

1. Der Mensch bleibt sich selbst ein Rätsel

Unter der mystisch wirkenden Überschrift „Der Mensch bleibt sich selbst ein Rätsel“[18] ist zunächst die überregionale Zeitung "Die Zeit" mit einer eindrucksvollen Diskussion zu zitieren. Es könne grundlegend fragwürdig erscheinen, die menschlich wahrgenommene Freiheit zu denken und nach eigenen Maximen zu handeln, da es doch sein könne, dass Entscheidungen bereits getroffen würden, noch bevor der Mensch den eigenen Entscheidungsprozess merklich in Gang gesetzt habe. Damit erübrige sich die Frage von Verantwortung, Schuld und menschlicher Freiheit.

Diese Überlegungen vollständiger Determination durch chemische Prozesse unter Negierung menschlicher Freiheit sind nicht neu und nach wie vor auch nicht

---

13 *Hamani et. al.*, Memory enhancement induced by hypothalamic/fornix deep brain stimulation, Ann Neurol. 2008, 119-23.

14 *Lim/Moroet. al.*, Selective Enhancement of rapid eye movement sleep by deep brain stimulation of the human pons, Ann Neurol. 2009, 110–114.

15 So auch *Lindner*, MedR 2010, 463, 464 f.

16 Vgl. hierzu *Kirchhof*, ZMGR 2010, 210 ff.

17 *Kirchhof*, a.a.O., S. 213 f.

18 Die Zeit vom 27. August 2009 Nr. 36 S. 52.

bewiesen. Der Gedanke fasziniert aber insbesondere Naturwissenschaftler immer wieder aufs Neue. Gleichwohl ist dieser Ansatz nicht zu akzeptieren. Es ist kritisch anzumerken, dass man häufig den Eindruck gewinnt, es handele sich hierbei gesellschaftspolitisch um nicht mehr als den Versuch, jeden verantwortungsvollen Umgang mit gefährlichen Neuerungen abzustreifen.[19] Wenn mit der THS neue Wege beschritten werden, so kommt es gerade darauf an, verantwortungsvoll und umsichtig in klaren Grenzen vorzugehen. Niemand darf sich darauf berufen können, unser Gehirn verlange selbst eine Regulation, da es für sich entscheide und menschliche Freiheit nicht zulasse.[20]

2. Chirurgische Innovationen

Die neuen Methoden werden maßgeblich in der Fachwelt und weniger in der breiten Bevölkerung wahrgenommen. Dabei fällt interessanterweise zuerst den Experten auf, dass teilweise Freiheiten bestehen, die einer kritischen Debatte nicht verschlossen sein sollten. So druckte die Frankfurter Allgemeine Zeitung einen Artikel mit dem Titel „Chirurgische Innovationen nur bei eindeutigen Vorteilen“[21], in welchem die Verfasserin über die von Ärzten festgestellten Defizite bei der Kontrolle für neuartige chirurgische Verfahren berichtet. Es wurden Vergleiche zu den umfassenden Prüfvorschriften für Arzneimittel gezogen und nach Meinung zahlreicher Experten erhebliche Missstände aufgedeckt.

Diese Regung in der Fachöffentlichkeit, wenngleich nicht unmittelbar auf deutsches Recht bezogen, belegt, wie kritisch selbst Forscher teilweise die sich ergebenden Möglichkeiten beäugen und nach externer Kontrolle verlangen. Zu beachten ist aber, dass es den Experten dabei nahezu ausschließlich um die Qualität der medizinischen Verfahren geht, während potentielle Missbrauchsrisiken, wie sie bei der hier zu führenden Debatte einen Kernpunkt bilden, häufig ausgeklammert werden. Es muss kritisch angemerkt werden, dass die medizinische Fachöffentlichkeit diesen Aspekt möglicherweise partiell vernachlässigt, wenngleich sie ihn erkennt.

3. Pharmazeutische versus technische Mittel

Für die breite Bevölkerung gilt dagegen der Einsatz von technischen Verfahren im Gehirn zur Verbesserung von Leistungen bislang mehr als Mythos.[22] Die Aufmerksamkeit fällt auf Verfahren wie die THS immer dann, wenn eine Person selbst von einer Krankheit betroffen ist, bei der die THS als Behandlungsmethode

---

19 Vgl. hierzu auch die kritischen Anmerkungen von *Burkhardt*, „Reparaturanstalt für verletzte Normen“, in: Gehirn&Geist 2008, Nr. 1 S. 56.

20 So im Ergebnis auch *Wingert*, An der Realität vorbei, Frankfurter Rundschau vom 05.11.2010 S. 11 m.z.w.N. zur Schulddebatte in der Öffentlichkeit.

21 FAZ vom 21. Oktober 2009 Nr. 244 im Teil Natur und Wissenschaft S. N2.

22 Eine Liste der gängigsten Ideen, die vielfach für unmachbar gehalten werden, jedoch entwicklungstechnisch keineswegs fernliegend sind, findet sich bei *Groß*, Neuro-Enhancement unter besonderer Berücksichtigung neurobionischer Maßnahmen, in: Wienke/Eberbach/Kramer/Janke, Die Verbesserung des Menschen, S. 85, 88 ff.

in Betracht kommt.[23] Im Übrigen werden medizinische Mittel zu nichtmedizinischen Zwecken im Bereich der Arzneimittel gesucht und auch gefunden. Kein Stoff hat sich dabei in den vergangenen Jahren solcher Beliebtheit erfreuen dürfen wie Ritalin®[24]. Es handelt sich um ein Medikament, das üblicherweise bei der Therapie von ADS-Patienten[25] verwendet wird. Unter dem aussagekräftigen Titel „Hirndoping zweigleisig – Ritalin programmiert Nervennetze um" wurde in der Frankfurter Allgemeine Zeitung ein Beitrag zum Neuroenhancement durch Arzneimittel veröffentlicht, der eine Gegenüberstellung von Expertenmeinungen und der Wahrnehmung in der Bevölkerung widerspiegelte.[26] Das Ergebnis war deutlich: Die meisten Menschen halten eine Art Hirndoping zwar für hilfreich und wirksam, sehen zugleich aber Wettbewerbsgefahren. In den Reihen der Experten ist bereits die Wirksamkeit umstritten.[27] Eine Gegenüberstellung mit neurobionischen Verfahren wie der THS erfolgt selten.[28] Zudem wird immer wieder angeprangert, die Diskussion um neuromodulative Verfahren und Hirndoping sei nicht mehr als eine „Phantomdebatte".[29]

4. Menschenwürdeaspekte

Auffallend ist, dass dem Einsatz von Neurostimulantien geradezu inflationär der Vorwurf gemacht wird, das Menschenwürdeprinzip zu missachten.[30] Bei der Beeinflussung des zentralen Nervensystems ist regelmäßig die erste Reaktion von Wissenschaftlern und anderen Personen, die sich mit der Materie beschäftigen, dass solcher Art Eingriffe mit der Menschenwürde möglicherweise nicht zu vereinbaren sein könnten. Unter dem provokanten Titel „Die Würde des Menschen ist antastbar" erschien bei Spiegel-Online ein Artikel, der diese Sichtweise anprangert und kritisch hinterfragt.[31]

Gleichwohl liegt der Gedanke, dass die Menschenwürde tangiert sein könnte, in diesen Fällen offenkundig nicht fern. Der Artikel zeigt jedenfalls, dass das Problem den mit Hirnstimulantien befassten Personen allgegenwärtig ist, auch wenn

---

[23] Hier liefert die autobiographisch festgehaltene Leidensgeschichte von *Dubiel* mit seinem Werk „Tief im Hirn" von 2006 ein treffendes Beispiel.

[24] Die medizinische Bezeichnung ist Methylphenidat.

[25] Aufmerksamkeitsdefizitsyndrom.

[26] FAZ vom 10. März 2010 Nr. 58 in der Rubrik Natur und Wissenschaft S. N1.

[27] Vgl. *Schleim*, Cognitive Enhancement, Psychopharmakologie und Bewusstseinserweiterung, http://parapluie.de/archiv/bewusstsein/enhancement (Abrufdatum: 01.03.2012).

[28] Als vereinzelte Beispiele mögen die Jahrestagung des Deutschen Ethikrates von 2009 unter dem Titel „Der steuerbare Mensch?" und die Jahrestagung der Universität Augsburg von 2010 zum Thema „Hirndoping und Neuro-Enhancement – Möglichkeiten und Grenzen" dienen.

[29] *Gehring*, Wie mit einer Phantomdebatte Marketing gemacht wird, F.A.Z. v. 28.02.2011, Nr. 49, S. 30.

[30] Vgl. etwa *Lindner*, MedR 2010, 463, 466 ff. oder *Eberbach*, Möglichkeiten und rechtliche Beurteilung der Verbesserung des Menschen – Ein Überblick, in: Wienke/Eberbach/Kramer/Janke, Die Verbesserung des Menschen, S. 1, 32 f.

[31] Spiegel-Online vom 17. April 2010, http://www.spiegel.de/wissenschaft/mensch/0,1518,685376,00.html (Abrufdatum: 06.01.2012).

sie sich zum Teil nicht tiefgreifender damit befassen. Dies ist sicherlich einer kopflosen Beschäftigung mit den rein medizinischen Folgen vorzuziehen.

5. „Der Griff in die Seele“

Schließlich dürfte der Bericht der Zeitung Die Zeit bezüglich der THS mit dem Titel „Griff in die Seele“[32] am eindrucksvollsten belegen, wie das hier untersuchte Verfahren zur Neuromodulation in der Öffentlichkeit wahrgenommen wird.

Sein erster und entscheidender Gedanke ist die Anknüpfung an die menschliche Persönlichkeit, an die Seele des Menschen.

6. Fazit

Es ließen sich zahlreiche weitere Beispiele aus Zeitungen, Befragungen und öffentlichen Diskussionen anführen. Die ausgewählten Auszüge sollen für die Debatte um die Anwendungsmöglichkeiten der THS nur einige Aspekte in den Vordergrund rücken:

- Das Wissen um das menschliche Gehirn ist bislang noch bruchstückhaft und wird auch als fragmentarisch wahrgenommen. Wie der erste Titel richtig auf den Punkt bringt, bleibt sich der Mensch bislang selbst ein Rätsel.
- Die Neuerungen, die sich außerhalb des Bereichs der Arzneimittelforschung bewegen, werden teilweise von der Fachöffentlichkeit als mangelnd überwacht erachtet. Hierzu sind allerdings die zahlreichen Vorgaben des Medizinprodukterechts zu den Forschungseingriffen zu bedenken,[33] wodurch dieses Problem jedenfalls für die THS keine tragfähigen Einwände ergibt. Die speziellen Vorwürfe der Fachöffentlichkeit sind daher für die THS kaum von Bedeutung.
- Der überwiegende Anteil der Bevölkerung kennt Neurostimulantien nur als Medikamente wie Ritalin®. Die Idee der technischen Unterstützung wird vergleichsweise selten zur Kenntnis genommen und eher als Zukunftsvision des berühmt berüchtigten Cyborgs, „den es ja bekanntlich nicht gibt“, bei Seite geschoben. Auch kann nicht davon ausgegangen werden, dass die aufkeimenden Probleme neuromodulativer Verfahren ernst genommen werden.
- Das Hauptproblem, das mit der Beeinflussung des zentralen Nervensystems regelmäßig verbunden wird, ist der mögliche Verstoß gegen die Menschenwürde. Daneben werden häufig Wettbewerbsverzerrungen angeführt. Allerdings bleibt das zuerst genannte Problemfeld in der Regel im Mittelpunkt der Diskussion um die Zulässigkeit von leistungssteigernden Eingriffen, die sich auf das Gehirn auswirken. Hiermit einher geht die herrschende Vorstellung, dass unsere Seele, also all jenes, was uns als Individuum ausmacht, mit der THS möglicherweise moduliert werden kann. Dies wirkt für einige faszinierend, für andere bedrohlich.

---

[32] Die Zeit vom 16. August 2007 Nr. 34 S. 29.

[33] Vgl. hierzu ausführlich Kap. 2 III.

III. Anspruch an das Recht

Die verschiedenen Ansätze in der Literatur zum Erfassen der Problemlagen des Neuroenhancements sind im Wesentlichen darum bemüht, möglichst klare definitorische Ansätze zu liefern sowie bereits gegebene oder potentielle Einsatzgebiete der Praxis aufzuzeigen, um schlussendlich insbesondere verfassungsrechtliche Grenzen zu diskutieren.[34] Teilweise findet sich auch der Versuch einer Strukturierung und Kategorisierung rechtlicher Probleme.[35]

Mit diesen Ansätzen ist grundsätzlich der richtige Weg beschritten. Es muss jedoch gefragt werden, ob das Recht bei der (Weiter-)Entwicklung von Neurostimulantien mehr zu leisten hat. Wenn *Lindner*[36] die verfassungsrechtlichen Problempunkte nennt, klingt inzident an, dass bei Zulassung von Neuroenhancements eine gewisse Ordnung geschaffen werden muss. Dieser Aspekt, dem mit geltendem Recht genüge getan werden muss, zwingt dazu, alle bereits formulierten rechtlichen Ansätze auf ihre hinreichende Tragfähigkeit für das neue Problemfeld zu testen. Dies ist bislang nur ansatzweise geschehen.[37] Sofern die vorhandenen Regelungen nicht ausreichen sollten, ist rechtspolitisch über Änderungen zu diskutieren. Die Rechtswissenschaft tut gut daran, entsprechende Ansätze zu entwikkeln, bevor aus Gründen aufkeimender Dringlichkeit übereilte und unbedachte Maßnahmen ergriffen werden.

Was also ist es, was das Recht für die möglicherweise bevorstehende Zeit der Einsatzmöglichkeit der THS als medizinisch nicht indizierte Intervention vorab leisten muss?

1. Es bedarf eines weitgehend klar definierten Ordnungssystems, durch das sowohl die Durchführung privater Verträge zur medizinisch nicht indizierten Neuromodulation als auch die Einhaltung öffentlich-rechtlicher Rahmenvorschriften gewährleistet ist. Auf Missstände und Lücken im einfachen Recht ist dabei mittels einer rechtspolitischen Debatte hinzuweisen und der Gesetzgeber um entsprechende Normschaffung zu ersuchen.
2. Drohende Gefahren sind sodann durch das Aufzeigen verhältnismäßiger Schranken bestmöglich zu verhüten.

---

[34] Vgl. *Kunz*, MedR 2010, 471 ff.; *Eberbach*, Möglichkeiten und rechtliche Beurteilung der Verbesserung des Menschen – Ein Überblick, in: Wienke/Eberbach/Kramer/Jahnke, Die Verbesserung des Menschen, S. 1 ff., 19 ff.; *Gruber*, Neurotechnologisch modifizierte Rechtssubjektivität. Persönlichkeitsschutz im Recht der Neuro- und Informationstechnologie, in: Müller/Clausen/Maio, Das technisierte Gehirn, S. 87 ff.

[35] So etwa bei *Lindner*, MedR 2010, 463, 465 f.

[36] *Lindner*, a.a.O.

[37] Vgl. die grundlegenden Ansätze bei *Eberbach*, Möglichkeiten und rechtliche Beurteilung der Verbesserung des Menschen – Ein Überblick, in: Wienke/Eberbach/Kramer/ Jahnke, Die Verbesserung des Menschen, S. 1 ff., 19 ff. Besonders hervorzuheben sind die Ausführungen von *Stock*, Die Indikation in der Wunschmedizin, der an Hand abstrakter Aufarbeitung sowie konkreter Beispiele den besonders wichtigen Aspekt der Indikation auf die Wunschmedizin überträgt und tief greifend wissenschaftlich durchleuchtet.

Diese Grundgedanken mögen als Maßstab für die weiteren Ausführungen und die gesamte rechtliche Debatte dienen.

B. Der Einsatz der THS zum Zwecke des Neuroenhancements

I. Enhancement

1. Begriff und Hintergrund

Das menschliche Streben nach Optimierung der eigenen Person ist derart mit dem Wesen unserer Gesellschaft und unserem Denken verwoben, dass nahezu niemand diesem Streben entkommen kann oder dies auch nur wünscht, sobald in seiner Person eine Veranlassung zur Verbesserung besteht. Besonders passend ist der historische Hinweis von *Stock*, dass der Mensch sich zu allen Zeiten habe verbessern, „ja, den Göttern gleich“[38] sein wollen. Dabei sind die verwendeten Mittel und beschrittenen Wege sehr unterschiedlich.

Der hierfür nunmehr gebräuchliche, aus dem angloamerikanischen Sprachraum stammende Begriff des Enhancements (übersetzt: Verbesserung / Steigerung) lässt sich für die rechtliche Diskussion allgemein wie folgt abstrakt definieren:

Enhancement ist jedes Verhalten des Betroffenen oder eines Dritten, das zur Verbesserung von Fähigkeiten und des Befindens führt, unabhängig davon, ob dies rein subjektiv wahrgenommen wird oder objektiv nachprüfbar der Fall ist.

Einen Überblick über typische Lebensbereiche, in denen die Leistungssteigerung besonders ins Auge fällt und forciert wird, bietet *Eberbach*, der im Wesentlichen sportliche Aktivitäten, Lifestyle und Schönheit in den Vordergrund stellt.[39]

Um den Untersuchungsgegenstand der Leistungssteigerung durch THS zunächst genauer zu beschreiben, werden die verschiedenen Möglichkeiten der Verbesserung des Menschen in natürlicher, pharmakologischer und technischer Form unterschieden und die THS entsprechend eingeordnet.

a) Natürliche Wege

Primär werden vor allem natürliche Gegebenheiten und körperliche sowie geistige Anlagen genutzt. Wir können in diesem Zusammenhang von einem natürlichen Enhancement sprechen, ohne dabei in irgendeiner Weise zu werten. Unter diese Kategorie fallen Sport, Lernen, Übungen zur Konzentration und vieles mehr. Entscheidender Aspekt ist insofern, dass weder pharmakologische noch technische Hilfsmittel verwendet, sondern stattdessen im Rahmen angeborener menschlicher Fähigkeiten Fortschritte erzielt werden.

---

[38] *Stock*, Die Indikation in der Wunschmedizin, S. 30 m.w.N. bezüglich der Herkunft dieses geschichtlichen Ansatzes.

[39] *Eberbach*, Möglichkeiten und rechtliche Beurteilung der Verbesserung des Menschen, in: Wienke/Eberbach/Kramer/Janke, Die Verbesserung des Menschen, S. 1 ff.

Dieser Bereich der Leistungssteigerung ist rechtlich nur bezüglich notwendiger Organisation, zu wahrender Obhutsverhältnisse und Drittschutz überwacht. Eine Kontrolle der Leistungssteigerung selbst, die sich gegen besagte natürliche Wege richtet, existiert nicht und wird in unserer Gesellschaft auch nicht verlangt. Es handelt sich um grundlegend anerkannte Formen der Leistungssteigerung, die nicht hinterfragt werden.

b) Pharmakologische Interventionen

Werden Leistungssteigerungen allerdings mit pharmakologischen Hilfsmitteln erreicht, so gilt es, zahlreiche rechtliche Regulierungen zu berücksichtigen. Beispielhaft sei § 6a AMG angeführt oder auf das BtMG hingewiesen.[40] Die Verschreibung und Einnahme von Pharmazeutika zum Zwecke der Leistungssteigerung ist vor allem im Sport immer wieder ein Thema. Aber auch unter Studenten an Hochschulen erfreuen sich Mittel zur Steigerung kognitiver Fähigkeiten einiger Beliebtheit wie etwa die erhebliche Verwendung von Ritalin® belegt.[41]

c) Einsatz technischer Mittel

Der Einsatz mechanisch-technischer Mittel ist bis auf bestimmte Bereiche im Rahmen der Leistungssteigerung erstaunlich selten gefragt und kaum im Fokus der Öffentlichkeit. Die große Ausnahme, die deutlich wahrgenommen wird, bildet die Schönheitschirurgie, in deren Rahmen zahlreiche künstliche Erzeugnisse den menschlichen Körpern zugeführt und angefügt werden, um das Äußere zu verändern.[42] Auch für diesen Bereich finden sich vereinzelt besondere Vorschriften, von denen hier das kontrovers diskutierte Beispiel des § 52 Abs. 2 SGB V genannt sei.[43]

Mittel wie die THS, die gezielt das zentrale Nervensystem zu regulieren bestimmt sind, existieren in diesem Bereich auf dem Markt bislang nicht. Zur Steigerung kognitiver Leistungsfähigkeit ist der Konsument im Wesentlichen auf das natürliche und das pharmakologische Enhancement angewiesen. Die THS ist in entsprechender Verwendung aber in jedem Fall eine Form des mechanisch-technischen Enhancements, da ihre Funktionsfähigkeit auf elektronischer Stimulation mittels operativ eingefügter Elektrode basiert, welche von außerhalb des menschlichen Körpers über ein ebenfalls implantiertes Kontrollgerät bedient wird. Hieraus ergeben sich weitere zu untersuchende Besonderheiten, auf die an späterer Stelle zurückzukommen sein wird.

---

[40] Einen breiten Überblick mit Diskussion bietet *Gärditz*, PharmR 2011, 46 ff.

[41] *Kadison*, N Engl J Med 2005, 1089-1091; Information des Deutschen Ärzteblatts vom 15.09.2005, Missbrauch von Ritalin an US-Universitäten.

[42] Vgl. *Krökel*, Wenn der Arztbesuch zum Urlaubserlebnis wird, Welt-Online vom 05.11.2010 http://www.welt.de/reise/article10424268/Wenn-der-Arztbesuch-zum-Urlaubserlebnis-wird.html (Abrufdatum 06.11.2011).

[43] Ausführlich zur Debatte *Wienke*, Eigenverantwortung des Patienten/Kunden – Wohin führt der Rechtsgedanke des § 52 Abs. 2 SGB V?, in: Wienke/Eberbach/Kramer/Jahnke, Die Verbesserung des Menschen, S. 169 sowie Bernzen, medR 2008, 549 ff.

2. Das Neuroenhancement als Sonderform

Eine weitere Spezifizierung und zugleich bestehende Besonderheit liegt darin begründet, dass es sich bei der THS um eine Form von Neuroenhancement handelt, also einer Steigerung kognitiver Fähigkeiten und einer Verbesserung der Gefühlslage von Personen.[44]

Wenn Wissenschaft und Technik soweit wären, dass die THS gezielt zur Steigerung kognitiver Leistungsfähigkeit herangezogen werden könnte, entstünde gegenüber den bislang gegebenen pharmakologischen Möglichkeiten eine neue Art des Enhancements, das die Option auf die präzise Beeinflussung einzelner Gehirnstrukturen und somit einzelner kognitiver Fähigkeiten eröffnen könnte. Eben hierin liegt die Besonderheit dieser Einsatzform, die zugleich auch eine große Gefahr abzeichnet: Die Möglichkeit missbräuchlicher Anwendung und Gefährdung der Persönlichkeit des Betroffenen.

II. Praktische Anwendung und rechtliche Bewertung

Die rechtliche Bewertung eines Einsatzes der THS ist notwendigerweise in drei unterschiedliche Ansatzpunkte einer denkbaren praktischen Anwendung zu unterteilen:

- Implantation zum Zwecke der Leistungssteigerung,
- Nutzung einer bereits implantierten und einsatzbereiten Elektrode zur Leistungssteigerung,
- Eigenverantwortliche Regulierung durch Betroffene.

Im ersten Fall ist die gesamte Behandlung *ausschließlich auf eine Steigerung von Fähigkeiten* oder Befindlichkeiten angelegt, ohne dass sich hierfür eine medizinische Indikation finden ließe. Bei Verwendung der THS in den Fällen der zweiten Gruppe ist die Nutzungsmöglichkeit bereits durch eine vorab erfolgte, medizinisch indizierte Heilbehandlung gegeben. Daraus folgen rechtlich wertungsmäßige Unterschiede. So ist zunächst im Rahmen ärztlicher Pflichten zu berücksichtigen, dass eine gebotene Heilbehandlung durch eine Leistungssteigerung nicht gefährdet werden darf. Weiterhin sind die besonderen gesetzlichen Vorschriften des Medizinprodukterechts zu beachten, sofern ein *Medizinprodukt* im Sinne des § 3 Nr. 1 MPG verwendet wird. Ob dies in der ersten Fallgruppe bei den zum Einsatz kommenden Materialien der Fall ist, bedarf der Erörterung, während bei der zweiten Fallgruppe wohl kaum bestritten werden kann, dass das MPG anwendbar ist. Zudem ist in der ersten Fallgruppe argumentativ eine Heranziehung einer wenigstens *relativen medizinischen Indikation* nicht mehr zu erwägen, während Fälle der zweiten Gruppe durchaus Ansatzpunkte hierfür bieten. Dieser Aspekt führt aufgrund der Schutzwürdigkeit des Kranken konsequent dazu, dass

---

[44] *Lindner*, MedR 2010, 463, 464 schlägt eine Präzisierung nach den Merkmalen a. Intervention von außen, b. zur Steigerung kognitiver Fähigkeiten, c. ohne medizinische Indikation, d. mittels technischer/neurobionischer Gerätschaften vor. Hiermit werden im Wesentlichen Selbstverständlichkeiten aufgezählt, jedoch ist diese Herangehensweise ebenso geeignet, um klarzustellen, was Gegenstand der rechtlichen Bewertung ist.

reine Enhancementeingriffe trotz zusätzlichen Operationsrisiko im Zweifel eher einer Rechtfertigung zugänglich sind, als dies bei einer Mischtätigkeit der Fall ist, sofern eine solche überhaupt rechtlich geduldet werden kann. Gegen Letzteres bestehen insbesondere Bedenken aus dem Bereich des Berufs- und Medizinproduktерechts.[45]

Die dritte Fallgruppe basiert auf den beiden Vorhergehenden. So ist es einem Menschen nicht möglich, die für die THS erforderlichen Operationen an sich selbst durchzuführen. Sofern jedoch im Rahmen einer reinen Enhancementbehandlung oder im Wege einer vorab erforderlichen Heilbehandlung die notwendigen Gerätschaften implantiert und installiert wurden, ist es dem Betroffenen möglich, eigenständig eine Veränderung der Stimulationsparameter vorzunehmen. Zu beachten gilt es hier, dass rechtliche Grenzen eines eigenverantwortlichen Zugriffs auf den eigenen Körper einer zwingenden Rechtfertigung bedürfen.[46]

III. Operation und Behandlung zum Zweck des Enhancements – Erste Fallgruppe

1. Übertragung anerkannter Strukturen des Heilbehandlungsrechts

Die rechtliche Beurteilung der Nutzung der THS als Neuroenhancement muss sich zunächst an den bereits vorhandenen rechtlichen Strukturen des Medizinrechts orientieren, um von dort zu übertragen, was übertragen werden kann. Unstimmigkeiten müssen aufgedeckt werden, damit ein wirksamer Schutz für gezielte Einsätze ausgearbeitet werden kann. Zudem ist der Ansatz über weithin bereits akzeptierte Strukturelemente erfahrungsgemäß wesentlich praxistauglicher als eine vollständige Neuerfassung der Regelungsmaterie. So dürften insbesondere regulierende und freiheitsbeschränkende Elemente ein deutlich höheres Maß an Toleranz erwarten lassen. Die Rechtsprechung hat sich in zahlreichen Entscheidungen schon positioniert.[47]

a) Krankenhausaufnahmevertrag

Wenn ein Kunde ein Krankenhaus in Anspruch nehmen will und eine THS zum Zwecke der Leistungssteigerung wünscht, so sind die bekannten Typen der Krankenhausaufnahmeverträge aus dem Heilbehandlungsrecht hierauf grundsätzlich übertragbar. Es geht in diesem Zusammenhang im Wesentlichen um die Vertragsgestaltung über den Eingriff selbst sowie die begleitenden Behandlungs-, Pflege- und Hotelleistungen im Rahmen des Leistungsangebotes des Krankenhauses.[48] Dies muss genau wie im Falle der Heilbehandlung in Anspruch genommen werden. Der ambulante Eingriff ist auch hier nicht angezeigt und auf Grund der derzeit noch fehlenden geeigneten ambulanten Angebotsstrukturen praktisch nicht

---

[45] S.u. Kap. 3 B IV.

[46] Vgl. BVerfGE 80, 137, 151 f. = NJW 1989, 2525; BVerfGE 85, 386, 397 = NJW 1992, 1875.

[47] Hierzu sogleich im Einzelnen.

[48] Vgl. zu den Definitionen und Hintergründen Kap. 1 A I 1 a.

umsetzbar. Wie bereits festgestellt, ist die Vereinbarung eines gespaltenen Arzt-/Krankenhausvertrages im Falle der Heilbehandlung nur durch individualvertragliche Abreden möglich.[49] Es kann aber durchaus bezweifelt werden, ob die für die Heilbehandlung entscheidenden Argumente der Komplexität der Methode und der hohen Schutzwürdigkeit des Patienten in dieser Ausprägung auch im Rahmen eines Vertrags mit dem Ziel der Leistungssteigerung Bestand haben können. So ließe sich ohne Zweifel argumentieren, dass dem Kunden eher bewusst sein müsste, dass für die Konsequenzen einer gefährlichen Behandlung das Krankenhaus selbst organisatorisch nicht einstehen will, wenn es die Verantwortung für die gesamte Maßnahme in die Hände eines durchführenden Arztes legen kann. Zugleich ist der Kunde auch nicht aus gesundheitlichen Gründen auf die THS angewiesen, während es sich beim Patienten bei entsprechender Indikation zumeist um die letzte verbleibende Möglichkeit handelt, eine schwere Krankheit wirksam zu bekämpfen. Darauf aufbauend könnte geschlussfolgert werden, dass der Kunde schlicht weniger schutzwürdig als der Patient ist und eine entsprechende Spaltung von Arzt- und Krankenhauspflichten auch ohne individualvertragliche Abrede nicht anzuzweifeln sein sollte. Davon unabhängig ist die Einhaltung besonderer Hinweispflichten, die der BGH als obligatorisch erkannt hat.[50]

Dieser Einschätzung ist letztlich jedoch auf Basis folgender Erwägungen entgegenzutreten. Es darf nicht übersehen werden, dass unabhängig vom Zweck der medizinischen Intervention die entscheidenden Kriterien der Komplexität der Methode und die besondere Fürsorge des ärztlichen und nicht-ärztlichen Personals auch im Fall der Enhancementbehandlung kaum verändert sind. Zudem steht die für die THS außerordentlich wichtige Teamarbeit unter den Ärzten immer im Vordergrund. Diese zu überwachen und zu gewährleisten muss primär Aufgabe der Krankenhausorganisation sein. Das darf auch der Kunde erwarten, der auf die THS medizinisch nicht angewiesen ist.

Die Situation stellt sich bei der Wunschbehandlung allerdings insofern anders dar, als in diesen Fällen die individualvertragliche Abrede eines gespaltenen Arzt-/Krankenhausvertrages für Krankenhaus und behandelnden Arzt die geeignete Variante sein dürfte. Diese Vertragsform dient nämlich der Absicherung der Krankenhäuser. Da eine medizinische Notwendigkeit der Behandlung nicht gegeben ist, kann dem Krankenhaus dann auch nicht der Vorwurf mangelnder Organisation bei der Aufnahme und Behandlung hilfesuchender Patienten gemacht werden. Auf einen Vertragsschluss oder die Durchführung einer THS zum Zweck der Leistungssteigerung kann kein gesetzlich gebotener Anspruch bestehen.[51] Ärzte

---

49 S.o. Kap. 1 A I 1 a.

50 BGHZ 95, 63 = NJW 1985, 2189.

51 Selbst unter Berücksichtigung potentiell denkbarer staatlicher Finanzierungspflicht zur Gleichstellung bezüglich bestimmter Leistungssteigerungsmittel, wie es bei *Lindner*, MedR 2010, 463, 466 ff. anklingt, lässt sich eine grundsätzliche Pflicht eines Krankenhauses zur Aufnahme und Durchführung einer Enhancementmaßnahme kaum vorstellen. Es müsste sich schon um die einzige Einrichtung handeln, die erreichbar und in der Lage ist, eine entsprechende Maßnahme durchzuführen, und ein entsprechender Gleichstellungsanspruch müsste anerkannt werden. Dass diese Voraussetzungen im Falle der THS einmal kumulativ

und Krankenhäuser sind lediglich frei darin, ein solches Leistungsangebot zu unterbreiten. Dies wird für zugelassene Krankenhäuser lediglich dadurch beschränkt, dass die GKV-finanzierte Einrichtung primär dem Versorgungsauftrag vorbehalten ist und eine Zurückweisung von gesetzlich versicherten Patienten etwa wegen fehlender OP-Kapazität aufgrund einer angesetzten Wunschbehandlung ausnahmslos unzulässig ist.

Als Fazit bleibt, dass auch in den Fällen der THS-Behandlung zur Leistungssteigerung der typische Krankenhausvertrag in Form des totalen Krankenhausvertrages möglich ist. Eine Regelung durch AGB, die einen gespaltenen Arzt-/Krankenhausvertrag vorsehen, verstieße ebenso gegen § 307 Abs. 1, 2 Nr. 2 BGB wie es bei einem Vertrag über eine THS zum Zwecke der Heilbehandlung der Fall ist. Allerdings sind in diesen Fällen individualvertragliche Vereinbarungen sowohl vorstellbar als auch rechtlich zulässig und den Krankenhäusern in einer denkbaren künftigen Praxis wohl anzuraten.

b) Vertragstyp

aa) Klassische Einordnung

Für jede medizinisch indizierte Intervention am Menschen ist das anwendbare Vertragsrecht der behandlungsvertrag nach den §§ 630a ff. BGB als besondere Form des Dienstvertrages. Für den Fall von wunschmedizinischen Behandlungen ist diese Frage nach wie vor umstritten[52] und auch mit der Einführung der §§ 630a ff. BGB durch das Patientenrechtegesetze nicht gelöst worden. Als Alternative steht die Anwendung des Werkvertragsrecht der §§ 631 ff. BGB zu Gebote. Nichtsdestotrotz geht die Rechtsprechung und überwiegende Ansicht in der Literatur davon aus, dass auch für solche Fälle das Dienstvertragsrecht in Form des Behandlungsvertrages einschlägig sein soll.[53]

Speziell für die THS ist dem zu folgen. Bei dieser Maßnahme zeigt sich deutlich, dass trotz präziser Anwendung aller existenten Standards ein erhebliches Risiko verbleibt. Durch die Stimulation von Hirnarealen können unerwartete Effekte hervorgerufen werden und neben den gewollten Erfolg treten. Es können aber auch gewünschte Resultate aus bislang unerklärbaren Gründen ausbleiben. Der Komplexität menschlicher Gehirnstrukturen ist es geschuldet, dass das Versprechen eines bestimmten Behandlungserfolges für den Arzt grundsätzlich eine unzumutbare Überforderung darstellt. Zugleich kann basierend auf dem erwähnten Ansatz die Willenserklärung des Arztes bei Abschluss des Vertrages schlechterdings nicht dahingehend gedeutet werden, dass er ein solches Erfolgsversprechen

---

vorliegen sollten, darf als abwegig bezeichnet werden. Näher zum Gleichheitsproblem Kap. 3 B III e dd.

[52] Ausführlich zum Streitstand *J.Prütting*, Anwendbares Vertragsrecht in der Wunschmedizin, MedR 2011, 275 ff.

[53] BGHZ 63, 306, 309 = NJW 1975, 305, 306; OLG Düsseldorf VersR 2004, 386; aus der Lit. *Kern*, in: Laufs/Kern, Handbuch des Arztrechts, § 38 Rn. 11 f.; *Katzenmeier*, Arzthaftung, S. 99 f.; *Kern/Richter*, in: Wienke/Eberbach/Kramer/Janke, a.a.O., S. 129, 136 FN. 40.

abgeben wollte, wie dies bei Abschluss eines Werkvertrages der Fall ist. Dass der Arzt nur die ihm mögliche Behandlung, also das Bemühen um eine möglichst gute Dienstleistung, verspricht, leuchtet auch dem Kunden ein. Es mag sein, dass die Erwartungshaltung häufig höher ist, jedoch muss dieser Gesichtspunkt außer Betracht bleiben, da auch der Kunde nach verständiger Würdigung nicht mehr erwarten kann. Zudem vermag es nicht zu überzeugen, dass die Anwendung des Dienstvertragsrechts eine Privilegierung des Arztes für die Fälle heilender und damit jedenfalls auch altruistischer Tätigkeit darstelle, welche in den Fällen wunschmedizinischer Interventionen nicht greifen könne.[54] Bietet ein Arzt eine THS zur Leistungssteigerung an, so kommt es zunächst einzig darauf an, was die Parteien privatautonom vereinbaren, sofern mehrere Varianten vertraglicher Regelwerke gesetzlich zulässig sind.[55] Das Argument möglicher ungerechter Privilegierung ist hier fehl am Platz. Es berücksichtigt insbesondere nicht, dass der Arzt nicht gezwungen sein kann, eine THS-Behandlung zu rein wunschmedizinischen Zwecken durchzuführen. Gleichermaßen unterliegt der Kunde keiner Notsituation. Er kann basierend auf einer geeigneten Aufklärung die Einholung von Expertise aus dritter Hand sowie ausführlicher Überlegung und Risikoabwägung eine wohlbedachte Entscheidung treffen. Entweder akzeptiert er, dass das Erfolgsversprechen für den Arzt eine überhöhte Belastung darstellt, oder er tritt von der Behandlung zurück.[56] Natürlich werden sich die Parteien über diesen Punkt in der Praxis nur höchst selten auseinandersetzen. Es ist aber dem Rechtsanwender verwehrt, im Wege der Auslegung abgegebener Willenserklärungen der Parteien nach den §§ 133, 157 BGB objektive Gerechtigkeit walten zu lassen, ohne den wahren Willen der Parteien und das ihnen mögliche Verständnis der Situation hinreichend zu erforschen.[57] Gegenteiliges stellte einen Verstoß gegen die vertragliche Inhaltsfreiheit dar. Der wahre Wille der Parteien geht einer objektivierten Auslegung nach Verkehrssitte und dem Grundsatz von Treu und Glauben grundsätzlich vor.[58] Zudem ist es, wie an Hand der entschiedenen Fälle in der Rechtsprechung und der täglichen ärztlichen Praxis in den Situationen wunschmedizinischer Behandlungen auch bereits eine eingeübte und anerkannte Vorgehensweise, dass die Behandlungsseite nicht mit schicksalhaften Verläufen zu belasten ist. Somit erscheint selbst eine rein objektivierte Betrachtung der Parteierklärungen, die zu dem Ergebnis eines Werkvertrages gelangt, vor dem Hintergrund des § 157 BGB nicht haltbar. Wie bereits ausgeführt, gibt es hier zwischen Arzt und Kunde auch kein weiter gehendes Informations- oder Machtgefälle als bei der Heilbehandlung, auf dessen Basis der Kunde notwendigerweise zu schützen wäre. Der bei der Wunschbehandlung fehlende Legitimationsanteil der medizinischen Indikation

[54] Vgl. *Eberbach*, MedR 2008, 325, 334 f.; MüKo/*Busche*, BGB, § 631 Rn. 239.

[55] Im Einzelnen zu dieser Lösung *J.Prütting*, (FN 52).

[56] Ausführlich zum dogmatischen Grundgerüst vgl. *J.Prütting*, (FN 52).

[57] Erst bei „planwidriger Unvollständigkeit" des Vertrages ist eine ergänzende objektivierte Auslegung möglich, vgl. BGHZ 127, 138, 142 und diese Lücke ist auf Basis des zu eruierenden, redlichen Parteiwillens aufzufüllen, BGHZ 9, 273, 278 = NJW 1953, 937 f.; BGHZ 111, 214, 217 = NJW 1990, 2620 f.; siehe auch BGH NJW 04, 2449; 06, 54.

[58] BGHZ 127, 138, 142.

wird durch gesteigerte Anforderungen an die Aufklärung hinreichend ausgeglichen.[59]

bb) Möglichkeit des Erfolgversprechens

Fraglich bleibt, ob es rechtlich zulässig ist, bei eigenem Wunsch und entsprechender Erklärung tatsächlich ein gesondertes vertragliches Erfolgsversprechen seitens des Arztes für eine bestimmte Wirkung der THS-Behandlung abzugeben.

Generell wird gegen ein Erfolgsversprechen immer wieder die Vorschrift des § 11 Abs. 2 S. 2 MBO-Ä (entspr. Vorschriften in den Berufsordnungen der Länder) als Verbotsgesetz im Sinne des § 134 BGB vorgebracht.[60] Dass die Berufsordnungen Verbotsgesetze statuieren können, ist überwiegende Meinung,[61] bedarf hier aber keiner eingehenden Diskussion, da jedenfalls § 11 Abs. 2 S. 2 MBO-Ä nach klarem und unmissverständlichem Wortlaut ausschließlich für Heilbehandlungen Gültigkeit beansprucht. Eine Erweiterung des berufsrechtlichen Verbots der Erfolgszusicherung im Wege des Erst-Recht-Schlusses auf wunschmedizinische Maßnahmen ist weder dogmatisch überzeugend noch nach den anerkannten Auslegungsmethoden schlüssig. Auch wenn das berufsrechtliche Bild des Arztes im Wandel begriffen[62] und eine Anwendung berufsrechtlicher Vorschriften auf wunschmedizinische Maßnahmen für sinnvoll zu erachten ist,[63] gilt es zu berücksichtigen, dass ein gesetzliches Verbot im Sinne des § 134 BGB sich nicht aus einer Vorschrift ergeben kann, die dies für den Kreis der Betroffenen nicht hinreichend bestimmt und erkennbar anordnet. Die Anerkennung von Verbotsgesetzen, die im Wege der Analogie ermittelt werden, erscheint generell als höchst fragwürdiger staatlicher Eingriff in die Privatautonomie und ist ohne die Notwendigkeit der Wahrung besonders gewichtiger Schutzinteressen nicht diskutabel. Verfassungsrechtlich werden insofern vornehmlich Drittschutz und Gemeinwohlbelange im Übrigen - insbesondere das Prinzip „salus publica suprema lex“ – und sogar Schutz des Einzelnen vor sich selbst diskutiert.[64] Es erscheint aber fraglich, ob diese Ansätze hinreichen können, um ein generelles Verbot des Erfolgsversprechens zu statuieren. Kunde wie auch Arzt sind für sich selbst verantwortlich.

---

59 Schonungslose Aufklärung als besonderer Schutz, vgl. BGH MedR 1981, 85 f.; OLG Frankfurt a.M., MedR 2006, 294 f.; OLG Köln MedR 2011, 49, 52.

60 Der Ansatz hierzu bei *Kern/Richter*, in: Wienke/Eberbach/Kramer/Janke, S. 136.

61 BGH NJW 1986, 2360; 1992, 1159 ff. = MedR 1992, 269 ff.; BGH VersR 2003, 1446 f.; BayOblGZ 2000, 301, 307 = MedR 2001, 206, 209 f.; MüKo/*Armbrüster*, BGB, § 134 Rn. 30; Staudinger/*Sack*, BGB, § 134 Rn. 309; Ratzel/Lippert/*Lippert*, MBO-Ä, § 2 Rn. 34. Anders *Taupitz*, JZ 1994, 221 ff.

62 *Kirchhof*, Das Berufsbild des Arztes im Wandel, ZMGR 2010, 210 ff.

63 *Scholz*, Der Arzt zwischen Heilen und Gewerbe – Zur Anwendbarkeit des ärztlichen Berufsrechts, in: Wienke/Eberbach/Kramer/Janke, S. 163 ff.; *Kern*, in: Laufs/Kern, Handbuch des Arztrechts, § 38 Rn. 10 f.; *Kern/Richter*, in: Wienke/Eberbach/Kramer/Janke, S. 139.

64 Hierzu *Höfling*, in: Wienke/Eberbach/Kramer/Janke, S. 122 ff., der einem generellen Verbot aus verfassungsrechtlicher Sicht ablehnend gegenübersteht.

Im Übrigen folgte die Unwirksamkeit von Verträgen, in denen ein Arzt einen bestimmten Eingriffserfolg einer wunschmedizinischen Maßnahme verspricht, aus § 138 Abs. 1 BGB, sofern begründet werden könnte, weshalb eine Erfolgszusicherung mit dem Anstandsgefühl aller billig und gerecht Denkenden nicht mehr zu vereinbaren ist. Da ein zwingender Ansatz aus der geschriebenen Rechtsordnung nicht ersichtlich ist, bliebe insoweit nur der Vergleich mit dem oben erwähnten Verbot der Erfolgszusicherung bei Heilbehandlungen. Diesbezüglich könnte darauf zurückgegriffen werden, dass es für jede Person, die auf Basis ihres ärztlichen Könnens handelt, ein grundlegend unethisches und damit verwerfliches Verhalten darstellt, wenn Erfolge zugesichert werden. Ein derartiges generelles ethisches Verbot ist aber nicht anerkannt und auch nicht zu befürworten.[65] Auch wenn für den Bereich der Heiltätigkeit zu berücksichtigen ist, dass die Patienten vor falschen Hoffnungen und Vorstellungen zu bewahren sind,[66] greift eben dieser Ansatz für die wunschmedizinische Intervention nicht in gleicher Weise. Zwar ändert sich nichts an der Tatsache, dass der Kunde mangels Wissen und Übersicht in einer unterlegenen Situation ist, jedoch ist der Kunde nicht auf den Arzt zur Therapierung einer Krankheit angewiesen. Die mit § 11 Abs. 2 S. 2 MBO-Ä verfolgte Absicht trägt nicht, wonach bestehende Unsicherheiten durch Zusicherung von Heilerfolgen bereits als solche unzulässig sein sollen, da dieselben aufgrund der Besonderheit des menschlichen Organismus bei jeder Behandlung unvermeidbar sind und eine entsprechende Zusicherung daher dem Berufsbild des Arztes widersprechen könnte. So kann der Arzt sehr wohl außerhalb der Heilbehandlung seine Risikobereitschaft äußern. Er verspricht möglicherweise im Einzelfall ohne es zu wissen etwas Unmögliches; selbst dies ist kein Grund, einen Vertrag anzuzweifeln, wie § 311 a Abs. 1 BGB belegt. Da der besondere Faktor des Patientenschutzes bei der wunschmedizinischen Maßnahme entfällt, ist auf diese generelle Sicht des BGB-Gesetzgebers zurückzugreifen. Selbst wenn der Arzt besondere Hindernisse hätte wissen oder erkennen können, die einer erfolgreichen Umsetzung des Kundenwunsches entgegenstehen, wäre dies haftungsrechtlich über § 311 a Abs. 2 BGB zu erfassen und stellte keinen Grund für die Nichtigkeit des gesamten Vertrags dar. Schon hierdurch wird im Ergebnis der Schutz des Kunden gewährleistet. Hierin liegt letztlich auch kein Widerspruch zu dem Erfordernis der gesteigerten Aufklärungspflichten bei wunschmedizinischen Maßnahmen, da diese *mangels Patienteneigenschaft des Behandeltennicht Ausdruck eines besonderen Patientenschutzes sein können*, sondern ausschließlich über die Kluft des mangelnden Kundenwissens hinweghelfen, der den Eingriff gerade nicht aus medizinischen Gründen benötigt.

cc) Fazit

Es bleibt als Fazit festzuhalten, dass die THS-Behandlung zu Enhancementzwekken zwischen den Parteien typischerweise dem Dienstvertragsrecht unterliegt. Sollten die Parteien sich aber hinreichend deutlich darauf einigen, dass ein bestimmter Erfolg respektive Effekt ärztlicherseits geschuldet ist, so ist ein solcher

---

65 A.A. *Kern/Laufs*, Die ärztliche Aufklärungspflicht, 1983, S. 9 f.

66 Vgl. Ratzel/Lippert/*Ratzel*, MBO-Ä, § 11 Rn. 2.

Vertrag wirksam und nach den werkvertraglichen sowie allgemeinen schuldrechtlichen Regeln zu behandeln. Wenngleich nicht davon auszugehen ist, dass der Arzt bei wunschmedizinischen Maßnahmen aus dem ärztlichen Berufsrecht entlassen ist, so ist aber jedenfalls das Verbot des Versprechens eines Heilerfolges weder direkt noch analog anwendbar und gebietet daher auch kein Unterlassen solcher Versprechen.

c) Legitimationsbasis des Eingriffs – Indikation, Standardbehandlung und Informed Consent

Nach überwiegender Ansicht bedarf eine Heilbehandlung zu ihrer Rechtmäßigkeit einer medizinischen Indikation, der Einhaltung ärztlicher Standards und der Einwilligung des Patienten auf der Basis einer umfassenden Aufklärung über alle behandlungsrelevanten Aspekte, Informed Consent.[67] Dieses System ist als Legitimationsbasis auf jede wunschmedizinische Maßnahme[68] - so auch auf die THS als Neuroenhancement - übertragbar, soweit sich nicht aufgrund der andersartigen Zweckrichtung zwingende Unterschiede ergeben. Zu beachten gilt, dass bei Vorliegen dieses Trias im Rahmen der Heilbehandlung grundsätzlich von einer rechtmäßigen Maßnahme ausgegangen wird, ohne dass es darüber hinausgehender Abwägungen bedürfte. Inwieweit im Einzelfall ein Absinken der Legitimation an einer Stelle durch Verstärkung der anderen Elemente ausgeglichen werden kann, ist umstritten.[69] Bislang muss dies im Lichte der geltenden höchstrichterlichen Rechtsprechung jedoch als möglich angesehen werden.[70] Für wunschmedizinische Maßnahmen ist hier das letzte Wort im Zweifel noch nicht gesprochen. Eine Unterscheidung nach Art und potentiellen Konsequenzen der jeweiligen Maßnahme im Einzelfall liegt insofern nahe. Die THS ist in den Fällen fehlender medizinischer Indikation auf Basis der bislang erwähnten Überlegungen als eine besonders problematische Form wunschmedizinischer Maßnahmen zu bezeichnen.[71]

aa) Enhancement-Indikation und Standards

(1) Die Entscheidung für oder gegen eine THS-Behandlung

Die medizinische Indikation bildet eine Hauptbegründungslinie für den rechtmäßigen Einsatz medizinischer Verfahren. Es ist im Rahmen von Anamnese und Diagnose üblicherweise zu ergründen, ob ein ärztliches Handeln indiziert ist. Dies ist nach bislang herrschender Ansicht der Fall, wenn es einen Zustand der jeweili-

---

67 Allgemeine Meinung vgl. etwa *Damm/Schulte in den Bäumen*, Indikation und informed Consent, KritV 2005, 101 ff.

68 *Damm/Schulte in den Bäumen*, a.a.O.

69 Vgl. hierzu *Stock*, Ist die Verbesserung des Menschen rechtsmissbräuchlich?, in: Wienke/Eberbach/Kramer/Jahnke, Die Verbesserung des Menschen, S. 145, 150 ff.; *Kern/Richter*, Haftung für den Erfolgseintritt? – Die garantierte ärztliche Leistung, in: Wienke/Eberbach/Kramer/Jahnke, a.a.O., S. 129 ff.

70 St. Rspr. BGH NJW 1991, 2349 ff.; OLG Hamm VersR 2006, 1511.

71 Vgl. hierzu insbesondere die Einleitung sowie Kap. 3 A.

gen Person zu therapieren gilt, der nach wissenschaftlichen Erkenntnissen und ärztlichem Dafürhalten behandlungsbedürftig ist, also den Krankheitsbegriff erfüllt.[72] Nun lässt sich allerdings ein solcher Ansatz für die THS als Mittel zur Leistungssteigerung nicht finden. Selbst wenn gesundheitliche Aspekte im Einzelfall gefördert werden können und sollen, so ist dies jedenfalls nicht das einzige Ziel des Eingriffs. Daher scheidet eine gewichtige Rechtfertigungsbasis für die Frage der Zulässigkeit dieser Maßnahme weitgehend aus.

Die vorgestellte Grundsatzüberlegung impliziert aber keinesfalls, dass die gesamten Indikationsüberlegungen zur Frage, ob der Arzt tätig werden soll, für den Fall des Enhancements gegenstandlos wären. *Stock* weist zu Recht darauf hin, dass in jedem Fall das Vorliegen einer möglichen Kontraindikation[73] auch bei wunschmedizinischen Maßnahmen zu überprüfen ist und die Gründe für die Intervention überdacht sein wollen.[74] Dabei schlägt *Stock* vor, dass der Arzt drei wesentliche Aspekte zu berücksichtigen habe:

„1. Die Prüfung, ob absolute Kontraindikationen vorliegen. Das sind solche, die die gewünschte ärztliche Tätigkeit schlicht verbieten.

2. Die Prüfung ob relative Kontraindikationen vorliegen. Das sind solche, bei denen der Klientenwunsch vorerst nicht oder nur unter strenger Abwägung sich daraus ergebender Risiken erfüllbar ist. Somatische, psychologische und auch ethische oder soziale Gründe können gegen die Anwendung der gewünschten Medizin sprechen.

3. Die Feststellung, dass wunschmedizinisches Handeln immer nur relativ indiziert ist. Obwohl der Klientenwunsch herausragende Bedeutung für die Herstellung des Informed Consent hat – die Einwilligung ist nach der Indikation die zweite Grundvoraussetzung für ärztliches Handeln – bleibt für den Arzt in der Wunschmedizin stets die Möglichkeit, nichts zu tun. Es fehlt eben an dem medizinischen Anlass für die Maßnahme, so dass der Arzt abzuwägen hat, ob somatische, psychosoziale oder andere Gründe relativ für die Maßnahme sprechen."[75]

Diesem Definitionsansatz einer Enhancement-Indikation ist zuzustimmen. Um ein ärztliches Eingreifen vor dem Hintergrund der Körperverletzungsdoktrin rechtfertigen zu können, bedarf es dem Grunde nach immer einer dem ärztlichen Berufsstand angemessenen Einschätzung der Situation und der gewünschten Maßnahme.

---

72 Der herrschende Krankheitsbegriff wird an dieser Stelle nicht angezweifelt. Dabei wird nicht übersehen, dass sich um diese Frage rege Streitigkeiten ranken, jedoch ist bislang nicht absehbar, dass der Gesetzgeber handeln oder die Rechtsprechung vom bislang eingeschlagenen Kurs abweichen wird. Daher erscheint es für die gegenwärtige rechtliche Bewertung der THS nicht von Belang, diese Debatte in ihren Einzelheiten darzustellen.

73 Verbot der Anwendung eines diagnostischen oder therapeutischen Verfahrens bei an sich gegebener Indikation, vgl. *Pschyrembel*, Klinisches Wörterbuch, Stichwort „Kontraindikation".

74 *Stock*, Ist die Verbesserung des Menschen rechtsmissbräuchlich?, in: Wienke/Eberbach/Kramer/Jahnke, a.a.O., S. 145, 150 ff.

75 *Stock*, Ist die Verbesserung des Menschen rechtsmissbräuchlich?, in: Wienke/Eberbach/Kramer/Jahnke, a.a.O., S. 145, 150 ff.

Es ist darüber hinaus sowohl als vertragliche Nebenpflicht des Arztes wie auch als Voraussetzung standesgemäßen Verhaltens einer gewissenhaften Berufsausübung anzuerkennen, dass der Arzt mögliche Kontraindikationen erwägt und dieselben denkbaren positiven Konsequenzen für den Kunden gegenüberstellt.[76] Kopfloses ärztliches Handeln ist unärztliches Handeln.[77] Besagte Feststellung beansprucht umso mehr Beachtung, als für die zu treffende Entscheidung über die gewünschte Maßnahme im Einzelfall hinreichend Zeit verbleibt. Das ist bei wunschmedizinischen Interventionen nahezu immer der Fall. Vor allem für die THS kann nicht objektiv begründet werden, dass ein Eingriff zur Leistungssteigerung unaufschiebbar sei. Außerdem wird dieser Ansatz der Tatsache gerecht, dass der Arzt nach höchstrichterlicher Rechtsprechung eine kontraindizierte Maßnahme selbst mit ausdrücklicher Einwilligung des Kunden nicht durchführen darf, da diese Zustimmung an der Grenze der Sittenwidrigkeit scheitern muss.[78] Es ist nur konsequent, dass dem Arzt bei den Überlegungen vorab die Pflicht auferlegt ist, solcher Art grundsätzlich unzulässige Maßnahmen auszusondern und als kontraindiziert dem Kunden gegenüber zu verweigern.

Die wesentlichen Fälle beachtlicher Kontraindikationen für die THS sind:

- Der kundenseitig gewünschte Erfolg kann mit Hilfe der THS nicht eintreten.
- Die THS-Behandlung ist sowohl objektiv – für einen neutralen Beobachter - als auch subjektiv - aus Sicht des Kunden - sinnentleert und kann daher nur noch den Zweck haben, ärztlicherseits eine kostenpflichtige Behandlung durchzuführen.
- Die THS-Behandlung würde den Kunden zu einer Gefahr für die körperliche oder mentale Unversehrtheit seiner selbst und Dritter werden lassen.
- Das Behandlungsergebnis soll zu gesetzes- oder sittenwidrigen Zielen wie etwa Doping im Sport oder Beeinflussung von Prüfungsleistungen verwendet werden.
- Der Kunde steht erkennbar von dritter Seite unter Druck, diese Maßnahme an sich durchführen zu lassen.[79]

Demgegenüber kann nicht davon ausgegangen werden, dass die THS grundsätzlich als wunschmedizinische Maßnahme auszuscheiden habe. Bislang können zwar kaum Erfahrungen hiermit vorgewiesen werden und der Eingriffszielpunkt

---

[76] *Stock*, Die Indikation in der Wunschmedizin, S. 219 f.

[77] Diese Feststellung basiert sowohl auf dem rechtlichen Verstoß gegen die erforderliche Sorgfalt im ärztlichen Beruf als auch auf den insoweit nicht eingehaltenen ethischen Anforderungen, vgl. *Boldt*, Ethisches Selbstverständnis des Menschen, in: Müller/Clausen/Maio, Das technisierte Gehirn, S. 233, 240 ff.

[78] Zahnextraktionsfall, vgl. BGH NJW 1978, 1206; OLG Düsseldorf VersR 1985, 456; OLG Colmar v. 20.04.1916 abgedruckt in Laufs/Kern, Handbuch des Arztrechts, § 81 Rn. 3. Marcumar-Fall, OLG Düsseldorf VersR 2002, 611 ff.

[79] Die Frage der Freiwilligkeit ist im Übrigen Gegenstand der Wirksamkeit der Einwilligung. Hierher gehört auch das Problem, inwieweit den Arzt Ausforschungspflichten treffen können, sofern Bedenken gegen das Vorliegen einer freiwilligen Entscheidung bestehen.

im zentralen Nervensystem birgt ein hohes Gefahrenpotential für Schädigungen in sich. Es gilt allerdings zu berücksichtigen, dass der generelle Verlauf einer THS nach medizinisch anerkannten Maßstäben nicht zu negativen Eingriffsfolgen in Form einer schweren Körperverletzung im Sinne des § 226 StGB oder gar zum Tode des Betroffenen führt. Die strafrechtlichen Grenzen der §§ 226, 227, 216 StGB, die zugleich als Wertungsmaßstab in § 228 StGB die äußere Grenze für die Möglichkeit einer rechtfertigenden Einwilligung bilden,[80] werden mit dem THS-Eingriff grundsätzlich nicht überschritten. Die von der Rechtsprechung erkannte Grenze vorhersehbarer negativer Wirkungen, die den Bereich schwerer Körperverletzungen erreichen und daher als kontraindiziert, weil sittenwidrig, ausscheiden, kann allein deshalb für die THS derzeit nicht als überschritten erachtet werden, weil derartig negative Konsequenzen genauso wenig bekannt und zu erwarten sind wie erhoffte positive Effekte. Aus den bisherigen Anwendungen der THS in der Heilbehandlung können vergleichbare Negativverläufe nicht berichtet werden. Zudem kann die Stimulation jeder Zeit beendet werden, wodurch der Hauptanteil der Eingriffsfolgen im Zweifel immer reversibel ist.[81]

Im Übrigen ist auf Basis von "*Stocks* zweiter und dritter Indikationsmaxime" für Wunschbehandlungen vom Arzt zu fordern, dass dieser Vor- und Nachteile für den Kunden abwägt und sie mit ihm bespricht, sofern die vertragliche Vereinbarung nicht ohnehin zurückgewiesen wird. Insofern schuldet der Arzt, da es sich hier nicht um eine indizierte Heilbehandlung handelt, mehr als nur ein indiziertes, standardisiertes Verfahren auf Basis eines Informed Consent. *Der Arzt schuldet auch eine weitergehende Beratung, die über die gesundheitlichen Konsequenzen hinausgeht.* Kommt der Arzt dabei zu dem Ergebnis, dass weder ein somatischer noch ein psychosozialer Nutzen für den Kunden ersichtlich ist, so muss er die Behandlung ablehnen, um sich nicht dem Vorwurf eines sittenwidrigen Handelns auszusetzen. Die relative Indikation fungiert somit auch bei der THS zum Zwecke der Leistungssteigerung als ein wesentliches Schutz- und Steuerungsinstrument, welches keinesfalls vernachlässigt werden darf.

Demgegenüber ist den Vertretern des rechtmäßigen indikationslosen Wunscheingriffs[82] bereits deshalb eine Absage zu erteilen, weil diese den Arzt aus der Pflicht entlassen wollen, menschliches Leben und Gesundheit zielgerichtet zu schützen und zu mehren. Ein Arzt, der eine Behandlung ganz gleich welcher Art vornimmt, darf vom Grundstandard seines Berufsfeldes nicht entbunden werden. Er darf Wünsche erfüllen, die nach medizinischen Erkenntnissen nicht notwendig sind, aber er darf dem Willen des Kunden niemals Folge leisten, ohne Nutzen und Risiko im Einzelnen bedacht zu haben. Auch der ausdrückliche Kundenwunsch ändert hieran nichts. Bei abweichender Betrachtung wird zugleich das ärztliche Berufsethos bei außerhalb von Heilbehandlungen liegenden Tätigkeiten in seinen Grundfesten erschüttert. Dies ist rechtlich bei einem so wichtigen Berufsstand wie dem ärztlichen für die gesamte Bevölkerung inakzeptabel.

---

80 Vgl. die herrschende Linie der Rspr. und Lit., BGHSt 49, 34 ff. = NJW 2004, 1054 ff.; BGHSt 49, 166 = NJW 2004, 2458 ff.; LK/*Hirsch*, StGB, § 228, Rn. 9; BeckOK/*Eschelbach*, StGB, § 228, Rn. 24.

81 Näher zur Frage der Sittenwidrigkeit s.u. Kap. 3 B III 3 d.

82 *Lorz*, Arzthaftung bei Schönheitsoperationen, S. 93 f.

Die damit einhergehende Beschränkung der in Art. 12 GG verbürgten Berufsfreiheit zu Lasten der Ärzte findet ihre Rechtfertigung zudem in der notwendigen Kontrolle der besonderen ärztlichen Fähigkeiten zum Schutze von Patienten und Kunden. Der staatliche Schutzauftrag aus Art. 2 Abs. 2 S. 1 GG gegenüber allen Betroffenen erfordert diese berufsrechtliche und zivilrechtliche Kontrolle durch den Gesetzgeber. Der ärztliche Beruf genießt ein besonderes Vertrauen in der Bevölkerung. Hieran ändert sich auch bei wunschmedizinischen Eingriffen nichts. Der Kunde sucht den Arzt wegen seiner besonderen Fertigkeiten auf. Für eine THS-Behandlung hat er auch keine andere Wahl, da ein Unkundiger eine derartige Intervention aufgrund ihrer Komplexität und der benötigten Gerätschaften nicht einmal ernsthaft versuchen könnte. Zugleich gehen Kunde und Arzt eine vertragliche Beziehung in dem Wissen ein, dass mit dem folgenden Eingriff in die körperliche Integrität des Kunden erhebliche Gefahren verbunden sind. Die staatliche Kontrolle gewährleistet über die Parzelle der gebotenen Indikation, dass gewünschte Gefährdungen und Verletzungen eines Menschen durch einen Dritten nur im Falle wohlüberlegter und sinnvoll abgewogener Entscheidungen erlaubt sind. Dies muss aber unabhängig vom Anwendungsgebiet ärztlicher Fähigkeiten Gültigkeit beanspruchen. Hier zeigt sich bereits der wesentliche verfassungsrechtliche Unterschied von eigenverantwortlicher Selbstschädigung und staatlich verschärft zu überwachender einverständlicher Fremdverletzung.[83] Zugleich offenbart sich ein restriktiveres Verständnis des Art. 12 GG in Bezug auf die Ärzteschaft gegenüber anderen Berufsfeldern, da für dieses Freiheitsrecht wegen des überragend wichtigen Gemeinschaftsgutes der Volksgesundheit eine Sozialbindungskomponente ähnlich dem verfassungsrechtlichen Gedankens in Art. 14 Abs. 2 GG anzuerkennen ist.[84] Ärztliches Handeln – unabhängig ob Heilbehandlung oder Wunschmedizin – weist aufgrund des besonderen ärztlichen Könnens und dessen Wichtigkeit für das Kollektiv neben anderen Zielen immer auch eine patienten-/kundenbezogene Schutzkomponente auf. Insofern trifft der Ausspruch „einmal Arzt, immer Arzt“[85] zu und ist von entscheidender Bedeutung.[86]

(2) Die Wahl des Verfahrens – Indikation und Standards

Ein weiteres Element der Indikationsüberlegungen ist die Wahl des angezeigten Eingriffsverfahrens. Ausgesucht wird grundsätzlich das im jeweiligen Einzelfall anerkannte Standardverfahren. Soweit es bei der THS Standards aus dem Bereich der Heilbehandlung gibt und sich im Einzelfall keine hinreichend gewichtigen Gründe auftun, weshalb hiervon für die wunschmedizinische Maßnahme abzuweichen wäre, schuldet der Arzt im Rahmen der Indikationsstellung auch die Festlegung des Standardverfahrens. Dabei ist zu beachten, dass hierzu die besondere

---

83 Hierzu instruierend *Meyer*, Die Unfähigkeit des erwachsenen Patienten zur Einwilligung in den ärztlichen Heileingriff, S. 218 ff.

84 Dagegen wohl *Achterberg*, Die Gesellschaftsbezogenheit der Grundrechte, in: *FS* für Helmut *Schelsky*, 1978, S. 1 ff., 19.

85 *Eberbach*, Möglichkeiten und rechtliche Beurteilung der Verbesserung des Menschen, in: Wienke/Eberbach/Kramer/Jahnke, Die Verbesserung des Menschen, S. 1, 19.

86 Näher hierzu unter Kap. 3 B III 2 c.

Qualifikation des Arztes zählt. Geschuldet ist der jeweilige Facharztstand[87] ergänzt um das Sonderwissen und die Sonderausbildung rund um die THS, die als stereotaktisches Verfahren weit mehr spezielle Ausprägungen aufweist, als die im Übrigen üblichen neurochirurgischen Verfahren.[88] Darüber hinaus gibt es bislang kaum Erfahrungen mit der THS im Bereich der Leistungssteigerung. Experten gehen teilweise davon aus, dass es ihnen möglich sei, gezielt Leistungssteigerungen herbeizuführen, indem bestimmte Hirnareale stimuliert würden.[89] Jedoch kann von Eingriffsstandards oder auch nur verwendbaren Empfehlungen bis dato keine Rede sein. Der Risikobereich unvorhergesehener und unentdeckter Auswirkungen ist somit erheblich. Dies muss ein wesentlicher Gegenstand sowohl der Indikationsüberlegungen als auch der gebotenen Selbstbestimmungsaufklärung sein.

(3) Pflichtverletzung bei Indikationsstellung

Die zuvor zusammengefasste ärztliche Indikationspflicht basiert auf verschiedenen rechtlichen Vorgaben. Hiermit einher geht die Konsequenz, dass je nachdem, welcher Teil der Indikationspflicht verletzt wird, die rechtlichen Auswirkungen unterschiedlich sind. Im Folgenden wird eine zuordnende Übersicht gegeben, während die Begründung Teil der jeweiligen Spezialdebatte ist.

Strafrechtliche Verantwortlichkeit: Die wirksame Einwilligung des Kunden negiert die Strafbarkeit des Arztes wegen tatbestandsmäßiger Körperverletzung nach den §§ 223 ff. StGB. Die Einwilligung ist jedoch unwirksam, wenn nach ordnungsgemäßer Indikationsstellung eine Kontraindikation des Eingriffs wegen körperlicher oder geistiger Negativauswirkungen beim Kunden resultiert, die nach einer Nutzen-Risiko-Abwägung ein untragbares Ergebnis zur Folge hätte.[90] Weiterhin darf der Arzt nicht hinter den im Einzelfall gebotenen Standards zurückbleiben, da sonst die beim Eingriff erfolgende Körperverletzung nicht von der Einwilligung des Kunden gedeckt ist.[91] Ebenfalls unwirksam ist die Einwilligung des Patienten, wenn diese unter Druck oder Zwang – etwa aufgrund übersteigerter Vorstellungen von Arbeitgeber, Trainer, Familie – erfolgte. Auch dies hat der Arzt im Rahmen seiner Indikationsstellung zu berücksichtigen. Konnte der Arzt die Einflüsse nicht erkennen und stellt seine Indikation im Übrigen ordnungsgemäß, so bleibt es zwar bei der Unwirksamkeit der Einwilligung. Der Arzt unterliegt jedoch einem Erlaubnistatbestandsirrtum, wodurch eine Strafbarkeit wegen vor-

---

87 *Kern/Richter*, Haftung für den Erfolgseintritt? – Die garantierte ärztliche Leistung, in: Wienke/Eberbach/Kramer/Jahnke, Die Verbesserung des Menschen, S. 129, 132.

88 Vgl. hierzu Kap. 1 II 1.

89 *Talbot*, Tiefenhirnstimulation und Autonomie, in: Müller/Clausen/Maio, Das technisierte Gehirn, S. 165, 182 f.

90 Zur Abwägung ausführlich BGH NJW 1976, 1790 ff. - Freiwillige Sterilisation. Der BGH argumentiert hier im Rahmen der Sittenwidrigkeit mit den Erwägungen einer ordnungsgemäßen Indikation und stellt identische Ansprüche an den Arzt, die sodann auf den Informed Consent übertragen werden.

91 BGH NStZ-RR 2007, 340; BGH MedR 2008, 435 f.

sätzlicher Körperverletzung ausscheidet.[92] Eine Fahrlässigkeitsstrafbarkeit nach § 229 StGB kommt nur in Betracht, wenn dem Arzt im Rahmen aller Indikationserwägungen ein Sorgfaltspflichtenverstoß dahingehend zur Last zu legen ist, dass er die Situation des Kunden bei pflichtgemäßem Verhalten hätte erkennen können. Hierbei spielt es eine erhebliche Rolle, dass der Arzt durch die dargestellten Pflichten zur Indikationsstellung gehalten ist, sich mit den Wünschen und sozialen Hintergründen des Kunden auseinanderzusetzen und bei Zweifeln die Behandlung abzulehnen. Insofern sind dem Arzt bei ernst zu nehmenden Bedenken entsprechende Ermittlungspflichten aufzuerlegen, sofern die Maßnahme trotz zweifelhafter Indikation durchgeführt werden soll. Entweder können dann die Zweifel ausgeräumt werden oder die Maßnahme muss unterbleiben.

Keine Auswirkungen auf die strafrechtlich rechtfertigende Einwilligung haben demgegenüber verwerfliche Zwecke der Behandlung, sei es auf Seiten des Kunden oder auf Seiten des Arztes. Hintergrund und Zweck des THS-Einsatzes im menschlichen Gehirn sind weder im Rahmen des Tatbestandes der Körperverletzung noch innerhalb der Erwägungen zur Sittenwidrigkeit der strafrechtlichen Tat im Sinne des § 228 StGB relevant.[93]

Zivilrechtliche Auswirkungen: Eine fehlerhafte oder unterbliebene Indikationsstellung stellt einen Behandlungsfehler dar, der nach den allgemeinen bürgerlich rechtlichen Grundsätzen zum Schadensersatz verpflichtet, wenn hieraus kausal ein Schaden folgt. Zu den entscheidenden Fehlerquellen gelten im Übrigen die Ausführungen zur strafrechtlichen Verantwortlichkeit entsprechend.

Sollte der Eingriff zu sittenwidrigen Zwecken dienen, ist zudem ein zwischen Arzt und Kunde geschlossener Vertrag nach § 138 Abs. 1 BGB nichtig. Anders als die Grenze des § 228 StGB sind die bürgerlich rechtlichen Nichtigkeitsvorschriften auf das gesamte Rechtsgeschäft bezogen, wobei auch Sinn und Zweck der jeweiligen Vertragsabrede zu berücksichtigen ist.[94]

Berufsrechtliche Auswirkungen und zivilrechtliche Konsequenzen: Die Pflicht zur Indikationsstellung ist bei wunschmedizinischen Maßnahmen als Teil der gewissenhaften Berufsausübung im Sinne des § 2 Abs. 1, 2 MBO-Ä zu sehen.[95] Daher sind Verstöße jeder Art zugleich Ausdruck mangelhafter berufsrechtlicher Pflichterfüllung. Diese ist durch die Ärztekammern sowie die Berufsgerichtsbarkeit zu kontrollieren. Fehler sind zu unterbinden und ggf. zu sanktionieren. Zugleich sind die Vorschriften in den Berufsordnungen der Länder, die § 2 Abs. 1, 2 MBO-Ä nachgebildet sind, als Verbotsgesetze im Sinne des § 134 BGB anzuerkennen, wodurch bei Verletzung auch das zivilrechtliche Rechtsgeschäft zerstört wird.[96]

---

92 H.M. vgl. LK/*Vogel*, StGB, § 16, Rn. 111 ff. m.z.w.N. und Hinweisen auf gegenteilige Ansichten.

93 Ausführlich zu diesem Aspekt Kap. 3 B III 2 d.

94 Ausführlich zu diesem Aspekt Kap. 3 B III 2 d.

95 Ausführlich zur Anwendbarkeit des Berufsrechts Kap. 3 B III 2 c.

96 Zur Begründung siehe Kap. 3 B III 2 c.

bb) Informed Consent

Da es sich jedenfalls bei der wunschmedizinischen Maßnahme unbestreitbar um eine Körperverletzung handelt,[97] bedarf der Eingriff der Einwilligung des Kunden. Sie genügt nur dann zur Rechtmäßigkeit der Verletzung, wenn der Zustimmung eine angemessene Aufklärung vorausging.

(1) Inhalt

Für die einzelnen Grundsätze ergeben sich im Vergleich zum THS-Einsatz mit dem Ziel der Heilbehandlung keine Besonderheiten, so dass auf die dortigen Erwägungen zurückgegriffen werden kann.[98]

Nach herrschender Meinung ist für jede Art wunschmedizinischer Maßnahmen zu beachten, dass das Minus an Rechtfertigung, das sich durch das Fehlen einer medizinischen Notwendigkeit des Eingriffs ergibt, jedenfalls partiell durch verschärfte Anforderungen an die notwendige Aufklärung auszugleichen ist.[99] Es gilt der Grundsatz einer besonders schonungslosen Aufklärung.[100]

Dem Kunden ist klarzumachen, dass der THS-Einsatz nicht erforderlich und zugleich mit besonders kritischen Risiken behaftet ist. Der Arzt hat neben allen medizinisch bekannten und auch nur entfernt denkbaren Risiken insbesondere darauf hinzuweisen, dass die Stimulation des Gehirns zur Leistungssteigerung bei einem gesunden und daher ordnungsgemäß funktionierenden Nervensystem unabsehbare Folgen haben kann. Auf die fehlende Erforschung der Probleme ist hinzuweisen. Gesondert hervorzuheben sind die Gefahren von Verhaltens- und Strukturänderungen der Persönlichkeit, selbst wenn es hierfür bislang keine gesicherte Feldforschung sondern nur Erkenntnisansätze gibt.[101] Von erheblicher Bedeutung ist auch im Übrigen der Hinweis, dass Erfahrungen mit Einsätzen der THS zur Leistungssteigerung bislang nicht bestehen, da lediglich aus Reaktionen im Rahmen von Heilbehandlungen und weiterführenden Theorien die bekannten Schlussfolgerungen gezogen worden sind.

(2) Modalitäten

In Bezug auf die Art und Weise der Aufklärung ist der gebotenen Schonungslosigkeit nur dann Genüge getan, wenn ohne jeden Vorbehalt die möglichen Konsequenzen bereits verwirklichter Risiken dem Kunden detailliert, wenn nötig mit

---

97 *Kern/Richter*, Haftung für den Erfolgseintritt – die garantierte ärztliche Leistung, in: Wienke/Eberbach/Kramer/Janke, Die Verbesserung des Menschen, S. 129, 132.

98 Vgl. hierzu entsprechend Kap. 1 B IV.

99 *Katzenmeier*, Arzthaftung, S. 328; *Laufs*, in: Laufs/Uhlenbruck, Handbuch des Arztrechts, § 63, Rn. 6; *Brüggemeier*, Deliktsrecht, Rn. 652; *Damm/Schulte in den Bäumen*, KritV 2005, 107.

100 BGH NJW 1991, 2349- Schönheitsoperation; OLG Hamm VersR 2006, 1511 f.; OLG Düsseldorf VersR 2003, 1579; *Kern*, Die neuere Rechtsprechung zur Aufklärung, GesR 2009, 1, 3.

101 Vgl. Abschlussbericht der ELSA-Forschungsgruppe Köln 2012.

visuellen und akustischen Hilfsmitteln dargestellt und verdeutlicht werden. Der Arzt hat zwar nicht die Pflicht, dem Kunden bestehende Wünsche auszureden. Somit bedeutet Schonungslosigkeit nicht, den Eingriff in irgendeiner Weise verteufeln zu müssen. Es ergibt sich aber das strenge Verbot des Beschönigens und übermäßigen Anpreisens, womit ein Verlust an Präzision und Objektivität der Informationen einhergehen könnte. Die Aufklärung beinhaltet vor allem auch das Ziel, dass Arzt und Kunde auf einer für den medizinischen Laien verständlichen Ebene Nutzen und Risiken besprechen und gegeneinander abwägen können. Das kann natürlich auch bedeuten, dass ein Aufklärungsgespräch für eine Wunsch-THS deutlich länger dauern und mehr personelle Ressourcen in Anspruch nehmen kann, als dies bei einer Heilbehandlung der Fall ist.

Schließlich hat sich der Arzt besonders genau zu vergewissern, dass der Kunde die Ausführungen nachvollzogen und das unnötige Risiko klar verstanden hat. Gerade die fehlende medizinische Notwendigkeit des Eingriffs führt dazu, dass eine Einwilligung, die aus Unverstand erteilt wurde, die Maßnahme keinesfalls rechtfertigen kann. Daher sind vom Arzt konkrete Rückfragen und, wenn erforderlich, auch weitere überzeugungsbildende Elemente wie erneute Erklärungen und Anschauungsmaterial zu verlangen. Der Arzt muss auf die präzise Information seines Kunden ganz besonderen Wert legen. In jedem Fall ist dem Kunden nach erfolgter Aufklärung eine längere Bedenkzeit zu geben. Wünsche nach sofort anzusetzender Operation sind strikt zurückzuweisen, sofern Anhaltspunkte für eine nicht voll durchdachte Kundenentscheidung vorliegen. Eine überschnelle Entscheidung ist ein Indiz dafür.

(3) Wunschoperation als Selbstschädigung – Wirtschaftliche Aufklärung

Das Element der wirtschaftlichen Aufklärung ist grundsätzlich nicht Gegenstand der Selbstbestimmungsaufklärung und hat daher regelmäßig keinen Einfluss auf die Wirksamkeit der Einwilligung.[102] Hinzu kommt, dass eine Aufklärung über die Tatsache, dass die Krankenkasse die Wunschbehandlung mit der THS nicht übernehmen wird, seitens des Arztes erfolgen kann aber nicht muss. Es darf von jeder vernunftgeleiteten Person erwartet werden, dass die Tatsache erkannt wird, dass das Krankenversicherungssystem grundsätzlich nur für medizinisch indizierte Interventionen eintritt.

Allerdings kann der Arzt darauf hinweisen, dass gesundheitliche Folgeprobleme des Kunden vor dem Hintergrund des § 52 Abs. 2 SGB V möglicherweise zu versicherungsrechtlichen Streitigkeiten führen könnten. Mehr als ein schlichter Hinweis ist dem Arzt an dieser Stelle aber keinesfalls zuzumuten, da diese Vorschrift weder eindeutig ist noch hinsichtlich ihrer Verfassungsgemäßheit unangreifbar erscheint.[103] Nach derzeit geltendem Wortlaut ist aber davon auszugehen, dass eine Wunschbehandlung mit der THS ohnehin nicht erfasst wäre, da diese weder einer ästhetischen Behandlung noch einer Tätowierung oder einem Piercing

---

[102] Wirtschaftliche Aufklärung ist nicht Gegenstand des Selbstbestimmungsrechts, vgl. Spickhoff/*Wellner*, § 823 ff. BGB Rn. 200 ff., 204. Vgl. hierzu auch OLG Köln, VersR 2005, 1589.

[103] Vgl. die treffenden Ausführungen von *Bernzen*, MedR 2008, 549 f.

gleichkommt.[104] Die Zukunft dieser verfassungsrechtlich und rechtspolitisch fragwürdigen Vorschrift bleibt abzuwarten.[105] Sollte es zu einer Gesetzesänderung kommen, nach welcher sämtliche medizinisch nicht indizierten Eingriffe erfasst würden,[106] so wäre ab diesem Zeitpunkt auch die THS darunter zu subsumieren. Für die Gegenwart bleibt bezüglich gebotener Aufklärung festzuhalten, dass der Arzt über diesen Punkt auch schweigen darf.

2. Rechtliche Grenzen

a) Einwilligungsunfähige Personen

Unabhängig von einer weitergehenden Interessen- und Güterabwägung stellt sich die Frage, ob eine THS-Behandlung zu Enhancementzwecken bei einwilligungsunfähigen Menschen dem Grunde nach in Betracht kommt.

aa) Der betreuungsbedürftige Kunde

Personen, die aufgrund geistiger Störung oder anderer Defizite nicht in der Lage sind, ihre Angelegenheiten selbst zu regeln, können dem Wunsch nach einer Leistungssteigerungsmaßnahme regelmäßig selbst weder Ausdruck verleihen noch sind sie rechtlich dazu in der Lage, einem entsprechenden Eingriff ihre Einwilligung zu erteilen. Der für sie eingesetzte Vertreter – sofern bereits vorhanden - ist gemäß § 1901 Abs. 2 S. 1 BGB primär an die tatsächlichen Wünsche des Betreuten gebunden, die es so gut als möglich zu erforschen gilt.[107] Zugleich hat der Vertreter seine Entscheidungen am objektiven Wohl des Betreuten auszurichten, sofern dessen subjektiver Wille nicht ergründbar ist oder dem gebotenen Schutz des Betreuten zu wider läuft.[108]

In diesem Zusammenhang kommt eine THS-Behandlung nur dann in Betracht, wenn anzunehmen ist, dass der Betreute dieselbe wollen würde und ein objektiver Nutzen dabei für den Betroffenen in Aussicht steht. Dies kann in der Praxis nur ernsthaft angenommen werden, wenn es dem Betreuten hilft, seine verlorenen geistigen Fähigkeiten wiederzugewinnen, was bei der THS vor allem für den Indikationsbereich der Demenzerkrankungen in Erwägung zu ziehen ist. Dabei handelt es sich aber um die Notwendigkeit einer medizinischen Indikation. Demgegenüber kann dem Willen eines betreuungsbedürftigen Patienten in Übereinstimmung mit dessen zu wahrendem körperlichen und geistigen Wohl kaum entnommen werden, dass eine Stimulation zu Enhancementzwecken erfolgen soll, die keinerlei medizi-

---

[104] Vgl. zu den Begriffsdefinitionen Hauck/Noftz/*Noftz*, SGB V, § 52 Rn. 28 c, g, h. Die Aufzählung ist abschließend JurisPK-SGB V/*Reyels*, § 52 Rn. 106.

[105] *Wienke*, Eigenverantwortung der Patienten/Kunden - Wohin führt der Rechtsgedanke des § 52 Abs. 2 SGB V?, in: Wienke/Eberbach/Kramer/Jahnke, Die Verbesserung des Menschen, S. 169 ff.

[106] Was früher bereits einmal der Fall war, vgl. Hauck/Noftz/*Noftz*, SGB V, § 52 Rn. 28 k ff. m. Darstellung der Entstehungsgeschichte und w.N.

[107] Erman/*Roth*, BGB, § 1901 Rn. 3 f.; PWW/*Bauer*, BGB, § 1901 Rn. 4 ff.

[108] *Roth*, a.a.O; *Bauer*, a.a.O.

nischen Nutzen mit sich bringt und somit die gegebenen geistigen Einschränkungen nicht zu verbessern geeignet ist. Das führt zu dem Schluss, dass eine Nutzen-Risiko-Analyse, die der Betreuer vornehmen wird, mangels hinreichender Gewissheit praktisch immer zur Entscheidung gegen eine THS-Behandlung ausfällt. Dem eingesetzten Betreuer ist es untersagt, eine Einwilligung zu einer reinen Enhancementbehandlung mittels THS beim Betreuten zu erteilen, wenn nicht mit einem hohen Maß an Gewissheit von einem übereinstimmenden wirklichen Willen des Betreuten und einem positiven Nutzen im Vergleich zum Risiko auszugehen ist. Der betreuungsbedürftige Patient scheidet daher nahezu immer für eine Leistungssteigerung durch THS aus, die nicht zugleich wenigstens in gewissem Umfang, das heißt relativ medizinisch indiziert ist.

bb) Der minderjährige Kunde

Unklarer ist im Ergebnis der Einsatz von Enhancementmaßnahmen bei Minderjährigen. Es existieren Bestrebungen, medizinisch nicht indizierte Maßnahmen zum Schutze des Kindeswohls grundsätzlich zu verbieten.[109] Es gibt jedoch bislang hierzu weder gesetzliche Vorschriften noch klare Vorschläge. Eine Initiative von Mitgliedern des Bundestages wurde 2007 zur Beratung in die Ausschüsse verwiesen.[110]

Gesichert kann daher in Bezug auf Minderjährige für die THS zunächst nur festgehalten werden, dass, unabhängig von der möglicherweise schon fortgeschrittenen Einsichtsfähigkeit des minderjährigen Kunden, eine Einwilligung, die ohne die Zustimmung beider Elternteile nur vom Betroffenen erteilt wurde, ärztlicherseits nicht zu akzeptieren und für den Eingriff rechtlich nicht hinreichend ist.[111] Darüber hinaus ist aber die Frage zu beantworten, ob eine solche Zustimmung sowie die Einwilligung des Minderjährigen überhaupt wirksam sein können. Einfachgesetzlich finden sich zur Frage medizinisch nicht indizierter Eingriffe an Minderjährigen kaum klare Aussagen. Der Gesetzgeber zog es bislang vor, jedenfalls bestimmte Interventionen zu verbieten. So finden sich entsprechende Vorschriften zur Bluttransfusion §§ 6 Abs. 1, 18 TFG, zur Organtransplantation § 8 Abs. 1 Nr. 1 lit. a TPG und zur Sterilisation § 1632 a BGB. Demgegenüber wurde beispielsweise die Knochenmarkstransplantation gemäß § 8 a TPG zugelassen, sofern sie nach §§ 8 a Nr. 4 TPG in Verbindung mit 1627 BGB mit dem Kindeswohlprinzip zu vereinbaren ist. Teilweise wird diese Regelung für ein verdecktes Verbot gehalten.[112] Ergänzend bleibt einfachgesetzlich nur die generelle Bindung aller Entscheidungen der Erziehungsberechtigten an das Kindeswohlprinzip gemäß § 1627 BGB, deren Ergebnis unter Berücksichtigung und Einbindung des Willens des Minderjährigen zu ergründen ist, § 1626 Abs. 2 BGB. Daher muss sich die Entscheidung über medizinische Eingriffe neben dem subjektiven

109 BÄK, Presseerklärung Schönheitswahn, 2004.

110 BT-Drs. 16/6779; BT-Plenarprotokoll 16/120.

111 Vgl. hierzu die Ausführungen Kap. 1 A IV 2 c.

112 So ohne nähere Begründung *Kern/Richter*, Haftung für den Erfolgseintritt – Die garantierte ärztliche Leistung, in: Wienke/Eberbach/Kramer/Jahnke, Die Verbesserung des Menschen, S. 129, 133 f.

Willen des Minderjährigen und des Erziehungswunsches der Eltern am objektiven Kindeswohl orientieren. Das Kindeswohl begrenzt somit die subjektive Entscheidungsgewalt aller Beteiligten und bewirkt eine Kontroll- und Schutzfunktion zu Gunsten des heranwachsenden Menschen. Vor dem Hintergrund des staatlichen Schutzauftrages des Art. 6 Abs. 2 GG handelt es sich insoweit um eine geeignete, erforderliche und auch angemessene Beschränkung der persönlichen Freiheit des Kindes und des Erziehungsrechts der Eltern.

Darauf aufbauend drängt sich der Gedanke auf, dass eine gefährliche und komplexe medizinische Intervention wie die THS einer besonderen Rechtfertigung bedarf. Liegt diese Rechtfertigung in einer medizinischen Indikation, geht es also etwa um die Behandlung des Tourette-Syndroms oder dergleichen schwerwiegenden Krankheiten, die bei Kindern vorkommen und durch die THS wirksam behandelbar sind, so steht das Kindeswohlprinzip dem nicht entgegen, ja gebietet möglicherweise die Zustimmung zum Einsatz der THS.[113] Findet sich demgegenüber eine solche Rechtfertigung nicht, so bedarf es ausgleichender Erwägungen, damit dem Kindeswohlprinzip genügt werden kann. Allein das subjektive Vorstellungsbild, der hierauf gestützte Wille und die folgende Einwilligung können dann nicht ausreichen.

In Betracht kommen besondere Enhancement-Indikationen, die kumulative Geltung beanspruchen:[114]

- Der Eingriff dürfte in keiner Weise kontraindiziert sein, wobei zuerst die bereits herausgefilterten Kontraindikationen zu prüfen sind.[115]
- Der für den Minderjährigen angestrebte Nutzen müsste vor dem Hintergrund der Eingriffsrisiken und in Kauf genommenen Substanzverletzungen der Behandlung ein beachtliches Plus bedeuten, etwa eine dem Minderjährigen erheblich zustattenkommende Leistungssteigerung.
- Um dem vernunftgeleiteten Kindeswohlprinzip gerecht werden zu können, muss der avisierte Nutzen auf einer nachvollziehbaren, vernunftgeleiteten Basis beruhen. Das Ziel darf also keinesfalls schlicht die Maximierung der Leistungsfähigkeit des Kindes sein.

Ob sich weitere Einschränkungen zum Schutze Dritter oder zur Verteidigung des funktionierenden Wettbewerbs ergeben, ist primär der verfassungsrechtlichen Abwägung vorbehalten und hier nicht zu erörtern. Entscheidend für die Basis des Kindeswohls ist indes, ob die individuelle Entscheidung einen vernunftgeleiteten Ursprung hat und vor einer konkreten Risiko-Nutzen-Analyse dem Grunde nach bestehen könnte. Dreh- und Angelpunkt ist hierfür der dritte Aspekt der aufgezählten Prüfvoraussetzungen. Dem staatlichen Schutzauftrag wäre nicht Genüge getan, sollte zugelassen werden, dass Eltern ihr Kind zu einem „Optimierungsobjekt" und „Wunschkind" machen. Demgegenüber kann sehr wohl erwogen werden, ob ein statistisch unterprivilegiertes Kind, welches mit Gleichaltrigen geistig nicht mithalten kann, technische Hilfe durch die THS erfahren darf. Dabei ist hervorzu-

---

[113] Vgl. bereits Kap. 1 A IV 2 c.

[114] S.o. Kap. 3 B III 1 c aa (1).

[115] Dieser Aspekt stellt für sich zwar keine Indikation dar, ist jedoch Grundvoraussetzung im Rahmen jeder ärztlichen Überlegung zur Enhancement-Indikation.

heben, dass hierdurch keinesfalls auch nur anzudeuten wäre, dass von der Natur her geistig weniger Privilegierte als minderwertig und damit angleichungsbedürftig gesehen werden. Vielmehr geht es um die Frage, ob rechtlich die Besonderheiten des technischen Verfahrens THS grundsätzlich für eine Leistungssteigerung zum Ausgleich gegebener angeborener Nachteile zulässigerweise Anwendung finden können. Diese Debatte ist weder mit der ethisch äußerst fragwürdigen Diskussion um das berüchtigte „Katalogkind“ noch gar mit Euthanasiegedanken zu vermengen und daher hiervon strikt zu trennen.

Im Ergebnis steht nur die individuelle Abwägung des Kindeswohlprinzips als mögliche Schranke für einen THS-Einsatz zur Leistungssteigerung in Rede. Als Fazit ist festzuhalten, dass diesem obersten Prinzip der Kindeserziehung und – behütung individuell jedenfalls dann im Rahmen einer THS-Behandlung genügt werden kann, wenn der oben angeführte Dreiklang eingehalten und die informierte Einwilligung sowohl der Eltern als auch des Kindes vorliegen. Dieses muss allerdings fähig sein, einen verständigen Willen zu bilden.

b) Restriktionen des Medizinprodukterechts

Wie im Rahmen der Untersuchungen der THS als Heilbehandlung und in der Forschung ausgeführt, sind die Vorschriften des Medizinprodukterechts besonders zu berücksichtigen. Bei der Elektrode, der Kontrolleinheit sowie jeglichem Zubehör handelt es sich um Medizinprodukte. Hieran besteht vor dem Hintergrund der Begriffsdefinition des § 3 Nr. 1 MPG für den therapeutischen Einsatz kein Zweifel. Ergäbe sich für den Fall des Technikeinsatzes zum Zwecke der Leistungssteigerung das Gleiche, so bildeten die §§ 6, 7, 9 MPG und 2 Abs. 1 MPBetreiberVO ein absolutes Verbot der Nutzbarmachung. Es wäre jegliche Anwendung außerhalb der vom Hersteller zugelassenen Zweckbestimmung a priori untersagt.

aa) Anwendbarkeit des MPG

Das MPG findet nur dann auf die Geräte und deren Einsatz bei der THS zu Enhancementzwecken Anwendung, wenn es sich bei denselben um Medizinprodukte im Sinne der §§ 2 Abs. 1, 3 Nr. 1 MPG handelt. Die dort zu findende, schwer verständliche Begriffsdefinition besagt, dass allein der Hersteller des Produkts darüber entscheidet, ob ein Medizinprodukt oder etwas anderes hergestellt werden soll. Will der Hersteller die technischen Mittel zur THS als Heilbehandlung produzieren und auf den Markt bringen, müssen allseits die Regelungen des MPG eingehalten werden. Soll demgegenüber ein Einsatz zu nicht therapeutischen Zwecken erfolgen, so müssen die herzustellenden Bestandteile mit dieser anderen beliebigen Zweckbestimmung gefertigt werden. Es gelten ausschließlich die allgemeinen Vorschriften wie das Produkthaftungsgesetz, das sonstige bürgerliche Recht etc.

So einfach diese Rechtslage ist, so seltsam mutet sie zunächst an. Es stellt sich die Frage, weshalb der Arzt nicht mit Zustimmung des Kunden auch ein als Medizinprodukt hergestellten Gegenstand off-label zum Einsatz bringen kann, wenn der Kunde hierüber entsprechend aufgeklärt wird. Die alleinige Entscheidungsbefugnis des Herstellers mag man vor allem vor dem Hintergrund des Gesetzeszwecks nach § 1 MPG bezweifeln, da das Gesetz den Schutz der Anwender, der

Patienten und Dritter bezweckt. Der Bezugspunkt für den avisierten Schutz ist die therapeutische Verwendung, in deren Rahmen strenge Regeln gelten sollen, während ein off-label-use ohne therapeutischen Hintergrund scheinbar nicht erfasst ist. Bedenkt man allerdings das Ziel des europäischen Gesetzgebers in der Richtlinie 93/42/EWG zur einheitlichen Erfassung von besonderen Schutzvorschriften im Bereich des medizinisch therapeutischen Einsatzes von technischen Mitteln,[116] die nicht bereits unter die weitreichenden Regelungen des Arzneimittelrechts fallen, so leuchtet der gewählte Ansatz ein. Der besondere einheitliche Schutz wird eben dadurch gewährleistet, dass kein Produkt, das in der Therapie eingesetzt werden soll, auch nur den Herstellerbereich verlassen darf, ohne die zahlreichen Prüf- und Sicherheitsstationen des Medizinprodukterechts zu durchlaufen. Damit korrespondiert die Pflicht des Anwenders, sich an die Herstellervorgaben zu halten. Für den Endabnehmer und Betroffenen ist sonst nicht klar erkennbar, ob und inwieweit es sich um ein Medizinprodukt handelt. Nur so ist der gewünschte Schutz durchgehend zu gewährleisten.

Demgegenüber muss es weiterhin jedem Technikproduzenten freigestellt werden, ob sein Produkt dem Grunde nach in das Feld der Therapie gehören soll. Gleichermaßen kann der Verwender auch entscheiden, ob er Produkte für andere als Heilzwecke beim Hersteller ordern will. Der Endabnehmer ist vor Produkten, die nicht den strengen Kriterien des Medizinprodukterechts unterliegen, in zweierlei Hinsicht geschützt:

- Ist der Endabnehmer Patient und soll ein technisches Mittel zu therapeutischen Zwecken bei ihm eingesetzt werden, so gelten in jedem Fall die strengen Vorschriften des Medizinprodukterechts. Es gilt sodann die Fiktion des § 2 Abs. 2 MPG, wonach auch andere Produkte dem MPG unterfallen, wenn sie der Zweckbestimmung Therapie dienen und nicht bereits für den Einsatz an einem bestimmten Menschen vorgesehen sind. Diese Vorgaben komplettieren den Schutzkreis für Patienten.
- Ist der Endabnehmer kein Patient, sondern etwa Kunde einer reinen Enhancementmaßnahme, so bedarf es ausschließlich des Schutzes der allgemeinen Vorschriften. Die fehlende Sondersituation des therapeutischen Eingriffs macht keine weitergehende staatliche Regelung erforderlich. Der Abnehmer und Endverbraucher erwartet kein Medizinprodukt und somit auch nicht den Schutz des dahinter stehenden gesetzlichen Regimes.

Eine Erweiterung des Anwendungsbereichs des Medizinprodukterechts auf alle technischen Mittel, die von einem Arzt oder sonstigen Dritten einem Menschen appliziert werden, könnte im Wege der Analogie vollzogen werden. Eine direkte Anwendung der gesetzlichen Bestimmungen kommt nicht in Betracht. Für eine Analogie mangelt es aber an einer planwidrigen Gesetzeslücke, da sowohl die europäische als auch die deutsche Regelung des Medizinprodukterechts nicht dazu dienen, jegliche technisch geförderte Intervention am lebenden Menschen entsprechend zu regeln. Hätte der Gesetzgeber insbesondere die hier in Rede stehenden Leistungssteigerungsmaßnahmen miterfassen und verbieten wollen, so wäre keine derart strenge Beschränkung auf therapeutische Einsatzformen erfolgt, wie sie in §

[116] Vgl. die Begründung in 93/42/EWG.

3 Nr. 1 MPG geltendes Recht ist. Auch darf bezweifelt werden, dass ein umfassendes Verbot rechtsstaatlichen Grundsätzen genügen könnte und die jedenfalls betroffene allgemeine Verhaltensfreiheit nach Art. 2 Abs. 1 GG nicht verletzen würde.

Als Fazit ist festzustellen, dass die Anwendbarkeit des Medizinprodukterechts davon abhängt, ob die für die THS notwendigen Komponenten vom Hersteller zu therapeutischen oder zu sonstigen Zwecken produziert wurden.

bb) Wirkung

Will der Arzt eine THS zur Leistungssteigerung durchführen, so bleibt ihm nach geltendem Recht nichts anderes übrig, als von einem Hersteller die Komponenten für eben diesen Zweck zu ordern. Gemäß den §§ 6, 7, 9 MPG und 2 Abs. 1 MPBetreiberVO ist es ihm untersagt, die für den medizinischen Einsatz hergestellten Gegenstände außerhalb ihrer Zweckbestimmung einzusetzen. Dem ist auch nicht mit dem Argument zu begegnen, dass der Arzt dieselben Bestandteile mit anderer Zweckbestimmung ordern und somit den Schutz des Gesetzes unterlaufen könnte. Wie gezeigt liegt in dieser Transparenz ein wesentlicher Schutzbestandteil. Der THS-Kunde weiß nach ärztlicher Aufklärung, dass er den besonderen Prüf- und Kontrollschutz des MPG nicht erhält, da es nicht um eine Heilbehandlung geht. Er muss ihn mit dem Arzt gesondert vereinbaren, sollte ihm der allgemeine bürgerlich rechtliche Vertrags- und Deliktsschutz nicht genügen. Kunde wie auch Arzt können an der fehlenden CE-Kennzeichnung erkennen, ob die Produkte einem Konformitätsverfahren unterworfen waren. Hierdurch sind die Parteien, insbesondere aber der Kunde, *der vom Arzt auf diesen Umstand gesondert hinzuweisen ist*, dahingehend gewarnt, dass die technischen Mittel am Körper eingesetzt potentiell einen Gefahrenbereich eröffnen, der im Rahmen einer eigenen klinischen Leistungsbewertung nach den §§ 19 ff. MPG möglicherweise nicht akzeptiert worden wäre.

Auch der Gesichtspunkt des Drittschutzes, der nach § 1 MPG ebenfalls Gegenstand des Medizinprodukterechts ist, kann zu keinem anderen Ergebnis führen. Die Sondervorschriften für Medizinprodukte stehen ausschließlich im Kontext des therapeutischen Einsatzes und dessen Verlässlichkeit. Dritte sollen in die Schutzerwägungen einbezogen werden, da Personen, die mit einem Patienten unter Einfluss eines Medizinprodukts zu tun haben, auf dessen Funktionsfähigkeit in erhöhtem Maße Vertrauen haben müssen. Im Übrigen ist erklärtes Ziel von § 1 MPG nicht die Verringerung des allgemeinen Lebensrisikos, einer Person zu begegnen, die ihren Körper durch Einsatz technischer Mittel modifiziert hat. In diesen Fällen müssen primär das bürgerliche und das Strafrecht Sorge für einen hinreichenden Schutz und gerechten Ausgleich tragen.

c) Berufsrechtliche Grenzen

Durch das ärztliche Berufsrecht sollen unter anderem die Gewährleistung eines möglichst wirksamen Patientenschutzes und das Ansehen der Ärzteschaft in der

Bevölkerung gesichert werden.[117] Dem tragen die jeweiligen Vorschriften der Landesheilberufsgesetze[118] sowie die § 2 Abs. 1, 2 und § 3 MBO-Ä Rechnung, indem der Arzt zur gewissenhaften Berufsausübung verpflichtet und eine das Patientenvertrauen schädigende Verquickung mit inkompatiblen Tätigkeiten untersagt wird. Beide Ansätze sind bei der Untersuchung möglicher Einsatzgrenzen der THS zu Enhancementzwecken zu berücksichtigen. Vorgelagert steht jedoch die Streitfrage, ob das ärztliche Berufsrecht im Bereich medizinisch nicht gebotener Tätigkeiten für den handelnden Arzt Wirkung entfalten kann.

aa) Anwendbarkeit des Berufsrechts

Diese Frage wird in der Literatur kontrovers diskutiert. Während teilweise davon ausgegangen wird, dass die insofern ungenauen Klauseln des Berufsrechts keine rechtsstaatlich hinreichend bestimmte Eingriffsgrundlage für die Verkürzung der Berufsfreiheit der Betroffenen bieten,[119] steht die Gegenansicht auf dem Standpunkt, dass das Verlassen des Feldes kurativer Tätigkeit den Arzt nicht von seinen zwangsmitgliedschaftlichen Pflichten entbinde.[120] Der zuletzt genannten Auffassung ist seit 2007 auch das OVG Lüneburg zugeneigt.[121] Zur Begründung wird im Wesentlichen ausgeführt, dass das ärztliche Berufsrecht jede Tätigkeit erfasse, bei der der Arzt das Feld seiner in dieser Eigenschaft speziell erlernten Fähigkeiten betrete. Nur so könne das Vertrauen in den Arztberuf gesichert und jeder Kunde vor unreflektiertem Einlassen auf „angeblich ärztlichen Rat" geschützt werden. Als normatives Argument weist das OVG zudem darauf hin, dass § 32 Abs. 1 des niedersächsischen Kammergesetzes für Heilberufe (HKG) die Anwendbarkeit des ärztlichen Berufsrechts auch auf Fälle erweitert, die nicht der üblichen ärztlichen Tätigkeit entsprechen.

Es ist dem Grunde nach überzeugend, dass das ärztliche Berufsrecht bei wunschmedizinischen Maßnahmen Anwendung findet. Dabei ist letztlich nicht entscheidend, ob eine vergleichbare Klausel wie § 32 Abs. 1 HKG Niedersachsen in allen Bundesländern existiert. Vielmehr ist vor dem Hintergrund des sensiblen und zugleich wichtigen ärztlichen Berufsfeldes eine staatliche Überwachung geboten, wann und wie auch immer die besonderen Fähigkeiten zum Einsatz kommen. Selbstverständlich darf angesichts gebotener Beachtung des Rechtsstaatsprinzips der erhebliche Eingriff in Art. 12 Abs. 1, 2 GG durch die Zwangsmitgliedschaft in der Ärztekammer und die damit einhergehende Bindung an die berufsrechtlichen

---

[117] Vgl. insbesondere die Präambel zur MBO-Ä.

[118] § 29 Abs. 1 HeilBerG NRW; § 29 HBKG BW; Art. 17 HKaG Bayern; §§ 4a Abs. 1 Nr. 1 HeilBerG Berlin; § 30 Abs. 1 HeilBerG Brandenburg; § 27 Abs. 1 HeilBerG Bremen; § 27 Abs. 1 HeilBerG Hamburg; § 22 HeilBerG Hessen; § 31 Abs. 1 HeilBerG Mecklenburg-Vorpommern; § 33 Abs. 1 S. 1 HeilBerG Niedersachsen; § 20 Abs. 1 HeilBerG Rheinland-Pfalz; § 22 HeilBerG Saarland; § 16 Abs. 1 HeilBerG Sachsen; § 19 Abs. 1 HeilBerG Sachsen-Anhalt; § 20 Abs. 1 HeilBerG Thüringen; § 29 Abs. 1 HeilBerG SH.

[119] So vor allem *Eberbach,* MedR 2008, 325, 332; *Beck,* MedR 2006, 95, 97.

[120] Anschaulich hierzu *Scholz,* Der Arzt zwischen Heilen und Gewerbe, in: Wienke/Eberbach/Kramer/Jahnke (Hrsg.), Die Verbesserung des Menschen, S. 163 ff.

[121] OVG Lüneburg NVwZ-RR 2010, 314.

Regelungen - sogar in wunschmedizinischen Bereichen - nicht vernachlässigt werden. Die Kritik von *Eberbach*, dass für eine solch weitgehende Bindung eine entsprechende Gesetzesreform für jede Anwendung des Berufsrechts nötig wäre,[122] ist zwar als beachtlicher Hinweis einzustufen, überzeugt aber angesichts der wichtigen Schutzgüter und der gegebenen Regelungen nicht. Es ist diesem Ansatz vielmehr insofern zu genügen, als eine differenzierte Betrachtungsweise geboten erscheint.[123] Die einzelnen berufsrechtlichen Vorgaben sind jeweils daraufhin zu überprüfen, ob es sich tatbestandlich um speziell die typische ärztliche Tätigkeit regelnde Normen handelt. Sofern eine Norm auch darüber hinausgehende Einsatzformen des medizinischen Wissens erfasst und für den Arzt Verhaltenspflichten festlegt, ist diese vor dem Hintergrund gebotener Rechtsstaatlichkeit auf hinreichende Bestimmtheit und Verhältnismäßigkeit zu überprüfen und gegebenenfalls verfassungskonform auszulegen. In den Details kann die Beurteilung im Einzelnen schwierig sein und bedarf künftiger tiefgreifender Untersuchungen.

Die hier für die THS in Rede stehenden Vorschriften der Heilberufsgesetze[124] und ihre Konkretisierungen in den § 2 Abs. 1, 2 und § 3 MBO-Ä sind im Falle wunschmedizinischer Maßnahmen jedenfalls anwendbar und für den Arzt bindend. Die Grundsatzklausel des § 2 Abs. 1, 2 MBO-Ä gebietet eine gewissenhafte Berufsausübung, die Einhaltung ethischer Gebote und die Wahrung des Vertrauens, das Ärzten in der Gesellschaft entgegengebracht wird. Diese Maximen müssen vor dem Hintergrund der in der Präambel genannten Ziele weit ausgelegt und verstanden werden, da sonst das Vertrauen der Bevölkerung in die Ärzteschaft beeinträchtigt oder gar zerstört werden könnte. Ein Arzt, der sich bei Tätigkeiten außerhalb der Heilbehandlung betrügerisch, selbstsüchtig oder für sein Gegenüber schädlich verhält, wird kaum als für kurative Tätigkeiten geeignet eingestuft werden. Auch das ärztliche Gelöbnis muss bedacht werden. Der Arzt bekennt sich mit seinen erlernten Fähigkeiten zu einer besonderen Verpflichtung gegenüber der Gesellschaft. Diese Verpflichtung und die damit zu schützende Berufswürde sind nicht allein Gegenstand seiner heilenden Tätigkeit, sondern begründen eine verpflichtende Begrenzung zu gewissenhaftem Umgang mit besonderen, aber auch gefährlichen Fertigkeiten. *Eberbach* prangert an, dass sich hieraus die Konsequenz ergebe, „einmal Arzt - immer Arzt“.[125] Hinsichtlich der ärztlichen Fähigkeiten dürfte diese Aussage wahr und richtig sein. Anders ist das Vertrauen der Bevölkerung in einen für die Volksgesundheit entscheidenden Berufszweig kaum zu erhalten. Die anderweitig drohende Folge einer grundsätzlichen Abneigung, im Krankheitsfalle einen Arzt aufzusuchen, könnte für den Einzelnen im Anschluss an einen folgenschweren Schicksalsschlag oder auch für das Kollektiv eine ernste Gefahr für die Gesundheit bedeuten. Hinter diese Schutzgüter tritt ein eventuell bestehender ärztlicher Wunsch nach vorbehaltlos freier beruflicher Entfaltung ohne einschränkende Regelungen einer Berufsordnung rechtmäßiger Weise zurück. Verfassungsdogmatisch bedeutet dies einmal mehr, dass die ärztliche Be-

---

[122] *Eberbach*, Möglichkeiten und rechtliche Beurteilung der Verbesserung des Menschen, in: Wienke/Eberbach/Kramer/Jahnke, Die Verbesserung des Menschen, S. 1, 19 f.

[123] So im Ergebnis auch *Scholz*, a.a.O.

[124] Vgl. FN 118.

[125] *Eberbach*, a.a.O. (FN 122).

rufsfreiheit, die durch Art. 12 GG geschützt wird, zugleich eine Einschränkung durch eine dem Art. 12 GG immanente Sozialbindung erfahren muss. Der ärztliche Beruf ist für das gesamtstaatliche Gefüge von derart überragender Bedeutung, dass ein Werteverfall eine erhebliche Bedrohung für das Gemeinwohl bedeuten würde. Dies ist im Rahmen der Heilbehandlung mittelbar herrschende Meinung und findet seinen Ausdruck in der Erkenntnis, dass die Therapiefreiheit des Arztes ein fremdnütziges Recht ist.[126] Die konsequente Übertragung auf andere Tätigkeiten, die mittels ärztlichen Spezialwissens durchgeführt werden, ist der logisch zwingende Folgeschritt, um die Vertrauensbeziehung der Bevölkerung zur Ärzteschaft zu schützen.

Bezüglich § 3 MBO-Ä ist das Ergebnis noch deutlicher, da die Norm sich bereits ihrem Wortlaut nach auch auf nicht typisch ärztliche Heiltätigkeiten bezieht. Hieraus ergibt sich eindeutig die grundsätzliche Anwendbarkeit bei wunschmedizinischen Maßnahmen, da eine restriktive Auslegung oder gar eine teleologische Reduktion einer argumentativen Grundlage entbehren.

Da beide Vorschriften sehr allgemein gehalten sind und daher Raum für Einzelfallgerechtigkeit und hinreichende Berücksichtigung der Berufsfreiheit zu Gunsten ärztlicher Bewegungsfreiheit verbleibt, ist auch von einem verhältnismäßigen Eingriff auszugehen.

bb) Konsequenzen für die THS als Neuroenhancement

(1) Gewissenhaftigkeit und Ethik

Mit Blick auf § 2 Abs. 1 und 2 sowie § 3 Abs. 1 S. 1 MBO-Ä statuiert die Berufsordnung zunächst eine für wunschmedizinische Maßnahmen wichtige Grenze ethischer Vertretbarkeit. Der Arzt muss sich vor einer THS-Intervention zur Leistungssteigerung zum einen darüber Gedanken machen, ob in der konkreten Situation ein solcher Eingriff beim Kunden aufgrund ethischer Erwägungen von vorneherein abzulehnen ist.[127] Zum anderen hat er zu prüfen, ob eine Enhancementtätigkeit mit dem Mittel der THS inakzeptabel sein könnte. Wie aber bereits im Rahmen der berufsrechtlichen Ausführungen zur Heilbehandlung gezeigt, kann ein rechtlich bindendes Verbot nur dann aus ethischen Erwägungen abgeleitet werden, wenn hierüber ein tragfähiger Konsens besteht und eine Entscheidung der zuständigen Ethikkommission ergangen ist. Andernfalls wäre der hiermit einhergehende Eingriff in die Grundrechte des betroffenen Arztes nicht zu rechtfertigen.[128] Eine entsprechend ablehnende Entscheidung existiert bezüglich der THS bislang nirgends. Auch sind die Grundsatzhaltungen zu Neuroenhancern,

---

126 Hierzu *Laufs*, ZaeFQ 1997, 586 ff.; *ders*. NJW 1997, 1609 f.

127 Am häufigsten findet sich diesbezüglich der Rückgriff auf die umstrittene Gefahr der Persönlichkeitsveränderung, vgl. *Kipke*, Neuroenhancement und Freiheit, in: Müller/Clausen/Maio, Das technisierte Gehirn, S. 363, 377 ff. Ähnlich *Fuchs*, Forschungsethik, S. 189.

128 Vgl. Kap. 1 E I 1 und 2. Insofern sei daran erinnert, dass nach bislang herrschendem Verständnis die Ethikkommissionen außerhalb der medizinischen Forschung nicht kompetent sind, Entscheidungen zu fällen.

insbesondere zu neurobionischen Maßnahmen sehr unterschiedlich.[129] Dieser Aspekt kann und soll vorliegend nicht weitergehend diskutiert werden, sondern der fortlaufenden ethischen Debatte überlassen bleiben. Vielmehr führt die rechtliche Bewertung der Situation dazu, dass trotz zahlreicher Gegner der beschriebenen Enhancementmaßnahmen ein klares ethisches Verbot, die THS auf diese Weise einzusetzen, bislang nicht besteht. Es könnte sich allerdings hierdurch auch jeder Zeit eine ernst zu nehmende rechtliche Barriere herausbilden, die den wunschmedizinischen Einsatz der THS dem Grunde nach unterbinden würde. Die Bedenken wären durchschlagend. Das rechtliche Instrumentarium stünde jedenfalls mit § 3 Abs. 1 S. 1 der jeweiligen Berufsordnung in Gestalt der Ethikkommissionen bereit, ohne dass es einer gesetzgeberischen Entscheidung bedürfte. Umso zweifelhafter erscheint es, dass den Ethikkommissionen in der Praxis nicht auch außerhalb des Bereichs medizinischer Forschung weitreichendere Kompetenzen zuerkannt werden, um sich der zahlreichen ethischen Probleme anzunehmen. Es wurde bereits darauf hingewiesen, dass diesbezüglich Reformbedarf angezeigt ist.[130]

Zudem verlangt eine gewissenhafte Berufsausübung eine ordnungsgemäße Indikationsstellung nach ärztlichen Maßstäben und ein Handeln nach den hierbei gewonnenen Erkenntnissen. Darin ist zugleich das Verbot begründet, ärztliche Fähigkeiten bei Kontraindikationen sowie Verfolgung gesetzes- oder sittenwidriger Ziele zur Verfügung zu stellen. Auf Basis der bereits zusammengefassten gebotenen Indikationserwägungen bilden somit die landesrechtlichen Vorgaben zur gewissenhaften Berufsausübung, vorbildlich konkretisiert in § 2 Abs. 1, 2 MBO-Ä, eine umfassende Begrenzung des Einsatzes ärztlicher Fähigkeiten.

(2) Das Verquickungsverbot des § 3 Abs. 2 MBO-Ä

Eine zusätzliche Sicherung ärztlicher Integrität und damit einhergehenden Patientenschutzes ist das Verbot für den Arzt, im Rahmen therapeutischer Tätigkeit auch andere gewerbliche Zwecke zu verfolgen. Die Vorschrift des § 3 Abs. 2 MBO-Ä kann sich nach allgemeiner Ansicht[131] nur auf den Aspekt des Gewerbebetreibens beziehen, da ein weiter reichendes Verständnis zu einem absoluten Verbot anderer Tätigkeiten führen würde. Dies wäre mit der Berufsfreiheit der Ärzte nicht zu vereinbaren. Somit gebietet § 3 Abs. 2 MBO-Ä lediglich eine klare Trennung von üblichen ärztlich kurativen und sonstigen Tätigkeiten. Hierdurch wird ein abstrakter Schutz für den Patienten geschaffen. Unabhängig von Verständnis und Willenskraft des Einzelnen in der konkreten Situation wird bereits präventiv ein Hindernis vor der Gefahr der Ausnutzung der Patientenschwäche oder schlicht übereilten oder unüberlegten Patientenentscheidung aufgebaut. Zugleich wird die Unabhängigkeit des Arztberufs gewährleistet.[132]

---

[129] Einen ausführlichen Überblick mit Diskussion gibt *Groß*, Neuro-Enhancement unter besonderer Berücksichtigung neurobionischer Maßnahmen, in: Wienke/Eberbach/Kramer/Jahnke, S. 85 ff.

[130] Vgl. Kap. 1 E I 1 und 2.

[131] BGH GesR 2008, 474; Ratzel/Lippert/*Ratzel*, MBO-Ä, § 3 Rn. 1 f.

[132] *Ratzel*, a.a.O (FN 131).

Es ist somit dem Arzt, der etwa eine THS bei einem Parkinsonpatienten durchführt, versagt, zugleich einen „Mischvertrag" anzubieten, auf dessen Basis die THS neben der Heilbehandlung zur weitergehenden Leistungssteigerung eingesetzt werden soll, die keine Heilzwecke mehr verfolgt.

Problematisch ist das Verständnis dieser Klausel jedoch in Bezug auf ihre Reichweite. Es bedarf einer für den ärztlichen Berufsstand nachvollziehbaren und verhältnismäßigen objektiv teleologischen Auslegung der Norm. Ansätze hierfür finden sich in der Rechtsprechung. So ging der BGH in einer Entscheidung aus dem Jahr 2005 davon aus, dass bereits der ärztliche Hinweis auf Teststreifen, die in der Praxis in einem Depot gelagert werden, einen Verstoß gegen das Verquikkungsverbot begründe.[133] Vergleichbar entschied das OLG Naumburg in Bezug auf das Anbieten von Akupunkturnadeln.[134] Daraus lässt sich schlussfolgern, dass von der Regelung - jedenfalls für den Patienten – für die anstehende Behandlung unnötige Zusatzleistungen erfasst sein sollen. Wichtiger ist aber die Einschränkung, die die Rechtsprechung hierbei anerkannte. So ist das Verquickungsverbot nicht berührt, wenn der Patient aus nachvollziehbarem Interesse selbst zu dem jeweiligen Hinweis oder Angebot den Anstoß gibt.[135] Das Verbot ist also vor dem Hintergrund der Schutzgüter teleologisch zu reduzieren. Führt man diesen Gedanken konsequent fort, so gilt das Verquickungsverbot dann nicht, wenn sichergestellt ist, dass weder die ärztliche Integrität noch der Patientenschutz bedroht sein können. Dies erreicht der Arzt im Einzelfall dadurch, dass er sicherstellt, dass weitergehende Angebote entweder ausschließlich aufgrund nachvollziehbarem Patienteninteresse oder aber auf „neutralem Boden" gemacht werden. Vor dem Hintergrund der Berufsfreiheit kann und darf es dem Arzt nicht verwehrt sein, auch seine wirtschaftlichen Interessen zu verfolgen. Er muss aber sicherstellen, dass ein solcher von ihm ausgehender Ansatz den Patienten nur erreicht, wenn dieser sich im entscheidenden Augenblick nicht mehr in der typischen Arzt-Patienten-Situation befindet. Der Werbeadressat muss wie ein normaler Geschäftskunde die unverfängliche Freiheit haben, das Angebot kritisch zu betrachten und im Zweifel einfach zu ignorieren, ohne dass der Eindruck entstehen könnte, man habe integren ärztlichen Rat missachtet. Gewährleistet der Arzt dies durch Umgebung und sonstige Umstände, so erfüllt er die gebotenen Anforderungen eines „neutralen Bodens".

Übertragen auf die THS bedeutet dies, dass zwar Mischverträge nicht in Betracht kommen, dass es dem Arzt jedoch aufgrund des § 3 Abs. 2 MBO-Ä nicht versagt ist, außerhalb der ärztlichen Beratungs- und Behandlungssituation, in der es nur um die Bewältigung des Leidens gehen darf, auch auf weitere Möglichkeiten durch eine Stimulation hinzuweisen. Für die Praxis sollte bedacht werden, dass sich ein einwandfreies Auseinanderhalten als schwierig darstellen dürfte, da der einmal in Behandlung stehende THS-Patient den jeweiligen Arzt zumeist lebenslang als Therapeuten haben und sehen wird. Im Zweifel würde er somit bei weitergehenden Vorschlägen mit dem Verquickungsverbot kollidieren. Daher bedarf

---

133 BGH GesR 2005, 456.

134 OLG Naumburg GesR 2008, 591.

135 BGH GesR 2005, 456.

es wahrscheinlich in der Regel einer nicht individuell adressierten Werbemaßnahme, die dem Patienten Raum zur weiteren Erkundigung und zulässigen Beratungsgesprächen lässt.

(3) Verbotsgesetzeigenschaft der wesentlichen Begrenzungsvorschriften

Ob die aufgezeigten ärztlichen Berufsregeln zugleich als Verbotsgesetze im Sinne des § 134 BGB zu qualifizieren sind, ist für jedes Verbot individuell zu überprüfen.[136] Die berufsrechtlichen Regelungen sind zwar grundsätzlich als Verbotsgesetze geeignet,[137] müssen jedoch jeweils den Anforderungen des § 134 BGB genügen. Damit müssen sie Verbotsgesetzcharakter haben[138] und nach Auslegung die Nichtigkeit eines hierüber geschlossenen Rechtsgeschäfts bewirken.[139] Dabei ist zu beachten, dass die mit § 134 BGB gegebene Beschränkung der Privatautonomie dem Schutz der Allgemeinheit dient.[140]

Gewissenhaftigkeit – Kontraindikation und Verfolgung gesetzes- oder sittenwidriger Ziele: Wenn durch Heilberufsgesetze und Berufsordnungen für den Arzt eine Verwendung seiner Fertigkeiten entgegen gewissenhafter Berufsausübung verboten wird, so verfolgt dies das Ziel, das ärztliche Berufsbild zu wahren und das Vertrauen in der Bevölkerung zu stärken.[141] Hieraus ergibt sich vor dem Hintergrund von Sinn und Zweck des § 134 BGB zwingend der Schluss, dass dieses Gebot privatrechtliche Verträge hindern soll, die ihrem Inhalt nach geeignet sind, den Arzt zu einem Verstoß gegen jenen zentralen Grundsatz zu verpflichten. Zwar findet sich hierfür weder im Gesetzeswortlaut noch in der systematischen Stellung der jeweiligen Normen ein Hinweis, jedoch ist vor dem Hintergrund eines objektiv teleologischen Verständnisses ein Schutz des ärztlichen Berufsstandes nur mit straffer Reglementierung berufsrechtlicher Pflichten erreichbar und sicherungsfähig. Dessen wesentliche Basis bildet gerade die gewissenhafte Berufsausübung. Dass in der Rechtsprechungspraxis dennoch nicht auf § 134 BGB in Verbindung mit der kodifizierten gewissenhaften Berufsausübung zurückgegriffen wird, ist bislang entweder darauf zurückzuführen, dass dieser Ansatz nicht wahrgenommen worden ist, oder darauf, dass die damit einhergehende enorme Steigerung der Bedeutung des Berufsrechts für die zivilrechtlichen Arztverträge für unverhältnismäßig erachtet wird. Sollte Letzteres der Fall sein, so wäre allerdings eine Auseinandersetzung hiermit in den jeweiligen Entscheidungen wünschenswert. Die Gerichte erörtern den Ansatz über § 134 BGB nur bei spezifischen be-

---

136 *Ratzel*, MedR 2002, 492 m.w.N.

137 Vgl. BGH NJW 1986, 2360; 1992, 1159 ff. = MedR 1992, 269 ff.; BGH VersR 2003, 1446 f.; BayObIGZ 2000, 301, 307 = MedR 2001, 206, 209 f.; MüKo/*Armbrüster*, BGB, § 134 Rn. 30; Staudinger/*Sack*, BGB, § 134 Rn. 309; a.A. *Taupitz*, JZ 1994, 221 ff.

138 BGHZ 85, 39, 43 - Schwarzarbeit = NJW 1983, 109 f. Zum Rechtsnormcharakter *Beater*, AcP 1997, 505.

139 St. Rspr. seit BGHZ 37, 258, 261 = NJW 1962, 2010 f. Für einen umfangreichen Nachweis der Rspr. siehe Erman/*Palm*, BGB, § 134 Rn. 11.

140 BGHZ 13, 182 = *NJW* 1954, 953.

141 Vgl. hierzu insbesondere auch BVerfGE 34, 293 = NJW 1972, 1504; BVerfGE 71, 162 = NJW 1986, 1533.

rufsrechtlichen Verboten[142] und nicht im Zusammenhang mit der Gewissenhaftigkeit ärztlicher Tätigkeit. Vielmehr wird in allen Fällen, in denen die Gewissenhaftigkeit zu diskutieren wäre, stattdessen das Vorliegen eines sittenwidrigen Rechtsgeschäfts mit der Folge des § 138 Abs. 1 BGB erörtert, was angesichts des Vorrangs[143] gesetzlicher Verbote überrascht.

Rechtsstaatlich problematisch ist allerdings, dass weder die Heilberufsgesetze noch die Berufsordnungen die gewissenhafte Berufsausübung detailliert beschreiben. Auch existieren nur wenige Stellungnahmen und Empfehlungen der Kammern,[144] die sich mit diesen Fragen auseinandersetzen. Hierdurch droht Rechtsunsicherheit, da es im Einzelfall schwierig zu beurteilen sein kann, ob ein Verstoß gegen die gewissenhafte Berufsausübung vorliegt. Das hiermit gegebene Bestimmtheitsproblem wird jedoch im Wesentlichen dadurch abgemildert, dass der Begriff der Gewissenhaftigkeit durch zahlreiche Gerichtsentscheidungen eingegrenzt wurde.[145] Zudem kann auch nur ein das Ansehen des ärztlichen Berufsstandes bedrohender Verstoß die Nichtigkeitsfolge auslösen, so dass entsprechend schwerwiegende, deutlich erkennbare Brüche mit der gewissenhaften Berufsausübung in Betracht kommen. Dies ist eben dann anzunehmen, wenn Arzt und Patient durch Vertrag das Gesetz brechen wollen, Gefahren für Dritte heraufbeschwören oder eine aussichtslose Behandlung vereinbaren. Es handelt sich um Verstöße gegen die bereits aufgezeigten Grenzen kontraindizierter THS-Behandlungen zu Enhancementzwecken.[146] Es zeigt sich, dass die ordnungsgemäße Indikation und der hiermit einhergehende Schutz für den Patienten im Einzelfall und für die Wahrung des Berufsbildes der Ärzteschaft in der Öffentlichkeit wesentliche, integrative Bestandteile der gewissenhaften ärztlichen Berufsausübung sind. Diese Wächterfunktion des Berufsrechts ist erforderlich und zu begrüßen. Dies fällt bei der hier in Rede stehenden Methode besonders auf.

Das Verquickungsverbot: Das Verquickungsverbot betreffend ist das Ergebnis eindeutig. Es handelt sich sowohl im Sinne bisheriger herrschender Meinung um eine spezielle berufsrechtliche Regel, die ein deutliches Verbot beinhaltet, als auch nach Auslegung der Klausel um das Ziel der Norm, die Integrität des ärztlichen Berufsstand sowie den Schutz des Einzelnen durch Verhinderung entsprechender Verträge zu wahren und zu gewährleisten. Vor dem Hintergrund des oben dargestellten, restriktiven Verständnisses der Norm, geht hiermit auch kein unverhältnismäßiger Eingriff in die Privatautonomie der Vertragsparteien einher.

---

[142] So vor allem BGH NJW 1986, 2360 – Nichtigkeit wegen Verletzung von Privatgeheimnissen durch Weitergabe einer Patientenkartei.

[143] Allg. M. vgl. BGH, NJW 1983, 869 f.; Erman/*Palm*, BGB, § 138, Rn. 10; PWW/*Ahrens*, BGB, § 138, Rn. 5; JurisPK/*Nasall*, BGB, § 138 Rn. 74.

[144] Vgl. die Stellungnahmen der BÄK zu verschiedenen Verhaltensfragen und Situationen http://www.bundesaerztekammer.de/page.asp?his=0.7.47 (Abrufdatum: 17.11.2011).

[145] Siehe zur Begriffsdefinition und zu einer umfangreichen Auswertung der Rspr. Kap. 1 A I 1 b aa.

[146] Vgl. oben Kap. 3 B III c aa (1).

d) Sittenwidrigkeit und Näherungen

Eine gesetzliche Grenze ist mit den §§ 138 BGB, 228 StGB auch dann gegeben, wenn sich eine medizinische Intervention generell oder im Einzelfall als sittenwidrig darstellt. Die Reichweite dieser gesetzlichen Beschränkungen ist jedoch kaum präzise zu erfassen. Dies bringt Unsicherheiten für die praktische Anwendung mit sich. Als sittenwidrig werden eine Körperverletzung nach § 228 StGB und ein zivilrechtliches Rechtsgeschäft nach § 138 BGB dann erachtet, wenn hiermit ein nicht hinnehmbarer Verstoß gegen das Anstandsgefühl aller billig und gerecht Denkenden einhergeht.[147] Der Sittenverstoß orientiert sich somit sowohl am allgemeinen Zeitgeist[148] als auch an vergleichbaren gesetzlichen Vorschriften, sofern diesen eine gesetzgeberische Leitidee zu entnehmen ist,[149] und schließlich an den Werten der Verfassung[150]. Um den gegenwärtigen Stand nachvollziehen zu können, ist eine Orientierung an den anerkannten Fallgruppen höchstrichterlicher Rechtsprechung geboten, wobei die unterschiedliche Reichweite der bürgerlich rechtlichen und der strafrechtlichen Sittenwidrigkeitsgrenzen zu beachten sind. Außerdem sind unter Beachtung von Zielpunkt und Wirkweise sowie hierdurch drohender Missbrauchsmöglichkeiten bei der THS zusätzliche Erwägungen anzustellen, um die Besonderheiten des Verfahrens innerhalb der Debatte um die Sittenwidrigkeit hinreichend zu berücksichtigen.

aa) Rechtsprechung und kritische Stimmen der Literatur

Der Begriff der Sittenwidrigkeit wird in Zivil- und Strafrecht identisch verstanden.[151] Unterschiede ergeben sich aus den relevanten Bezugspunkten des § 228 StGB einerseits und des § 138 BGB andererseits. Zivilrechtlich ist aber zu beachten, dass eine Einzelfallbewertung vor dem Hintergrund des § 138 Abs. 1 BGB immer dann unterbleibt, wenn bereits ein Verstoß gegen ein gesetzliches Verbot im Sinne des § 134 BGB vorliegt und dieses Verbotsgesetz nach präziser Auslegung auch den Zweck verfolgt, die Nichtigkeit des bürgerlich rechtlichen Rechtsgeschäfts für alle Beteiligten zu zerstören.[152]

---

147 St. Rspr. vgl. BGHZ 10, 228, 232 = NJW 1953, 1665 f.; BGHZ 141, 357, 361 = NJW 1999, 2266 f.; BGH NJW 2005, 2991 ff.;PWW/*Ahrens*, BGB, § 138 Rn. 15; Palandt/*Heinrichs*, BGB, § 138 Rn. 2 m.w.N.

148 BGHZ 10, 228, 232 = NJW 1953, 1665 f. – durchschnittlicher Standard; BGH NJW 99, 568 – keine individuellen Wertvorstellungen; PWW/*Ahrens*, BGB, § 138 Rn. 1 f., 23 ff.

149 BGHZ 80, 153, 158 = NJW 1982, 1206, 1208; BGHZ 106, 336, 338 = NJW 1989, 1477.

150 BGHZ 106, 336, 338 = NJW 1989, 1477; s.a. NJW 86, 2944; 99, 568.

151 Vgl. BGHSt 4, 24, 32 = NJW 1953, 473, 475 und parallel BGHZ 67, 48, 50 = NJW 1976, 1790; hierzu *Sack*, NJW 1985, 761.

152 Vgl. hierzu Kap. 3 B III c bb (1).

(1) § 228 StGB

Der BGH orientiert sich bei der Frage der Sittenwidrigkeit vorrangig am Wortlaut des § 228 StGB und stellt darauf ab, dass die „Tat“ gegen die guten Sitten verstoßen müsse.[153] Hiermit stellt die Rechtsprechung sicher, dass der Strafgrund nachvollziehbar ist und dem rechtsstaatlichen Bestimmtheitsgrundsatz des Art. 103 Abs. 2 GG genügt. Daraus folgt, dass entscheidender Ansatz für die Bewertung einer tatbestandsmäßigen Körperverletzung vor dem Hintergrund des § 228 StGB die Verletzungsschwere und die hiermit einhergehende Gefahr für das Opfer ist. Erreicht die Körperverletzung beim ärztlichen Eingriff den Grad der §§ 226, 227 oder gar des 216 StGB, so ergibt sich hieraus ein beachtliches, wenn auch noch nicht zwingendes Argument für die Annahme einer sittenwidrigen Verletzung.[154] Im Falle des § 216 StGB ist die Strafbarkeit natürlich zwingend. Von Interesse sind somit Eingriffsintensität und Eingriffsmittel. Demgegenüber ist eine Ausrichtung an einem verwerflichen Zweck grundsätzlich belanglos für die Tat selbst, so dass sich hieraus kein Argument für das Vorliegen der Voraussetzungen des § 228 StGB ergeben kann. Der BGH orientiert sich streng am Rechtsgüterschutz der §§ 223 ff. StGB und sieht bislang in § 228 StGB ausschließlich einen Individualschutz der körperlichen Integrität normiert. Somit ist es in diesem Rahmen irrelevant, ob durch eine nicht gleichermaßen gefährliche oder verletzende ärztliche Intervention der verfolgte Zweck für den ärztlichen Berufsstand erhebliche Gefahren wie Vertrauens- und Ansehensverlust in der Bevölkerung bewirken könnte.[155]

Die Vertreter einer Zweckorientierung, die gegen diese restriktive Handhabung der Vorschrift entsprechende Einwände vorbringen, um dem Sittenwidrigkeitsbegriff zu genügen,[156] übersehen, dass es somit zu einer Strafbarkeit wegen Körperverletzung käme, obgleich der Strafgrund nicht in einem Angriff auf die körperliche Integrität eines Menschen begründet liegt. Wenn insbesondere mit dem Schutz des ärztlichen Berufsstandes und dem Vertrauen der Bevölkerung argumentiert wird, so muss gefragt werden, was dies mit Körper und Gesundheit des einzelnen Patienten oder Kunden beim ärztlichen Eingriff zu tun hat. Die vorgebrachten Argumente sind wichtig, jedoch innerhalb von § 228 StGB falsch verortet. Die sich daraus ergebende ärztliche Strafbarkeit kann auch dem vermeintlichen Täter kaum nachvollziehbar vorgehalten und erklärt werden. Eben dies ist aber unverzichtbare Voraussetzung für ein rechtsstaatlich taugliches Strafrecht.[157]

Wird diese Linie auf den vorliegenden Untersuchungsgegenstand übertragen, so zeigt sich, dass eine Strafbarkeit des Arztes wegen Sittenwidrigkeit der Einwilligung bei der THS-Behandlung regelmäßig nicht in Betracht kommt. Eine Lebensgefahr als spezifisches Eingriffsrisiko oder eine schwere Körperverletzung gehen mit der Behandlung nicht einher. Auch ist die Behandlung reversibel. Elek-

---

153 LK/*Hirsch*, StGB, § 228, Rn. 5 ff. m.z.N. aus Rspr. und diese würdigender Literatur.

154 BGHSt 49, 166 – Sittenwidrigkeit sadomasochistischer Praktiken = NJW 2004, 2458.

155 BGHSt 49, 34 ff. = NJW 2004, 1054 ff. – Heroinentscheidung.

156 *Fischer*, StGB, § 228 Rn. 9; LK/*Hirsch*, StGB, § 228 Rn. 8; *Roxin*, JuS 1964, 379; *Lenckner*, JuS 1968, 308.

157 LK/*Dannecker*, StGB, § 1 StGB, Rn. 8.

trode und Kontrolleinheit können wieder explantiert und eine Stimulation kann durch eine externe Steuereinheit sofort unterbunden werden. Die Operationsrisiken der Implantation sind in Bezug auf den für § 228 StGB zu fordernden Schweregrad vergleichsweise gering.

Anderes ergibt sich im Rahmen der strafrechtlichen Betrachtung auch nicht aus der besonderen Wirkweise und dem Eingriffszielort der THS. Zwar ist zu bedenken, dass Eingriffe am Gehirn immer eine erhöhte Gefährlichkeit aufweisen, da Behandlungsfehler oder unvorhergesehene schicksalhafte Verläufe regelmäßig erheblichere Negativkonsequenzen nach sich ziehen als dies bei medizinischen Eingriffen an anderen Körperstellen der Fall wäre. Die insofern drohenden Konsequenzen gleichen den in § 226 StGB aufgelisteten schweren Folgen. Da es aber nicht um eingriffstypische Risiken geht und Konsequenzen dieser Art auch nicht das Ziel des Eingriffs sind, kann Sittenwidrigkeit hiermit nicht begründet werden. Streng der Rechtsprechungslinie folgend, die sich einmal mehr als nachvollziehbare und sinnvolle Abgrenzung erweist, ist strafrechtlich auch dann die Grenze des § 228 StGB nicht erreicht, wenn der Eingriff die Gehirnfunktionen und die damit einhergehende Persönlichkeitsstruktur des Kunden ändert. Sofern eine solche Änderung nicht mit den in § 226 StGB aufgezählten Negativkonsequenzen vergleichbar ist, wird die strafrechtliche Würdigung von potentiell verwerflichen Umgestaltungen der menschlichen Psyche und kognitiven Vorgänge nicht berührt. Ihre Bewertung bleibt vielmehr berufsrechtlicher und zivilrechtlicher Würdigung vorbehalten, solange hierfür kein eigenständiger Straftatbestand vom Gesetzgeber geschaffen wird.[158]

(2) § 138 BGB

Einen anderen Ansatz bietet die Sittenwidrigkeitsregelung des bürgerlichen Rechts in § 138 Abs. 1 BGB, da hiernach ein *Rechtsgeschäft* nichtig ist, welches gegen die guten Sitten verstößt. Die rechtliche Bewertung ist somit für das Arzt-Kunden-Verhältnis nicht auf die jeweilige Körperverletzung beim Eingriff beschränkt, sondern erfasst nunmehr das gesamte Vertragsgeschehen im Rahmen einer umfassenden Würdigung.[159] Dabei sind sowohl die Hintergründe und Ziele seitens des Arztes als auch diejenigen des Kunden zu berücksichtigen. Die Eingriffsintensität ist ein Merkmal unter mehreren.

Kundenwünsche, die auf rechtswidrige Ausnutzung erhoffter Fähigkeiten in Prüfungen, Sport und täglichem Berufswettbewerb abzielen, führen zur Nichtigkeit des Vertrags gemäß § 138 Abs. 1 BGB. Besagte Wertung ergibt sich daraus, dass auf Seiten des Arztes in diesen Fällen immer ein sowohl unethisches als auch das Vertrauen des Berufsbildes zerstörendes Verhalten in Rede stehen wird, während kundenseitig ebenfalls gesetzes- und sittenwidrige Zwecke avisiert sind. Bei Vorliegen solcher Umstände ist ausnahmsweise eine weitergehende Gesamtwürdigung hinfällig, da diese Elemente für sich einer zivilrechtlichen Vertragsbegrün-

---

[158] Ein solcher Tatbestand wird teilweise vorgeschlagen, vgl. im Einzelnen *Merkel*, ZStW 2009, 919, 950 ff.

[159] PWW/*Ahrens*, BGB, § 138, Rn. 15 ff. m.z.N.

dung absolut entgegenstehen.[160] Auch bedarf es keines Sittenwidrigkeitsbewusstseins der Parteien, da der objektive Schutz der Sittenordnung nicht vom guten Glauben des Einzelnen in der jeweiligen Situation abhängen kann.[161] Zu verlangen ist somit nur, dass die Parteien sich über die sittenwidrigkeitsbegründenden Umstände im Klaren waren oder sich einer Kenntnisnahme bewusst verschlossen haben.[162] Gegenstand ist nicht die Haftungsfrage oder die drohenden Konsequenzen für die am Rechtsgeschäft Beteiligten, sondern die absolute Verhinderung der Nutzung vertraglichen Handelns zu sittenwidrigem Verhalten.[163] Allerdings dürfen unter Beachtung des Verhältnismäßigkeitsgrundsatzes auch bürgerlich rechtliche Konsequenzen nicht grundsätzlich übergangen werden. Hierdurch wird die objektiv zu schützende Sittenordnung nicht erheblich tangiert, da eine Toleranz entsprechender Verträge damit nicht verbunden ist. Es handelt sich vielmehr um maßvolles staatliches Eingreifen im Einzelfall. Dementsprechend müssen sowohl Arzt als auch Kunde entweder davon ausgehen, dass eindeutig verwerfliche Ziele mit der THS-Behandlung verbunden sind, oder sich jedenfalls dieser Erkenntnis verschließen. Letzteres ist bereits dann anzunehmen, wenn die Begründung für die gewünschte Intervention nicht detailliert mit dem Kunden besprochen und abgewogen wird. Der Arzt darf sich nicht darauf zurückziehen, dass der Kunde ihm schlicht zu wenig mitgeteilt habe, sofern die erläuterten Gründe nicht hinreichend nachvollziehbar und als jedenfalls nicht unrechtmäßig erkannt wurden.

Das entscheidende Problem der Sittenwidrigkeitsbewertung ist letzten Endes die zufrieden stellende und in der Praxis handhabbare Beantwortung der Frage, wann die gewünschte Nutzung kognitiver Leistungssteigerungsmaßnahmen durch die THS als derart verwerflich einzustufen ist, dass die Sittenordnung einen entsprechenden zivilrechtlichen Vertrag nicht erlaubt. Die rein rechtliche Bewertung kann eine abschließende Antwort hierauf nicht geben. Es ist eine detaillierte Diskussion primär seitens Ethikern und Medizinern geboten. Ansätze im Recht bieten sich insbesondere bei der ärztlichen Berufsreglementierung, im Sozialrecht, in einzelnen Sondervorschriften und im Verfassungsrecht. Speziell schützenswerte Bereiche wurden oben bereits aufgeführt. Diese sind auch vom parlamentarischen Gesetzgeber als besonders sensibel erkannt worden, wie noch dargelegt werden wird.

bb) Standpunkt des einfachen Gesetz-, Verordnungs- und Satzungsgebers

Es existieren verschiedene Vorschriften, aus denen sich schlussfolgern lässt, dass der Gesetzgeber künstlichen Formen der Leistungssteigerung jedenfalls in be-

---

160 Einzelne Elemente genügen bereits dann für die Begründung der Sittenwidrigkeit, wenn diese für ein gedeihliches Miteinander im Staat bereits als im Wesentlichen unerträglich einzustufen sind, vgl. BGH NJW 2009, 835.

161 MüKo/*Armbrüster*, BGB, § 138, Rn. 129; Staudinger/*Sack*, BGB, § 138, Rn. 62 f.; AnwK/*Looschelder*, BGB, § 138, Rn. 96; a.A. BaRoth/*Wendtland*, BGB, § 138, Rn. 23.

162 St. Rspr. vgl. BGHZ 146, 298, 301 = NJW 2001, 1127; BGH NJW 1988, 1374; 1993, 1588.

163 So Staudinger/*Sack*, a.a.O. (FN 161); MüKo/*Armbrüster*, a.a.O. (FN 161); PWW/*Ahrens*, a.a.O. (FN 159), Rn. 34.

stimmten Bereichen ablehnend gegenübersteht und zudem potentielle Negativkonsequenzen, die sich durch Enhancementmaßnahmen ergeben können, als problematisch erachtet. Daher wird zu rechtlich nachteiligen Konsequenzen gegriffen, die bis hin zu Verboten reichen. Als parallele Wertungen sind diese Ansätze für die Grenzziehung zur Sittenwidrigkeit beim THS-Einsatz zu berücksichtigen. Die folgenden Ausführungen erfassen mit Doping im Sport, sozialrechtlicher Eigenverantwortlichkeit, Ansätzen des Allgemeinen Gleichbehandlungsgesetzes (AGG) und der Untersuchung des Prüfungsrechts vier für die Debatte besonders repräsentative Bereiche.

(1) Doping im Sport

So bestimmt § 6a Abs. 1 AMG, dass Dopingmittel[164] für den Sport weder in den Verkehr gebracht noch angewendet werden dürfen. Daraus folgt, dass der Gesetzgeber die Beeinflussung sportlicher Leistungen durch bestimmte medikamentöse Hilfsmittel verbietet und hiermit für den Erhalt des fairen sportlichen Wettbewerbs Sorge tragen will. Für die Beantwortung der Frage hinreichender Bestimmtheit greift der Gesetzgeber gemäß § 6a Abs. 2 AMG in Verbindung mit einer Dopingliste[165] auf ein präzises Regel-Ausnahmeverhältnis zurück. Da derartige Listen für technische Hilfsmittel wie die THS bislang nicht existieren, besteht zwar kein identischer Schutz, jedoch wird deutlich, dass der sportliche Wettbewerb soweit als möglich frei von außersportlicher Beeinflussung sein und bleiben soll. Dass dies bezüglich technischer Hilfsmittel (noch) nicht spezialgesetzlich geregelt ist, ändert an der Bewertung der gesetzgeberischen Haltung nichts. Es zeigt jedoch auch, dass der Gesetzgeber es für erforderlich erachtete, bestimmte Mittel im Einzelnen auszuschließen und nicht etwa ein allgemeines und unbestimmtes Sammelverbot zu erlassen, wogegen freilich auch erhebliche rechtsstaatliche Bedenken bestanden hätten.

(2) Versicherungsrechtliche Wirkungen bei Schäden durch Schönheitsoperationen

Ein weiterer Wertungsansatz findet sich in den §§ 52 Abs. 2, 294a Abs. 2 SGB V. Der Gesetzgeber verfolgt in diesen Vorschriften das Ziel, die potentiellen Kosten, die aus spezifischen (objektiv unnötigen) Risiken entstehen, nicht zu Lasten des Kollektivs anfallen zu lassen. Dabei kann dahinstehen, ob die zitierten Vorschriften verfassungsgemäß sind und ob eine Erweiterung oder eine Abschaffung der Regelung geboten erscheint.[166] Die Vorschriften zeigen jedenfalls eine kritische Haltung gegenüber Schönheitsoperationen, Piercing und Tätowierungen.

---

164 Zum Dopingbegriff vgl. *Adolphsen*, Internationale Dopingstrafen, S. 26 f.

165 Gesetz vom 2. März 1994 zu dem Übereinkommen vom 16. November 1989 gegen Doping, BGBl. 1994 II S. 334 sowie das Regelwerk der Deutschen Anti-Doping-Agentur. S. hierzu *Frisinger/Summerer,* GRUR 2007, 554.

166 Zur Debatte s. *Wienke*, Eigenverantwortung der Patienten/Kunden - Wohin führt der Rechtsgedanke des § 52 Abs. 2 SGB V?, in: Wienke/Eberbach/Kramer/Jahnke, Die Verbesserung des Menschen, S. 169 ff.; *Bernzen*, MedR 2008, 549 ff. m.w.N.

§ 52 Abs. 2 SGB V a.F. enthielt sogar noch die darüber hinausgehende Aussage, dass alle Maßnahmen, die den Genannten gleichstehen, die versicherungsrechtlich angeordnete Eigenverantwortlichkeit begründen sollten. Es ist evident, dass der Gesetzgeber hier nicht den Versuch unternahm, Methoden der aufgezählten Art zu verbieten. Vielmehr sollte das Kostenrisiko für behandlungsbedürftige Verläufe nicht das Kollektiv treffen. Entsprechend können diese Vorschriften auch nicht als Parallelwertung für ein Verbot aufgrund Sittenwidrigkeit herangezogen werden, - im Gegenteil. Die genannten Eingriffe scheinen offenbar vom Gesetzgeber als tolerabel eingestuft, sofern nur der Betroffene das Gesundheitsrisiko auch bezüglich möglicherweise notwendiger Kosten durch Heilungsmaßnahmen selbst trägt. Darin mag sich vielleicht auch eine mittelbare Hinderung für finanziell Schwache verbergen. Jedoch ist dies sicherlich weder Hintergrund noch Gedanke der Regelung. Das Recht der gesetzlichen Krankenversicherung dient der Schaffung und Aufrechterhaltung eines tragbaren, stabilen und möglichst umfassenden Gesundheitssystems[167] und nicht der Hinderung von Enhancementmaßnahmen. Zwar sieht § 1 SGB V ausdrücklich das Eigenverantwortlichkeitsprinzip der Mitglieder mit korrelierender sozialrechtlicher Erziehungspflicht des Staates vor. Jedoch kann diese Erziehung nur soweit gehen, als die gesetzliche Krankenversicherung dem Uneinsichtigen sozialrechtliche Konsequenzen androht und diese bei Bedarf durchsetzt. Eine weitergehende Beschränkung der Freiheit des Einzelnen wäre nicht begründbar, da es keine sozialrechtliche Konsequenz für das Kollektiv gibt, die es zu verhindern gilt. Auf eine drohende Erwerbsunfähigkeit mit möglicherweise einhergehender Sozialhilfebedürftigkeit kann hierbei wohl kaum abgestellt werden, da andernfalls aus diesem Aspekt ein unverhältnismäßig ausuferndes staatliches Erziehungsrecht zu kollektivnützigem und objektiv vernünftigem Handeln erwüchse. Das würde eine Verletzung des Rechts auf freie Entfaltung der Persönlichkeit bedeuten.

(3) Der Ansatz des AGG

Der Ansatz über die Diskriminierungsverbote mag zunächst überraschen. Dies gilt nicht zuletzt, weil auf das Arzt-Kunden-Verhältnis eine Anwendung des AGG mangels Vorliegens der Voraussetzungen des § 19 sowie des Ausschlusses in § 19 Abs. 5 S. 1 AGG nicht denkbar ist. Jedoch darf nicht vernachlässigt werden, dass mögliche technische Leistungssteigerungen auch zu erheblichem mittelbaren Druck - insbesondere in der Arbeitswelt - führen können. Die Durchführung von leistungssteigernden Enhancements kann somit als Basis für eine Diskriminierung von Arbeitnehmern fungieren. Betroffene und vom AGG geschützte Merkmale können die Weltanschauung sein, also ein innerweltliches Erklärungsmodell, welches allem voran eine Antwort des Einzelnen auf die Frage der richtigen Art und Weise der Lebensgestaltung bildet,[168] und die Religionsfreiheit, also ein transzendentes Erklärungsmuster der Welt[169]. Wenn die Möglichkeit besteht, durch die THS erhebliche Steigerungen der kognitiven Leistungen zu bewirken, so ist die

---

[167] Vgl. § 1 SGB V und hierzu LNK/*Henningsen*, § 1 SGB V, Rn. 1.

[168] Vgl. Dreier/*Morlok*, GG, Art. 4 Rn. 67 m.w.N.

[169] Vgl. *Morlok*, a.a.O. (FN 168), Art. 4 Rn. 68 m.w.N.

Konsequenz der Bevorzugung einer entsprechend behandelten Person durch einen Arbeitgeber gegenüber Drittbewerbern bei Einstellung und Beförderung nicht abwegig. Jedoch ist das AGG nicht unmittelbar anwendbar. Zudem verleiht der Gesetzgeber insbesondere für den Bereich des Arbeitsrechts, wie §§ 2, 6 ff. AGG belegen, der Notwendigkeit Ausdruck, dass die im AGG aufgeführten Diskriminierungsmerkmale keine über die Schranken des Gesetzes hinausgehende Auswirkung haben sollen. Diese Wertung auf das Arzt-Kunden-Verhältnis zur THS-Behandlung als entscheidendes Kriterium für die Annahme eines Sittenverstoßes zu übertragen, hieße, eine deutlich über die Grenzen des AGG hinausgehende Fernwirkung zu akzeptieren. Fasst man diesen Ansatz jedoch nicht als feste rechtliche Größe, sondern als Wertung für die Grundeinstellung des Gesetzgebers zu Einflüssen auf Arbeitsverhältnisse auf, so liegt es nahe, im Ergebnis dem AGG eine ablehnende Haltung gegenüber derartigen Eingriffen seitens des Gesetzgebers zu entnehmen. Eine sehr pessimistische Zukunftsvision, die es damit von Seiten des Gesetzgebers zu verhindern gelte, wäre der Einsatz medizinischer Verfahren als eine Form beruflicher Erfolgsgarantie. Allen Personen, die diese Veränderung mit ihrer Weltanschauung oder religiösen Sicht nicht vereinbaren könnten, würde im schlimmsten Fall eine technische Selektion drohen. Selbstverständlich sind solcher Art Horrorszenarien weit ab vom derzeitigen Stand der Dinge. Es muss jedoch im Zuge möglicher Eingriffe in das zentrale Nervensystem zur Leistungssteigerung die Frage statthaft sein, ob besagte Szenarien nicht jedenfalls mittelbar begünstigt werden. Letzteres ist sicherlich nicht im Sinne des Gesetzgebers, wovor auch und gerade das AGG schützen muss.

Damit bleibt festzuhalten, dass das AGG für den Vertrag zwischen Arzt und Kunde weder unmittelbar noch mittelbar rechtliche Wirkung entfaltet, dass sich aber eine generell warnende gesetzgeberische Position daraus ableiten lässt.

(4) Prüfungsrecht

In Prüfungsordnungen für staatlich anerkannte Berufszulassungsprüfungen finden sich - soweit ersichtlich ausnahmslos - Verbote von Täuschungen und entsprechende Nutzungsuntersagungen unzulässiger Hilfsmittel.[170] Dies dient der Gewährleistung unverfälschter Prüfergebnisse in Bezug auf die persönliche Leistungsfähigkeit unter bestimmten gleichläufigen Prüfungsvoraussetzungen für jeden Kandidaten.[171] Zudem wird die Chancengleichheit unter den Prüflingen geschützt.[172] Ein Verstoß des Prüflings wird bereits dann angenommen, wenn das jeweilige Hilfsmittel mitgeführt wird.[173] Auch eine besondere Eignung für die

---

[170] Hier könnten unzählige Beispiele aufgeführt werden. So verweist etwa § 18 der Prüfungsordnung der rechtswissenschaftlichen Fakultät der Universität zu Köln auf §§ 22 JAG NRW für Benutzung unzulässiger Hilfsmittel. Gemäß § 13 Abs. 1 der Prüfungsordnung werden diese vom zuständigen Prüfer festgelegt. § 22 JAG NRW enthält nur die Konsequenzen. Mithin sind unzulässige Hilfsmittel verboten, jedoch in keiner Weise definiert.

[171] *Niehues*, Schul- und Prüfungsrecht, Rn. 447 ff.

[172] *Zimmerling/Brehm*, Prüfungsrecht, § 5 Rn. 87 ff. m.w.N.

[173] *Nihues*, a.a.O. (FN 171).

Verfälschung der Prüfung ist nicht erforderlich.[174] Problematisch ist aber der Begriff des unzulässigen Hilfsmittels, da dieser einer allgemein anerkannten Definition entbehrt und somit schwer fassbar ist. Zuzustimmen ist hier der praktikablen Sicht, dass das jeweilige Hilfsmittel Sinn und Zweck der Prüfung nicht zuwiderlaufen darf.[175]

Nun stellt sich konsequent die Frage, ob eine Neurostimulation durch THS als unzulässiges Hilfsmittel gelten kann, so dass der Träger einer solchen Apparatur entweder nicht rechtmäßig an Prüfungen teilnehmen dürfte oder jedenfalls sichergestellt werden müsste, dass die leistungssteigernde Wirkung der THS für die Prüfung - etwa durch Abstellen des Stimulators - unterbunden wird. Sicherlich versagt an dieser Stelle eingedenk der Möglichkeiten der THS der Hinweis auf die zweifelhafte Wirksamkeit von Neurostimulantien.[176] Durch THS können Aufmerksamkeitssteigerungen und erhöhte Gedächtnisleistungen bewirkt werden. Damit kann das Verfahren vor dem Hintergrund der Chancengleichheit bei Prüfungsleistungen als unzulässiges Hilfsmittel eingestuft werden[177]. Gleichermaßen berechtigt sind Bedenken gegen die Überprüfbarkeit durch die Aufsicht.[178] Festzuhalten ist, dass ein Ausschluss von jeder Prüfung verfassungsrechtlich weder vor dem Hintergrund der Gleichheits- noch der freiheitsrechtlichen Erwägungen vertretbar ist. Ebenso unbestreitbar ist die Tatsache, dass es für den Prüfungsalltag untunlich erscheint, den Prüfern eine Leibesvisitation der Prüflinge zuzumuten. Gleichermaßen ist dies auch mit dem Persönlichkeitsrecht der Prüflinge nicht in Einklang zu bringen. Es bliebe daher nur der Aufruf, dass Hilfsmittel dieser Art abzustellen sind. Bei konkretem Verdacht wäre das gleiche Vorgehen angebracht, das auch gegen einen Prüfling anstünde, der einen Zettel mit Lösungen im Ärmel versteckt. Allerdings fällt das zuletzt genannte Prüfungsvergehen schneller auf. Ein Prüfling, der sich einen Vorteil durch Neurostimulation verschafft, ist in der Praxis kaum zu entlarven, da schließlich nur der eigene Körper auf eine bestimmte technisch unterstützte Art und Weise genutzt wird, die vom Normalverhalten kaum zu unterscheiden sein dürfte. Dies führt zu der Überlegung, ob es sich bei einer solchen körperlichen Veränderung prüfungsrechtlich um ein unzulässiges Hilfsmittel handeln kann oder ob vielmehr der Körper des Prüflings so verändert wurde, dass die Veränderung als ab sofort geltender Normalzustand der Person auch in Prüfungen anerkannt werden muss. Dieser Zwiespalt verdeutlicht, dass die Entscheidung über die rechtliche Zulässigkeit bei Prüfungen im Rahmen des einfachen Prüfungsrechts falsch verortet ist. Eine Entscheidung kann für die einzelne Prüfung nicht zufrieden stellend getroffen werden. Es ist vielmehr Gegenstand der verfassungsrechtlichen Werterelation, ob das gesamte Prüfungsrecht gewisse körperliche und psychische Veränderungen, die künstlich herbeigeführt wurden, tolerieren muss. Ebenso wenig kann aus dem prüfungsrechtlichen Aspekt eine spezifische Haltung des einfachen Gesetzgebers gefolgert werden. Die gesamte

174 *Kunz*, MedR 2010, 471, 474.

175 *Kunz*, a.a.O. (FN 174).

176 So etwa *Kunz*, a.a.O. (FN 174).

177 Und was als unzulässig gilt, wird regelmäßig von den Prüfern festgelegt, vgl. FN 170.

178 *Kunz*, a.a.O. (FN 174).

Auseinandersetzung ist insoweit der Frage gleichheitsrechtlicher Ausgewogenheit auf einer höheren Allokationsebene vorbehalten.

Nichtsdestotrotz ist es denkbar, dass ein Prüfer im Einzelfall derartige Stimulantien für die Prüfung verbietet oder bewusst zulässt und somit die fragliche Entscheidung trifft. Daran schließen sich allerdings zahlreiche Probleme an. So ist unklar, wo die Grenze zu anderen Hilfsmitteln liegen soll. Kaffee, Tee oder lebensmittelrechtlich unbedenkliche koffeinhaltige Getränke wird niemand ernsthaft verbieten wollen. Dabei können derartige Getränke in einer Prüfung durchaus im einen oder anderen Fall helfen. Möglicherweise bewirkt die Substanz Ritalin® ähnliche Effekte und hilft in Prüfungen teilweise ebenso. Ist nun jede Stimulans zu verbieten oder soll die Restriktion nur ganz bestimmten Formen gelten?

Weiterhin ist die prüfungsrechtliche Chancengleichheit betroffen. So entstehen erhebliche Unterschiede, wenn Prüfer desselben Fachs teilweise Stimulantien zulassen, teilweise verbieten oder auf die Frage nicht eingehen. Prüfergebnisse sind darauf aufbauend schwer vergleichbar. Es erscheint zweifelhaft, ob individuelle Entscheidungen der Prüfer ohne übergeordneten vereinheitlichten Maßstab im Lichte der Art. 12 in Verbindung mit 3 Abs. 1 GG als verfassungsmäßig einzustufen sind. Das Gegenteil ist wohl der Fall. Es drohen willkürliche und unberechenbare Prüfungssituationen. Dieses Problemfeld ist derzeit kaum einer Lösung zugänglich. Es läge ein gesetzgeberisches Handeln für die Schaffung eines Rahmens nahe, was allerdings in jedem Bundesland passieren müsste, da die Bundesrepublik für Prüfungsrecht keine Gesetzgebungskompetenz innehat. Wenn auf Basis von Art. 3 Abs. 1 GG wohl auch keine länderübergreifende Konformität in dieser Frage verlangt werden kann, so muss doch jedenfalls ein genereller Grundkonsens gewahrt werden, um der Gefahr eines echten Prüfungstourismus vorzubeugen. Eine bundeseinheitliche Rahmenregelung wäre insofern eine potentielle Lösung, jedoch kompetentiell im Rahmen der derzeitigen Verfassungssituation nicht durchführbar.

cc) Fazit

Es zeigt sich, dass die THS als Enhancementbehandlung nicht grundsätzlich als sittenwidrig einzustufen ist. In Bezug auf die strafrechtliche Verantwortlichkeit, welche über §§ 223 ff., 228 StGB ausgelöst werden könnte, ist festzuhalten, dass diese unter üblichen Behandlungsumständen ausscheidet. Der Eingriff selbst ist nicht sittenwidrig, solange nicht im Einzelfall körperverletzende oder gesundheitsschädliche Konsequenzen drohen, die den §§ 226, 227 StGB gleichstehen. Der zivilrechtliche Behandlungsvertrag wie auch die Einwilligung scheitern an der Grenze des § 138 Abs. 1 BGB dann, wenn sich aus einer Gesamtschau von Ziel, Zweck und Umständen der Behandlung ergibt, dass die THS in dieser Form mit der Sittenordnung nicht in Einklang steht. Dies liegt insbesondere nahe, wenn der sportliche Wettbewerb verfälscht oder der berufliche Erfolg in der Öffentlichkeit hiervon abhängig gemacht wird. Inwieweit der in Rede stehende THS-Einsatz zudem aufgrund weiterer ethischer Gesichtspunkte rechtliche Zweifel hervorrufen könnte, bedarf einer fortgesetzten öffentlichen Diskussion, die im Zweifel noch lange nicht als abgeschlossen betrachtet werden kann. Der prüfungsrechtliche Einschlag zeigt schließlich, dass die rechtliche Erörterung insbesondere bezüglich gleichheitsrechtlicher Aspekte einer verfassungsrechtlichen Diskussion bedarf und nicht der Einzelbewertung des Prüfungsalltags überlassen bleiben kann.

e) Verfassungsrechtliche Vorgaben und Werterelation

Wird die Möglichkeit des Neuroenhancements durch THS verfassungsrechtlich betrachtet, so bedarf es vorab einer Rückbesinnung auf die Bedeutung verfassungsrechtlicher Vorgaben für die übrige Rechtsordnung und den Staat. Erstens könnten die Grundrechte und das Rechtsstaatsprinzip in ihrer abwehrrechtlichen Dimension[179] ein Verbot für jede staatliche Gewalt begründen, Neuroenhancements dieser Art zu begünstigen oder gar vorzuschreiben. Zweitens ist im Rahmen der Schutzdimension[180] eine Verpflichtung der staatlichen Gewalt denkbar, die Menschen von der Verwendung der THS zur Leistungssteigerung abzuhalten, sofern hierfür erhebliche Gründe bestehen. Drittens könnte sogar erwogen werden, ob den Staat eine Verpflichtung treffen könnte,[181] THS für die Bevölkerung zugänglich zu machen, um Chancengleichheit zu gewähren. Und viertens muss berücksichtigt werden, dass grundrechtliche Wertungen nicht nur eine Bindung der staatlichen Gewalt gemäß Art. 1 Abs. 3 GG bedeuten, sondern dass die dortigen Wertungen auf die gesamte Rechtsordnung ausstrahlen[182] und auf diese Weise auch bei der Interaktion zwischen den Bürgern des Staates zu berücksichtigen sind. Daher beeinflussen die grundrechtlichen Wertungen sogar das bürgerlich rechtliche Vertragsgefüge zwischen Arzt und Kunden bei der THS-Behandlung.

aa) Der Menschenwürdeverstoß – Condicio Humana und die Objektivierung des Menschen

Allem voran ist auf die Frage einzugehen, ob die Stimulation des Gehirns zum Zweck der Leistungssteigerung gegen die in Art. 1 Abs. 1 GG verbürgte Menschenwürde verstoßen kann. Die Konsequenz einer solchen Einstufung sei vorausgeschickt: Jegliche Verletzung der Menschenwürde durch Staat und Bürger wird im deutschen Rechtssystem als inakzeptabel bewertet. Eine Rechtfertigung eines Ein- oder Übergriffs ist nicht denkbar.[183]

Allerdings kann auch nicht vorschnell davon ausgegangen werden, dass die Menschenwürde im Einzelfall betroffen ist. Dies ist bislang nur dann angenommen worden, wenn eine Objektivierung einer Person dergestalt stattfindet, dass ihre Subjektsqualität als solche in Frage gestellt wird.[184] Entsprechende Wertun-

---

[179] Vgl. *Pieroth/Schlink*, Grundrechte, Rn. 58 f.; Stern/*Sachs*, Staatsrecht III/1, S. 619 ff., 671 ff.; Dreier/*Dreier*, GG, Vorb. Rn. 82 ff.

[180] Vgl. *Laubinger*, VerwArch. 80 (1989), S. 261, 290 ff.; *Gröschner*, Überwachungsrechtsverhältnis, S. 208.

[181] Grundrechte in ihrem besonderen Wesen des Leistungsrechts, vgl. *Dreier*, Jura 1994, 505 f.; *Hesse*, Verfassungsrecht, Rn. 279; Dreier/*Dreier*, GG, Vorb. 89 ff.

[182] *Dreier*, a.a.O. (FN 179), Vorb. Rn. 94 ff. m.z.N.

[183] *Ipsen*, StaatsR II – Grundrechte, Rn. 228; *Pieroth/Schlink*, Grundrechte – StaatsR II, Rn. 365 m.w.N.

[184] BVerfGE 45, 187, 227 f. = NJW 1977, 1525; BVerfGE 87, 209, 228 = NJW 1993, 1457. Vgl. auch BVerwG 115, 189, 199 = NVwZ 2002, 598.

gen wurden in den allseits bekannten Fällen des „Zwergenweitwurfs“[185], der „Peep-Show“[186], des „Laserdrome“ - Spiels[187] und des Luftsicherheitsgesetzes[188] vorgenommen. Hervorzuheben ist aber, dass das Bundesverwaltungsgericht im Anschluss an das Bundesverfassungsgericht im Fall des „Laserdrome“ - Spiels betonte, dass Art. 1 Abs. 1 GG auch über das Individuum hinaus die *Gattung Mensch* schütze.[189] Dieser Ansatz stößt jedoch nach wie vor auf scharfe Kritik. Es wird bemängelt, dass es über das Menschenwürdeprinzip zu aufgedrängten Wertvorstellungen durch die Gerichtsbarkeit komme.[190] Der entscheidende Bezugs- und Wertungsgesichtspunkt ist und bleibt daher *die Achtung vor dem Eigenwert der menschlichen Person.*[191]

Für den Fall der Leistungssteigerung kann zunächst der gesamte Ansatz durchaus überraschen. Die Menschen streben tagtäglich nach Fortschritt und Perfektion. In diesem Zusammenhang erscheint das grundsätzliche Ziel einer jeden Enhancementmaßnahme freilich nicht als menschenwürdewidrig. Gleichwohl sind zwei grundlegende Erwägungen übersteigerter Verbesserungsmaßnahmen im Zusammenhang mit der Menschenwürde zu diskutieren, die im Lichte der rechtlichen Würdigung der THS Berücksichtigung finden müssen.

(1) Menschenbild – Veränderung der eigenen Spezies

Ein Würdeverstoß wird bei Enhancementmaßnahmen teilweise durch künstliche Veränderung des Menschenbildes befürchtet.[192] Dahinter verbirgt sich die Sorge, dass der Mensch durch medikamentöse und technische Hilfsmittel im Ergebnis der *Gattung Mensch* nicht mehr hinreichend entsprechen könnte, was seiner Würde zuwiderliefe.[193] Dieser Ansatz hängt unmittelbar mit dem Selbstverständnis des Menschen zusammen und dient als rechtliches Einfallstor ethischer Unvertretbarkeit von künstlichen Veränderungen.[194] Soll die THS vor diesem Hintergrund geprüft werden, so bedarf es vorab der Klärung, welches Menschenbild im Kern

---

185 VG Neustadt, Beschl. v. 21.05.1992, GewArch 1992, 296 f.

186 BVerwGE 64, 274 = NJW 1982, 664.

187 BVerwGE 115, 189 = NVwZ 2002, 598.

188 BVerwGE 115, 189, 199 = NVwZ 2002, 598. Hierzu auch OVG Koblenz, NJW 2005, 3593 – OVG billigte die Weigerung des ZDF bezüglich der Ausstrahlung eines Wahlwerbespots der APPD unter Berufung auf den Menschenwürdeschutz.

189 BVerwGE 115, 189 (Rn. 63 m.V.a. BVerfGE 87, 209, 228 = NJW 1993, 1457) = NVwZ 2002, 598. Vgl. zu diesem Versuch der Abstraktion des Menschenwürdeprinzips *Köhne*, GewArch 2004, 285 ff.

190 *Fischinger*, Der Grundrechtsverzicht, JuS 2007, 811 m.w.N. Siehe auch *Hufen*, JuS 2010, 1, 5 Art. 1 Abs. 1 ist ein „klassisches Individualgrundrecht“.

191 BVerfGE 87, 209, 228 = NJW 1993, 1457. Vgl. hierzu auch die Ausführungen von *Hufen*, JuS 2010, 1 f.

192 Vgl. den Ansatz bei *Spranger*, JZ 2009, 1033 f. hier in Bezug auf die Debatte zur Willensfreiheit und zum Schuldprinzip.

193 Zu diesem Ansatz *Lindner*, „Neuro-Enhancement“ als Grundrechtsproblem, MedR 2010, 463, 466 f. im Wege der Interpretation von Sachs/*Höfling*, GG, Art. 1 Rn. 30.

194 Hierzu ausführlich, *Gruber*, Neurotechnologisch modifizierte Rechtssubjektivität, in: Müller/Clausen/Maio, Das technisierte Gehirn, S. 87 ff.

durch Art. 1 Abs. 1 GG geschützt wird. Hierfür bietet die Jurisprudenz nur schwer greifbare Definitionen. Art. 1 GG beinhaltet keine weitergehenden Aussagen. Interpretationen, die aus Art. 1 Abs. 1 GG einen Schutz der menschlichen Gattung für gegenwärtige und künftige Generationen im Sinne eines „Du-Bezugs" propagieren,[195] liefern für ihre Ansätze weder tragfähige Begründungen noch vermögen sie aufzuzeigen, weshalb ein solcher übergeordneter unangreifbarer Schutz geboten wäre. Gleichermaßen lässt sich aus den herrschenden positiven Begriffsbestimmungen der Mitgift- und Leistungstheorie kein bestimmtes Menschenbild folgern.[196] Insofern kann gerade nicht überzeugend behauptet werden, dass nur die Auswüchse einer natürlichen Mitgift dem Menschenbild entsprechen. Es liegt in der Natur des Menschen, sich selbst auch mit Hilfsmitteln zu verbessern und seine subjektiv erkannten Unzulänglichkeiten notfalls mechanisch zu beheben.[197] Niemand wird ernsthaft davon ausgehen wollen, dass eine von Geburt an bestehende gravierende Behinderung z. B. durch Nichtausbilden von Extremitäten und die Verwendung einer abhelfenden Prothese das Menschsein in Frage stellt. Für das Verständnis der Condicio Humana kann somit nicht allein auf die bislang anerkannten juristischen Erklärungsversuche aufgebaut werden.

Lösungsmöglichkeiten und Erklärungsmuster finden sich aber in der philosophischen Diskussion, die als Erkenntnisquelle für Art. 1 Abs. 1 GG fruchtbar zu machen ist. Diese Debatte kann hier weder in jeder Einzelheit dargestellt noch umfassend ausgewertet werden. Einen wichtigen Ansatz aber, der speziell für die technischen Veränderungen am Menschen kurz hervorgehoben werden soll, bietet *Boldt*[198] mittels Rückgriffs auf die Lehren von *Kant*[199] und *Kierkegaard*[200]. *Boldt* hebt als Synthese hervor, dass technische Einflüsse, die unmittelbar auf den Menschen einwirken und diesen verändern, nicht a priori für unethisch oder widernatürlich[201] zu halten sind. Vielmehr ist ein technisches Weltbild dem Menschsein ebenso immanent wie auch ein Ethisches. *Boldt* kommt in seiner Auswertung zu dem Ergebnis, dass eine Aufgabe des Menschseins wohl nur in einer umfassenden Entledigung vom ethischen Weltbild zu Gunsten einer technisierten Existenz liege. Zum gleichen Ergebnis gelangt man mit *Plessners* anthropologischem Gesetz

---

[195] *Häberle*, in: HStR, § 20, Rn. 54.

[196] Zu Mitgift- und Leistungstheorie vgl. Maunz/Dürig/*Herdegen*, GG, Art. 1 Rn. 34 m.w.N.

[197] Hierzu mit überzeugendem Vortrag auch *Gärditz*, PharmR 2011, 46, 50.

[198] *Boldt*, Ethisches Selbstverständnis des Menschen, in: Müller/Clausen/Maio, Das technisierte Gehirn, 2009, S. 233, 236 ff.

[199] Rückgriff auf *Kant*, Grundlegung zur Metaphysik der Sitten; *Kant*, Kritik der praktischen Vernunft. Bei *Kant* findet sich auch die Grundlage der heutigen Rspr. des BVerfG, vgl. *Kant*, a.a.O., 2. Teil, Anfangsgründe der Tugendlehre, § 38 „Denn der Mensch kann von keinem Menschen bloß als Mittel, sondern muss jederzeit zugleich als Zweck gebraucht werden und darin besteht seine Würde."

[200] Rückgriff auf *Kierkegaard*, Abschließende unwissenschaftliche Nachschrift zu den Philosophischen Brocken.

[201] Interpretation von *Boldts* Einigung der Ansatzes von Kant und Kierkegaard durch den Verfasser.

der natürlichen Künstlichkeit,[202]das den Menschen von Natur aus dazu zwingt, künstlich, das heißt gestaltend zu sein nicht nur im Hinblick auf seine Umgebung, sondern auch sich selbst betreffend.

An diese Basisidee anknüpfend, sei angemerkt, dass es integrativer Bestandteil der Menschenwürde ist, sich als Mensch frei zu entfalten. Die Menschenwürdegarantie ist nicht dazu geeignet, und der sie wahrende Staat nicht dazu berufen, den Menschen zu erziehen oder zu drosseln.[203] Das Prinzip der Würde des Menschen bezeichnet objektiven Schutz nur auf elementarster Ebene.[204]

Der Mensch, der sich dafür entscheidet, eine THS zur Veränderung seiner körperlichen oder kognitiven Fähigkeiten durchführen zu lassen, entfernt sich hiermit nicht von der Spezies „Mensch“ oder ihren ethisch unerlässlichen Basiswerten. Daran ändert auch die Tatsache nichts, dass ein Teil des Körpers nunmehr technisiert ist. Ebenso wenig kann der auf diese Weise durchgeführte Wunsch nach Verbesserung als unmenschlich bewertet werden. Eine Grenze ist vor dem Hintergrund der durch die Menschenwürde selbst garantierten Freiheit erst diskutabel, wenn im oben genannten Sinn der menschliche Körper seine Menschlichkeit verliert, wenn also das natürlich zu bewahrende ethische Weltbild aufgegeben und durch Technik vollends ersetzt wird. Wann diese Schwelle erreicht oder überschritten sein mag, wann also eine Person nicht mehr der Gattung „Mensch“, sondern der Gattung „Roboter“ zuzuordnen ist, dürfte sich abstrakt kaum beantworten lassen. Allerdings können gewisse Anhaltspunkte überprüft werden. Besinnt man sich darauf, was den Menschen im Wesentlichen ausmacht, so kann insofern Konsens erzielt werden, dass das zentrale Nervensystem und seine Funktionen von elementarer Bedeutung sind. Dies verdeutlicht der etwas banal anmutende Vergleich von Menschen und anderen Tiergattungen. Die bedeutendsten Unterscheidungspunkte, die zwischen Menschen und anderen sich frei in der Natur bewegenden Lebewesen bestehen, basieren auf den weithin ausgeprägten menschlichen Fähigkeiten zu rationalem Denken, zu zahlreichen besonders ausgeprägten Möglichkeiten der Sinneswahrnehmung und –verarbeitung sowie zu den umfangreichen dem Menschen zur Verfügung stehenden Kommunikationsformen. All jenes wäre ohne das menschliche Gehirn nicht möglich. Und hiermit gehen zugleich gewisse Bedenken bei der THS als Neuroenhancement einher, da die Schnittstelle von Mensch und Maschine wie auch die Wirkung im zentralen Nervensystem verortet sind. Somit ist eine Menschenwürdeverletzung nach der hier vertreten Auffassung jedenfalls dann durch THS-Einsatz gegeben, wenn die Stimulation dem Betroffenen die Fähigkeit zu rationalem Denken, zu Emotionen oder zur Fähigkeit der Kommunikation nehmen soll oder mit Sicherheit nehmen wird.[205] Hierbei würde es sich freilich für die meisten Menschen nicht um eine Form von Enhancement, sondern um einen destruktiven Eingriff handeln. Gleichwohl muss

---

202 Ausführlich das Werk von *Pleßner*, Die Stufen des Organischen und der Mensch. Das vorgestellte Gesetz ist das Leitmotiv des Werks. Detailliert zum gesamten Problem der Condicio Humana auch *Pleßner*, Die Frage nach der Condicio humana.

203 Vgl. BVerfGE 22, 180, 219 = NJW 1967, 1795; BVerfGE 58, 208, 226 „Freiheit zur Krankheit“ = NJW 1982, 691.

204 Sachs/*Höfling*, GG, Art. 1 Rn. 30.

205 Ein ähnlicher Ansatz findet sich bei Maunz/Dürig/*Herdegen*, GG, Art. 1 Rn. 33.

berücksichtigt werden, dass Verbesserung gerade eine Frage subjektiver Ansichten des Einzelnen ist. Im Übrigen ist es kaum vorstellbar, dass im Rahmen der objektiven Leistungssteigerung eine Entartung dergestalt droht, dass vom Betroffenen nicht mehr als „Mensch" die Rede sein kann. Gleichwohl würde dies aber bei verifizierbarem Einzelfall jedenfalls nach bislang herrschender Ansicht in der Rechtsprechung einen Menschenwürdeverstoß begründen.[206]

Als abschließende These bleibt festzuhalten, dass eine Verbesserung seiner selbst, sei es auf Basis naturgegebener, eigener Fähigkeiten oder auf Basis künstlich geschaffener Instrumente, dem Menschen immanent ist. Es ist gerade Teil seiner Würde, diesem Drang entsprechen zu dürfen.[207]

(2) Die Objektivierung im Dienste maximaler Leistung

Ein auf das bereits Erörterte aufbauender Bewertungsansatz ist die Begrenzung menschenwürdiger Eigenmaterialisierung. Die Subjektsqualität des THS-Kunden kann zunehmend in Frage gestellt werden, wenn Arzt und Kunde sich darauf einigen, das Gehirn des Kunden als Rohmaterial für die Möglichkeiten zur Leistungsmaximierung zu qualifizieren. Dies wäre dann der Fall, wenn primärer Sinn und Zweck der Behandlung nicht mehr die Wünsche und Ziele des Kunden, sondern die maximale Gehirnoptimierung um der Erkenntnis oder Leistung Willen ist, ohne dass auf den betroffenen Menschen noch Rücksicht genommen wird. In diesem Moment fände ein Paradigmenwechsel von Enhancementmaßnahme zu Gunsten eines Menschen hin zu Optimierung eines technischen Versuchsobjekts statt. Eine derartige medizinische Intervention ist jedenfalls bezüglich der ärztlichen Tätigkeit als menschenwürdewidrig zu qualifizieren. Der Gegenauffassung, die bei einer Einwilligung des Betroffenen grundsätzlich einen Verstoß gegen Art. 1 Abs. 1 GG verneinen will,[208] muss mit der Linie des Bundesverfassungsgerichts[209] widersprochen werden. So sind menschliche Entscheidungen vorstellbar, die eben zum Ziel haben, die eigene Subjektsqualität aufzugeben und sich rein in den Dienst der Fremdbestimmung zu stellen.[210] Ob etwa dem Zwergenweitwurf

---

206 Krit. *Lindner*, MedR 2010, 463, 471 der bei selbstbestimmtem Neuro-Enhancement die These aufstellt, dass ein Grundsatzverstoß gegen Art. 1 Abs. 1 GG nicht mehr in Betracht komme. Ohne Berücksichtigung der hier dargestellten Grenzüberschreitung kann dieser These nicht gefolgt werden, wenn auch *Lindners* Argumentation für die bisher existenten Neuroenhancer überzeugt.

207 Vgl. hierzu BVerfGE 49, 286, 298 = NJW 1979, 595.

208 So etwa *Rosenau*, „Hirndoping und Neuroenhancement – Möglichkeiten und Grenzen", auf der Jahrestagung Augsburg 2010.

209 BVerfGE 93, 266, 293 „Soldaten sind Mörder" = NJW 1995, 3303; BVerfGE 107, 275 – Benetton-Werbung = NJW 2003, 1303. Eine umfangreiche Sammlung weiterer Nachweise findet sich bei *Arnade*, Kostendruck und Standard, 2010, S. 114 ff., 118.

210 Vgl. zu dieser Grenze die Thesen eins und zwei bei *Lindner*, MedR 2010, 463, 470. Überzeugend geht *Lindner* davon aus, dass eine absolute Fremdbestimmung weder staatlich noch durch Dritte im Lichte der Menschenwürde hinnehmbar ist.

oder der Peep-Show[211] tatsächlich schon ein entsprechender Charakter innewohnt, ist zweifelhaft. Jedenfalls ist diese Schwelle aber dann überschritten, wenn sich der Mensch im oben genannten Sinne materialisieren würde. Er verlässt dann den Bereich künstlicher Steigerung und gibt sich selbst auf. Die betroffene Person ist deshalb vor ihrer eigenen Entscheidung zu schützen, weil sie eben dasjenige, was ihr die Möglichkeit zur Würde bietet, hergeben will und sich in absolute unumkehrbare Fremdbestimmung fügen möchte. Dieser Schlussfolgerung steht nicht entgegen, dass der Mensch das Recht hat, sein Leben eigenmächtig und aus freien Stücken zu beenden.[212] Dies stellt eben eine selbstbestimmte Entscheidung dar, die gerade Ausdruck der Menschenwürde sein kann.

bb) Freiheit für Körper, Psyche und Persönlichkeit des Kunden – Berufsfreiheit von Arzt und Hersteller

(1) Der Kunde

Soweit ein Menschenwürdeverstoß nicht vorliegt, ist der ärztliche Eingriff durch Implantation und Stimulation des Betroffenen zu Enhancementzwecken an den Schutzgütern der körperlichen und geistigen Integrität sowie an dessen Persönlichkeitsrecht zu messen. Die relevanten Vorschriften sind somit Art. 2 Abs. 2 und Art. 2 Abs. 1 in Verbindung mit Art. 1 Abs. 1 GG. Geschützt werden hierdurch ausschließlich die Rechte des Einzelnen, der durch die ärztliche Maßnahme gefährdet und verletzt wird. Gleichermaßen findet in diesen Rechten auch der freie Wille des Betroffenen Ausdruck, sich mit Hilfe Dritter verändern zu lassen.

Allerdings haben diese verfassungsrechtlich verbürgten Rechte für die Enhancementbehandlung mit der THS keine eigenständige Bedeutung mehr, da durch einfachgesetzliche Vorschriften bereits alle freiheitsrechtlichen Aspekte zu Gunsten der Personen, die einen wunschmedizinischen Eingriff mittels THS begehren, erfasst sind. Sowohl das körperliche wie auch das geistige Wohl des Kunden müssen durch den Arzt streng beachtet werden. Weiterhin sind auch Verwendungszwecke Gegenstand der Vorüberlegungen. Schließlich bieten die erforderlichen Beratungsgesprächspflichten des Arztes sowie die Sicherungsregeln für minderjährige und betreuungsbedürftige Personen den erforderlichen Selbstbestimmungsschutz. Jegliche staatlich gebotene Schutzpflicht bezüglich Körper, Geist und Selbstbestimmung des Betroffenen ist hiermit hinreichend abgedeckt.

Im Rahmen der positiv freiheitsrechtlichen Dimension kann sich der Kunde potentiell auch auf Art. 12 GG berufen, sofern er die Enhancementmaßnahme für sein ausbildungs- und arbeitstechnisches Fortkommen verwenden will. Dies ist im Rahmen der Verhältnismäßigkeit der Einzelfallentscheidung für oder gegen ein staatliches Eingreifen respektive dessen juristische Bewertung zu berücksichtigen.

---

[211] Siehe zur Kritik *v. Olshausen*, NJW 1982, 2221 ff. Zur weiteren Diskussion *Höfling*, NJW 1983, 1582 ff.

[212] Vgl. die Ausführungen bei BVerfG NJW-Spezial 2010, 152 – Auslieferungsstopp = EuGRZ 2010, 256; s. zudem BGH NJW 2010, 2963 - Sterbehilfe.

(2) Arzt und Hersteller

Berücksichtigung muss gleichermaßen die Berufsfreiheit nach Art. 12 GG finden, die den Anbieter der wunschmedizinischen Maßnahme wie auch Produktion und Vertrieb des Herstellers schützt. Offensichtlich ist, dass jede der bisher aufgezeigten Restriktionen für Angebot und Durchführung der THS als Enhancementmaßnahme gegen entsprechende Vergütung in erheblicher Weise den Schutzbereich des Art. 12 GG berühren. Da aber weder rechtlich noch faktisch den Betroffenen Zugang zu einem Berufsfeld selbst verwehrt wird, handelt es sich bei sämtlichen Restriktionen um Berufsausübungsregelungen, die vor dem Hintergrund der Drei-Stufen-Theorie des Bundesverfassungsgerichts hinter vernünftige Gründe des Allgemeinwohls zurücktreten, sofern im Übrigen auch der Grundsatz der Verhältnismäßigkeit gewahrt ist.[213]

Die aufgezeigten besonderen Gefahren für die Kunden im Einzelfall, für den ärztlichen Berufsstand und dessen Ansehen im Staat sowie die Vorgaben bezüglich der Techniknutzung wegen besonderer Gefahren, die von den technischen Einsatzmitteln ausgehen, rechtfertigen die erkannten Eingriffsregelungen. Selbstverständlich sind aber die ärztliche Berufsfreiheit und der Schutz des jeweils herstellenden Unternehmers auch in jedweder Situation zu beachten, was im Wesentlichen die Einhaltung des Verhältnismäßigkeitsgrundsatzes für den gegebenen Einzelfall bedeutet. Daraus ergibt sich, dass kein grundsätzliches Zurücktreten der ärztlichen Berufsfreiheit anerkannt werden darf, dass aber im Ergebnis ebenso konstatiert werden muss, dass die Berufsfreiheit des einzelnen Arztes oder Unternehmers keinen hinreichenden Rechtfertigungsgrund für die weitergehende Gefährdung von Behandelten und ärztlichem Berufsstand darstellen kann, als dies bereits einfachgesetzlich zugelassen wird.

(3) Freiheit als Begründung der Beschränkung

Von Bedeutung ist schließlich, dass die zahlreichen rechtlichen Einschränkungen ihre Quelle in den genannten Freiheiten und den sich hieraus ergebenden Schutzpflichten des Staates finden. Gegenstand ist insofern die Reichweite rechtmäßiger, eigenverantwortlicher Fremdgefährdung, Fremdverletzung oder gar Fremdbestimmung.[214] Somit beinhalten diese Rechte nicht nur Freiheiten für die Person, sondern auch Begrenzungen der Freiheit Dritter in Bezug auf die Person. Die genannten Verfassungsartikel sind somit eine gewichtige Rechtfertigung der gefundenen Schrankensystematik.[215]

Im Rahmen jüngster Entwicklungen in der höchstrichterlichen Rechtsprechung zur Frage der Sterbehilfe und des Sterbenlassens ist zu berücksichtigen, dass der Bundesgerichtshof jedenfalls für diesen Bereich nunmehr ein höheres Maß an Fremdeinwirkung auf Basis selbstbestimmten Wunsches zugelassen hat, als dies

---

213 BVerfGE 7, 377 - Apothekenurteil = NJW 1958, 1035.

214 Plastisch dargestellt bei *Lindner*, MedR 2010, 463, 465 f.

215 Vgl. hierzu Stern/*Sachs*, Das Staatsrecht der Bundesrepublik Deutschland, Bd. III/2, 1994, S. 302 ff. m.z.N.

in der Geschichte des obersten Gerichtshofs für strafrechtliche Streitigkeiten je der Fall war.[216] Daraus kann allerdings keine Verallgemeinerung dahingehend gefolgert werden, dass auch alle anderen Bereiche von Übergriffen auf die Rechte nach Art. 2 Abs. 2 und Art. 2 Abs. 1 in Verbindung mit Art. 1 Abs. 1 GG hinsichtlich der Rechtmäßigkeit ihrer Reichweite erneut auf den Prüfstand zu stellen wären. Das Gericht fällte seine Entscheidung vor dem Hintergrund von Veränderungen des Gesetzgeberverständnisses zum Thema Sterben und Patientenverfügung und berücksichtigte damit zugleich eine veränderte Sicht in der Bevölkerung. Dahinter verbirgt sich auch das Bestreben, ein menschenwürdiges Ableben demjenigen zu ermöglichen, der nicht mehr für sich selbst handeln kann, über dessen Willen zum Verlassen dieser Welt jedoch keine Zweifel bestehen. Es handelt sich bei der gesamten Argumentationslinie also nicht um eine allgemeine Lockerung der Möglichkeit fremdbestimmter Übergriffe auf die benannten verfassungsrechtlich zu schützenden Rechte, sondern um die besondere Situation der Sterbehilfe vor dem Hintergrund des Schutzes der Menschenwürde des Betroffenen. Eine Auswirkung auf die Bewertung der Restriktionen zur THS ist daher nicht gegeben.

cc) Schutz von Leben, Körper und Gesundheit Dritter

Der Schutz Dritter wird im Rahmen einfachgesetzlicher Vorschriften ebenfalls gewährleistet. Durch die aufgezeigten Einsatzverbote der THS gilt, dass Gefährdungen Dritter hiermit nicht einhergehen dürfen, sofern diese über das allgemeine Lebensrisiko hinausgehen. Bürgerlich rechtliche Verträge scheitern an den Grenzen von §§ 134 und 138 Abs. 1 BGB, sofern die Stimulation beispielsweise zur Aggressivitätssteigerung oder gefühllosen Gewaltbereitschaft dienen soll. Bei Verstoß sind Arzt und Kunde zum Schadensersatz nach deliktischen Grundsätzen verpflichtet. Auch strafrechtliche Verantwortlichkeiten wegen Verletzung Dritter aufgrund unmittelbarer und mittelbarer Täterschaft kommen in Betracht.

Somit ist auch bezüglich des Drittschutzes wegen drohender Übergriffe auf die körperliche Integrität Anderer der staatliche Schutzauftrag umgesetzt.

dd) Chancengleichheit im Rechtsstaat

(1) Vorüberlegungen

Anders als die freiheitsrechtlichen Erwägungen lassen sich gleichheitsrechtliche Probleme mit der THS als Neuroenhancement nur schwer gesetzlich regulieren.

Dies ist einerseits der Tatsache geschuldet, dass die wesentlichen Kernbereiche, in denen die Wahrung von Chancengleichheit von solcher Bedeutung ist, dass ein staatlich regulierendes Eingreifen geboten erscheint, den notwendigen Maßnahmen kaum zugänglich sind. So kann vielleicht im Sport von dem jeweils zuständigen Verband vor Austragung der Wettkämpfe noch zu generellem Dopingtest geladen werden, während dies im Bereich täglich stattfindender Prüfungen und bei der Arbeitsstelle als Grundsatzpflicht kaum generell in Frage kommen dürfte.

---

216 BGH NJW 2010, 2963 – Abschneiden der Zugänge des Todkranken zum Einleiten des natürlichen Sterbeprozesses.

Sowohl der Aufwand als auch die Erheblichkeit der gebotenen Eingriffe im Verhältnis zu den avisierten Zielen sind abstrakt nur schwer in ein angemessenes Gleichgewicht zu bringen.

Andererseits muss berücksichtigt werden, dass die durch die THS hervorgerufene Stimulation kaum mit bisher in der Praxis behandelten Enhancern verglichen werden kann. So handelt es sich bei der eingesetzten Technik um einen Teil des Körpers der jeweiligen Person, über den der Einzelne an sich frei verfügen kann. Weiterhin wird das Leistungssteigerungsmittel nicht zur Prüfung oder zur Arbeit eingenommen oder angewendet, sondern vorab im Körper als dauerhafte Verbesserung installiert. Es handelt sich also nicht mehr um eine (möglicherweise fragwürdige) Verbesserung der Person in unangebrachter Situation, sondern um eine von Grund auf *leistungsfähigere Person*. Dieser Sichtweise kann auch nicht mit dem Argument begegnet werden, dass die Stimulation ausgestellt werden kann. Es überzeugt nicht, rechtlich zwischen der Person und einzelner Körperteile zu unterscheiden. Genauso wenig kann zwischen Mensch und Herzschrittmacher unterschieden werden. Nur jene Gegenstände, die auch Gegenstände bleiben und somit als äußere Hilfsmittel bezeichnet werden können, sind rechtlich vom menschlichen Körper unabhängig.

Dem stehen aber die Probleme des täglichen Wettbewerbs gegenüber, die mit solchen Möglichkeiten einhergehen. Mit zunehmender technischer Entwicklung drohen erhebliche gesellschaftliche Konsequenzen für diejenigen, die entweder nicht in der Lage sind auf solche Leistungssteigerungsmittel zuzugreifen oder die dies mit ihrer Religions- oder Weltanschauung nicht vereinbaren können. Diese Gefahr mit dem schlichten Hinweis auf irrationale Zukunftsvisionen abzutun, darf bereits vor dem Hintergrund der menschlichen Natur als zu kurzsichtig bezeichnet werden. So haben die Menschen insbesondere im vergangenen 20. Jahrhundert in allen Bereichen von Wissenschaft und Technik hinlänglich bewiesen, dass der Grundsatz „Höher, schneller, weiter!" vielerorts als tragendes Leitmotiv gesehen wird. Die Technik steht zunehmend auch zur Verfügung, wie die THS beweist.

Zieht man vor diesem Hintergrund erneut den Vergleich zu sportlichem Doping, so ist festzustellen, dass auch dort eine Veränderung des Menschen selbst eintritt, wenn dieser sich etwa durch Steroide ein schnelles Muskelwachstum sichert. Auch insofern wird nicht zwischen dem Menschen und dem eingenommenen Mittel unterschieden, sondern die Person wird wegen Verstoßes gegen grundsätzliche Verhaltenspflichten vom Wettkampf ausgeschlossen.[217] Jedoch finden sich derartige Ausschlüsse und Verbote hinsichtlich bestimmter Mittel weder zum Schutz von Arbeitsverhältnissen und Wettbewerb noch im Prüfungsrecht, wobei in Letzterem jedenfalls das allgemeine Verbot unzulässiger Hilfsmittel existiert.

(2) Gleichheit zwischen den Bürgern

Zu beachten gilt es, dass die verfassungsrechtliche Idee der Gleichheit von wesentlich Gleichem zunächst gemäß Art. 1 Abs. 3 GG nur für die staatliche Gewalt

---

[217] Im deutschen Recht nach § 6a AMG. Vgl. hierzu *Bach*, ZRP 2006, 239; *Bannenberg*, SpuRt 2007, 155 f.; *Dury*, SpuRt 2005, S. 137 ff. *Fischer*, NJW 2005, 1028 f.; *Heger*, SpuRt 2007, 153.

bindendes Recht darstellt. Demgegenüber können sich Private nicht darauf berufen, dass andere Private sie grundsätzlich gleichzustellen hätten.[218] Das Gegenteil ist der Fall. Es liegt in der Freiheit eines jeden Einzelnen begründet, wen er mit seinen Möglichkeiten besser oder schlechter zu stellen gedenkt. Diese Freiheit wird sodann durch den Staat mittels vieler Restriktionen immer dann begrenzt, wenn Staat oder andere Bürger aus besonderen Gründen als überwiegend schutzwürdig zu erachten sind und das jeweilige Rechtgebiet eines staatlichen Eingriffs bedarf.[219] Dies ist vor allem im Bereich des Verbraucherschutzes, des Arbeitsrechts, des Wettbewerbsrechts und bei der Problematik unzulässiger Diskriminierungen nach AGG der Fall. Im Übrigen wirkt der Gleichheitsgedanke auf sonstiges privatautonomes Verhalten teilweise über den Einfluss mittelbarer Drittwirkung der Grundrechte.[220] Als Einfallstor im einfachen Recht dienen insbesondere bürgerlich rechtliche Generalklauseln wie Treu und Glauben, Sittenwidrigkeit und ähnliche Regelungen.[221] Dieser Überblick führt zu der Erkenntnis, dass Gleichheit, sofern sie geboten ist, nicht bindend unter den Bürgern des Staates selbst hergestellt wird. Gleichermaßen kann sich eine Beschränkung von Implantation und Nutzung der THS aus Gleichheitsgesichtspunkten nur über einen staatlichen Eingriff ergeben, welcher selbst den Anforderungen der Verfassung zu genügen hätte.

(3) Pflicht des Staates zur Sicherung gleicher Chancen

Die für die Gleichheitsdebatte bei der THS-Nutzung als entscheidend angesprochenen Bereiche von Sport, Prüfungen und Kampf um Arbeitsplätze und Beförderungen unterliegen teilweise bereits einfachgesetzlichen Regulierungen. Insbesondere im Bereich des Prüfungsrechts zeigt es sich, dass generell unzulässige Hilfsmittel ausgeschlossen sind.[222] Gleichermaßen fällt es schwer, die THS-Nutzung unter den Terminus des unzulässigen Hilfsmittels zu subsumieren. Zudem erscheint es problematisch, ein zulässiges Prüfverfahren zur Verhinderung der Nutzung einer THS in Prüfungen zu entwickeln. Unabhängig davon ergibt sich ein mittelbares Verbot bezüglich des THS-Einsatzes generell hieraus jedenfalls nicht. Im Bereich des Sports fehlt eine einfachgesetzliche Spezialregelung über technische Geräte, die auch ein Verbot der THS erfassen würde. Jedoch steht es dort den jeweiligen Verbänden frei, satzungsrechtlich Vorsorge zu treffen und Prüfverfahren einzurichten. Daher dürfte die Frage des Dopings im Sport unter gleichheitsrechtlichen Gesichtspunkten die geringsten Probleme aufweisen. Ohne eine Klausel, die § 6a AMG für technische Vorrichtungen entspricht, setzt der Schutz gegen Doping lediglich nicht in einem früheren Stadium ein wie der Verschreibung, des Inverkehrbringens oder eben der Implantation, sondern erst bei der konkreten Anwendung im sportlichen Wettbewerb. Für den Bereich des tägli-

---

[218] Hierzu eingehend Dreier/*Dreier*, GG, Vorb. Rn. 98 m.z.N.

[219] Dreier/*Dreier*, GG, Vorb. Rn. 101 ff.

[220] *Stern*, Staatsrecht III/1, 10. Aufl. 2010, S. 1509 ff., 1543 ff., 1561 ff.; Jarass/Pieroth/*Jarass*, GG, Art. 1 Rn. 35.

[221] H.M. seit BVerfGE 7, 198, 205 ff. – Lüth = NJW 1958, 257.

[222] Vgl. FN 170.

chen Kampfes um die vorhandenen Arbeitsplätze existiert ebenfalls keine spezielle gesetzliche Regulierung. Auch kann weder aus AGG noch unter Berücksichtigung arbeitsrechtlicher Unwägbarkeiten gefolgert werden, dass etwa über den Einfluss bestehender Generalklauseln bereits eine Behandlung des Kunden mit THS durch den Arzt rechtswidrig wäre. Allerdings bleibt die Berücksichtigung solcher Ziele bei der Bewertung eventuell vorliegender Sittenwidrigkeitserwägungen des Behandlungsvertrags und der bürgerlich rechtlichen Einwilligung nach § 138 Abs. 1 BGB bestehen.[223] So ist es die Pflicht des Arztes, wahlweise die Hintergründe für die Enhancementbehandlung zu erfragen und mit dem Kunden zu erörtern oder den Eingriff zu verweigern. In diesem Rahmen darf der Arzt sich nur auf Vereinbarungen einlassen, die mit den hohen Ansprüchen an den ärztlichen Berufsstand zu vereinbaren sind.[224] Daher muss der Arzt bei Kenntnisnahme oder erkennbaren Anzeichen für eine THS-Nutzung des Kunden in Beruf und Wettbewerb die gewonnenen Erkenntnisse in seine Indikationsüberlegungen einbeziehen und kritisch würdigen. Ein mittelbares Verbot für die Durchführung des medizinischen Eingriffs kann sich allein daraus aber nicht ergeben.

Verfassungsrechtlich ist die Situation weiterhin vor dem Hintergrund von Art. 12 in Verbindung mit Art. 3 Abs. 1 GG auf den Prüfstand zu stellen. Aus diesen Grundrechten geht die Verpflichtung des Staates hervor, für wirtschaftsrechtliche Basiszustände zu sorgen, die auf Chancengleichheit unter den Staatsbürgern hinwirken.[225] Dabei besteht die Vergleichsgruppe aus allen arbeits- und prüfungsfähigen Staats- und EU-Bürgern, da es sich bei Art. 12 GG um ein Grundrecht für Deutsche handelt und Drittstaatler sich auf entsprechende Wettbewerbsbedingungen nicht in gleichem Maße berufen können.[226] Innerhalb dieser Vergleichsgruppe sind alle Personen als wesentlich gleich einzustufen, sofern sie nicht durch krankhafte Zustände deutlich hinter die anderen zurückfallen und möglicherweise auf Hilfsmittel angewiesen sind.

Die THS ist als Neuroenhancement grundsätzlich dazu geeignet, die wettbewerbsrechtliche Chancengleichheit im Einzelfall ernsthaft zu gefährden. Erhebliche Steigerungen der Aufnahmefähigkeit, des Gedächtnisses und anderer kognitiver Fähigkeiten ist in allen Lebensbereichen als relevanter Vorteil eingestuft worden.

Allerdings ist die THS auch teuer, kompliziert und ein erheblicher Eingriff am Menschen, dem sich nicht jeder ohne Vorbehalte unterziehen würde oder auch nur von seinen körperlichen Voraussetzungen her unterziehen kann. Daher dürfte in Bezug auf die gesamte Vergleichsgruppe der Mitbewerber am Markt eine ernsthafte Gefährdung kaum begründbar sein. Zudem basiert die Differenzierung auf rein tatsächlichen Verteilungsgegebenheiten von Mitteln in der Bevölkerung. Diese kann der Staat in einem sozialen, marktwirtschaftlichen System nicht beliebig angreifen oder gar aufheben. Daher kann er hierzu auch nicht über die Grundrechte als Schutzpflichten verpflichtet sein. Einzig marktleitende und stimulieren-

---

223 Vgl. Kap. 3 B III 2 d aa (2).

224 Vgl. Kap. 3 B III 1 c aa (1).

225 Ausführlich Dreier/*Wieland*, GG, Art. 12 Rn. 151 ff.

226 *Wieland*, a.a.O., Art. 12 Rn. 72 m.w.N. Drittstaatlern verbleibt ein geringeres Maß an Schutz über Art. 2 Abs. 1 GG.

de Eingriffe sind zulässig und erforderlich, wie die Wahrung der Gleichheit in staatlichen Prüfungen oder die Schaffung von Zugangsmöglichkeiten dazu und zu Ausbildungsplätzen.[227] Im Übrigen sind die Bürger für ihre Wettbewerbsexistenz selbst verantwortlich.

Unabhängig davon, ob also im Rahmen einer Prüfung oder im Rahmen eines Einstellungsgesprächs die Nutzung der Stimulation selbst rechtlich problematisch sein könnte, lässt sich jedenfalls kein Ansatz allgemeiner Chancengleichheit finden, welcher das Gebot enthielte, die THS-Behandlung zum Zwecke der Leistungssteigerung von Vorneherein zu verbieten, soweit dies nicht durch die bereits aufgezeigten einfachgesetzlichen Regelungen und Hintergründe der Fall ist.

ee) Fazit

Die abschließende verfassungsrechtliche Betrachtung zeigt, dass ein generelles Verbot einer THS-Behandlung ausschließlich zum Zweck der Leistungssteigerung sich auch nicht aus dem Grundgesetz ergibt. Gleichermaßen folgt daraus, dass der Erlass eines einfachgesetzlichen generellen Verbots vor dem Hintergrund der freiheitlichen Garantien zweifelhaft erscheint. Eine entsprechende Klausel dürfte sich jedenfalls auf Basis des bisherigen Erkenntnisstandes über die THS kaum begründen lassen. Die Freiheit zu Selbstbestimmung und einverständlicher Fremdgefährdung sowie Fremdverletzung zum Zweck der Verbesserung der Person hindert ein solches Verbot. Allerdings bestehen zahlreiche wohlbegründete Beschränkungen medizinischer Eingriffe mit der THS zum Zwecke der Wunscherfüllung, die Kunde und Arzt einzuhalten haben.

IV. Enhancement durch Veränderung der Stimulationsparameter einer bereits implantierten Elektrode – Zweite Fallgruppe

Der nun in Rede stehende Ansatz für die THS-Nutzung unterscheidet sich dem Grunde nach durch zwei Aspekte von dem bereits rechtlich erörterten Enhancementeinsatz. Einerseits bedarf es keiner Operationen, um die Elektrode und die Kontrolleinheit zu positionieren. Das bedeutet zugleich, dass nur mit den vorhandenen Gegebenheiten zur gewünschten Leistungssteigerung gearbeitet werden kann. Andererseits ist immer eine Heilbehandlung die Basis, die jedenfalls bei geregelter Nachsorgeuntersuchung im Zweifel noch andauert. Unabhängig davon, ob Enhancementmaßnahme und Heilbehandlung vom selben Arzt oder von unterschiedlichen Personen durchgeführt werden, liegt die Gefahr einer Beeinflussung des Kranken und der bereits bestehenden Therapie auf der Hand.

[227] Vgl. hierzu insbesondere BVerfGE 33, 303, 330 ff. – numerus clausus = NJW 1972, 1561; BVerfGE 39, 258, 273 = NJW 1975, 1504.

1. Struktur – Mischung verschiedener Indikationen

Bezüglich zu diskutierender Vertragstypen als Grundlage für den weitergehenden THS-Einsatz gelten die schon aufgezeigten Erörterungen entsprechend.[228] Gleiches ist bezüglich der Ausführungen zu erforderlichen Eingriffsstandards und gebotener Aufklärung der Fall.[229]

Im Rahmen der Indikationsstellung aber hat der Arzt zu berücksichtigen, dass eine weitergehende Nutzung der Stimulationsmöglichkeiten der bereits implantierten Elektrode den bisherigen Heilerfolg, sofern dieser eingetreten ist, gefährden kann. Falls der Arzt hiervon ausgeht, ist die Enhancementmaßnahme als kontraindiziert abzulehnen. Andernfalls führte der Arzt ohne gewichtigen Grund gezielt eine Schädigung des Betroffenen herbei. Befürchtet der Arzt Risiken dieser Art, so muss er mit dem Kunden in eine Nutzen-Risiko-Analyse eintreten. Dabei darf berücksichtigt werden, dass die jeweilige Stimulationsumstellung reversibel ist, was allerdings nicht als Argument des Arztes für unbedachte Versuche dienen kann. Erachtet der Arzt nach eingehender Abwägung aller Faktoren das Negativrisiko als zu hoch, so ist die Maßnahme auch gegen den ausdrücklichen Kundenwunsch als kontraindiziert zu verweigern.

Ein zweiter Aspekt, der auf das Vorgenannte aufbaut, ist das Nebeneinander medizinischer und Enhancementindikation. Dabei gilt es zu verdeutlichen, dass der medizinische Grund für die Implementation der technischen Geräte, die nunmehr anderweitig verwendet werden sollen, den Gebrauch zur Leistungssteigerung weder rechtfertigen noch auch nur stützen. Der medizinische Grund ist ausschließlich die bestmögliche Heilbehandlung des Patienten und beinhaltet nicht die mitgedachte Möglichkeit, des Patienten Leistung über ein als normal erkanntes Maß hinaus zu steigern. Das Gegenteil ist der Fall. Wie bereits erwähnt, darf das entscheidende Ziel der Heilbehandlung nicht gefährdet werden. Dies spiegelt sich in den Anforderungen an die gesondert zu prüfende Enhancementindikation wider. Eine bereits bestehende medizinische Indikation für eine Neurostimulation durch THS ist somit kein Rechtfertigungsansatz, die gegebenen Möglichkeiten zur Leistungssteigerung zu nutzen, sondern es folgen daraus gesteigerte Anforderungen an die gebotene Enhancementindikation.

Der Patientenschutz kann dementsprechend ein gewichtiges Argument sein, eine weitergehende Nutzung der THS zur Leistungssteigerung abzulehnen. Insofern sind auch die bereits angeführten Gefahrenlagen wegen Schwächung des Patienten durch die gegebene Krankheit und die Behandlungseinflüsse zu berücksichtigen.[230]

2. Rechtliche Grenzen

Anders als beim reinen Enhancementeingriff ergeben sich für die Mischbehandlung enge und trennschärfere Grenzen. Diese fußen auf dem Recht der Medizin-

---

228 S. Kap. 3 B III 1 a/b.

229 S. Kap. 3 B III 1 c.

230 Vgl. Kap. 1 A IV 2 a/b/c.

produkte und dem ärztlichen Berufsrecht. Dahinter haben die weitergehenden Überlegungen zur Sittenwidrigkeit, wie diese beim THS-Einsatz ausschließlich zur Leistungssteigerung diskutiert wurden, keine eigenständige Bedeutung mehr. Lediglich bezüglich verbotener Zweckrichtungen sind die Erörterungen entsprechend heranzuziehen.

Verfassungsrechtlich ist der Ansatz im Wesentlichen gleichheitsrechtlicher Natur. Jedoch kann eine Diskussion von vorneherein als nicht ergiebig verworfen werden eingedenk der Tatsache, dass ein Patient ein schweres Leiden haben muss, bevor eine Therapie mit THS medizinisch indiziert ist.[231] Es ist kaum vorstellbar, dass eine gegen die Krankheit implantierte Elektrode, die zusätzlich dem Träger auch über die Leidensbehandlung hinaus einen erweiterten Nutzen bringt, zu einer gleichheitsrechtlich problematischen Situation führen wird. Würde sich jedoch Gegenteiliges in der Praxis herausstellen, so wären die bereits erläuterten Maximen zur Gleichheitsfrage ebenfalls entsprechend anwendbar.

a) Medizinprodukterecht

Die Anwendbarkeit des MPG auf eine bereits zu Heilzwecken implantierte Elektrode ist nach § 2 Abs. 2 sowie § 3 Nr. 1 MPG unbestreitbar. Elektrode, Kontrolleinheit und zugehörige Hilfsmittel sind Medizinprodukte im Sinne der Vorschriften. Somit greift die scharfe Beschränkung des MPG in den §§ 6, 7, 9 MPG und 2 Abs. 1 MPBetreiberVO, wonach eine Nutzung außerhalb des vom Hersteller zugelassenen Anwendungsfeldes nicht in Betracht kommt. Hieran scheitert eine Enhancementmaßnahme konsequent insoweit, als nicht zugleich mit der Stimulation auch im Rahmen einer medizinischen Indikation gehandelt wird. Das schränkt die Möglichkeiten zur Leistungssteigerung erheblich ein und begründet zugleich einen umfassenden Schutz gegen problematische Verbesserungsinterventionen, die sich zu Lasten des Gesundungseffekts auswirken könnten. Medizinische Indikation und Enhancementmaßnahme sind für die THS vor dem Hintergrund medizinprodukterechtlicher Regelungen untrennbar miteinander verbunden. Die medizinische Indikation bedingt die Möglichkeit zur Leistungssteigerung und weist sie in enge Schranken.

Dieses Ergebnis könnte kritisch mit dem Ansatz hinterfragt werden, dass somit eine reine Leistungssteigerung nach Medizinprodukterecht einen erheblich größeren Anwendungsbereich findet, als eine Verbesserungsmaßnahme, die zugleich Heilzwecken dient. Bei näherer Betrachtung fällt jedoch auf, dass es sich hierbei um einen Trugschluss handelt. So gilt es bei der technischen Nutzung an Patienten deren Wohl durch vorgelagerte Prüfeinrichtungen besonders zu schützen. Sowohl das Regelungssystem der Medizinprodukte als auch der Patient im Einzelfall sind in ihrer Integrität gefährdet, wenn diese durch Hinweis auf Verbesserungswünsche unterwandert werden könnte. Entscheidendes Element ist die Verlässlichkeit der Prüfkette vom Hersteller bis zur Anwendung beim Patienten. Das hiermit geschützte Vertrauen aller Beteiligten in die medizinische Nutzung streng überprüfter Einsatzmittel ist nur so zu erhalten. Zwar ist im Falle der bereits implantierten Elektrode eine in die Integrität des Patienten oder Kunden eingreifende Operation

---

231 Vgl. Kap. 1 A II.

nicht mehr nötig, was zunächst eine Gesamtwertung als weniger einschneidend nahe legt. Jedoch zeigt sich bereits in den Indikationserwägungen, dass diese Überlegung zugleich dazu führt, dass die Therapie durch die Enhancementmaßnahme gefährdet werden kann und der besondere Schutz sowie die besonderen Bedürfnisse des Kranken möglicherweise nicht ausreichend Berücksichtigung finden. In der Gesamtbewertung ist somit die Mischbehandlung als wesentlich kritischer einzustufen als eine gezielte Einzelmaßnahme. Das erzielte Ergebnis findet insoweit seine Rechtfertigung.

b) Berufsrecht

Im Rahmen des Berufsrechts ist das Verquickungsverbot des § 3 Abs. 2 MBO-Ä von Bedeutung. Eine Mischtätigkeit, die die ärztliche Heilbehandlung auch nur zu gefährden droht, ist hierdurch berufsrechtlich untersagt.[232] Daraus ergibt sich eine weitere einschneidende Begrenzung für die Nutzung einer bereits implantierten Elektrode zur Leistungssteigerung. Der entsprechende Wunsch muss entweder aus freien Stücken vom Patienten geäußert werden oder das Angebot für eine solche Nutzung muss seitens des Arztes so unterbreitet werden, dass es von der Situation der Heilbehandlung unabhängig ist und diese auch nicht belasten kann. Ob Letzteres in der Praxis umsetzbar ist, mag man bezweifeln, weil nahezu immer die Gefahr droht, dass der Patient glauben könnte, er habe einen guten ärztlichen Rat nicht befolgt. Daher bleibt für die Praxis allenfalls ein neutraler Hinweis auf potentiell denkbare Möglichkeiten für die weitergehende Nutzung, die keinesfalls in die Form des Ratschlags oder Angebots gekleidet werden dürfen.

Durch diese scharfe Begrenzung wird das ärztliche Behandlungsverhältnis wirksam von Störfaktoren freigehalten. Weitergehende teleologische Reduktionen des § 3 Abs. 2 MBO-Ä als die bereits Vorgenommenen[233] sind daher nicht zu befürworten. Somit ist auch die gebotene Wahrung der Integrität des ärztlichen Berufsstands gegeben. Die Maximen Patientenschutz und Vertrauen in das ärztliche Berufsbild rechtfertigen den insoweit notwendigen erheblichen Eingriff in die Berufsfreiheit des Arztes.[234]

V. Eigenständige Parameterregulation durch den Betroffenen – Dritte Fallgruppe

1. Vorüberlegungen

Die eigenverantwortliche Stimulation durch eine Person, die bereits eine implantierte Elektrode im zentralen Nervensystem besitzt, begründet einen grundlegend anderen Blickwinkel für rechtliche Bindungs- und Eingriffsmöglichkeiten. Aus-

---

232 Vgl. zu den Details Kap. 3 B III 2 c bb (2).

233 Im Einzelnen Kap. 3 B III 2 c bb (2).

234 Vgl. die mögliche Rechtfertigung durch sonstige Gemeinwohlbelange wie den Gesundheitsschutz im Staat. Entsprechend rechtfertigende Argumentationslinien sind statthaft, BVerfGE 85, 248, 259 f. – Duldungsverbot der Ärzte bezüglich werbender Dritter zur Verhinderung der Verfälschung des ärztlichen Berufsbildes = NJW 1992, 2341.

gangspunkt ist nicht länger die Beziehung zu einem Dritten, der von außen eine Leistungssteigerungsmaßnahme am Patienten oder Kunden vornimmt. Es geht ausschließlich um die Reichweite rechtmäßiger eigenverantwortlicher Veränderung und Regulation des eigenen Körpers. Um diese Fälle rechtlich korrekt bewerten zu können, gilt es, das Regel-Ausnahmeverhältnis des verfassungsrechtlich verbürgten Grundmaßstabs der Freiheit zu beachten. Der Mensch ist frei, mit seinem Leben, seinem Körper und seinem Geist zu verfahren, wie es ihm beliebt. Die menschliche Freiheit ist nicht erst durch den Staat gegeben, sondern als höhere Ordnung - unabhängig von zwischen den Menschen vereinbartem Recht - zu akzeptieren.[235] Die in der Verfassung aufgelisteten Freiheiten zu Selbstbestimmung, Selbstdarstellung und Selbstbewahrung in körperlicher und geistiger Hinsicht gemäß Art. 2 Abs. 1 in Verbindung mit Art. 1 Abs. 1 GG sowie Art. 2 Abs. 2 S. 1 GG sind insoweit vor allem Ausdruck der bereits existierenden Rechte, die ihren Platz zur Entfaltung im Kollektiv des modernen Staates finden.[236] Das bedeutet, dass jede Einschränkung menschlicher Freiheit die Ausnahme darstellt und rechtfertigungsbedürftig ist.[237] An die Rechtfertigung sind umso höhere Anforderungen zu stellen, je mehr der Einzelne nur über sich selbst verfügt, und je weniger Dritte sowie die Funktionsfähigkeit des Staates oder Gemeinwohlinteressen im Übrigen von seinem Verhalten tangiert werden.[238] Dass zur Gewährleistung eines umfassenden Schutzes für den Fall der Nutzung von Neuroenhancern eine Weiterentwicklung des allgemeinen Persönlichkeitsrechts in Form eines Rechts auf neuronale Selbstbestimmung erforderlich wäre,[239] ist bislang nicht ersichtlich. Nach hier vertretener Auffassung ist der Schutz der freien Verfügung über neuronale Vorgänge und Einwirkungen auf die Persönlichkeitsstruktur eines Menschen vollumfänglich vom bisher anerkannten Konstrukt des allgemeinen Persönlichkeitsrechts umfasst. Gegenteiliges ist bislang nicht dargetan.[240]

---

[235] *Böckenförde*, NJW 1974, 1529 ff.; *Ossenbühl*, NJW 1976, 2100, 2102; *Schlink*, EuGRZ 1984, 457, 467 f.; *Burgi*, Erholung in freier Natur, S. 274 ff. Zu Hintergrund und geschichtlicher Entwicklung dieser Sicht vgl. Dreier/*Dreier*, GG, Art. 2 I Rn. 1 ff.

[236] *Maier*, Die Grundrechte des Menschen im modernen Staat, S. 10 ff.; demgegenüber die gegensätzliche Auffassung der Antike mit der Freiheit als Sonderprivileg, vgl. Dreier/*Dreier*, a.a.O., Art. 2 I Rn. 1.

[237] Vgl. BVerfGE 80, 137, 151 f. = NJW 1989, 2525; BVerfGE 85, 386, 397 = NJW 1992, 1875; *Bethge*, Grundrechtseingriff, S. 10 f.; *Sachs*, Grundrechte, A 7 Rn. 29.

[238] Identisches Prinzip wie die für das Persönlichkeitsrecht entwickelte „je desto" – Formel, vgl. BVerfGE 27, 344, 351; 32, 373, 379; 33, 367, 377; 35, 35, 39. Zu den angesprochenen Rechtfertigungsgründen ausführlich Stern/*Sachs*, Das Staatsrecht der Bundesrepublik Deutschland, Bd. III/2, 1994, S. 302 ff. m.w.N.

[239] Ansätze hierzu finden sich aber bei Maunz/Dürig/*Herdegen*, GG, Art. 1 Rn. 90 „geistige Integrität", wobei *Herdegen* nicht näher erläutert, ob dieser Integritätsmaßstab über die bekannten Formen des allg. Persönlichkeitsrechts hinaus von Bedeutung sein kann.

[240] Auf entsprechender Linie wohl *Lindner*, MedR 2010, 463, 466.

2. Grenzen der Selbstbestimmung

Zur rechtlich zulässigen Beschränkung selbstregulierender Verbesserungsmaßnahmen sind somit erhebliche Gründe erforderlich, die rechtsstaatlich akzeptabel, das heißt insbesondere hinreichend bestimmt und verhältnismäßig, sind.[241] Dabei sind die Erwägungen zur persönlichen Freiheit wichtigster Ansatzpunkt zur Reduktion staatlicher Intervention.

a) Fehlende oder eingeschränkte Fähigkeit zur freien Selbstbestimmung

aa) Der Betreuungsbedürftige

Personen, die aufgrund ihrer körperlichen oder geistigen Verfassung selbst für den Umgang mit dem eigenen Körper auf Schutz und Hilfe durch die staatliche Gemeinschaft angewiesen sind, können auf Basis rechtlich zulässiger Interventionen nach dem Betreuungsrecht, nach strafrechtlichen Erlaubnissätzen – insbesondere § 34 StGB – sowie nach den Gesetzen über Hilfen und Schutzmaßnahmen bei psychischen Krankheiten, vgl. dazu z.B. PsychKG NRW, von Selbstgefährdungen und Selbstverletzungen abgehalten werden.[242] Allerdings ist außerhalb der Fälle von Drittgefährdungen immer primär der wahre[243] Wille des Betroffenen zu erforschen und soweit als möglich zu berücksichtigen.[244] Vor diesem Hintergrund ist festzuhalten, dass mit einer eigenständigen Veränderung der Stimulationsparameter durch einen Unkundigen typischerweise eine erhebliche Selbstverletzungsgefahr einhergeht. Nach bisherigem Kenntnisstand könnte im Zweifel auch ein Spezialist der THS, der nunmehr selbst eine Stimulation erhält und diese eigenständig über das medizinisch gebotene Maß hinaus modulieren möchte, nicht mit hinreichender Sicherheit vorhersagen, was im Gehirn bei einer Steigerung von Spannung und Stromstärke angerichtet wird. Vor solchen Situationen der Selbstgefährdung will das Gesetz den wegen geistiger Defizite nicht oder nur eingeschränkt Urteilsfähigen aber schützen, selbst wenn dies dem nunmehr geäußerten Willen zu wider läuft. Das zeigt sich besonders deutlich im Zwiespalt zwischen Beachtung des Willens des Betreuten und Sorge für dessen Wohl durch den Betreuer, § 1901 Abs. 2 und 3 BGB.[245] Entsprechendes ergibt sich aus § 1 Abs. 1 Nr. 2

---

[241] Zu Dogmatik und Hintergrund vgl. Dreier/*Dreier*, GG, Vorb. Rn. 144 ff.

[242] Die rechtliche Basis hängt auch von der jeweiligen Situation ab. Vgl. zu den Details Kap. 1 A IV 2 a sowie C II und Kap. 3 B III 2 a.

[243] Bei Krankheiten, die eine echte rationale Willensbildung dem Grunde nach ausschließen, ist auch der noch bildungsfähige natürliche Wille beachtlich.

[244] *Höfling* in diesem Bereich kurzer Hand die grundsätzlich verfassungsrechtlich unproblematische Möglichkeit zur Intervention gegeben, vgl. *Höfling*, Salus aut/et voluntas aegroti suprema lex, in: Wienke/Eberbach/Kramer/Jahnke, Die Verbesserung des Menschen, S. 119, 125, was dem Willen des Betroffenen wohl nicht vollumfänglich Rechnung trägt und daher eher kritisch zu werten ist.

[245] Vgl. im Einzelnen PWW/*Bauer*, § 1901 Rn. 3 ff.

PsychKG NRW vor dem Hintergrund des § 2 PsychKG NRW.[246] Im Rahmen dieser Abwägungen, die vor dem Hintergrund verfassungsrechtlicher Freiheit verstanden werden müssen, scheint der Gesetzgeber davon auszugehen, dass ein Mensch mit erheblichen geistigen Defiziten eine unnötig selbstgefährdende oder selbstverletzende Maßnahme nicht gegen sich selbst richten soll und davon zulässigerweise abgehalten werden darf. Dem Gesetzgeber ist es durch die Verfassung untersagt, eine solche Maßnahme, die eine Person auf Basis freier, unbeeinflusster Willensbildung gegen sich selbst richten will, zu unterbinden,[247] wenn Dritte oder Staat hiervon nicht betroffen sind. Dabei wird unterstellt, dass der Betroffene grundsätzlich die Erhaltung seines Körpers und Geistes wünscht, selbst wenn er in seinem geistig defizitären Zustand einen gegenteiligen Willen äußert. Diese Selbstschädigungsbezeigungen werden offenbar a priori dem jeweiligen Krankheitsbild zugeschrieben. Daher leuchtet das beschriebene Grundverständnis vor dem Hintergrund des menschlichen Selbsterhaltungstriebs unmittelbar ein. Es kann jedoch im Einzelfall den wahren Willen des Betroffenen verfehlen. Dem sucht das Gesetz dadurch gerecht zu werden, dass die gründliche Erforschung des wahren Willens bei präzisen Kenntnisnahmemöglichkeiten ausnahmsweise zur Erlaubnis der Selbstgefährdung für den Einwilligungsunfähigen führen kann.

Für die THS bedeutet dies letztlich, dass eine eigenständige Stimulation einer betreuungsbedürftigen Person rechtlich zulässig unterbunden werden kann, sofern zu besorgen ist, dass der Betroffene sich in erheblicher Weise selbst gefährdet oder verletzt. Dies muss im Falle des eigenständigen Enhancements grundsätzlich unterstellt werden. Kann mit hinreichender Sicherheit ein Wille des Betreuten ermittelt werden, nach dem dieser aus bestimmten Gründen eine andere als die bereits erfolgende Stimulation wünscht, so ist in eine Risiko-Nutzen-Abwägung einzutreten. Dabei muss insbesondere berücksichtigt werden, dass je nach Krankheitsbild eine weitergehende Stimulation auch zustandsverbessernde Auswirkungen haben kann. Darauf ist nach § 1901 Abs. 4 BGB immer hinzuwirken.

bb) Der Minderjährige

Der Minderjährige, der etwa wegen einer Tourette-Erkrankung eine THS erhält, steht unter der Aufsicht der elterlichen Personensorge, §§ 1626 Abs. 1, 1631 Abs. 1 BGB, die zum Wohle des Kindes und soweit als möglich im Einvernehmen mit diesem auszuüben ist, § 1627 BGB. Entscheidungen, die der Minderjährige in ihren Konsequenzen nicht überblickt, sind ihm vor diesem Hintergrund entzogen.[248] Insofern bedeutet Einvernehmen, dass die Eltern den Willen des Kindes berücksichtigen und ernst nehmen, das heißt in ihre Entscheidung mit einbeziehen

---

246 Zur gebotenen Intensität und zum Verhältnis von Willen und Schutz des Betroffenen vgl. PsychKG/*Prütting*, 2003, § 1 Rn. 19, § 2 Rn. 3 ff.

247 Selbst ein freiverantwortlicher Todeswunsch steht dem Menschen zu, so dass freiverantwortliche Selbstgefährdungen und Selbstverletzungen als Minusmaßnahmen wohl nicht als einschränkungsfähig erachtet werden können, vgl. hierzu die Diskussion bei BGH NJW 2010, 2963 – Abbruch lebensverlängernder Maßnahmen.

248 Maßstab ist der Reifegrad kombiniert mit der Erheblichkeit und Komplexität des Entscheidungsgegenstandes, vgl. OLG Karlsruhe NJW 1989, 2398.

und dies dem Kind auch deutlich machen.[249] Jedoch kann es nicht als Rechtfertigung für eine dem Kindeswohl zuwiderlaufende Zustimmung erachtet werden, wenn die Eltern sich dem Kindeswillen entgegen einer negativ ausgefallenen Risiko-Nutzen-Analyse beugen.[250]

Bedenkt man die Gefahren, die mit einer ärztlich nicht angeordneten Parametermodulation einhergehen, so stellt sich vielmehr die Frage, ob es den Erziehungsberechtigten überhaupt erlaubt sein kann, den Minderjährigen gewähren zu lassen. Vor dem Hintergrund des objektivierten Maßstabs des Kindeswohls, über welches subsidiär auch die staatliche Gemeinschaft zu wachen hat, Art. 6 Abs. 2 S. 2 GG, ist eine entsprechende Einwilligung oder auch nur ein schlichtes Zulassen durch die Eltern ohne ärztliche Überwachung und Anleitung inakzeptabel. Die Eltern haben hier eine besondere Sorgfaltspflicht zu erfüllen und ein Fehlverhalten des Minderjährigen zu verhindern, soweit dies eben möglich ist.

Jedoch auch bei Einholung des ärztlichen Rats ist die Zulassung der anschließenden Selbstregulation durch den Minderjährigen weitergehenden Rechtmäßigkeitsanforderungen unterworfen. Diese entsprechen den Voraussetzungen, die es bei einer ärztlicherseits durchgeführten Enhancementmaßnahme zu berücksichtigen gilt,[251] obgleich es sich hier nicht um einen Fall des Übergriffs auf Rechte Dritter, sondern um den eigenmächtigen Umgang mit dem eigenen Körper handelt. Zu begründen ist diese Forderung mit dem besonderen verfassungsrechtlich verbürgten Schutzauftrag der Eltern und des Staates für das Kindeswohl, wenn ein Eingreifen vor dem Hintergrund des Art. 6 Abs. 2 S. 2 GG geboten erscheint. Das Prinzip persönlicher Freiheit darf zulässigerweise allen denjenigen so weit als nötig beschnitten werden, die es vor sich selbst zu schützen gilt, weil der Umgang mit der Freiheit eine bislang entweder entwicklungs- oder krankheitsbedingt übermäßige Schwierigkeit für sie darstellt.[252] Dem könnte freilich entgegengehalten werden, dass mancher Minderjährige sein Leben besser im Griff hat als Personen, die geistig unbeschränkt handlungsfähig sind und das achtzehnte Lebensjahr bereits vollendet haben. Hierbei wird aber übersehen, dass dem Gesetzgeber im Rahmen des verfassungsrechtlichen Schutzauftrags ein Einschätzungsspielraum zugestanden werden muss, inwieweit pauschale Altersgrenzen gezogen werden.[253] Maßgebend ist auch hier, dass die abschließende Entscheidung dem Grundsatz der

---

[249] OLG Karlsruhe NJW 1989, 2398. Dies stellt keinen Widerspruch zu den betroffenen Kindesrechten nach Art. 2 Abs. 1 i.V.m. 1 Abs. 1 GG dar, sondern schützt dieselben durch Vereinbarung von objektivem Wohl und subjektiven Interessen, vgl. Dreier/*Gröschner*, GG, Art. 6 Rn. 100 m.w.N.

[250] Dies widerspräche der verfassungsrechtlich auferlegten Elternpflicht nach Art. 6 Abs. 2 S. 1 GG, das Kind im Rahmen der Personensorge zu schützen, vgl. BVerfGE 24, 119, 143 = NJW 1968, 2233, 2236; BVerfGE 56, 363, 381 = NJW 1981, 1201, 1204. Vgl. auch Dreier/*Gröschner*, GG, Art. 6 Rn. 109.

[251] Vgl. Kap. 3 B III 2 a bb. Es bedarf also im Wesentlichen des Vorliegens einer Enhancement-Indikation.

[252] Dies ist Teil von Pflege und Erziehung und als Grundsatz elterlicher Fürsorgepflicht anerkannt, vgl. BVerfGE 24, 119, 144 = NJW 1968, 2233, 2236.

[253] *Zacher*, HStR VI, § 134 Rn. 58 (Altersgrenze unter 18 und über 21 wohl verfassungswidrig); BK/*Jestaedt*, GG, Art. 6 Abs. 2 und 3 Rn. 150.

Verhältnismäßigkeit genügt.[254] Recht und Gesetz müssen nicht nur die Gebote von Freiheit und Gerechtigkeit achten, sondern haben auch durchführbar und praktikabel zu sein, um das tägliche Leben der Menschen sinnvoll zu begleiten. Für Minderjährige, die Enhancementmaßnahmen an sich selbst durchführen, die so gefährlich wie eine selbstregulierte THS-Stimulation sind, kann kein wirksamer Schutz mehr bestehen, wenn derartige Eingriffe grundsätzlich zulässig sind. Entsprechendes gilt, wenn erst mit Verboten im Einzelfall agiert werden müsste. Eine weit reichende Freiheit ist dem Grunde nach im Übrigen bereits dadurch gewährt, dass die Erziehungsberechtigten in den meisten Fällen selbst nach ihren Werten über das Kindeswohl entscheiden können. Für derart schwerwiegende Gefährdungen, wie sie hier in Rede stehen, ist dem aber a priori zu Recht eine Grenze durch den Maßstab Kindeswohl gesetzt.

b) Gefährdung Dritter – Schutz und Gleichheit

Sofern die Selbstregulierung der THS-Parameter den Betroffenen zu einer konkreten Gefahr für wehrfähige Rechtsgüter Dritter werden lässt, kann unter dem Gesichtspunkt aller gesetzlich normierter Rechtfertigungstatbestände die Stimulation zulässigerweise unterbunden werden. Anknüpfungspunkte sind insbesondere Notwehr, Nothilfe sowie rechtfertigender Notstand. Gleichermaßen kommen hoheitliche rechtfertigende Eingriffstatbestände zum Schutze der öffentlichen Sicherheit in Betracht. Es ergeben sich insofern keine Besonderheiten gegenüber der Handhabung anderer Situationen, in denen gegenwärtige rechtswidrige Angriffe oder Gefahren vorliegen.

Vor dem Hintergrund von Chancengleichheit in allen Formen von Wettbewerb ergeben sich nach bisheriger Gesetzeslage keine anderen Restriktionen als jene, die bereits oben unter III Erwähnung finden.[255] Es handelt sich hierbei kaum um einen tauglichen Ansatz für eine effektive Überwachung von Leistungssteigerungen durch Selbstmanipulation. Das Gegenteil dürfte sogar der Fall sein, da nunmehr der Elektrodeneinsatz dem Grunde nach einen medizinischen Zweck verfolgt und selbst bei offener Zurschaustellung in einer Prüfung oder einem anderen Wettkampf kaum zulässigerweise zu verbieten sein dürfte.

c) Erziehungsrecht des Staates

aa) Hintergrund und bisheriges Verständnis

An dieser Stelle ist die eingangs erwähnte Grundsatzthese erneut in den Vordergrund zu rücken: Der Mensch ist frei und jede staatliche Beschränkung der Freiheit bedarf der sachlichen Rechtfertigung und muss verhältnismäßig sein.[256] Was aber bedeutet das für den freiverantwortlich Handelnden, der weder Dritte noch Gemeinschaftsgüter gefährdet, während er mittels technischer Vorrichtungen den

---

[254] *Jestaedt*, a.a.O. (FN 253).

[255] Vgl. Kap. 3 B III 2 e dd.

[256] Schutz individueller Beliebigkeit, vgl. *Ossenbühl*, in: Merten/Papier, Handbuch der Grundrechte, § 15 Rn. 51. Ebenso *Gärditz*, PharmR 2011, 46, 49.

eigenen Körper manipuliert? Ein naheliegendes Ergebnis wäre, die Person mit ihrer individuellen Entscheidung zu akzeptieren und von jedem regulierenden Eingriff Abstand zu nehmen.[257] Dieser Erwägung zum Trotz finden sich jedoch Ansätze in Gesetzgebung und Rechtsprechung, in denen der Staat Maßnahmen zum Schutz freiverantwortlicher Handelnder vor sich selbst ergreift. Treffend lautet ein Auszug der Gesetzesbegründung zur Änderungsverordnung bezüglich § 21a StVO:

„Die Verpflichtung zum Anlegen vorgeschriebener Sicherheitsgurte stellt keinen verfassungsrechtlich unzulässigen Eingriff in die allgemeine Handlungsfreiheit dar. *Es steht außer Frage, dass der Gesetzgeber auch Vorschriften erlassen kann, die nur dem Schutz des Betroffenen dienen.* Man denke hierbei z. B. an die Vorschriften über "Personenbeförderung" (§ 21). Danach dürfen keine Personen in einachsigen Wohnwagen mitgenommen werden; auf der Ladefläche von Anhängern dürfen grundsätzlich keine Personen befördert werden."[258] Ähnliches klingt in den Entscheidungen des BVerfG an, wenn dort die unantastbare Sphäre der freien Entfaltung der Persönlichkeit auf den der Einwirkung der öffentlichen Gewalt entzogenen Kernbereich privater Lebensgestaltung reduziert wird.[259] Das BVerfG sieht im Übrigen jede verfassungsrechtlich begründbare, das heißt formell und materiell verfassungsgemäße rechtsetzende oder rechterkennende Norm[260]als hinreichende Eingriffsrechtfertigung an. Es handele sich um einen Teil der verfassungsmäßigen Ordnung, sofern im Einzelfall der Grundsatz der Verhältnismäßigkeit gewahrt sei.[261]

Vor diesem Hintergrund scheint die unbeschränkte Freiheit, mit dem eigenen Körper nach Belieben zu verfahren, dem Grunde nach nicht vorbehaltlos anerkannt zu sein. Der Staat behält sich bislang die Möglichkeit vor – und macht auch ab und an von ihr Gebrauch[262] -, die Menschen im rechtlichen Einzugsgebiet vor sich selbst zu schützen, sie möglicherweise sogar zu erziehen. Dies läge freilich bei der nicht ärztlich fachgerecht gesteuerten Nutzung einer im Hirn implantierten Elektrode ebenso nahe. Der jeweils Betroffene gefährdet durch eigenständige Manipulation einerseits die Behandlungsziele, wegen derer die THS initiiert wurde, und andererseits seinen körperlichen und geistigen Zustand im Übrigen. Dabei liegen die Gefahren unvorhergesehener Wechselwirkungen mit Gehirnstrukturen

---

[257] Schutz des Menschen vor sich selbst ist grundsätzlich illegitim, *Hillgruber*, Der Schutz des Menschen vor sich selbst, S. 102.

[258] Begr. Zur ÄnderungsVO 01.01.1976, VerkBl 1975, 674 (Unterstreichungen im Text sind vom Verfasser).

[259] BVerfGE 6, 32, 41; 54, 143, 146; 80, 137, 153.

[260] Einzig umstritten sind die wenig bedeutsamen Fälle gewohnheitsrechtlicher Anerkennung von Normen, was für die vorliegende Debatte irrelevant ist. Demgegenüber ist selbst Richterrecht Teil der verfassungsmäßigen Ordnung im Rahmen des Art. 2 Abs. 1 GG, vgl. Dreier/*Dreier*, GG, Art. 2 I Rn. 54 m.z.N.

[261] Ausführlich BVerfGE 90, 145 – Cannabis-Entscheidung = NJW 1994, 1577.

[262] Vgl. als weiteres Beispiel kann insbesondere § 109 StGB diskutiert werden, welcher zwar grundsätzlich dem externen Ziel der Tauglichkeit und Erhaltung des Militär dient, vgl. LK/*Schroeder*, StGB, § 109 Rn. 1 f., jedoch durch die weiterhin bestehende Straflosigkeit des Suizids ein gewisses Paradoxon bildet. Dies ist aber vorliegend nicht von Bedeutung.

oder sogar die irreversible Zerstörung gesunder Strukturen nicht fern.[263] Ein normativer Ansatz für den Zugriff könnte sich vor diesem Hintergrund aus dem allgemeinen Polizei- und Ordnungsrecht ergeben, da eine Gefahr für die öffentliche Sicherheit angenommen werden könnte. Auch wenn man dies nicht akzeptiert, bliebe dem Gesetzgeber vor dem Hintergrund aufgezeigter verfassungsrechtlicher Judikatur die Möglichkeit, weitere einschränkende Normen zu schaffen.

Interessanterweise zeigten sich höchstrichterlich aber auch manche Entscheidungen, die einen erzieherischen Staat explizit ablehnen und für unzulässig erklären. So formulierte das BVerfG die „Freiheit zur Krankheit"[264] und verlieh der Tatsache Ausdruck, dass der Staat nicht die Aufgabe habe, „seine Bürger zu bessern"[265]. Zur oben angeführten Problematik von sichernden Regelungen im Straßenverkehr schlägt das BVerfG dann auch nicht die Linie ein, die in der zitierten Gesetzesbegründung propagiert wird, sondern bemüht sich um die Darstellung des Schutzes von Gemeininteressen. Das Gericht führt aus: „Ein Kraftfahrer, der ohne Schutzhelm fährt und deshalb bei einem Unfall eine schwere Körperverletzung davonträgt, schadet keineswegs nur sich selbst"[266]. Das Gericht stellt sodann darauf ab, dass die Folgen möglicherweise die Allgemeinheit tragen müsse, da der öffentliche Verkehr unter der Aufsicht des Staates stehe und Unfallfolgen durch das Kollektiv abgemildert würden.

In anderen Bereichen wird das verfassungsrechtliche Problem zulässiger Freiheitsbeschränkung auf den Schutz vor uninformierten und unüberlegten Entscheidungen gestützt.[267] In vielen Bereichen seien etwa Rücktritts-, Form- und Widerrufsvorschriften eine verfassungsrechtlich zulässige Beschränkung der Privatautonomie, da niemand in jeder Situation ein „valide informiertes Subjekt"[268] sei. Wird dies zum allgemeinen Prinzip erhoben und auch auf die reine Selbstgefährdung übertragen, so lässt sich jedenfalls vor diesem Hintergrund ein staatliches Eingreifen nahezu immer rechtfertigen, da sich jedenfalls bei komplexen Vorgängen wie der elektrischen Stimulation des Gehirns kaum eine Person als hinreichend informiertes Subjekt bezeichnen kann.

bb) Stellungnahme

Erst bei gesellschaftlich grenzwertigen Problemlagen zeigt sich zumeist in voller Schärfe, welche Grenzen staatlicher Intervention zu Lasten persönlicher Freiheit definitiv gesetzt sein müssen. Sicherlich ist es gut nachvollziehbar, wenn gesellschaftspolitisch die Neigung besteht, die Menschen im Staat generell vor Schaden

---

263 Der Grundgedanke unabsehbarer Folgen wird berechtigterweise bei jedweder neuromodulativen Enhancementmaßnahme in den Vordergrund gerückt, vgl. *Gärditz*, PharmR 2011, 46, 48 m.V.a. *Merkel*, ZStW 121 (2009), 919, 935, 946.

264 BVerfGE 58, 208, 226.

265 BVerfGE 22, 180, 219.

266 BVerfGE 59, 275, 278.

267 Stern/*Sachs*, Das Staatsrecht der Bundesrepublik Deutschland, Bd. III/2, 1994, S. 362 m.w.N.

268 *Höfling*, Salus aut/et voluntas aegroti suprema lex, in: Wienke/Eberbach/Kramer/Jahnke, Die Verbesserung des Menschen, S. 119, 125.

zu bewahren. Dieses Ziel ist durchaus anerkennens- und lobenswert. Es darf aber nicht bis ins Letzte rechtlich erzwingbar sein, da dies des Menschen Freiheit missachtet. Im modernen Staat ist jeder frei darin, das eigene Gehirn elektrisch zu stimulieren, wenn es gewünscht wird. Grenzen zum Schutze Dritter existieren zahlreich und sind wichtig. Der moderne Staat ist aber kein Konstrukt, das seinen Einwohnern Freiheit erst gewährt, sondern er schützt die natürliche Freiheit des Einzelnen, die jedem von Natur aus innewohnt. Nur dieser Blickwinkel respektiert des Menschen Würde, deren Kernaspekt neben anderen Punkten auch die originäre Akzeptanz individueller Persönlichkeitsentfaltung ist.

Dem sind freilich faktische Grenzen gesetzt, die sich daraus ergeben, dass unsere Umwelt und die Natur des Menschen einem jeden nur bestimmte Freiheiten erlauben. Niemand hat einen originären Anspruch darauf, dass der Staat sich seinen Vorstellungen gemäß gestaltet, damit die eigene Freiheit maximal ausgelebt werden kann. Der Staat muss also die Freiheitsvoraussetzungen für den Einzelnen nicht individuell schaffen. Bestehende Freiheit und mögliche Freiheitsbetätigung des Einzelnen dürfen aber auch nicht auf Basis von Vernunfterwägungen unterbunden werden. Es mag unvernünftig sein, die eigene Gesundheit bei Selbstversuchen mit der THS zu riskieren, aber das ist die Angelegenheit des Betroffenen. Entgegenstehen kann lediglich die mögliche Belastung der Solidargemeinschaft wegen Kostenfolgen einer später notwendigen Heilbehandlung. Insofern könnte aber bei erheblichen unerwünschten Kostenfolgen eine Vorschrift ähnlich des § 52 SGB V oder dessen Erweiterung als milderes gleich geeignetes Eingriffsmittel erwogen werden. Ebenso versagt der Ansatz, unvernünftige Entscheidungen a priori als uninformierte und somit eben nicht vollauf selbstbestimmte Entscheidungen einzuordnen, vor denen der Einzelne geschützt werden müsste. Es kann ohnehin nicht zweifelsfrei davon ausgegangen werden, dass die Frage hinreichender Information notwendige Voraussetzung für Taten gegen sich selbst ist, die mit zulässigen Mitteln nicht verhindert werden können. Mit welchem Recht sollte der Einzelne an einer Reise ins Ungewisse zu hindern sein, wenn hierfür keine Interventionen von dritter Seite erforderlich sind? Die einzige Erwägung, die dagegen spräche, wäre die Anwendung der Vernunft, also der Rückzug auf Rationalität. Aber eine kollektive Vernunft, die allen Individuen im Kollektiv aufgezwungen wird, ist eine der größten Feinde der Freiheit und vor dem Hintergrund des Menschenbildes im modernen Staat und unserer Verfassung keinesfalls zu akzeptieren. Ausnahme darf einzig der Schutz der in ihrer Willensbestimmung und –betätigung erheblich eingeschränkten Person sein.[269] Aus alledem ergibt sich die Synthese, dass Eingriffe allein zur Durchsetzung vernunftgeleiteten Handelns unzulässig, das heißt verfassungswidrig sind. Ein staatliches Erziehungsrecht ist ebenso abzulehnen. Insofern ergibt sich keine Begrenzung selbstdurchgeführter Veränderungen der THS-Parameter. Ein Übereilungsschutz, wie ihn *Linke* diskutiert,[270] mag man akzeptieren, sofern dieser die individuelle Freiheit nur soweit tangiert, als eine Selbstgefährdung nicht auf eine erhebliche Willensschwäche zurückzuführen

---

[269] So zutreffend *Hillgruber*, Der Schutz des Menschen vor sich selbst, S. 102.

[270] Zur Zulässigkeit des Übereilungsschutzes *Linke*, Grundrechtliche Spannungslagen am Lebensende, S. 100 f.

ist. Durch ein solches Instrument darf allerdings nicht mittelbar im Wege zeitlicher Verzögerung die individuelle Freiheit faktisch doch beschnitten werden. Daher ist *Gärditz* darin zuzustimmen, dass ein solcher Übereilungsschutz nur bei hinreichender Wahrscheinlichkeit psychischer Anomalien zulässig sein kann.[271]

d) Schutz der Gesellschaft – Technokratie[272]

Als besonderer Schutzgegenstand wird teilweise die Verteidigung der gesamten Gesellschaft gegen strukturzerstörende Veränderungen für verfassungsrechtliche Eingriffsrechtfertigungen herangezogen.[273] Hintergrund ist die Erhaltung geschaffener Gesellschaftsstrukturen und Tugenden.[274] Speziell auf Basis der Debatte um die THS als Neuroenhancer könnte der technokratische Gedanke eine Rolle spielen, nach welchem so genannte „natürliche Werte" abhandenkommen könnten und eine vollumfängliche Ersetzung durch technische Mittel in den Vordergrund zu treten drohen. Bereits die Weite der Formulierung und die Unmöglichkeit gezielter Spezifizierung, inwiefern die Gesellschaft selbst ein taugliches Schutzgut oder die Technokratie eine diskutable Gefahr ist, zeigen, dass dieser Ansatz zu Recht nicht als verfassungsrechtliche Schranke individueller Freiheit anerkannt ist.[275]Solange dieser Ansatz nicht als entscheidender Ausgangspunkt für konkret erkennbare Gefahren für Staat und seine Individuen erkannt wird, können Verhaltenspflichten in Bezug auf den Umgang mit der THS oder anderen Neurostimulantien nicht verfassungsrechtlich zulässig gegründet werden.

VI. Schlussfolgerung

Die THS kann auf Basis bislang geltenden Rechts als Enhancement eingesetzt werden. Als technisches Mittel mit besonderen Effekten und Gefahren unterliegt jede Verwendung zahlreichen Beschränkungen, durch die allen voran Dritte vor Übergriffen geschützt werden. Allerdings existiert kein wirksamer Schutz vor hierdurch geschaffener Überlegenheit im Wettbewerb, was mit zunehmender Verbesserung der THS zu einem ernst zu nehmenden Problem der Chancengleichheit werden könnte. Hier wird der Gesetzgeber in Zukunft möglicherweise reagieren müssen.

---

271 *Gärditz*, Pharmakologisches Neuro-Enhancement als Rechtsproblem, PharmR 2011, 46, 49.

272 Der Begriff der Technokratie ist hier nicht auf die Regierungsform, sondern auf die Einstellung der Bevölkerung bezogen. Vgl. zu Begriff und Hintergrund *Capurro*, Informatik: Von der Technokratie zur Lebenskunst, Vortrag Zürich v. 07.02.1992, in: Fachgruppe Informatik und Gesellschaft der Schweizerischen Informatiker Gesellschaft, Publikation der Vorträge zur Gründungsversammlung der Fachgruppe Informatik und Gesellschaft der Schweizerischen Informatiker Gesellschaft.

273 *Geipel*, FuL 2008, 512 f.

274 Vgl. *Gärditz*, PharmR 2011, 46, 51.

275 Vgl. *Schöne-Seifert*, in: Schöne-Seifert/Talbot/Opolka/Ach, Neuro-Enhancement – Ethik vor neuen Herausforderungen, S. 347, 355. Überzeugend und prägnant auch *Gärditz*, PharmR 2011, 46, 51.

Weiterhin werden auch die Betroffenen, die eine Verbesserung mittels THS wünschen, durch Aufklärung, Indikationserwägungen und Schutzverbote vor vorschnellen oder ungewollten selbstzerstörerischen Eingriffen bewahrt. Demgegenüber ist aber die freiverantwortliche Selbstgefährdung verfassungsrechtlich nicht zulässig beschränkbar. Allerdings kann niemand von einem Fachmann erwarten, dass dieser Hilfe bei der Wunscherfüllung leistet. Daher ist dieser Problemkreis auf Personen mit bereits implantierten und intakten Elektroden beschränkt. Die Ärzte, die zu weitergehenden wunschmedizinischen Maßnahmen in der Lage sind, unterliegen zudem weit schärferen Restriktionen als die Betroffenen selbst. Dies belegt einmal mehr den erheblichen Unterschied zwischen eigenverantwortlicher Selbstgefährdung und einverständlicher Fremdgefährdung. Außerdem sind Ärzte an die Regeln ihres Berufsstandes gebunden und aufgrund der hohen Bedeutung der ärztlichen Kunst der Volksgesundheit insoweit verpflichtet, als durch diese soziale Bindung die Berufsfreiheit nicht unverhältnismäßig beschränkt wird.

Ein weitergehend zu erörterndes Thema werden letztlich auch die ethischen Aspekte und deren Verrechtlichung bleiben.[276] Dieser Umstand ist wichtig, da hier noch zahlreiche Fragenkomplexe unerschlossen und unbeantwortet sind. Recht und Ethik haben die Aufgabe, die medizinische und technische Entwicklung stetig zu begleiten und das gegebene System an neue Umstände anzupassen.

---

[276] Vgl. *Gärditz*, PharmR 2011, 46, 48 f.

Zusammenfassung

Kap. 1: THS zum Zwecke der Heilbehandlung

I. Privatrecht

1. Vertragsrechtlich wird der THS-Patient typischerweise in ein Krankenhaus auf Basis eines totalen Krankenhausvertrages, gegebenenfalls mit Arztzusatzvertrag aufgenommen. Will das Krankenhaus demgegenüber die ärztliche Tätigkeit nicht selbst durch eigene Ärzte durchführen lassen und entsprechend auch nicht für potentielle Misserfolge und Behandlungsfehler haften, so kommt ausschließlich eine individualvertragliche Vereinbarung eines gespaltenen Arzt-/Krankenhausvertrages in Betracht. Eine formularmäßige Spaltung scheitert bei der Aufnahme zur THS-Behandlung an der Inhaltskontrolle des § 307 Abs. 1 S. 1, Abs. 2 Nr. 2 BGB.

2. Ein Vertragsschluss durch Minderjährige kommt bei der THS nicht in Betracht. Auch gesetzlich versicherte Personen, die nach Maßgabe des § 36 Abs. 1 SGB I ab dem 15. Lebensjahr grundsätzlich berechtigt sind, eigenständig sozialversicherungsrechtliche Leistungen zu beanspruchen, können jedenfalls keine Durchführung der THS verlangen, da für einen dermaßen erheblichen Eingriff die Einwilligung der gesetzlichen Vertreter erforderlich ist. Daher sollte bereits von einem Vertragsschluss mit Minderjährigen ohne Zustimmung der gesetzlichen Vertreter abgesehen werden.

3. Der jeweilige Behandlungsvertrag zur THS ist an den allgemeinen Grenzen der §§ 134, 138 BGB zu messen. Dabei ist zu berücksichtigen, dass die THS dazu geeignet ist, Emotionen und Geisteszustände des Patienten zu manipulieren. Auch muss beachtet werden, dass die Zielpunkte der Stimulation zur Drosselung der verschiedenen Krankheitssymptome häufig mit Nebenwirkungen verbunden sind, die persönlichkeitsverändernde Ausmaße annehmen können. Problematisch sind allem voran Verträge, nach denen eine entsprechende Veränderung gezielt herbeigeführt werden soll. Ob insofern generell von einem sittenwidrigen Vertrag gesprochen werden kann, ist derzeit aufgrund fehlender weiterer Erkenntnisse der Natur- und Geisteswissenschaften in diesem Bereich nicht zu beantworten. Sittenwidrig ist allerdings in jedem Fall ein Vertrag, nach welchem der Patient gezielt aggressiv oder anderweitig zu einer Gefahr stilisiert werden soll.

4. Ein letzter bedeutsamer vertragsrechtlicher Aspekt ist der erhebliche Kostenfaktor der THS. Arzt und Krankenhaus treffen keine generelle Pflicht, die wirtschaftlichen Interessen der Patienten zu wahren, jedoch ist gleichwohl nach § 138 Abs. 1 BGB ein Behandlungsvertrag zur Durchführung der THS nichtig, wenn der Behandlungsseite klar ist, dass der Patient entweder versicherungsrechtlich keinen Anspruch auf die Maßnahme hat oder der Patient nicht versichert ist und zudem dem Patienten durch die Kostenbelastung der wirtschaftliche Ruin droht.

5. Bezüglich ärztlicher Standards ist festzuhalten, dass die THS im Bereich der Bewegungserkrankungen als Standardmethode eingeführt ist und sich bewährt hat. Dem steht die fortlaufende Verbesserung des Verfahrens und der Technik nicht

entgegen. Wegen der besonderen Wirksamkeit der THS in diesem Leidensbereich ist eine Durchführung bereits frühzeitig von ärztlicher Seite zu erwägen, auch wenn medikamentöse Therapien noch nicht weitestgehend wirkungslos sind. In anderen Bereichen – insbesondere bei psychiatrischen Erkrankungen – ist die THS jedenfalls bislang noch kein Standardverfahren. Ihre Anwendung ist daher nur unter den Voraussetzungen des Heilversuchs statthaft.

6. Da die THS ein komplexes Verfahren ist und eine präzise Abstimmung eines Behandlungsteams erfordert, sind zahlreiche Abstimmungs- und Dokumentationspflichten zu beachten. Diese richten sich einerseits nach den Standards der funktionellen Stereotaxie und andererseits – aufgrund des Einsatzes von aktiven, implantierbaren Medizinprodukten – nach den Sonderregeln über Medizinprodukte. Im Unterschied zu den meisten anderen medizinisch operativen Eingriffen besteht für die THS ein klares rechtliches Gebot der Einrichtung einer hinreichenden Organisation, um die Abstimmung im Ärzteteam zu gewährleisten. Diese stellt eine vertragliche Nebenpflicht und zugleich eine Verkehrspflicht im deliktischen Sinne dar. Aufgrund des erheblichen Gefahrenpotentials des THS-Eingriffs ist dieses rechtliche Gebot für den Patientenschutz unabdingbar.

7. Von herausragender Bedeutung für die THS ist eine ordnungsgemäße Aufklärung. Die Selbstbestimmungsaufklärung muss die zahlreichen potentiellen Nebeneffekte, das Verfahren, Alternativen und Einflüsse auf das künftige Leben enthalten. Zwar bedarf es seitens des Patienten nur eines Verständnisses „im Großen und Ganzen", jedoch bedeutet dies nicht, dass die Informationen oberflächlich sein dürften. Vielmehr ist damit lediglich die Besprechung präziser medizinischer Details obsolet, die für das laienhafte Verständnis des Patienten nicht von Nöten sind. Die Behandlungsseite hat zudem im Rahmen der Alternativaufklärung peinlich genau darauf zu achten, inwieweit neben der THS auch medikamentöse Therapien sinnvoll sind. Gleichermaßen ist neben medikamentösen Therapien ein THS-Einsatz bei den entsprechenden Krankheitsbildern zu erwägen. Der Patient ist im Zweifel frühzeitig über die gegebenen Varianten zu unterrichten. Eine über die Aufklärung hinausgehende Beratungspflicht ist rechtlich bislang nicht anerkannt. Sie würde erfordern, dass die Behandlungsseite in einem Dialog mit dem Patienten auf Basis gegebener Aufklärung die Entscheidungsmöglichkeiten weitergehend erörtert. Darunter können Erwägungen für die weitere Lebensgestaltung und sonstige private Aspekte fallen. Medizinethisch wird eine solche Beratungspflicht diskutiert. Sollte dieselbe zu einem festen, ethischen Gebot erstarken, so fände dieses Eingang über das Berufsrecht und wäre jedenfalls insoweit rechtlich bindend. Eine Aufklärung über die Qualitätsstandards der medizinischen Einrichtung ist grundsätzlich nicht erforderlich, es sei denn, die jeweilige Einrichtung ist nicht dazu in der Lage, den medizinischen Basis-Standard zu erfüllen.

8. Ebenso wie die Behandlung muss auch die Aufklärung organisiert werden. Da verschiedene medizinische Bereiche vom Patienten zu durchlaufen sind, ist zu gewährleisten, dass entweder eine hinreichende Absprache erfolgt, die die vollständige Aufklärung des Patienten sichert, oder dass die Aufklärung vollumfänglich für alle Bereiche von einer Person durchgeführt wird, die hierfür hinreichend qualifiziert ist und von den übrigen Beteiligten des Teams eingehend instruiert wurde.

9. Sind Mängel der Einwilligungsfähigkeit ersichtlich, so hat der Arzt diesen vor dem Eingriff dezidiert nachzugehen und erforderlichenfalls auf die Ersetzung durch das Vormundschafts- oder Betreuungsgericht hinzuwirken. Für Minderjährige ist das Kindeswohlprinzip der primäre Maßstab, während es für Einwilligungsunfähige, die das 18. Lebensjahr vollendet haben, zuvörderst auf die Ermittlung des wahren subjektiven Willens ankommt. Unabhängig von diesen beiden Fallgruppen ist aufgrund der für den Patienten regelmäßig sehr schwierigen und kraftraubenden Krankheitsbilder eine potentielle Schwächung der Fähigkeit zur freien Willensbetätigung zu berücksichtigen, die durch entsprechende Nachfragen, Beratungsmöglichkeiten oder Bedenkzeiten zu kompensieren ist.

10. Im Rahmen der Nachbehandlung sind ärztlicherseits umfassende Instruktionen an den Patienten zu geben, wodurch dieser in die Lage versetzt wird, mit der neuen Lebenssituation und den zu erwartenden Auswirkungen umzugehen. Der Patient ist über den Gebrauch der Gerätschaften und die erforderlichen Kontrollen aufzuklären. Zudem liegt zur Vermeidung von Missbrauch und zur Minimierung potentiell unerwünschter Nebenwirkungen eine gesonderte Vertragsklausel nahe, nach welcher der Patient die Einstellung der Stimulation ausschließlich der Behandlungsseite überlässt. Diese Klausel eines wirksamen Vertrages kann rechtlich keine entsprechende Bindung begründen, jedoch kann dieselbe einerseits einen gesellschaftlich moralischen Druck auf den Patienten ausüben, auf dass er sich nicht selbst schädigen möge, und andererseits ist bei Verstoß eine Haftung der Behandlungsseite ausgeschlossen, da diese alles ihr Zumutbare unternommen hat, um den Patienten vor ihn überfordernden Situationen und damit einhergehenden unfreiwilligen Selbstschädigungen zu schützen.

11. Haftungsrechtlich existieren verschiedene Kategorien, die für die THS Bedeutung haben. Festzuhalten ist, dass eine eigenständige Behandlungsfehlerart aus Verstößen gegen ethische Gebote nicht zu folgern ist. Mängel der angewendeten Produkte führen zu einer Haftungsverschärfung durch beweisrechtliche Konsequenzen nach den anerkannten Grundsätzen des voll beherrschbaren Risikobereichs. Ermangelt es an einer gebotenen wirtschaftlichen Aufklärung so kommt ein Schadensersatzanspruch wegen Verletzung einer vertraglichen Nebenpflicht aus dem Behandlungsvertrag in Betracht. Gleiches gilt für den Fall unterlassener Dokumentation, die in eine mangelhafte Sicherungsaufklärung mündet. Im Übrigen sind Dokumentationsmängel keine eigenständigen Haftungsgründe, sondern können nur beweisrechtlich Relevanz erlangen. Maßnahmen der Qualitätssicherung schützen zwar mittelbar die Patienten, sind aber keine diesen gegenüber obliegenden Pflichten. Sie bilden dementsprechend keine eigenständigen Haftungsgründe. Nur wenn aus ihnen ein konkreter Behandlungsfehler resultiert, ist dies anders. Eine von der üblichen arzthaftungsrechtlichen Praxis abweichende Beurteilung ergibt sich bei der THS für den ärztlichen Vertrauensgrundsatz. Dieser gilt aufgrund der Komplexität der Methode und der damit einhergehenden gebotenen zusätzlichen Absprachen und Gegenprüfungen nur in erheblich eingeschränktem Maße. Weiterhin kommt auch eine Haftung gegenüber Dritten in Betracht, sofern eine absehbare THS-spezifische Gefahr sich verwirklicht und der Patient Dritte schädigt. Die Reichweite dieser Überwachungsgarantie ist jedoch im Einzelfall schwer zu bestimmen und muss möglicherweise künftig noch durch eine Fallgruppensystematik verfestigt werden. Ein entsprechendes Problem ergibt

sich bei Selbstschädigungen des Patienten unter Stimulationseinfluss. Schließlich sind bei bestehender Haftung gegenüber dem Patienten Minderungen der Anspruchshöhe nach zu bedenken, sofern dieser die gebotene Compliance nicht beachtet.

II. Versicherungsrecht

1. Die THS ist eine kostspielige Form der Heilbehandlung. Sie bietet gleichwohl auch unter Wirtschaftlichkeitsgesichtspunkten eine sinnvolle Alternative zu den bislang anerkannten Verfahren des Indikationsbereichs.

2. Für den Bereich, in welchem die THS noch nicht als Standardverfahren anerkannt ist, kann ein gesetzlich versicherter Patient grundsätzlich nur dann eine THS-Behandlung beanspruchen, wenn er im Übrigen austherapiert ist. Anderes gilt je nach Versicherungsvertrag für den privat Versicherten. Sofern der Versicherungsvertrag nichts Spezielles vorsieht, ist der Maßstab aber auch im Bereich der privaten Krankenversicherung das medizinisch Notwendige, was zu einem weitestgehenden Gleichlauf der beiden Versicherungssysteme führt.

III. Strafrecht

1. Nach der Körperverletzungsdoktrin des BGH ist die Durchführung der THS als invasive Methode eine tatbestandsmäßige Körperverletzung. Wesentlicher Rechtfertigungsgrund ist die Einwilligung.

2. Sonderstrafrechtlich sind Verstöße gegen das Medizinprodukterecht sowie gegen das Heilmittelwerberecht beachtlich.

3. Eine zusätzliche Komponente ergibt sich aus der möglicherweise fehlenden Verantwortlichkeit des Patienten für eigenes Tun unter Stimulationseinfluss. In diesen Fällen ist es einerseits für die Behandlungsseite schwierig, festzustellen, ob bereits ein Zustand fehlender Zurechnungsfähigkeit gegeben ist, andererseits muss für die jeweilige Situation abgewogen werden, welche Maßnahmen zum Schutz des Patienten und Dritter zu ergreifen sind, ohne dabei Freiheit, Persönlichkeitsrecht und körperliche Integrität des Patienten übermäßig einzuschränken. Die Behandlungsseite muss an dieser Stelle eine schwierige Gradwanderung absolvieren, so dass hinsichtlich der rechtlichen Würdigung zu beachten ist, dass sich die Verhaltens-/Verkehrspflichten im Rahmen des Zumutbaren halten. Trifft die Behandlungsseite alle ihr zumutbaren Vorkehrungen und werden alle gebotenen Prüfungen und Sicherungen durchgeführt, so kann eine Verantwortlichkeit nur noch unter dem Gesichtspunkt des Systemversagens gegeben sein, nicht aber wegen personellen Einzelversagens als begründet erachtet werden.

IV. Diskretion und Datenschutz

1. Datenschutzrechtlich gilt es einen Weg für die gebotene Qualitätssicherung zu ebnen, ohne dabei rechtswidrig die Patientengeheimnisse preiszugeben. Der Weg über die rechtfertigende Einwilligung erweist sich ob der häufig sensiblen Krankheitsbilder und schwierigen Situationen der Patienten als ineffizient. Daher

ist auf Anonymisierung und Randomisierung zurückzugreifen, so dass der einzelne Patient nicht verifizierbar ist.

2. Vergleichbare Probleme ergeben sich bei der Einrichtung von Systemen zum Risikomanagement. Insofern ist gesondert darauf hinzuweisen, dass weder die Krankenhausleitung noch nicht an der Behandlung beteiligte Ärzte eine Berechtigung haben, personenbezogene Patientendaten in Erfahrung zu bringen, ohne zuvor die Einwilligung des Betroffenen einzuholen. Gesetzliche Ausnahmetatbestände sind selten. Dies hemmt die Möglichkeiten eines effektiven Risikomanagements erheblich, sichert aber die Privatsphäre der Patienten. In dieses datenschutzrechtliche Feld mit identischer Lösung gehört auch die Anrufung eines Konsiliars.

3. Einen eigenständigen Problemkomplex bildet der Umgang mit wachsenden Dokumentations- und sonstigen Datenmengen. Hier bedienen sich Krankenhäuser in der Praxis vielfach Externer zur Speicherung und Verwaltung. Dies ist datenschutzrechtlich bedenklich, jedoch kann das Problem durch Einholung einer Einwilligung des Patienten gelöst werden. Demgegenüber ist eine analoge Anwendung des § 193 StGB nicht zu befürworten. Sofern Patienten nicht mit einer externen Speicherung einverstanden sind, kann mit einer krankenhausinternen Speicherung regelmäßig Abhilfe geschaffen werden. Die Ausführungen gelten für externe Abrechnungsstellen entsprechend.

4. Geheimnisschutz besteht grundsätzlich auch gegenüber den Eltern Minderjähriger. Wünscht der Minderjährige aber einen solch erheblichen Eingriff wie die THS, den der Arzt ohne Einwilligung der Erziehungsberechtigten nicht durchführen darf, so überwiegen die berechtigten Interessen der Eltern an der Information. Der Arzt ist befugt, die Eltern auch ohne Kindeseinwilligung aufzuklären.

5. Informationen an Dritte, die deren Schutz dienen, können grundsätzlich nicht von der Behandlungsseite verlangt werden. Anderes gilt nur gegenüber nahen Angehörigen, sofern der Patient erkennbar eine nicht unwesentliche Gefahr darstellt, die der Arzt zu beherrschen hat, oder sofern der Dritte selbst auch Patient des betroffenen Arztes und von dem THS-Patienten unmittelbar bedroht ist. Eine grundlegende Pflicht zur ungefragten Offenbarung kann den Arzt aber in all diesen Fällen nicht treffen, da dieser sich sonst in einer nicht mehr akzeptablen Strafbarkeitsfalle befände. Der Arzt muss zwischen drohendem Geheimnisverrat und Drittschutz zumutbar und in rechtmäßiger Weise wählen können. Es ist vielmehr Sache der Behandlungsseite, präventive Schutzmaßnahmen und notfalls konkrete Maßnahmen in der Situation gegen den Patienten zu ergreifen, von dem die Bedrohung unter Stimulationseinfluss ausgeht.

V. Berufsrecht

1. Unter den zahlreichen Verhaltenspflichten, die sich aus dem ärztlichen Berufsrechts ergeben, ist die Einbindung ethischer Regeln eine für die THS hervorzuhebende Besonderheit. Ihre gesetzliche Statuierung in den Heilberufsgesetzen der Länder und den auf dieser Basis ergangenen Berufsordnungen genügt sowohl rechtsstaatlichen als auch demokratischen Grundsätzen. Allerdings sind dieser Normierung ausschließlich hinreichend bestimmt formulierte ethische Regelungen zugänglich. Ein Expertengremium, welches für die Schaffung derselben prädesti-

niert ist, steht mit den anerkannten und im Rahmen der Gesetze errichteten Ethikkommissionen für alle Ärzte bereit. Jedoch ist gesetzlich außerhalb von Forschungsvorhaben nicht vorgesehen, dass die Ethikkommissionen eine Entscheidungsgewalt zur Schaffung entsprechender ethischer Regeln haben sollen. Vielmehr sind die Kommissionen bislang nahezu ausschließlich Prüfungsinstanzen für die Einleitung und Begleitung ordnungsgemäßer klinischer Studien. Es wurde im Einzelnen aufgezeigt, dass dies weder den praktischen Bedürfnissen nach Klärung im Einzelfall noch den wesentlichen rechtlichen Gegebenheiten entspricht. Die THS ist ein Musterbeispiel für das Problemfeld. Es existieren zahlreiche ethische Grundsatzprobleme, die es vor Nutzung der THS zu bedenken gilt. Diese können im Einzelfall je nach Patient variieren. Es besteht ein praktisches Bedürfnis ärztlicherseits wie auch aus Sicht des Patienten, dass sich ein gesondertes Expertengremium mit den Problemspektren befasst. Zugleich ist aber auch die Therapiefreiheit des jeweils behandelnden Arztes zu achten und nicht übermäßig einzuschränken. Zur Lösung des Dilemmas ist auf eine sinnvolle Arbeitsteilung zurückzugreifen. Die Ethikkommissionen sollten berufen sein, die Grundsatzentscheidungen über die ethische Vertretbarkeit hinsichtlich der THS-Nutzung mit Entscheidungsgewalt zu klären. Abweichungen und Besonderheiten des Einzelfalls sollten demgegenüber der Expertise des behandelnden Arztes unterworfen sein. Die Landesgesetzgeber sind aufgerufen, in den Heilberufsgesetzen Ermächtigungen für eine erweiterte Tätigkeit der Ethikkommissionen zu schaffen.

2. Für den ordnungsgemäßen Umgang mit der THS ist eine systematische Qualitätssicherung von Bedeutung. Dieselbe hat auch einer hinreichenden Kontrolle zu unterliegen, ohne dass es dabei zu Verletzungen des gebotenen Datenschutzes kommt. Die rechtlichen Grundlagen dieser Qualitätssicherung wurden aufgezeigt und vor dem Hintergrund der Besonderheiten der THS gewürdigt. Hervorzuheben ist, dass die THS derzeit fortwährend weiterentwickelt wird, neue Erkenntnisse also an der Tagesordnung sind. Daher ist nicht nur eine interne Qualitätssicherung von Bedeutung, sondern die gefundenen Ergebnisse müssen möglichst einem internationalen Vergleich zugeführt werden. Ansätze hierfür sind zahlreich vorhanden.

Kap. 2: THS in der Forschung

1. Die Grundansätze zur THS sind der Medizinwissenschaft seit langer Zeit bekannt. Die Methode mit ihren zahlreichen Möglichkeiten und Entwicklungspotentialen ist demgegenüber noch nicht an ihre Grenzen gestoßen. Es bedarf weiterhin in erheblichem Maße an Aufbauforschung.

2. Wird die THS mit dem Ziel der Forschung eingesetzt, so gelten die besonderen Regeln der medizinischen Forschung. Diese sind in Form eines Grundsatzkatalogs für jede Art medizinischer Forschung anerkannt. Die entscheidenden Elemente sind insofern das Vorliegen eines Probandenvertrages, die Einhaltung der Good-clinical-practice-Grundsätze, die freiverantwortliche Einwilligung des Probanden und die sachliche Rechtfertigung der Forschungsmaßnahme, verbunden mit einer Nutzen-Risiko-Abwägung.

3. Für die rechtliche Betrachtung ist das Recht der Medizinprodukte von entscheidender Bedeutung, da die THS maßgeblich auf den Einsatz von Medizinprodukten aufbaut. Dieses enthält vornehmlich in den §§ 20 ff. MPG eine Ansammlung zu beachtender Ge- und Verbote bei der Durchführung klinischer Studien.

4. Besonders kritisch ist die Forschung an Minderjährigen und Einwilligungsunfähigen, da ihnen ein „Sonderopfer" für die Gemeinschaft auferlegt wird, obgleich sie sich möglicherweise nicht vollauf frei dafür entschieden haben. Vor diesem Hintergrund sieht das MPG als unumgängliche Grundbedingung vor, dass der Betroffene jedenfalls potentiell Nutzen aus der Studie zieht. Es muss sich also um eine Person handeln, die selbst jedenfalls von einem mit der THS möglicherweise behandelbaren Krankheitsbild betroffen ist. Dieser Schutz ist allerdings auch hinreichend, um die Belange der bedrohten Rechtsgüter angemessen zu berücksichtigen.

Kap. 3: THS als medizinisch nicht gebotener Eingriff

1. Technische Leistungssteigerungsmaßnahmen sind bislang kaum einmal Gegenstand des menschlichen Alltagslebens gewesen. Außerhalb des Science Fiction – Bereichs wird ihnen kaum Aufmerksamkeit geschenkt.

2. Die THS bringt nicht nur eine technische Möglichkeit der Leistungssteigerung, sondern sie wirkt auch tief im Hirn und damit an jener Stelle, die für das gesamte menschliche Dasein der einzelnen Person entscheidend ist. Manipulationen und Korrekturen neuronaler Prozesse bergen viele Möglichkeiten, bieten aber auch den Ansatz für Missbrauch und andere schwerwiegende Gefahren. Diese Gefahren in Kauf zu nehmen, rechtfertigt sich im Bereich der lege artis durchgeführten Heilbehandlung durch die medizinische Indikation. Dieser Grund entfällt hinsichtlich des Neuroenhancements beim ordnungsgemäß aufgeklärten Kunden.

3. Es ist Aufgabe der Rechtswissenschaft, der Gerichte und des Gesetzgebers, die entstehenden Möglichkeiten wachend zu begleiten und den Fortschritt mit Rahmenbedingungen und Kontrollen zu versehen. Zugleich müssen alle Gefahren so gut wie möglich erkannt, herausgestellt und durch Regulierungen in ihre Schranken gewiesen werden. Wenn auch das Recht in diesem Procedere faktisch immer „hinterherhinken" wird, da es regelmäßig zunächst auf die Entwicklungen der Fachwissenschaft blicken muss, bevor es reagieren kann, so entbindet dies doch keineswegs von der Pflicht, a priori potentielle Problemfelder abstrakt abzustecken und antizipierte Gefahrenlagen präventiv zu bekämpfen. Der vielerorts anzutreffende Hinweis, dass die Diskussion um das Enhancement verfrüht sei und eine Phantomdebatte darstelle, ist kurzsichtig und berücksichtigt insbesondere nicht die Geschwindigkeit technischer Innovationen der letzten Jahrzehnte.

4. Die THS kann auf drei Wegen zur Leistungssteigerung herangezogen werden. Einerseits kann mit dem jeweilig behandelnden Arzt vereinbart werden, dass alle erforderlichen Instrumente zur THS ausschließlich zum Zweck einer Leistungssteigerung installiert werden. Andererseits kann auch eine Mischbehandlung erwogen werden, wonach die erforderlichen Gerätschaften sowohl zum Zweck der Heilbehandlung als auch der Leistungssteigerung implantiert werden. Und drittens kann eine Person, bei der bereits alles Erforderliche eingesetzt und installiert wur-

de, durch Manipulation der Parameter eine selbstständige Leistungssteigerungsmaßnahme versuchen. Jedes dieser Felder ist eigenständig zu bewerten.

5. Im Rahmen der reinen Leistungssteigerungsmaßnahme unter ärztlicher Hilfe und Aufsicht sind die wesentlichen rechtlichen Grundelemente des Heilbehandlungsrechts übertragbar. So gilt auch hier, dass typischerweise ein totaler Krankenhausaufnahmevertrag geschlossen wird und dass eine formularmäßige Spaltung von Arzt- und Krankenhausvertrag unwirksam ist. Auch geht die Behandlungsseite keinen Werkvertrag mit dem Kunden ein, nach welchem der Verbesserungserfolg garantiert wäre. Vielmehr handelt es sich regelmäßig um einen besonderen Dienstvertrag im Sinne der §§ 630a ff. BGB. Allerdings steht es den Parteien frei, anderes zu vereinbaren. Schließlich bedarf es auch beim THS-Einsatz zur Leistungssteigerung einer Indikation, einer Behandlung lege artis und eines Informed Consent. Jedoch ist die Indikation nicht im Sinne eines Heilzwecks, sondern im Sinne besonderer Eingriffs- und Erfolgsüberlegungen zu verstehen. Es bedarf einer spezifischen Enhancementindikation. Im Rahmen des Informed Consent ist außerdem eine erweiterte, besonders schonungslose Aufklärung zu verlangen.

6. Die Enhancementbehandlung im Sinne der ersten Fallgruppe ist unter diesen Voraussetzungen grundsätzlich möglich, unterliegt aber im Einzelfall einer Reihe entscheidender Schrankenbestimmungen. So scheiden Einwilligungsunfähige grundsätzlich aus, sofern Ihnen gesundheitlich nicht erheblich durch die THS geholfen werden kann, was wiederum die Behandlung in den Bereich der Heiltätigkeit rücken würde. Für Minderjährige ist zu berücksichtigen, dass die Verbesserung durch die THS im Sinne des objektiven Kindeswohls zu sein hat und dem Kind keinesfalls schaden darf. Eingedenk des erheblichen Nebenwirkungspotentials der THS in diesem Bereich, ist dieselbe für Minderjährige als Leistungssteigerungsmaßnahme regelmäßig nicht zugänglich.

7. Restriktionen des Medizinprodukterechts sind demgegenüber nicht gegeben, da die eingesetzten technischen Mittel außerhalb der Verwendung zur Heilbehandlung per definitionem nicht als Medizinprodukte im Sinne des Gesetzes zu behandeln sind.

8. Berufsrechtliche Schranken sind sowohl hinsichtlich der Grenzen ethischer Vertretbarkeit als auch hinsichtlich des berufsrechtlichen Verquickungsverbots von Heil- und sonstiger Behandlung beachtlich. Zu berücksichtigen ist dabei, dass entgegen einigen kritischen Stimmen die berufsrechtlichen Ge- und Verbote auch auf wunschmedizinische Maßnahmen anwendbar sind, wenn es sich im Einzelnen jedenfalls um generelle Verhaltensregeln des ärztlichen Berufsstands handelt.

9. Die Grenze der Sittenwidrigkeit ist bei einem ärztlichen Eingriff zur Leistungssteigerung durch die THS nicht grundsätzlich erreicht. Dies muss nur dann anders bewertet werden, wenn die Umstände des Einzelfalls dies gebieten. In strafrechtlicher Hinsicht ist die Grenze des § 228 StGB dann erreicht, wenn der körperliche Eingriff selbst als sittenwidrig zu qualifizieren ist. Dies ist bei der THS etwa aufgrund des gewählten Stimulationsziels denkbar, sofern dieses bei Implantation oder bei Stimulation eine schwere Folge entsprechend den §§ 226, 227, 216 StGB haben kann. Im Rahmen des § 138 Abs. 1 BGB ist demgegenüber eine Gesamtbetrachtung aller Umstände erforderlich, wonach auch Motive und sonstige Hintergründe berücksichtigt werden müssen. Eine Untersuchung vier

repräsentativer Lebensbereiche - Sport, sozialrechtliche Erstattungsfähigkeit von Folgebeschwerden, Vorschriften des AGG im Hinblick auf Gleichbehandlung im Arbeits- und Prüfungsrecht - zeigt, dass nur in Extremfällen bereits die THS-Behandlung zur Leistungssteigerung selbst oder der ihr zu Grunde liegende Vertrag als sittenwidrig bewertet werden kann.

10. Auch in verfassungsrechtlicher Hinsicht ist ein entsprechender THS-Einsatz letztlich nicht zu beanstanden. Weder kann ein Menschenwürdeverstoß festgestellt werden, noch sind unter sonstigen freiheits- oder gleichheitsrechtlichen Maximen Einschränkungen geboten. Auch dürfte sich vor dem Hintergrund der freiheitsrechtlichen Erwägungen ein einfachgesetzliches generelles Verbot der THS als Leistungssteigerungsmaßnahme nicht halten lassen.

11. Die ärztliche Nutzung einer bereits implantierten Elektrode zur Leistungssteigerung ist im Lichte der rechtlichen Bewertung ungleich kritischer zu bewerten. Der Hintergrund der Implantation ist in diesem Fall zwangsläufig ein Heilzweck gewesen, so dass die Behandlungsseite demselben und dem Patienten verpflichtet ist. Entsprechend steht einer solchen Nutzung einerseits regelmäßig die medizinische Indikation entgegen, da der Heilzweck leicht gefährdet werden kann. Andererseits sehen das Medizinprodukte- und das Berufsrecht Schranken für derartige Mischfälle vor, wonach lediglich ein verschwindend geringer Minimalbereich rechtlich zulässiger Mischbehandlung verbleibt. Daher ist diese Konstellation für die Praxis weitestgehend uninteressant.

12. Schließlich bleibt die Möglichkeit der eigenständigen Regulierung der Stimulation durch den Patienten, der eine THS-Behandlung erhalten hat und nunmehr die Stimulationsmöglichkeiten zur Leistungssteigerung nutzen möchte. Insofern stehen die Gedanken eigenverantwortlicher Selbstgefährdung und Freiheit der Person im Vordergrund. Eine Begrenzung ist nur bei erheblich überwiegenden Interessen möglich.

13. Konsequent ergeben sich Beschränkungsmöglichkeiten eigenständiger Regulation, wenn der Betroffene betreuungsbedürftig oder minderjährig ist. Zudem kann eingegriffen werden, wenn Dritte bedroht sind, oder der Betroffene nicht mehr freiverantwortlich handeln kann.

14. Demgegenüber steht dem Staat kein Erziehungsrecht seiner Bürger zu, so dass Beschränkungen sich nicht daraus ergeben können, dass die Unvernunft der Betroffenen gezügelt werden soll. Auch ein gesamtstaatliches Interesse der Verhinderung einer Technokratie kann hier als Argumentation nicht genügen. Diese müsste ernsthaft und mit schweren Folgen für das Gemeinwohl drohen, bevor Freiheitsbeschränkungen hieraus abzuleiten sein könnten.

Literaturverzeichnis

Achenbach, Anja: Eingriff ohne Spuren. In: Medbiz2008, S. 12–13.

Adler, Meinhard: Rückschau. In: Dtsch Ärztebl 2004, S. A-3020.

Adolphsen, Jens: Internationale Dopingstrafen. Tübingen 2003.

Ahrens, Hans-Jürgen / v. Bar, Christian / Fischer, Gerfried / Spickhoff, Andreas / Taupitz, Jochen (Hg.): Medizin und Haftung. Festschrift für Erwin Deutsch zum 80. Geburtstag. Berlin, Heidelberg 2009.

Albrecht, Bernhard: Rückkehr der Psychochirurgie, in: Dtsch Ärztebl 2004, S. 472–474.

Alesch, F. et al: Stimulation of the ventric intermediate thalamic nucleus in tremor dominated Parkinsons`s disease and essential tremor. In: Acta Neurochir 1995, S. 75–81.

Alexander, G. E.; DeLong, M. R.; Strick, P. L.: Parallel organization of functionally segregated circuits linking basal ganglia and cortex. In: Annu Rev Neurosci1986, S. 357–381.

Ammel, Ursula Maria Luzia: Tiefenhirnstimulation bei therapieresistenten Zwangsstörungen. Leipzig 2009.

Arnade, Johannes: Kostendruck und Standard. Zu den Auswirkungen finanzieller Zwänge auf den Standard sozialversicherungsrechtlicher Leistungen und den haftungsrechtlichen Behandlungsstandard. Berlin, Heidelberg 2010.

Ayasse, Horst: Die Grenzen des Datenschutzes in der privaten Personenversicherung. In: VersR 1987, S. 536–542.

Bach, Thomas: Bekämpfung des Doping mittels eines Anti-Doping-Gesetzes. In: ZRP 2006, S. 239–244.

Dürig, Günter; Maunz, Theodor: Grundgesetz. München 1958-2011.

Baker, R. et al: Evaluation and stages of surgical innovations. In: Lancet 2009, S. 1089–1096.

Bamberger, Heinz Georg; Roth, Herbert (Hg.): Kommentar zum Bürgerlichen Gesetzbuch. 3. Aufl. Band 1, 2. München 2012.

Bannenberg, Britta: Das neue "Anti-Doping-Gesetz" hilft dem Sport nicht. In: SpuRt 2007, S. 155–156.

Barlot, G.: Spinal cord stimulation for chronic pain management. In: Arch Med Res 2000, S. 258–262.

Beater, Axel: Der Gesetzesbegriff in § 134 BGB. In: AcP 1997, S. 505–525.

Beck, Susanne: Enhancement - die fehlende rechtliche Debatte einer gesellschaftlichen Entwicklung. In: MedR 2006, S. 95–102.

Becker, Ulrich; Kingreen, Thorsten: SGB V, Gesetzliche Krankenversicherung. Kommentar. 2. Aufl. München 2010.

Beckmann, Roland Michael; Matusche-Beckmann, Annemarie (Hg.): Versicherungsrechts-Handbuch. 2. Aufl. München 2009.

Belling, Detlev W.; Eberl, Christina; Michlik, Frank: Das Selbstbestimmungsrecht Minderjähriger bei medizinischen Eingriffen. Eine rechtsvergleichende Studie zum amerikanischen, englischen, französischen und deutschen Recht. Neuwied 1994.

Benabid, Alim-Louis et al: Long-term suppression of tremor by chronic stimulation of the ventral intermediate thalamic nucleus. In: Lancet 1991, S. 403–406.

Benabid, Alim-Louis et al: Chronic electrical stimulation of the ventralis intermedius nucleus of the thalamus as a treatment of movement disorders. In: J Neurosurg 1996, S. 203–214.

Benabid, Alim-Louis et al: A putative generalized model of the effects and mechanism of action of high frequency electrical stimulation of the central nervous system. In: Acta Neurol Belg 2005, S. 149–157.

Bender, Albrecht: Das Verhältnis von ärztlicher Schweigepflicht und Informationsanspruch bei der Behandlung Minderjähriger. In: MedR 1997, S. 7–16.

Berg, Dietrich; Ulsenheimer, Klaus: Patientensicherheit, Arzthaftung, Praxis- und Krankenhausorganisation. Berlin 2006.

Bergmann, Karl-Otto; Kienzle, Hans-Friedrich: Krankenhaushaftung. Organisation, Schadensverhütung und Versicherung - Leitfaden für die tägliche Praxis. 3. Aufl. Düsseldorf 2010.

Bergmann, Karl Otto; Müller, Reinhold Theodor: Risikomanagement in Chirurgie und Orthopädie anhand aktueller Entscheidungen aus juristischer und medizinischer Sicht. In: MedR 2005, S. 650–658.

Bergmann, Karl-Otto; Wever, Carolin: Die Arzthaftung. Ein Leitfaden für Ärzte und Juristen. 3. Aufl. Berlin 2009.

Bernzen, Matthias: Die neue Mitteilungspflicht nach § 294a Abs. 2 SGB V und der Leistungsausschluss nach § 52 Abs. 2 SGB V - verschleiert, verschmälert, verfassungswidrig. In: MedR 2008, S. 549–553.

Bethge, Herbert; Weber-Dürler, Beatrice; Schoch, Friedrich; Trute, Hans-Heinrich: Der Grundrechtseingriff. Berlin; New York 1998.

Beyerle, Beatrix: Rechtsfragen medizinischer Qualitätskontrolle. Eine rechtsdogmatische und rechtsvergleichende Untersuchung zu Haftung, Datenschutz, Sektionen und prozessualer Verwertbarkeit. Heidelberg 2004.

Birkmayer, W.; Hornykiewiewicz, O.: The L-3.4-diooxyphenylalanine (DOPA)-effect in Parkinson-akinesia. In: Klein Wochenschr 1961, S. 787–788.

Bizer, Johann; Simitis, Spiros: Bundesdatenschutzgesetz. 7. Aufl. Baden-Baden 2010.

Böckenförde, Ernst-Wolfgang: Grundrechtstheorie und Grundrechtsinterpretation. In: NJW 1974, S. 1529–1538.

Böhm, Rolf; Fuchs, Emmerich; Pacher, Gerhard: System-Entwicklung in der Wirtschafts-Informatik. 3. Aufl. Zürich 1994.

Brandenburg, Mark: Wem gehört der Herzschrittmacher? In: JuS 1984, S. 47–49.

Brandner, Hans Erich; Geiß, Karlmann: Festschrift für Karlmann Geiß. Zum 65. Geburtstag. Köln; München 2000.

Brüggemeier, Gert: Deliktsrecht. Baden-Baden 1986.

Bruns, M.: AIDS, Alltag und Recht. In: MDR 1987, S. 353–358.

Buchborn, Eberhard: Ärztlicher Standard: Begriff – Entwicklung – Anwendung. In: MedR 1993, S. 328–333.

Burgi, Martin: Erholung in freier Natur. Erholungsuchende als Adressaten staatlichen Umweltschutzes vor dem Hintergrund von Gemeingebrauch, Betretungsrecht und Grundrecht. Berlin 1993.

Burkhardt, Björn; Merkel, Reinhard: „Reparaturanstalt für verletzte Normen“. In: Gehirn&Geist 2008, S. 56–59.

Carstensen, Gert: Vom Heilversuch zum medizinischen Standard. In: Dtsch Ärztebl 1989, S. A-2431 – A-2433.

Coester, Michael: Zur sozialrechtlichen Handlungsfähigkeit des Minderjährigen. In: FamRZ 1985, S. 982–987.

Coester, Michael; Peschel-Gutzeit, Lore Maria; Salgo, Ludwig: J. von Staudingers Kommentar zum Bürgerlichen Gesetzbuch mit Einführungsgesetz und Nebengesetzen. 15. Bearbeitung. Begründet von Julius von Staudinger. Berlin 2007.

Coester-Waltjen, Dagmar: Neues elterliches Sorgerecht. Alternativ-Entwurf eines Gesetzes zur Neuregelung des Rechts der elterlichen Sorge mit Begründung und Stellungnahmen. Bielefeld 1977.

Damm, Reinhard; Schulte, Tobias: Indikation und Informed Consent: Indikatoren eines Gestaltwandels von Medizin und Medizinrecht. In: KritV 2005, S. 101–136.

Dauner-Lieb, Barbara; Heidel, Thomas: Allgemeiner Teil mit EGBGB. Bonn 2005

Deuschl, Günther: Tiefenstimulation bei Bewegungsstörungen. Die neue Behandlungsmethode wird systematisch erprobt. In: Dtsch Ärztebl 2000, S. A-2438.

Deutsch, Erwin: Das Recht der klinischen Forschung am Menschen. Frankfurt/M.; Bern; Las Vegas 1980 (Recht und Medizin, 1).

Deutsch, Erwin: Das Vertragsrecht des Probanden. In: VersR 2005, S. 1609–1616.

Deutsch, Erwin; Spickhoff, Andreas (Hg.): Medizinrecht. Arztrecht, Arzneimittelrecht, Medizinprodukterecht und Transfusionsrecht. 6. Aufl. Berlin 2008.

Deutscher Ethikrat (Hg.): Der steuerbare Mensch? Über Einblicke in unser Gehirn. Berlin 2009.

Dewitz; Luft; von Pestalozza: Ethikkommissionen in der medizinischen Forschung "Ethik und Recht in der modernen Medizin". Gutachten im Auftrag der Bundesrepublik Deutschland für die Enquete-Kommission 2004. Online verfügbar unter http://www.jura.fuberlin.de/einrichtungen/we3/profs_em/pestalozza_christian/informationen/Rechtsgutachten_2004_v_Dewitz_Luft_Pestalozza.pdf, zuletzt geprüft am 19.04.2013.

Dilba, Denis: Unter Strom. In: Medbiz 2008, S. 4–6.

Donabedian, Avedis: Evaluating the Quality of Medical Care. In: The Milbank Memorial Fund Quaterly 1966, S. 166–203.

Dreier, Horst: Grundgesetz. 2. Aufl. Tübingen 2007.

Dreier, Horst: Subjektiv-rechtliche und objektiv-rechtliche Grundrechtsgehalte. In: Jura 1994, S. 505–513.

Dubiel, Helmut: Tief im Hirn. München 2006.

Duden, Barbara; Zimmermann, Beate: Aspekte des Wandels des Verständnisses von Gesundheit / Krankheit / Behinderung als Folge der modernen Medizin. Gutachten im Auftrag der Bundesregierung. Internetpublikation 2001. Online verfügbar unter http://www.bundesregierung.cjb.net/buecher/cd0002/bundestag/gremien/medi/medi_gut_dud.pdf.

Dury, Walter: Kann das Strafrecht die Doping-Seuche ausrotten? In: SpuRt 2005, S. 137–140.

Ebenroth, Carsten Thomas; Boujong, Karlheinz (Hg.): Verantwortung und Gestaltung. Festschrift für Karlheinz Boujong zum 65. Geburtstag. München 1996.

Eberbach, Wolfram H.: Die zivilrechtliche Beurteilung der Humanforschung. Frankfurt am Main 1982.

Eberbach, Wolfram H.: Die Verbesserung des Menschen – Tatsächliche und rechtliche Aspekte der wunscherfüllenden Medizin. In: MedR 2008, S. 325–336.

Ehebald, Ulrich: Forderung der Stunde! In: Dtsch Ärztebl 2005, S. 78.

Ehling, J.; Vogeler, M.: Der Probandenvertrag. In: MedR 2008, S. 273–281.

Eichenhofer, Eberhard: Kommentar zum SGB V. Gesetzliche Krankenversicherung. Köln 2011.

Engisch, Karl: Die rechtliche Bedeutung der ärztlichen Operation. Jena 1958.

Ergina, Patrick et al: Challenges in evaluating surgical innovation. In: Lancet 2009, S. 1097–1104.

Erman, Walter (Hg.): Erman Bürgerliches Gesetzbuch. 12. Aufl. Köln 2008.

Eysenck, Hans-Jürgen; Eysenck, Michael W.: Persönlichkeit und Individualität. Ein naturwissenschaftliches Paradigma. München 1987.

Fischer, Gerfried: Medizinische Versuche am Menschen. Zulässigkeitsvoraussetzungen u. Rechtsfolgen. Göttingen 1979.

Fischer, Ulrich: Über den galoppierenden Unschuldsverlust des Sports oder: Die Welt will betrogen sein. In: NJW 2005, S. 1028–1029.

Fischer, Thomas: Strafgesetzbuch und Nebengesetze. 58. Aufl. München 2011.

Fischer, Klaus; Uthoff, Rolf: Das Recht der formularmäßigen Einwilligung des Privatpatienten bei externer Abrechnung. In: MedR 1996, S. 115–120.

Fischinger, Phillip: Der Grundrechtsverzicht. In: JuS 2007, S. 808–813.

Foerster, Klaus; Venzlaff, Ulrich: Psychiatrische Begutachtung. Ein praktisches Handbuch für Ärzte und Juristen - mit Zugang zum Elsevier-Portal. 5. Aufl. Munich 2008.

Frahm, Wolfgang; Nixdorf, Wolfgang; Walter Alexander: Arzthaftungsrecht. Leitfaden für die Praxis. 4. Aufl. Karlsruhe 2009.

Francke, Robert; Hart, Dieter; Becker-Schwarze, Kathrin; Schlacke, Sabine: Charta der Patientenrechte. Baden-Baden 1999.

Friauf, Karl Heinrich; Burgi, Martin: Berliner Kommentar zum Grundgesetz. Berlin 2000-2011.

Frisinger, Jürgen; Summerer, Thomas: Doping als unlauterer Wettbewerb im Profibereich – Eigene Ansprüche der Mitbewerber gegen den Dopingsünder aus UWG. In: GRUR 2007, S. 554–557.

Fuchs, Michael: Forschungsethik. Stuttgart, Weimar 2010.

Fuchs, Maximilian; Preis, Ulrich: Sozialversicherungsrecht. Praxis-Lehrbuch. 2. Aufl. Köln 2009.

Galert, Thorsten; Bublitz, J. C. et al: Das optimierte Gehirn. Ein Memorandum zu Chancen und Risiken des Neuroenhancements. In: Gehirn&Geist 2009, S. 40–48.

Gärditz, Ferdinand: Pharmakologisches Neuro-Enhancement als Rechtsproblem. In: PharmR 2011, S. 46–54.

Geilen, Gerd: Notwehr und Notwehrexzess. In: Jura 1981, S. 210–216.

Geiß, Karlmann; Greiner, Hans-Peter: Arzthaftpflichtrecht. 6. Aufl. München 2009.

Gerecke, Martin: Non-Compliance und grober Behandlungsfehler. In: MedR 2010, S. 689–695.

Gernhuber, Joachim; Coester-Waltjen, Dagmar: Familienrecht. 6. Aufl. München 2010.

Giesen, Dieter: Arzthaftungsrecht. Die zivilrechtliche Haftung aus medizinischer Behandlung in der Bundesrepublik Deutschland, in Österreich und der Schweiz. 5., Aufl. Tübingen 2007.

Gildenberg, Philip L.: History of neuroaugmentative procedures. In: Neurosurg Clin N Am 2003, S. 327–337.

Gödicke, Patrick: Formularerklärungen in der Medizin. Rechtliche Kontrollmaßstäbe für Einwilligungen in der medizinischen Heilbehandlung und Forschung. Tübingen 2008.

Görgens, Bernhard: Künstliche Teile des menschlichen Körpers. In: JR 1980, S. 141–143.

Grad; Book: Review of Medical Malpractice and the American Jury: Confronting the Myths about Jury Incompetence, Deep Pockets and Outrageous Damage Awards by Vidmar. In: New Eng. J. of Med. 1996, S. 139.

Graf, H. P.: Versuchspersonen in klinischen Studien. In: KliFoRe 2006, S. 136–142.

Greenblatt, Samuel H.; Dagi, T. Forcht; Epstein, Mel H.: A history of neurosurgery. In its scientific and professional contexts. Park Ridge, Ill: American Association of Neurological Surgeons 1997.

Gropp, Walter: Ersatz- und Zusatzimplantat. In: JR 1985, S. 181–185.

Gröschner, Rolf: Das Überwachungsrechtsverhältnis. Wirtschaftsüberwachung in gewerbepolizeirechtlicher Tradition und wirtschaftsverwaltungsrechtlichem Wandel. Tübingen 1992.

Gybels, J. M.; Sweet, W. H.: Neurosurgical treatment of persistent pain. Physiological and pathological mechanisms of human pain. In: Pain Headache 1989, S. 1–402.

Hamani, Clement; McAndrews, Mary Pat; Cohn, Melanie; Oh, Michael; Zumsteg, Dominik; Shapiro, Colin M. et al.: Memory enhancement induced by hypothalamic/fornix deep brain stimulation. In: Ann. Neurol 2008, S. 119–123.

Hambrecht, F. Terry; Reswick, James B.: Functional electrical stimulation. Applications in neural prostheses. New York 1977.

Hanika, Heinrich: Juristisches Risiko-Management in der Pflege. In: PflR 2006, S. 202–208.

Harke, H.; Rosenow, E.; Tronnier, V.; Fromme, C.; Deynet, G.; Gretenkort, P. et al.: Standardisierung invasiver neuromodulativer Verfahren. In: Der Schmerz 2003, S. 44–49.

Hart, Dieter: Heilversuch, Entwicklung therapeutischer Strategien, klinische Prüfung und Humanexperiment - Grundsätze ihrer arzneimittel-, arzthaftungs- und berufsrechtlichen Beurteilung. In: MedR 1994, S. 94–105.

Hart, Dieter: Ärztliche Leitlinien - Definitionen, Funktionen, rechtliche Bewertungen. Gleichzeitig ein Beitrag zum medizinischen und rechtlichen Standardbegriff. In: MedR 1998, S. 8–16.

Hart, Dieter: "Organisationsaufklärung". Zum Verhältnis von Standardbehandlung, Organisationspflichten und ärztlicher Aufklärung. In: MedR 1999, S. 47–50.

Hart, Dieter: Patientensicherheit, Risikomanagement, Arzneimittelbehandlung und Arzthaftungsrecht. In: MedR 2007, S. 383–393.

Hauck, Karl; Noftz, Wolfgang (Hg.): Sozialgesetzbuch V. Gesetzliche Krankenversicherung - Kommentar. Berlin 2010.

Hausch, A.: Vom therapeutischen zum dokumentierenden Arzt. In: VersR 2006, S. 612–621.

Haverkamp, Rita: Zur Tötung von Haustyrannen aus strafrechtlicher Sicht. In: GA 2006, S. 586–604.

Heger, Martin: Zum Rechtsgut einer Strafnorm gegen Selbst-Doping. In: SpuRt 2007, S. 153–155.

Herzog, H.: Die rechtliche Problematik von Aids in der Praxis des niedergelassenen Arztes. In: MedR 1988, S. 289–292.

Hesse, Konrad: Grundzüge des Verfassungsrechts der Bundesrepublik Deutschland. 20. Aufl. Heidelberg 1999.

Hessler, Gerhard: Das Ende des Selbstbestimmungsrechts? In: MedR 2003, S. 13–18.

Hillenkamp, Thomas: Vorsatztat und Opferverhalten. Göttingen 1981.

Hillgruber, Christian: Der Schutz des Menschen vor sich selbst. München 1992.

Hirtle, Marie: The Governance of Research Involving Human Participants in Canada. In: Health Law J 2003, S. 137–152.

Höffe, Otfried (Hg.): Immanuel Kant, Kritik der praktischen Vernunft. 2. Aufl. Berlin 2011.

Höffe, Otfried: Lexikon der Ethik. 7. Aufl. München 2008.

Höfling, Wolfram: Menschenwürde und gute Sitten. In: NJW 1983, S. 1582–1585.

Hollmann, Angela: Formularmäßige Erklärung über die Entbindung von der Schweigepflicht gegenüber Versicherungsunternehmen. In: NJW 1978, S. 2332–2333.

Horst, Baas et al: Medikamentöse Therapie der Parkinson-Krankheit: Eine interdisziplinäre Aufgabe. In: Dtsch Ärztebl 1996, S. A-2470 – A-2477.

Hosobuchi, Y.; Adams, J. E.; Rutkin, B.: Chronic thalamic stimulation fort he control of facial anasthesia dolorosa. In: Arch Neurol 1973, S. 158–161.

Hufen, Friedhelm: Die Menschenwuerde. In: JuS 2010, S. 1–10.

Hurst, J.: Challenges for health systems in member countries of the Organisation for Economic Co-operation and Development. In: Bull. World Health Organ 2000, S. 751–760.

Huxley, Aldous; Herlitschka, Herberth E.: Schöne neue Welt. Ein Roman der Zukunft. Ungekürzte Lizenzausg., 65. Frankfurt am Main 2008.

Ilgner, Helmut: Der Schrittmacher als Rechtsobjekt. Zivilrechtliche und sozialrechtliche Aspekte bei der Verwendung implantierbarer Herzschrittmacher. Pfaffenweiler 1990.

Ipsen, Jörn: Staatsrecht. 13. Aufl. München 2010.

Isensee, Josef / Kirchhof, Paul: Handbuch des Staatsrechts der Bundesrepublik Deutschland. 3. Aufl. Heidelberg 2003.

Jarass, Hans D.; Pieroth, Bodo: Grundgesetz für die Bundesrepublik Deutschland. Kommentar. 11. Aufl. München 2011.

Jescheck, Hans Heinrich: Lehrbuch des Strafrechts. Allgemeiner Teil. 5. Aufl. Berlin 1996.

Jürgens, Oliver: Die Beschränkung der strafrechtlichen Haftung für ärztliche Behandlungsfehler. Frankfurt; New York 2005.

Jürgens, T. P.; May, A.: Chronic cluster headache: How much does treatment cost? In: Der Schmerz 2010, S. 221–225.

Kadison, R.: Getting an edge-use of stimulants and antidepressants in college. In: N Engl J Med 2005, S. 1089–1091.

Kage, Uwe: Das Medizinproduktegesetz. Berlin 2004.

Kamps, Hans: Schweigepflicht gegenüber Arbeitgebern, Krankenkassen, Medizinischen Dienst und Versicherungsgesellschaften aus Sicht einer Ärztekammer. In: ZaeFQ 1999, S. 754–762.

Kamps, Hans; Kiesecker, Regine: Auskunftspflicht des Arztes gegenüber Leistungsträgern des Sozialgesetzbuches. In: MedR 1997, S. 216–218.

Kant, Immanuel: Grundlegung zur Metaphysik der Sitten. Göttingen 2004.

Katzenmeier, Christian: Arzthaftung. Tübingen 2002.

Katzenmeier, Christian: Sorgfaltspflicht des Arztes bei der ambulanten Verabreichung von Sedativa. In: MedR 2003, S. 631–632.

Katzenmeier, Christian: Organisation der Aufklärung im Krankenhaus. In: JZ 2007, S. 642–644.

Katzenmeier, Christian: Arzthaftpflicht in der Krise – Entwicklungen, Perspektiven, Alternativen. In: MedR 2011, S. 201–216.

Kellaway P.: The William Osler Medal Essay: The part played by Electric fish in the early history of bioelectricity and electrotherapy. In: Bulletin History Medicine 1946, S. 112–137.

Kern, Bernd-Rüdiger: Fremdbestimmung bei der Einwilligung in ärztliche Eingriffe. In: NJW 1994, S. 753–759.

Kern, Bernd-Rüdiger: Die neuere Rechtsprechung zur Aufklärung. In: GesR 2009, S. 1–11.

Kern, Bernd-Rüdiger; Laufs, Adolf: Die ärztliche Aufklärungspflicht - unter besonderer Berücksichtigung der richterlichen Spruchpraxis. Berlin, Heidelberg, New York 1983.

Kern, Bernd-Rüdiger; Wadle, Elmar; Schroeder, Klaus Peter; Katzenmeier, Christian (Hg.): Humaniora: Medizin-Recht-Geschichte. FS Laufs zum 70. Geburtstag 2005.

Kettner, Matthias: Wunscherfüllende Medizin. Ärztliche Behandlung im Dienst von Selbstverwirklichung und Lebensplanung. Frankfurt am Main 2009.

Kierkegaard, Søren; Deuser, Hermann; Purkarthofer, Richard: Journale AA, BB, CC, DD. Berlin 2005.

Kierkegaard, Søren: Entweder/oder. Simmerath 2004.

Kindhäuser, Urs; Neumann, Heinz-Ullrich; Paeffgen, Ulfrid: Strafgesetzbuch. 3. Aufl. Baden-Baden 2010.

Kirchhof, Gregor: Ärztliches Handeln zwischen Heilung, Forschung und Erneuerung Schutz des Patienten durch eine modifizierte Typologie ärztlicher Eingriffe. In: MedR 2007, S. 147–152.

Kirchhof, Gregor: Das Berufsbild des Arztes im Wandel. In: ZMGR 2010, S. 210–216.

Klar, Lewis: Tort law. 3. Aufl. Toronto 2003.

Kline, S. A.: Mental competency to make medical decisions. In: Health Law Can 1991, S. 70-8, 83.

Köhne, Michael: Abstrakte Menschenwürde? In: GewArch 2004, S. 285–291.

Kohte, Wolfhard: Die rechtfertigende Einwilligung. In: AcP 1985, S. 105–161.

Kollhosser; Kreft: Rechtliche Aspekte sogenannter Pilotstudien in der medizinischen Forschung. In: MedR 1993, S. 93–98.

Kramer, Wolfgang: Formularmäßige Spaltung des Krankenhausvertrages: ein Verstoß gegen das AGB-Gesetz. In: NJW 1996, S. 2398–2405.

Krauss, J. K.; Mundinger, F.; Volkmann, J. (Hg.): Tiefe Hirnstimulation. Darmstadt 2004.

Kringelbach, M. L.; Jenkinson, N.; Owen, S. L. F.; Aziz, T. Z.: "Translational principles of deep brain stimulation". In: Nature Reviews Neuroscience 2007, S. 623–635.

Kruse, Jürgen; Hänlein, Andreas: Sozialgesetzbuch V, Gesetzliche Krankenversicherung. Lehr- und Praxiskommentar. 3. Aufl. Baden-Baden 2009.

Kuchinke, Kurt: Rechtsbewahrung und Rechtsentwicklung. Festschrift für Heinrich Lange zum 70. Geburtstag, 25. März 1970. Unter Mitarbeit von Heinrich Lange. München 1970.

Kühl, Kristian; Lackner, Karl: Strafgesetzbuch. Kommentar. 27. Aufl. München 2011.

Küper, Wilfried: Konvergenz: Die gemeinschaftliche Körperverletzung im System der Konvergenzdelikte. In: GA 1997, S. 301–307.

Kuhn, Jens et al: Tiefe Hirnstimulation bei psychiatrischen Erkrankungen. In: Dtsch Ärztebl 2010, S. 105–113.

Kunz, Eugen: Gehirndoping: Unheil oder Segen? In: MedR 2010, S. 471–477.

Kutlu, Aygün: AGB-Kontrolle bei stationärer Krankenhausaufnahme. Berlin 2006.

Lang, Franziska: Das Recht auf informationelle Selbstbestimmung des Patienten und die ärztliche Schweigepflicht in der gesetzlichen Krankenversicherung. Baden-Baden 1997.

Lang, P.; Eberbach, Wolfram: Juristische Probleme der. HTLV- III- Infektion (AIDS). In: JR 1986, S. 230–235.

Langkeit, Jochen: Arztrechtliche Probleme im Zusammenhang mit Aids-Tests. In: Jura 1990, S. 452–460.

Langkeit, Jochen: Umfang und Grenzen der ärztlichen Schweigepflicht gem. §203 I Nr. 1 StGB. In: NStZ 1994, S. 6–9.

Lanzerath, Dirk: Krankheitsbegriff und Zielsetzungen in der modernen Medizin. In: G+G (Beilage Nr. 3) 2003, S. 14–20.

Larenz, Karl; Wolf, Manfred: Allgemeiner Teil des bürgerlichen Rechts. 9. Aufl. München 2004.

Laubinger, Hans-Werner: Der öffentlichrechtliche Unterlassungsanspruch. In: VerwArch 1989, S. 261–301.

Laufs, Adolf: Krankenpapiere und Persönlichkeitsschutz. In: NJW 1975, S. 1433–1437.

Laufs, Adolf: Die Entwicklung des Arztrechts. In: NJW 1984, S. 1383–1390.

Laufs, Adolf: Entwicklungslinien des Medizinrechts. In: NJW 1997, S. 1609–1618.

Laufs, Adolf: Therapiefreiheit des Arztes. In: ZaeFQ 1997, S. 586–592.

Laufs, Adolf; Katzenmeier, Christian; Lipp, Volker: Arztrecht. 6. Aufl. München 2009.

Laufs, Adolf; Kern, Bernd-Rüdiger (Hg.): Handbuch des Arztrechts. 4. Aufl. München 2010.

Laufs, Adolf; Reiling, Emil: Schmerzensgeld wegen schuldhafter Vernichtung deponierten Spermas? In: NJW 1994, S. 775–776.

Laufs, Adolf; Uhlenbruck, Wilhelm (Hg.): Handbuch des Arztrechts. 3. Aufl. München 2002.

Lenckner, Theodor: Wertausfüllungsbedürftige Begriffe im Strafrecht und der Grundsatz „nullum crimen sine lege“. In: JuS 1968, S. 304–310.

Lidner, Franz-Josef: "Neuro-Enhancement" als Grundrechtsproblem. In: MedR 2010, S. 463-371.

Lilie, Hans (Hg.): Leipziger Kommentar Strafgesetzbuch. 11. Aufl. Berlin 2005.

Lim, Andrew S.; Moro, Elena; Lozano, Andres M.; Hamani, Clement; Dostrovsky, Jonathan O.; Hutchison, William D. et al.: Selective enhancement of rapid eye movement sleep by deep brain stimulation of the human pons. In: Ann. Neurol 2009, S. 110–114.

Limousin, P. et al: Effect of parkinsonian signs and symptoms of bilateral subthalamic nucleus stimulation. In: Lancet 1995, S. 91–95.

Limousin, P. et al: Multicentre European study of thalamic stimulation in parkinsonian and essential tremor. In: J Neurol Neurosurg Psychiatry 1999, S. 289–296.

Linderoth, B.; Foreman, R. D.: Physiology of spinal cord stimulation: review and update. In: Neuromodulation 1999, S. 150–164.

Linke, Tobias: Grundrechtliche Spannungslagen am Lebensende. Zur Bedeutung der grundrechtlichen Abwehrrechte, Schutzpflichten und Leistungsaspekte für die Sterbehilfe. Baden-Baden 2004.

Looschelders, Dirk; Pohlmann, Petra: VVG-Kommentar. Köln 2010.

Lorz, Sigrid: Arzthaftung bei Schönheitsoperationen. Berlin 2007.

Lozano, Andres M. et al: A phase I trial of deep brain stimulation of memory circuits in Alzheimer's disease. In: Ann. Neurol 2010, S. 521–534.

Lundmark, Thomas: Juristische Technik und Methodik des Common Law. Münster 1998.

Maier, Hans: Die Grundrechte des Menschen im modernen Staat. 2. Aufl. Osnabrück 1974.

Martis, Rüdiger: Aktuelle Entwicklungen im Arzthaftungsrecht - Die Aufklärung des Patienten. In: MDR 2009, S. 611–617.

Martis, Rüdiger; Winkhart-Martis, Martina: Arzthaftungsrecht. Fallgruppenkommentar. 3. Aufl. Köln 2010.

McCulloch, Peter et al: No surgical innovation without evaluation: the IDEAL recommendations. In: Lancet 2009, S. 1105–1112.

Melzack, R.; Wall, P. D.: Pain mechanismus: a new theory. In: Science 1965, S. 971 - 979.

Merkel, Reinhard: Neuartige Eingriffe ins Gehirn – Verbesserung der mentalen Condicio humana und strafrechtliche Grenzen. In: ZStW 2009, S. 919–953.

Merten, Detlef; Papier, Hans-Jürgen: Handbuch der Grundrecht in Deutschland und Europa; 7/1. Heidelberg, Neckar 2008.

Meyer, Gaby: Die Unfähigkeit des erwachsenen Patienten zur Einwilligung in den ärztlichen Eingriff. Zugleich eine Besprechung des sogenannten Zahnextraktionsfalles, BGH NJW 1978, 1206. Frankfurt am Main; New York 1994.

Mink, Jonathan W.; Walkup, John; Frey, Kirk A.; Como, Peter; Cath, Danielle; Delong, Mahlon R. et al.: Patient selection and assessment recommendations for deep brain stimulation in Tourette syndrome. In: Mov. Disord 2006, S. 1831–1838.

Mitsch, Wolfgang: Festnahme mit Todesfolge – BGH NJW 2000, 1348. In: JuS 2000, S. 848–852.

Moll, Christian K. E.; Struppler, Albrecht; Engel, Andreas K.: Intraoperative Mikroelektrodenableitungen in den Basalganglien des Menschen. In: Neuroforum 2005, S. 14–24.

Moller, Peter; Kramer, Bernd: Electric Fish. In: BioScience 1991, S. 794–796.

Müller, Oliver; Clausen, Jens; Maio, Giovanni: Das technisierte Gehirn. Neurotechnologien als Herausforderung für Ethik und Anthropologie. Paderborn 2009.

Müller, Gerda; Osterloch, Eilert; Stein, Torsten (Hg.): Festschrift für Günter Hirsch zum 65. Geburtstag. München 2008.

Mundinger, F.; Neumuller, H.: Programmed stimulation for control of chronic pain and motor diseases. In: Appl Neurophysiol 1982, S. 102–111.

Murphy, Destiny N.; Boggio, Paulo; Fregni, Felipe: Transcranial direct current stimulation as a therapeutic tool for the treatment of major depression: insights from past and recent clinical studies. In: Curr Opin Psychiatry 2009, S. 306–311.

Münchener Kommentar zum Bürgerlichen Gesetzbuch.

- Band 1 / Teilband 1. Allgemeiner Teil. (§§ 1-240. ProstG, AGG), 6. Aufl. 2012
- Band 4 Schuldrecht. Besonderer Teil II (§§ 611-704. EFZG, TzBfG, KSchG), 6. Aufl. 2012

Nagaseki, Y. et al: Long-term follow-up results of selective VIM-thalamotomy. In: J Neurosurg 1986, S. 296–302.

Nagel, Eckhard; Fuchs, Christoph: Leitlinien und Standards im Gesundheitswesen. Fortschritt in sozialer Verantwortung oder Ende der ärztlichen Therapiefreiheit?, Köln 1997.

Narabayashi, H.: Vim thalamotomy for treatment of tremor. In: Eur Neurol 1989, S. 29–32.

Narabayashi, H.; Ohye, C.: Nucleus ventralis intermedius of human thalamus. In: Trans Am Neurol Assoc 1974, S. 232–233.

Niehues, Norbert; Fischer, Edgar: Prüfungsrecht. 5. Aufl. München 2010.

Niesel, Klaus: Kasseler Kommentar Sozialversicherungsrecht. München 2007.

Nowinski, W. L. et al: Multiple brain atlas database and atlas-based neuroimaging system. In: Comput aided surg 1997, S. 42–66.

Nuttin, B. et al: Electrical stimulation in anterior limbs of internal capsules in patients with obsessive-compulsive disorder. In: Lancet 1999, S. 1526.

Ohye, C. et al: Vim thalamotomy for the treatment of various kinds of tremor. In: Appl Neurophysiol 1982, S. 275–280.

Ohye, C.; Narabayashi, H.: Physiological study of presumed ventralis intermedius neurons in the human thalamus. In: J Neurosurg 1979, S. 290–297.

Ong, Jennifer: Deep Brain Stimulation: The Quest for cognitive enhancement. In: The Triple Helix 2008, S. 6–8.

Opderbecke, Hans Wolfgang; Weißauer, Walther: Forensische Probleme der ärztlichen Weiterbildung am Beispiel der Parallelnarkose. In: MedR 1984, S. 134–137.

Ortner, Franz-Josef; Geis, Ivo: Die elektronische Patientenakte. In: MedR 1997, S. 337–341.

Ossenbühl, Fritz: Die Interpretation der Grundrechte in der Rechtssprechung des Bundesverfassungsgerichts. In: NJW 1976, S. 2100–2107.

Palandt, Otto: Bürgerliches Gesetzbuch. 70. Aufl. München 2011.

Parzeller, M. et al: Aufklärung und Einwilligung bei ärztlichen Eingriffen. In: Dtsch Ärztebl 2007, S. A-576 – A-586.

Parzeller, M.; Bratzke, H.: Grenzen der ärztlichen Schweigepflicht. In: Dtsch Ärztebl 2000, S. A-2364 – A-2370.

Perlmutter, Joel S.; Mink, Jonathan W.: Deep Brain Stimulation. In: Anu.Rev.Neurosci 2006, S. 229-257.

Pflüger, Frank: Patientenaufklärung über Behandlungsqualität und Versorgungsstrukturen - Erweiterte Haftungsrisiken für Arzt und Krankenhaus? In: MedR 2000, S. 6–9.

Pflüger, Frank: Krankenhaushaftung und Organisationsverschulden. Zivilrechtliche Grundlagen der Haftung des Krankenhausträgers für medizinische und organisatorische Fehlleistungen. Berlin 2002.

Pieroth, Bodo; Schlink, Bernhard: Grundrechte. 26. Aufl. Heidelberg 2010.

Pleßner, Helmuth: Die Stufen des Organischen und der Mensch 1928.

Plessner, Helmuth; Dux, Günter; Marquard, Odo; Ströker, Elisabeth: Conditio humana. Frankfurt am Main 2003.

Pollak, P. et al: Effects of the stimulation of the subthalamic nucleus in Parkinson disease. In: Rev Neurol 1993, S. 175–176.

Priest, Margot: "The Privatization of Regulation: Five models of Self-Regulation". In: Ottawa L. Rev. 1997, S. 233.

Prütting, Dorothea: Massregelvollzugsgesetz und PsychKG Nordrhein-Westfalen. Kommentar. Stuttgart, Stuttgart 2004.

Prütting, Dorothea (Hg.): Fachanwaltskommentar Medizinrecht. 2. Aufl. Köln 2012.

Prütting, Jens: Qualifikation wunschmedizinischer Maßnahmen. In: MedR 2011, S. 275–279.

Prütting, Hanns; Wegen, Gerhard; Weinreich, Gerd (Hg.): BGB-Kommentar. 6. Aufl. Köln 2011.

Pschyrembel, Willibald: Pschyrembel klinisches Wörterbuch 2011. 262. Aufl. Berlin; New York 2010.

Quaas, Michael; Zuck, Rüdiger: Medizinrecht. 2. Aufl. München 2008.

Rabins et al.: Scientific and Ethical Issues Related to Deep Brain Stimulation for Disorders of Mood, Behavior and Thought. In: Arch Gen Psychiatry 2009, S. 931–937.

Rafuse, J.: Physicians fear of legal action becoming pervasive, lawyer tells Ontario conference. In: Canadian Medical Association Journal 1995, S. 573.

Ratajczak, Thomas; Stegers, Chr.-M.: Leitlinien, Richtlinien und Gesetz. Wieviel Reglementierung verträgt das Arzt-Patienten-Verhältnis?; [Vorträge und Diskussionen des XIII. Kölner Symposiums]. Berlin; Heidelberg 2003.

Ratzel, Rudolf: Zivilrechtliche Konsequenz von Verstößen gegen die ärztliche Berufsordnung. In: MedR 2002, S. 492–496.

Ratzel, Rudolf; Lippert, Hans-Dieter: Kommentar zur Musterberufsordnung der deutschen Ärzte (MBO). 5. Aufl. Berlin 2010.

Rehmann, Wolfgang A.; Wagner, Susanne: Medizinproduktegesetz. 2. Aufl. München 2010.

Rieger, Gregor: Die mutmassliche Einwilligung in den Behandlungsabbruch. Frankfurt am Main; New York 1998.

Robertson, Gerald B.: Mental disability and the law in Canada. 2. Aufl. Scarborough, Ont: 1994.

Röckerath, Klaus: Kognitive Therapie ist nicht alleiniger Maßstab. In: Dtsch Ärztebl 2004, S. A-3021 – A-3022.

Rom, Bernhard: Welche Aufgaben haben Ethikkommissionen eigentlich? In: DoxMedical 2010, S. 13.

Rothärmel, Sonja; Wolfslast, Gabriele; Fegert, Jörg Michael: Informed Consent, ein kinderfeindliches Konzept? In: MedR 1999, S. 293–298.

Rotsch, Thomas: Die Tötung des Familientyrannen: Heimtückischer Mord? In: JuS 2005, S. 12–18.

Rouka, Stella: Das Selbstbestimmungsrecht des Minderjährigen bei ärztlichen Eingriffen. Frankfurt am Main; New York 1996.

Roxin, Claus; Schroth, Ulrich: Handbuch des Medizinstrafrechts. 4. Aufl. Stuttgart, München, Hannover, Berlin, Weimar, Dresden 2010.

Roxin, Claus: Ausschluss metaphysischer Begründung der Sittenwidrigkeit; Verifizierbarkeit eines Verstoßes gegen eine obejktivierbare rechtliche Moral. In: JuS 1964, S. 373–381.

Sachs, Michael: Verfassungsrecht II - Grundrechte. 2. Aufl. Berlin; Heidelberg 2003.

Sachs, Michael; Battis, Ulrich: Grundgesetz. Kommentar. 5. Aufl. München 2009.

Sack, Rolf: Das Anstandsgefühl aller billig und gerecht Denkenden und die Moral als Bestimmungsfaktoren der guten Sitten. In: NJW 1985, S. 761–769.

Sautter, Udo: Geschichte Kanadas. 2. Aufl. München 2007.

Schaltenbrand, G.; Bailey, P.: Introduction to stereotaxis with an atlas of the human brain. Stuttgart 1959.

Schaltenbrand, G.; Wahren, W.: Atlas for stereotaxy of the human brain. Stuttgart 1977.

Schaltenbrand, G.; Walker, A. E.: Stereotaxy of the human brain. Stuttgart, New York 1982.

Schelling, Phillip; Erlinger, Rainer: Die Aufklärung über Behandlungsalternativen. In: MedR 2003, S. 331–334.

Schlink, Bernhard: Freiheit durch Eingriffsabwehr - Rekonstruktion der klassischen Grundrechtsfunktion. In: EuGRZ 1984, S. 457–468.

Schmidt, Rolf: Strafrecht - Allgemeiner Teil. 9. Aufl. Grasberg bei Bremen 2010.

Schneider, Günther: Konfliktlösung: ärztliche Berufsfreiheit versus Regelungen der Qualitätssicherung - Vorschläge aus juristischer Sicht. In: MedR 1998, S. 151–154.

Schöne-Seifert, Bettina: Neuro-Enhancement. Ethik vor neuen Herausforderungen. Paderborn 2009.

Schönig, Annette: Öffentlich-rechtliche Instrumente der Qualitätssicherung im stationären Sektor. Der Umgang des SGB V mit medizinischen Verfahren und Kategorien am Beispiel der externen vergleichenden Qualitätssicherung. Baden-Baden 2008.

Schönke, Adolf; Schröder, Horst: Strafgesetzbuch. Kommentar. 28. Aufl. München 2010.

Schreiber, H.-L.: Die ärztliche Schweigepflicht gegenüber Krankenkassen, Arbeitgebern, Behörden und Versicherungsgesellschaften – rechtliche Überlegungen. In: ZaeFQ 1999, S. 762–765.

Schrey, Alfred; Haynes, R. Brian: Compliance-Handbuch. München; Wien 1982.

Schulze-Bonhage, Andreas: Schulze-Bonhage, Tiefe Hirnstimulation als neuer Tiefe Hirnstimulation als neuer Therapieansatz bei Epilepsien. In: Dtsch Ärztebl 2009, S. 407–412.

Schwintowski, Hans-Peter: Praxiskommentar zum Versicherungsvertragsrecht. Münster 2008.

Sharpe, Gilbert: The law & medicine in Canada. 2. Aufl. Toronto 1987.

Shealy, C. N.; Mortimer, J. T.; Reswick, J. B.: Electrical inhibition of pain by stimulation of the dorsal columns: preliminary clinical report. In: Anesth Analg 1967, S. 489–491.

Siegfried, J.: Sensory thalamic neurostimulation for chronic pain. In: Pacing Clin Electrophysiol 1987, S. 209–212.

Siegfried, J.; Shulman, J.: Deep Brain Stimulation. In: Pacing Clin Electrophysiol 1987, S. 271–272.

Simons, Kenneth W.: A Restatement of Intentional Torts. In: Arizona Law Rev 2006, S. 1061–1081.

Simpson, B. A.: Spinal cord stimulation. In: Br J Neurosurg 1997, S. 5–11.

Skinner, B. F.: Beyond freedom & dignity. Indianapolis, Ind 2002.

Smith, R. J.; Bryant, R. G.: Metal substitutions incarbonic anhydrase: a halide ion probe study. In: Biochem. Biophys. Res. Commun 1975, S. 1281–1286.

Spickhoff, Andreas: Medizinrecht. München 2011.

Spickhoff, Andreas: Aktuelle Rechtsfragen der medizinischen Behandlungsverhältnisses. Zivilrechtsdogmatische Überlegungen de lege lata und de lege ferenda. München 2004.

Spiegel, E. A. et al: Stereotaxic apparatus for operations of the human brain. In: Science 1947, S. 349–350.

Spiegel, E. A.; Wycis, H. T.: Mesencephalotomy in treatment of intractable facial pain. In: AMA Arch Neurol Psychiatry 1953, S. 1–13.

Spottke et al: Evaluation of healthcare utilization and health status of patients with Parkinson's disease treated with deep brain stimulation of the subthalamic nucleus. In: Journal of Neurology 2002, S. 759–766.

Spranger, Tade Matthias: Der Einsatz neurowissenschaftlicher Instrumente im Lichte der Grundrechtsordnung. In: JZ 2009, S. 1033–1040.

Stange, Anne Elisabeth: Gibt es psychiatrische Diagnostikansätze, um den Begriff der schweren anderen seelischen Abartigkeit in 20, 21 StGB auszufüllen? Frankfurt am Main 2003.

Steffen, Erich: Einfluß verminderter Ressourcen und von Finanzierungsgrenzen aus dem Gesundheitsstrukturgesetz auf die Arzthaftung. In: MedR 1995, S. 190–191.

Steffen, Erich; Pauge, Burkhard: Arzthaftungsrecht. Neue Entwicklungslinien der BGH-Rechtsprechung. 11. Aufl. Köln 2010.

Stern, Klaus: Das Staatsrecht der Bundesrepublik Deutschland. München 2006.

Stock, Christof: Die Indikation in der Wunschmedizin. Ein medizinrechtlicher Beitrag zur ethischen Diskussion über "Enhancement". Frankfurt a. M.; Berlin; Bern; Wien 2009.

Sturm, Volker et al: The nucleus accumbens: a target for deep brain stimulation in obsessive-compulsive- and anxiety-disorders. In: J Chem Neuroanat 2003, S. 293–299.

Supra: Legal Medicine and Health Law Education. 6. Aufl. Markham, Ont 2004.

Sweet, W. H.; Wepsic, J. G.: Treatment of chronic pain by stimulation of fibers of primary afferent neuron. In: Trans Am Neurol Assoc 1968, S. 103–107.

Sydow, O. et al: Multicentre European study of thalamic stimulation in essential tremor: a six year follow up. In: J Neurol Neurosurg Psychiatry 2003, S. 1387–1391.

Synoftzik, Matthis; Schläpfer, Thomas E.: Glücklich werden leicht gemacht?, In: Gehirn&Geist 2008, S. 60–61.

Tag, Brigitte: Der Körperverletzungstatbestand im Spannungsfeld zwischen Patientenautonomie und Lex artis. Eine arztstrafrechtliche Untersuchung. Berlin 2000.

Taupitz, Jochen: Die ärztliche Schweigepflicht in der aktuellen Gemeinschaft von Arzt und Inkassobüro. In: VersR 1991, S. 1213–1221.

Taupitz, Jochen: Die Standesordnungen der freien Berufe. Geschichtliche Entwicklung, Funktionen, Stellung im Rechtssystem. Berlin; New York 1991.

Taupitz, Jochen: Berufsständische Satzungen als Verbotsgesetze im Sinne des § 134 BGB. In: JZ 1994, S. 221–227.

Taupitz, Jochen: Der deliktsrechtliche Schutz des menschlichen Körpers und seiner Teile. In: NJW 1995, S. 745–752.

Taupitz, Jochen: Empfehlen sich zivilrechtliche Regelungen zur Absicherung der Patientenautonomie am Ende des Lebens? Gutachten A für den 63. Deutschen Juristentag. München 2000.

Thüß, Jasmin: Rechtsfragen des Critical Incident Reporting Systems. Berlin; Heidelberg 2012.

Tiebe, Susann: Strafrechtlicher Patientenschutz. Die Bedeutung des Strafrechts für die individuellen Patientenrechte. Frankfurt am Main; New York 2005.

Timm, Manfred: Grenzen der ärztlichen Schweigepflicht. Köln 1988.

Timmermann, L.; Pauls, K. A. M.; Wieland, K.; Jech, R.; Kurlemann, G.; Sharma, N. et al.: Dystonia in neurodegeneration with brain iron accumulation: outcome of bilateral pallidal stimulation. In: Brain 2010, S. 701–712.

Trebilcock; Dewees; Duff: Exploring the Domain of Accident Law: Taking the Facts Seriously. New York 1996.

Ulsenheimer, Klaus: Qualitätssicherung und risk-management im Spannungsverhältnis zwischen Kostendruck und medizinischem Standard. In: MedR 1995, S. 438–442.

Ulsenheimer, Klaus: Arztstrafrecht in der Praxis. 4. Aufl. Heidelberg 2008.

Valldeoriola, Francesc et al: Prospective comparative study on cost-effectiveness of subthalamic stimulation and best medical treatment in advanced Parkinson's disease. In: Movement Disorders 2007, S. 2183–2191.

van den Boom, Roland: Afshar/Watkins/Yap, Erstellung eines digitalen dreidimensionalen Volumenmodelles des menschlichen Hirnstammes nach dem stereotaktischen Wahrscheinlichkeitsatlanten. Internetdissertation RWTH Aachen 2001. Online verfügbar unter http://darwin.bth.rwth-aachen.de/opus3/volltexte/2001/97.

Vieweg, Klaus: Juris Praxiskommentar BGB. 5. Aufl. Saarbrücken 2010.

Visser-Vandewalle, V. et al: Chronic bilateral thalamic stimulation: a new therapeutic approach in instractable Tourette syndrome. Report of three cases. In: J Neurosurg 2003, S. 1094–1100.

Voelzke, Thomas: Juris Praxiskommentar SGB I. Saarbrücken 2005.

Volkmann, J.; Lorenz, D.; Krack, P.; Smala, A. M.; Sturm, V.; Gerstner, A. et al: Evaluation of healthcare utilization and health status of patients with Parkinson's disease treated with deep brain stimulation of the subthalamic nucleus. In: Journal of Neurology 2002, S. 759–766.

von Freier, Friedrich: Recht und Pflicht in der medizinischen Humanforschung. Zu den rechtlichen Grenzen der kontrollierten Studie. Berlin 2009.

von Heintschel-Heinegg, Bernd: Beck Online Kommentar zum Strafgesetzbuch. 15. Aufl. München 2011.

von Lutterotti, Markus; Seifert, Josef; Laufs, Adolf: Der Schutz des menschlichen Lebens. Münster 1988.

von Olshausen, Henning: Menschenwürde im Grundgesetz: Wertabsolutismus oder Selbstbestimmung? In: NJW 1982, S. 2221–2224.

Vorderholzer, Ulrich: Tabu gebrochen. In: Dtsch Ärztebl 2004, S. A-3020.

Wall, P. D.; Sweet, W. H.: Temporary abolition of pain in man. In: Science 1967, S. 107–108.

Wannagat, Georg: Sozialgesetzbuch. SGB; Kommentar zum Recht des Sozialgesetzbuchs. Köln 2006.

Wessels, Johannes; Beulke, Werner: Strafrecht Allgemeiner Teil. Die Straftat und ihr Aufbau. 40. Aufl. Heidelberg 2010.

Widmaier, Gunter: Dogmatik und Rechtsgefühl – Tendenzen zur normativen Einschränkung des Mordtatbestands in der neueren BGH-Rechtsprechung. In: NJW 2003, S. 2788–2791.

Wiebach, Konrad et al: Was ist „gefährlich“ ? – Ärztliche und juristische Aspekte bei der Anwendung des § 1904. In: BtPrax 1997, S. 48–53.

Wienke, Albrecht; Kramer, Hans-Jürgen; Janke, Kathrin: Die Verbesserung des Menschen. Tatsächliche und rechtliche Aspekte der wunscherfüllenden Medizin. Berlin; Heidelberg 2009.

Wiesing, Urban: Bedarf an umsichtiger Forschung. Anwendung der tiefen Hirnstimulation bei psychiatrischen Erkrankungen. In: Dtsch Ärztebl 2010, S. 103–104.

Wollschläger, Martin: Hirn, Herz, Seele, Schmerz. Psychotherapie zwischen Neurowissenschaften und Geisteswissenschaften. Tübingen 2008.

Zimmerling, Wolfgang; Brehm, Robert: Prüfungsrecht. 3. Aufl. Köln, Berlin, Bonn, München 2007.

GPSR Compliance

The European Union's (EU) General Product Safety Regulation (GPSR) is a set of rules that requires consumer products to be safe and our obligations to ensure this.

If you have any concerns about our products, you can contact us on ProductSafety@springernature.com

In case Publisher is established outside the EU, the EU authorized representative is:

Springer Nature Customer Service Center GmbH
Europaplatz 3
69115 Heidelberg, Germany

Batch number: 10682471

Printed by Printforce, the Netherlands